Susanne Löffelholz | Alexander R. Hüsch
Ursula Ernst-Auch

**BERUFS- UND
KARRIERE-PLANER
STEUERBERATER
WIRTSCHAFTSPRÜFER**

Mit vielen Interviews und Fachbeiträgen, u. a. von

RA Manfred Hamannt, Geschäftsführendes Vorstandsmitglied des Instituts der Wirtschaftsprüfer in Deutschland e.v. (IDW), Düsseldorf,

Steffen Laick, Leiter Global Employer Branding & Recruitment, Ernst & Young Global Limited, London,

RA/FAStR Professor Dr. Axel Pestke, Hauptgeschäftsführer des Deutschen Steuerberaterverbandes und Direktor des Deutschen Steuerberaterinstitutes, Berlin,

Elke Pohl, Freie Redakteurin für Wirtschaft und Karriere, Berlin

StB Brigitte Rothkegel-Hoffmeister, Fachreferentin für Aus- und Fortbildung am Institut der Wirtschaftsprüfer in Deutschland e.V. (IDW), Düsseldorf,

RAin/Dipl.-Finw. (FH) Nora Schmidt-Keßeler, Hauptgeschäftsführerin der Bundessteuerberaterkammer und Geschäftsführerin des DWS-Instituts, Berlin,

Dr. Martin Schürmann, Geschäftsführender Gesellschafter, Glawe Unternehmensvermittlung, Köln – München – Berlin

Susanne Löffelholz | Alexander R. Hüsch
Ursula Ernst-Auch

BERUFS- UND KARRIERE-PLANER STEUERBERATER WIRTSCHAFTSPRÜFER

Perspektiven – Berufsbilder – Prüfungen – Expertentipps

Specials: **Fachanwalt für Steuerrecht | Karriere in der Unternehmensberatung**

2. Auflage

Bibliografische Information der Deutschen Nationalbibliothek
Die Deutsche Nationalbibliothek verzeichnet diese Publikation in der Deutschen Nationalbibliografie;
detaillierte bibliografische Daten sind im Internet über <http://dnb.d-nb.de> abrufbar.

1. Auflage 2009
2. Auflage 2011

Alle Rechte vorbehalten
© Gabler Verlag | Springer Fachmedien Wiesbaden GmbH 2011

Lektorat/Redaktion: Irene Buttkus | Andreas Funk

Gabler Verlag ist eine Marke von Springer Fachmedien.
Springer Fachmedien ist Teil der Fachverlagsgruppe Springer Science+Business Media.
www.gabler.de

Das Werk einschließlich aller seiner Teile ist urheberrechtlich geschützt. Jede Verwertung außerhalb der engen Grenzen des Urheberrechtsgesetzes ist ohne Zustimmung des Verlags unzulässig und strafbar. Das gilt insbesondere für Vervielfältigungen, Übersetzungen, Mikroverfilmungen und die Einspeicherung und Verarbeitung in elektronischen Systemen.

Die Wiedergabe von Gebrauchsnamen, Handelsnamen, Warenbezeichnungen usw. in diesem Werk berechtigt auch ohne besondere Kennzeichnung nicht zu der Annahme, dass solche Namen im Sinne der Warenzeichen- und Markenschutz-Gesetzgebung als frei zu betrachten wären und daher von jedermann benutzt werden dürften.

Herausgeber, Verlag und Autoren können, trotz sorgfältiger Recherchen, für die Richtigkeit der Angaben keine Gewähr übernehmen.

Leitung Buchverkauf Wirtschaft: Dr. Bianca Matzek
Umschlaggestaltung: KünkelLopka GmbH, Heidelberg
Bildnachweis: Kurhahn/fotolia.de
Satz: FROMM MediaDesign, Selters/Ts.
Druck und buchbinderische Verarbeitung: Stürtz GmbH, Würzburg
Gedruckt auf säurefreiem und chlorfrei gebleichtem Papier
Printed in Germany

ISBN 978-3-8349-2174-1

EDITORIAL

Liebe Leserinnen und Leser,

Stil und Etikette sind ein inoffizielles, aber sehr entscheidendes Aushängeschild für steuer- und wirtschaftsberatende Anwärter und Berufsträger. Denn fachlich qualifiziert ist wohl jeder, der die anspruchsvollen Prüfungen und Examina erfolgreich hinter sich gebracht hat – kompetente Beratung bieten alle Kanzleien. Doch neben der erforderlichen Qualifikation ist das zwischenmenschliche Miteinander für das „Ja" zur Einstellung, für die reibungslose Zusammenarbeit im Kanzlei-Team und die langfristige Treue der umworbenen Mandanten entscheidender als lediglich exzellente Paragrafenkenntnisse oder die Höhe der erzielten Steuerersparnis. Berufsträger und Anwärter, die durch ihr souveränes, taktvolles Wesen Sympathien gewinnen und sich als angenehme, vertrauenswürdige Gesprächspartner erweisen, steigern mit ihren persönlichen Imagewerten das Ansehen ihrer Kanzlei und damit deren wirtschaftlichen Erfolg. Verlassen Sie sich also nicht allein auf Ihre Fachexpertise, sondern arbeiten Sie auch an Ihrer persönlichen Wirkung auf Vorgesetzte, Partner, Kollegen und Mandanten. Der Business- und Kanzlei-Knigge am Ende dieses Buches bietet dabei Rat und Hilfe.

Darüber hinaus unterstützt Sie der Gabler Verlag mit seinem vielfältigen Angebot auf allen Stufen Ihres Werdegangs. Mit hochwertigen Lehr- und Praxisbüchern, Fachzeitschriften, E-Books und Internet-Portalen wollen wir Sie als verlässlicher Partner auf einem erfolgreichen Karriereweg durch die Höhen und Tiefen der Wirtschafts- und Finanzwelt begleiten.

Mit den besten Wünschen für Ihre beratende und prüfende Laufbahn

Ihre

Irene Buttkus

Irene Buttkus
Redaktion Karriere-Planer

In den steuerberatenden Beruf können Sie mit uns sicher **EINSTEIGEN** wird leichter mit Unterstützung Ihrer Genossenschaft.

Auf Ihrem Weg zum bestellten Steuerberater unterstützt Sie DATEV mit professioneller Software und praktischen Arbeitsmitteln zu Prüfungsvorbereitung. Das macht Ihnen das Repetitorium leichter und hilft Ihnen beim Einstieg in die steuerberaterliche Praxis – und später in die eigene Kanzlei. Informieren Sie sich unter der Telefonnummer 0800 328387 www.datev.de/repetitorien

DATEV

Zukunft gestalten. Gemeinsam.

Inhalt

Editorial V

1 Steuerberater und Wirtschaftsprüfer – Schlüsselpositionen in Wirtschaft und Gesellschaft
von RAin Susanne Löffelholz 1
1.1 Der Berufsstand in Zahlen 4
1.1.1 Steuerberater 4
1.1.2 Wirtschaftsprüfer 6
1.2 **Steuerberater und Wirtschaftsprüfer – keine Tätigkeiten für jedermann** 7
1.2.1 Analytisches Denken 8
1.2.2 Belastbarkeit 8
1.2.3 Eine Woche im Terminkalender
von RA/StB/WP Dr. Thorsten Kuhn, Kuhn & Partner ... 9
1.2.4 Kommunikationsfähigkeit und Einfühlungsvermögen ... 10
1.2.5 Verantwortungsbewusstsein 10
1.2.6 Der erste Schritt: Ein Praktikum 11
1.2.7 Erfahrungsbericht: Einstieg bei Warth & Klein Grant Thornton AG
von Simon C. Pfender, Warth & Klein Grant Thornton AG, Düsseldorf ... 12
1.3 **Kammern, Berufsverbände und weitere berufsständische Organisationen** 13
1.3.1 Die Bundessteuerberaterkammer und regionale Steuerberaterkammern ... 13
1.3.2 Der Deutsche Steuerberaterverband – DStV 15
1.3.3 C.F.E. – Confédération Fiscale Européenne 16
1.3.4 IFA – International Fiscal Association 16
1.3.5 Die Wirtschaftsprüferkammer 16
1.3.6 Das IDW – Institut der Wirtschaftsprüfer 18
1.3.7 Wirtschaftsprüferverband für die mittelständische Wirtschaft ... 19
1.3.8 IFAC – International Federation of Accountants 19
1.3.9 FEE – Fédération des Experts Comptables Européens ... 19
1.3.10 Die Versorgungswerke der Steuerberater und Wirtschaftsprüfer ... 19
1.3.11 Software und IT-Services 19

2 Der Steuerberater: Berufsbild und Berufsausübung
von RAin Susanne Löffelholz 21
2.1 Steuerberater – die Berufsbezeichnung 21
2.2 Leitbild und Selbstverständnis 21
2.3 Charakteristika des Berufsbildes 24
2.3.1 Dienstleistung 24
2.3.2 Gebühren 24
2.3.3 Vereinbare und nicht vereinbare Tätigkeiten 24

2.3.4	Freiheit der Berufsausübung	25
2.3.5	Unabhängigkeit, Eigenverantwortlichkeit, Gewissenhaftigkeit	26
2.3.6	Verschwiegenheit	26
2.3.7	Verantwortung	27
2.3.8	Fachkompetenz	27
2.3.9	IT-Kompetenz	27
2.3.10	Leistung lohnt sich	28
2.4	**Möglichkeiten der Berufsausübung**	**28**
2.4.1	Selbstständigkeit	28
2.4.2	Interview mit StB Susanne Rosenberg, VRT, Köln	30
2.4.3	Anstellungsverhältnis oder freie Mitarbeit	32
2.4.4	Tätigkeit als Syndikus-Steuerberater	32
2.4.5	Weitere steuerberatende Berufsgruppen	33
2.4.6	Interview mit RA/StB/WP/Dipl.-Bw. Bernhard Fuchs, Axer Partnerschaft	34

Special: Fachanwalt für Steuerrecht
von RAin Susanne Löffelholz — 39

1. Berufsbild — 39
2. Tätigkeitsfelder — 40
3. Entwicklung der Fachanwaltszahlen — 41
4. Berufsaussichten — 42
5. Interview mit RA/FAStR Dr. Stephan Schauhoff, Partner bei Flick Gocke Schaumburg (FGS), Bonn — 43
6. Interview mit RAin/FAStR Andrea Haustein, Axer Partnerschaft, Köln — 45
7. Voraussetzungen für die Verleihung der Fachanwaltsbezeichnung — 47
8. Interview mit RA/FAStR Dr. Peter Haas, Leiter des Fachinstituts für Steuerrecht im Deutschen Anwaltsinstitut und Vorsitzender der Arbeitsgemeinschaft der Fachanwälte für Steuerrecht e. V. — 49
9. Lehrgangsanbieter „Fachanwalt für Steuerrecht" — 52
10. Interview mit RA Martin Gehlen, Teilnehmer an zwei Fachanwaltslehrgängen — 54

3	**Ausbildungswege zum Steuerberater**	
	von RAin Susanne Löffelholz	57
3.1	**Der Weg zum Steuerberater**	**57**
3.1.1	Der akademische „klassische" Weg	58
3.1.2	Erfahrungsbericht: Mein Weg zum Beruf des Steuerberaters *von StB Benjamin Schäfer, ATCon AG, Frankfurt/Main*	61

3.1.3	Der Praktikerweg	64
3.1.4	Interview mit Volker Bück, Finanzvorstand der Meissner AG, Biedenkopf	72
3.1.5	Berufspraktische Zeit	73
3.1.6	Integrierter Studiengang: Master of Taxation	74
3.2	**Meilenstein: Die Prüfung zum Steuerberater**	**75**
3.2.1	Zulassung zur Steuerberaterprüfung	75
3.2.2	Nachweis der Zulassungsvoraussetzungen	77
3.2.3	Die Steuerberaterprüfung	78
3.2.4	Die Bestellung zum Steuerberater	78
3.2.5	Interview mit Daniel Fusshöller Prüfungsassistent bei PricewaterhouseCoopers	79
4	**Der Wirtschaftsprüfer: Berufsbild und Berufsausübung**	
	von RAin Susanne Löffelholz	81
4.1	**Berufsbild und Aufgaben**	**81**
4.1.1	Prüfungstätigkeit (Audit)	82
4.1.2	Steuerberatung (Tax)	83
4.1.3	Unternehmensberatung (Advisory/Corporate Finance)	83
4.1.4	Gutachter-/Sachverständigentätigkeit	83
4.1.5	Interview mit StB/WP Dr. Martin Jonas, Warth & Klein Grant Thornton AG	84
4.1.6	Freier Beruf mit strengen Regeln	86
4.2	**Möglichkeiten der Berufsausübung**	**88**
4.2.1	Selbstständigkeit	88
4.2.2	Angestelltenverhältnis	88
4.2.3	Tätigkeitsaspekte bei mittelständischen oder großen Wirtschaftsprüfungsgesellschaften im Vergleich	94
4.2.4	Netzwerke	94
4.2.5	Interview mit WP/StB Franz-Josef Hans, Vorstand der ATCon AG, Frankfurt/Main	96
4.2.6	Perspektiven	99
4.2.7	Interview mit RA Manfred Hamannt, Institut der Wirtschaftsprüfer in Deutschland e.V. (IDW), Düsseldorf	100
5	**Ausbildungswege zum Wirtschaftsprüfer**	
	von RAin Susanne Löffelholz	101
5.1	**Der Weg zum Wirtschaftsprüfer**	**101**
5.1.1	Der klassische Weg: das Hochschulstudium	102
5.1.2	Interview mit WP/StB Thomas M. Orth, Partner bei Deloitte, Düsseldorf	103
5.1.3	Praktische Tätigkeit in der Wirtschaftsprüfung	104
5.1.4	Der neue Weg: Masterstudiengang nach § 8a WPO	105
5.1.5	Interview mit Professor Dr. Andreas Dinkelbach, Hochschule Fresenius, Köln	110
5.1.6	Erfahrungsbericht: Neue Wege zum WP von Franziska Grabenkamp, Warth & Klein Grant Thornton AG, Düsseldorf	114

5.1.7 Erfahrungsbericht: Mein Weg zur Wirtschaftsprüfungsassistentin
  von Katja Hägele, Ernst & Young GmbH Wirtschaftsprüfungsgesellschaft — 116
5.2 **Meilenstein: Das Wirtschaftsprüfungsexamen** — 118
5.2.1 Zulassungsvoraussetzungen — 119
5.2.2 Das Wirtschaftsprüfungsexamen — 120
5.2.3 Interview mit StB Brigitte Rothkegel-Hoffmeister,
  Institut der Wirtschaftsprüfer in Deutschland e.V., Düsseldorf — 122
5.2.4 Verkürztes Examen — 124
5.2.5 Die Bestellung zum Wirtschaftsprüfer — 124

6 Prüfungsvorbereitung
von RAin Susanne Löffelholz — 127
6.1 **Examensergebnisse** — 127
6.2 **Die Vorbereitung auf das Steuerberaterexamen**
  von RAin/Dipl.-Finw. (FH) Nora Schmidt-Keßeler, Hauptgeschäftsführerin der
  Bundessteuerberaterkammer und Geschäftsführerin des DWS-Instituts — 131
6.2.1 Einführung: Informationen zum Berufsstand — 131
6.2.2 Steuerberater – ein gesellschaftlich anerkannter und
  leistungsorientierter Beruf — 131
6.2.3 Steuerberaterexamen – Gesetzliche Grundlagen — 131
6.2.4 Erfolgsquote beim Steuerberaterexamen — 131
6.2.5 Prüfungsvorbereitung — 132
6.2.6 Chancen und Ausblick — 134
6.3 **Erfahrungsbericht Examensvorbereitung**
  von Katja Mayer, Ernst & Young GmbH Wirtschaftsprüfungsgesellschaft — 135
6.4 **Die Prüfungsvorbereitung – das beinahe sichere System
  in 12 Leitsätzen** von Alexander R. Hüsch — 137
6.4.1 Konsequent Prioritäten setzen! — 137
6.4.2 Besuch eines Langzeitpräsenzkurses — 138
6.4.3 Regelmäßige Wiederholung und Aufarbeitung des Stoffs
  in lerntheoretisch sinnvollen Abständen — 139
6.4.4 Frühzeitig Paragraphen lernen — 141
6.4.5 Speedreading lernen und anwenden — 142
6.4.6 Vorbereitet in den Kurs gehen — 142
6.4.7 Aktive Teilnahme am Unterricht — 143
6.4.8 In einer passenden kleinen Lerngruppe zusammenarbeiten — 143
6.4.9 Schnell auf Examensniveau kommen und
  viele Übungsklausuren lösen — 144
6.4.10 Für die Freistellung einen exakten Zeitplan aufstellen
  und diesen einhalten — 148
6.4.11 Guten Klausurenkurs ans Ende der Freistellung legen
  (für den letzten Schliff) — 149
6.4.12 Selbstbewusst in die Prüfung — 149

6.4.13	Literaturempfehlungen aus dem Hause Gabler	150
6.5	**Anbieter von Vorbereitungslehrgängen**	151
7	**Berufliche Zusatzqualifikationen**	
	von RAin Susanne Löffelholz	157
7.1	**Qualifikation als Fachberater/in**	157
7.1.1	Interview mit RAin/Dipl.-Finw. (FH) Nora Schmidt-Keßeler, BStBK, Berlin	159
7.1.2	Fachberater für vereinbare Tätigkeiten	161
7.2	**Certified Public Accountant (CPA) und Chartered Accountant**	161
8	**Professionalität beweisen – Fortbildung im steuerberatenden Beruf**	
	von RA/FAStR Prof. Dr. Axel Pestke, Hauptgeschäftsführer des Deutschen Steuerberaterverbandes, Berlin, und Direktor des Deutschen Steuerberaterinstitutes, Berlin	163
8.1	**Notwendigkeit der Fortbildung**	163
8.2	**Möglichkeiten der Fortbildung**	167
8.3	**Themenschwerpunkte**	168
8.3.1	Überblick	168
8.3.2	Vermittlung unterschiedlicher Kompetenzen	168
8.4	**Neu: Fachberater**	169
8.4.1	Vorbehaltsaufgaben	169
8.4.2	Vereinbare Tätigkeiten	170
8.4.3	Voraussetzungen für das Führen von Fachberaterbezeichnungen	172
8.5	**Organisation des Fortbildungsprozesses**	175
8.5.1	Berufsträger	175
8.5.2	Mitarbeiter	175
8.6	**Fortbildungskosten**	176
8.7	**Schlussbetrachtung**	176

Special: Karriere in der Unternehmensberatung
von Elke Pohl _____ 177
1. Die Branche _____ 177
2. Erfahrungsbericht: Einstieg ins Beraterleben
   von Viola Skepeneit, Deloitte, Frankfurt/Main _____ 180
3. Entwicklungstrends _____ 182
4. Beratungsfelder und Klienten _____ 184
5. Berufseinstieg _____ 186
6. Interview mit Antonio Schnieder, Präsident des Bundesverbands Deutscher Unternehmensberater BDU e.V. _____ 189

9	**Die Bewerbung – Marketing in eigener Sache**	
	von Dr. Ursula Ernst-Auch	191
9.1	**Das passende Berufsfeld**	191
9.2	**Das richtige Timing**	192
9.3	**Die Selbstanalyse – Wer bin ich?**	192
9.3.1	Persönliche Qualifikation	192
9.3.2	Fachliche Qualifikation	194
9.3.3	Berufliche Qualifikation	195
9.3.4	Was können Sie besonders gut?	196
9.3.5	Kompetent Probleme lösen	196
9.4	**Recherche**	197
9.4.1	Welche Informationen brauchen Sie?	197
9.4.2	Informationsmöglichkeiten	198
9.5	**Was das Unternehmen von Ihnen erwartet**	199
9.5.1	Hard Skills	199
9.5.2	Soft Skills	200
9.5.3	Exkurs: Das Allgemeine Gleichbehandlungsgesetz	201
9.6	**Bewerbungswege**	203
9.6.1	Stellenangebote	203
9.6.2	Die Initiativbewerbung	203
9.6.3	Die Kurzbewerbung	203
9.6.4	Online bewerben	204
9.7	**Die Bewerbungsunterlagen**	210
9.7.1	Wer liest die Unterlagen?	211
9.7.2	Formalitäten	212
9.7.3	Das Bewerbungsschreiben	212
9.7.4	Der Lebenslauf	215
9.8	**Souverän im Vorstellungsgespräch**	219
9.8.1	Das Telefoninterview	219
9.8.2	Gesprächsvorbereitung	220
9.8.3	Organisatorisches	223
9.8.4	Der Ablauf des Gesprächs	226
9.8.5	Besondere Auswahlverfahren	229
9.8.6	Die Entscheidung	231
9.8.7	Am Ziel – die Zusage	232
9.8.8	Eine Absage ist nicht das Ende!	232
9.9	**Einstiegswege**	232
9.9.1	Trainee-Programme	233
9.9.2	Direkteinstieg	233
9.10	**Der Arbeitsvertrag**	233

9.11	Generationen im Wandel	
	von Steffen Laick, Leiter Global Employer Branding & Recruitment, Ernst & Young Global Limited, London	235
9.11.1	Wertvorstellungen, Ziele und Medienverhalten der Generation Y	235
9.11.2	Wonach strebt die neue Mitarbeitergeneration?	236
9.11.3	Medienverhalten der „Generation Y"	237
9.11.4	Ein proaktiver Umgang mit dem Internet bringt Unternehmen Wettbewerbsvorteile	238
10	**Die Probezeit**	
	von Dr. Ursula Ernst-Auch	241
10.1	Der erste Tag	241
10.1.1	Die passende Kleidung	241
10.1.2	Der Anfang	242
10.1.3	Die Kollegen	243
10.2	So werden Ihre ersten 100 Tage zum Erfolg	244
10.2.1	Informationen beschaffen	244
10.2.2	Einarbeitungspläne	244
10.2.3	Erwartungen	244
10.2.4	Kommunikation mit dem Vorgesetzten	244
10.2.5	Zielgerichtet handeln	245
10.2.6	Netzwerke	245
10.2.7	Kontrollieren Sie Ihre Außenwirkung	246
10.3	Die Probezeitbeurteilung	246
10.3.1	Wenn es doch nicht funktioniert hat ...	246
11	**Einstieg durch Kauf oder Nachfolge**	
	von Dr. Martin Schürmann, Geschäftsführender Gesellschafter, Glawe Unternehmensvermittlung	247
11.1	Die erfolgreiche Suche nach einer passenden Kanzlei oder Beteiligung	247
11.2	Die Ermittlung des Kaufpreises	248
11.3	Zahlungsvarianten	250
11.4	Die Finanzierung des Kanzlei- bzw. Beteiligungskaufs	253
11.5	Erwartungen an den Verkäufer	253
11.6	Voraussetzungen für den erfolgreichen Kauf einer Steuerberaterkanzlei oder: Welche Fehler kann man machen?	254
11.7	Perspektiven für 2011	256

12	**Kleiner Steuerberater-Knigge**	
	von RAin Susanne Löffelholz und Iris Re, M.A.	257
12.1	**Begrüßung und Vorstellung**	258
12.1.1	Grüßen im Büro	258
12.1.2	Begrüßen in Gesellschaft	258
12.1.3	Mandantenbesuch in Ihren Geschäftsräumen	259
12.1.4	Unverhoffte Begegnungen mit Mandanten in der Freizeit	261
12.2	**Ganz wichtig: Small Talk**	261
12.2.1	Kontakte knüpfen oder auffrischen	261
12.2.2	Gespräche starten und lebendig halten	262
12.2.3	Gekonnter Abgang	263
12.3	**Business und Essen – eine ideale Kombination**	264
12.3.1	Gastgeberpflichten	264
12.3.2	Verhalten als Gast	265
12.4	**Erfolgsfaktor Business-Kleidung**	266
12.4.1	Der erste Eindruck	266
12.4.2	Grundregeln der Businesskleidung	267
12.4.3	Stilsicheres Auftreten: Darauf sollten Sie achten	270
12.4.4	Interview mit Image- und Stilberaterin Lisa Pippus	274
12.5	**Interkulturelle Kompetenz am Beispiel USA**	276
12.5.1	Begrüßung	277
12.5.2	Kommunikation und Meetings	277
12.5.3	Duzen im Meeting	278
12.5.4	Business-Lunch	278
12.5.6	Verabschiedung auf amerikanisch	279
Abkürzungsverzeichnis		280
Adressen		281
Verzeichnis der Inserenten		289
Unternehmensprofile		291
Die Autoren		301
Stichwortverzeichnis		303

1

STEUERBERATER UND WIRTSCHAFTSPRÜFER – SCHLÜSSELPOSITIONEN IN WIRTSCHAFT UND GESELLSCHAFT

von RAin Susanne Löffelholz

Was macht den Beruf des Steuerberaters oder Wirtschaftsprüfers so einzigartig? Die Berufsbilder sind von hoher Eigenverantwortlichkeit, zuverlässiger Korrektheit, relativer Unabhängigkeit, weit reichenden Zukunftsperspektiven, hohem Ansehen und attraktiven Verdienstmöglichkeiten geprägt. Die anspruchsvolle theoretische und praktische Ausbildung mit Prüfungen, die zu Recht als äußerst schwierig gelten, entspricht der hohen sozialen Würdigung dieser Berufsstände. Die enormen Anforderungen betreffen nicht nur die fachliche Qualifikation, sondern auch die persönliche Eignung. Denn Steuerberater und Wirtschaftsprüfer agieren als Fachexperten an der Schnittstelle zwischen Mandantenvertrauen und Rechtspflege innerhalb strenger, gesetzlich verankerter Verhaltensnormen, auf denen neben der fachlichen Zuverlässigkeit ihr gutes Ansehen in der Gesellschaft basiert.

Steuerberater begleiten ihre Mandanten als unabhängige und kompetente Ratgeber bei allen steuerlichen und wirtschaftlichen Fragestellungen mit dem Ziel, deren Interessen optimal zu vertreten und ihren wirtschaftlichen Erfolg zu fördern.

Fast jeder Vorgang im Wirtschaftsleben wirft steuerliche Fragen auf. Insbesondere Unternehmer müssen sich immer wieder mit steuerlichen Fragen und Problemen auseinandersetzen, denn Gewinn oder Verlust bei geschäftlichen Transaktionen hängen auch von der steuerlichen Gestaltung ab. Steuerberater kennen die von ihnen betreuten Unternehmen meist viele Jahre und betreuen ihre Mandanten oft über Generationen hinweg. Durch die detaillierte Kenntnis der geschäftlichen und persönlichen Gegebenheiten entsteht eine **besondere Vertrauensstellung** zum Mandanten, die durch das gesetzliche Verschwiegenheitsgebot geschützt ist.

Gleichzeitig stehen Steuerberater als **Organe der Steuerrechtspflege** in einer hohen gesellschaftlichen Verantwortung. An der Schnittstelle zwischen den Interessen des Mandanten und den Vorgaben des Gesetzgebers gestalten sie individuelle Steuerkonzepte, aus denen der Mandant im Einklang mit dem geltenden Recht den größtmöglichen Nutzen ziehen kann – unabhängig davon, ob es sich um ein mittelständisches Unternehmen oder einen international agierenden Konzern handelt.

1. STEUERBERATER UND WIRTSCHAFTSPRÜFER

Zudem gibt es jedes Jahr neue Gesetze und Verordnungen sowie eine Flut neuer höchstrichterlicher Entscheidungen, die zu beachten sind. Der Beruf des Steuerberaters ist daher ohne **ständige Fortbildung** nicht denkbar. Die oft bemühte Formel vom lebenslangen Lernen ist für diesen Berufsstand Pflichtprogramm.

Die Perspektiven für Steuerberater sind hervorragend. Dank der zunehmend komplexen Sachverhalte steigt der Bedarf an qualifizierten Steuerexperten. „Werden Sie Steuerberater, werden Sie Steuerberaterin!" empfiehlt der Präsident der Bundessteuerberaterkammer Dr. Horst Vinken folgerichtig allen, die an wirtschaftlichen und steuerlichen Zusammenhängen interessiert sind, die leistungsbereit sind, Verantwortung übernehmen und etwas bewirken wollen: „Das schönste an meinem Beruf ist, dass ich etwas bewegen kann", berichtet ein junger Berufseinsteiger, der als Angestellter einer Steuerberatungsgesellschaft vorwiegend mittelständische Unternehmen betreut. Die Firma seines Mandanten stand kurz vor der Liquidation, weil es Streit unter den Gesellschaftern gab. „Mit meiner Arbeit konnte ich wesentlich zur Sanierung der Gesellschaft beitragen. Darauf bin ich stolz".

Während sich die Steuergesetze häufig ändern, verhält sich das Berufsrecht der Steuerberater relativ statisch. Doch das Berufsbild des Steuerberaters wandelt und modernisiert sich. Neu ist beispielsweise die – insbesondere für Berufseinsteiger interessante - Möglichkeit, als Syndikus-Steuerberater zum Beispiel in der Steuerabteilung eines Unternehmens angestellt und zugleich selbstständig als Steuerberater tätig zu sein. Um ihre Wettbewerbsfähigkeit zu stärken, können sich Steuerberater zudem als Fachberater auf unterschiedlichen Gebieten spezialisieren.

Für einen Großteil der Steuerberater ist die Steuerberaterprüfung aber noch nicht das eigentliche Berufsziel der Ausbildung, sondern ein wichtiger Meilenstein auf dem Weg zum Wirtschaftsprüfer (WP).

Wirtschaftsprüfer sind im Kerngeschehen der Wirtschaft aktiv. Ihr hohes Ansehen muss hart erarbeitet werden: Das Wirtschaftsprüfungsexamen ist zweifellos eine der anspruchsvollsten Prüfungen in Deutschland. Der Weg dorthin ist lang. Erst nach Abschluss eines Studiums sowie einigen Jahren Berufserfahrung kann das Wirtschaftsprüfungsexamen abgelegt werden. Und erst nach sorgfältiger Beurteilung seiner fachlichen und persönlichen Qualifikationen wird der Wirtschaftsprüfer von der Wirtschaftsprüferkammer (WPK) bestellt und vereidigt. Während seiner Berufsausübung untersteht er den strengen Regeln der Wirtschaftsprüferordnung. Sie sollen gewährleisten, dass der Wirtschaftsprüfer seinen Beruf unabhängig, gewissenhaft, verschwiegen und eigenverantwortlich ausübt.

Gerade in Zeiten der Wirtschafts- und Finanzmarktkrise setzt die Öffentlichkeit großes Vertrauen in die Kompetenz der Wirtschaftsprüfer. In den letzten Jahren haben immer mehr Menschen erkannt, wie stark ihre persönliche Situation, ihr Arbeitsplatz und ihr Wohlstandsniveau von der Entwicklung der Unternehmen abhängen. Es ist ein zunehmendes Interesse an Wirtschaftsthemen und damit auch an der Arbeit der Wirtschaftsprüfer erkennbar.

Der Wirtschaftsprüfer stellt bei der Prüfung eines Unternehmens fest, dass Jahresabschluss und Lagebericht ein den tatsächlichen Verhältnissen entsprechendes Bild des Unternehmens vermitteln. Dadurch schützt er im Rahmen der gesetzlich vorgeschriebenen Prüfungen die Interessen derjenigen, die auf die Richtigkeit der Rechnungslegung des Unternehmens vertrauen müssen – zum Beispiel Anleger, Investoren und Banken. Der Wirtschaftsprüfer muss objektiv und mit großem fachlichem Know-how vorgehen. Er gilt – vergleichbar einem Notar – als Person des öffentlichen Vertrauens.

Neben den klassischen Jahres- und Konzernabschlussprüfungen gehören auch die steuerliche Beratung und Vertretung zu seinen wichtigsten Aufgaben. Dabei geht es vor allem um die Lösung von komplexen steuerrechtlichen Fragen. Wirtschaftsprüfer unterstützen ihre Mandanten zudem beratend bei Unternehmensgründungen und Fusionen und stehen den Unternehmen zur Seite, wenn moderne Informationstechnologien in das Rechnungswesen integriert oder betriebliche Controlling-Systeme installiert werden. Erfahrene Wirtschaftsprüfer bestätigen: „Es ist immer wieder faszinierend, die Zukunft eines Unternehmens mitzugestalten".

Als qualifizierte Berater und Experten für wirtschaftliche Prozesse sind Wirtschaftsprüfer in allen Bereichen der Wirtschaft gefragt: Sie können eine eigene Praxis gründen, mit Kollegen oder Angehörigen anderer freier Berufe, wie zum Beispiel Steuerberatern und Rechtsanwälten, eine Sozietät bilden oder in Wirtschaftsprüfungsgesellschaften arbeiten. Ehemalige Wirtschaftsprüfer findet man aber auch im Spitzenmanagement großer Unternehmen.

Wirtschaftsprüfer sind – ebenso wie ihre Mandanten – international tätig. Insbesondere die so genannten **Big Four** – die vier marktführenden Wirtschaftsprüfungsgesellschaften PricewaterhouseCoopers, KPMG, Ernst & Young und Deloitte – sind auf allen Kontinenten aktiv.

Der Arbeitsmarkt für Wirtschaftsprüfer entwickelt sich – trotz Finanz- und Wirtschaftskrise – langfristig weiter positiv. Infolge des breiten Aufgabenspektrums können sich die Aufgaben der Wirtschaftsprüfer mit denen von Unternehmensberatern, Investmentbankern, Steuerberatern und Rechtsanwälten zwar überschneiden, doch sorgt die Fortentwicklung gesetzlicher Vorgaben und internationaler Rechnungslegungsstandards dafür, dass die Zahl der Pflichtprüfungen in den Unternehmen weiter zunimmt und diese Prüfungen immer komplexer werden, so dass der Bedarf an hoch qualifizierten Wirtschaftsexperten weiter steigt. Der Einsatz neuer IT- und Software-Lösungen verstärkt diesen Trend.

Daher sucht die Branche ständig gut ausgebildeten Nachwuchs. Die Ausbildung ist zwar lang und „steinig" und fängt erst nach einem abgeschlossenen Studium an. Wer es aber geschafft hat, wird durch einen krisenfesten Beruf, hohe gesellschaftliche Anerkennung und ein ansehnliches Einkommen belohnt. Wirtschaftsprüfer stehen mit an der Spitze der Einkommensliste der Freiberufler.

1.1 Der Berufsstand in Zahlen

1.1.1 Steuerberater

Die Zahl der Steuerberater wächst ungebrochen. Die 21 Steuerberaterkammern hatten am 1. Januar 2010 insgesamt rund 86.000 Mitglieder. Das waren 2,5 Prozent mehr als im Vorjahr. Davon sind 75.333 Steuerberater und 8.169 Steuerberatungsgesellschaften. Demgegenüber gibt es in Deutschland laut Wirtschaftsprüferkammer rund 13.000 Wirtschaftsprüfer und über 2.000 Wirtschaftsprüfungsgesellschaften.

Mitglieder der Bundessteuerberaterkammer

Quelle: Bundessteuerberaterkammer

Neun von zehn Wirtschaftsprüfern sind auch als Steuerberater bestellt. Eine Dreifachqualifikation als Rechtsanwalt, Steuerberater und Wirtschaftsprüfer besitzen nur knapp 500 Berufsträger in Deutschland.

1.1 DER BERUFSSTAND IN ZAHLEN

Zusätzliche Berufsqualifikationen (nur WP, RA, vBP und sonstige)

Der Berufsstand der Steuerberater* weist die folgenden Berufsqualifikationen auf:

Berufsqualifikationen	Anzahl per 01.01.2009	Anzahl per 01.01.2010	in Prozent der StB per 01.01.2010	Veränderung gegenüber Vorjahr in Prozent
StB/WP/RA	497	502	0,6	1,0
StB/vBP/RA	146	149	0,2	2,1
StB/WP	8.925	9.017	11,6	1,0
StB/vBP	3.380	3.226	4,2	-4,6
StB/RB	951	979	1,3	2,9
StB/RA	2.887	2.987	3,8	3,5
StB/sonstige Berufsqualifikation	2.069	2.122	2,7	2,6
StB	57.015	58.676	75,6	2,9
gesamt	75.870	77.658	100,0	2,4

Legende: StB = Steuerberater, WP = Wirtschaftsprüfer, vBP = vereidigte Buchprüfer
Personen mit drei Berufsqualifikationen (z. B. StB/WP/RA) werden bei der Zählung der Zweifachqualifizierten (z. B. StB/RA) nicht noch einmal erfasst.
* Das sind Steuerberater und Steuerbevollmächtigte ohne Personen gem. § 74 Abs. 2 StBerG
Quelle: Bundessteuerberaterkammer

Selbstständige und angestellte Steuerberater

	01.01.2009	Anzahl in Prozent	01.01.2010	Anteil in Prozent
selbstständig	54.798	71,8	56.110	71,8
angestellt	20.089	27,6	22.000	28,2

Quelle: Berufsstatistik der Bundessteuerberaterkammer

Wie im Vorjahr sind 71,8 Prozent der deutschen Steuerberater selbstständig. Der Anteil der Frauen unter den Steuerberatern steigt weiter. Er beträgt gegenwärtig 32,3 Prozent. Der Anteil der Steuerberaterpraxen ist 2009 um 2,2 Prozent auf 51.525 gestiegen. Den größten Anteil stellen mit 70,3 Prozent nach wie vor die Einzelpraxen. Der stärkste Zuwachs ist mit 3,8 Prozent erneut bei den Steuerberatungsgesellschaften zu verzeichnen. Ihr Anteil beträgt jetzt 15,9 Prozent oder 8.169 Gesellschaften. Die Zahl der Sozietäten ging 2008 erneut leicht zurück.

1. STEUERBERATER UND WIRTSCHAFTSPRÜFER

Repräsentanz von Männern und Frauen im Beruf des Steuerberaters

	01.01.2009	01.10.2010	Veränderung absolut	in Prozent
Steuerberater, männlich*	51.914	52.852	938	1,8
Anteil in Prozent	68,0	67,7		
Steuerberater, weiblich*	24.385	25.258	873	3,6
Anteil in Prozent	32,0	32,3		
Steuerberater, gesamt*	76.299	78.110	1.811	2,4

* Steuerberater, Steuerbevollmächtigte und Personen gem. § 74 Abs. 2 StBerG, Quelle: Berufsstatistik der Bundessteuerberaterkammer

1.1.2 Wirtschaftsprüfer

Die Anzahl der Wirtschaftsprüfer in Deutschland ist ebenfalls stetig gestiegen. Während es im Jahre 1986 insgesamt 4.836 Wirtschaftsprüfer gab, sind es heute 13.416. Auch die Anzahl der WP-Gesellschaften ist im Laufe der letzen Jahrzehnte weiter gewachsen. Am 1.1.2009 waren es 2.496 Gesellschaften.

Wirtschaftsprüfer in Deutschland

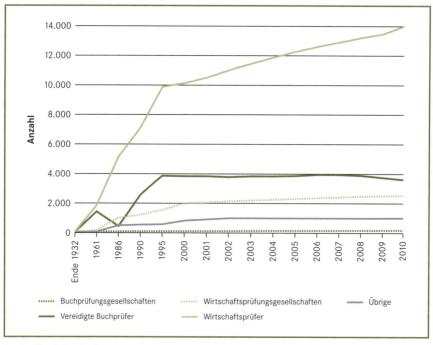

Quelle: Wirtschaftsprüferkammer

Der lange Ausbildungsweg der Wirtschaftsprüfer schlägt sich in der **Altersstruktur** nieder. Ganze 27 Wirtschaftsprüfer waren am Stichtag (1.7.2010) unter 30 Jahre alt, davon die Hälfte Frauen.

Altersstruktur und Repräsentanz von Männern und Frauen

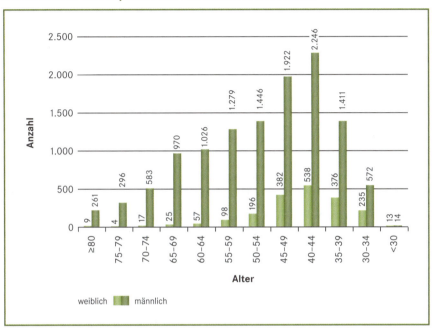

Quelle: Wirtschaftsprüferkammer, Stand 1.7.2010

1.2 Steuerberater und Wirtschaftsprüfer – keine Tätigkeiten für jedermann

Die Berufe des Steuerberaters und des Wirtschaftsprüfers sind in jeder Hinsicht anspruchsvoll. Sie stellen zunächst höchste Anforderungen an die fachliche Qualifikation, was sich bereits in den äußerst schwierigen Examina zeigt. Darüber hinaus erwarten die Personalverantwortlichen auch **hohe persönliche und charakterliche Qualifikationen**. Dies spiegeln bereits die Berufspflichten wider, die im Steuerberatergesetz und in der Wirtschaftsprüferordnung (WPO) aufgeführt werden: Unabhängigkeit, Gewissenhaftigkeit, Sachlichkeit, Verschwiegenheit, berufswürdiges Verhalten etc. Dies zeigt deutlich, dass diese Berufe auch außergewöhnliche persönliche Kompetenzen erfordern.

1.2.1 Analytisches Denken

Sie sollten zwar gründlich und genau arbeiten, doch dürfen Sie kein „Erbsenzähler" sein. Was Sie als angehender Steuerberater oder Wirtschaftsprüfer aber mitbringen sollten, sind eine Affinität zu Zahlen und die Fähigkeit, analytisch zu denken. Vor allem Wirtschaftsprüfer müssen fähig sein, Geschäftsmodelle zu verstehen und zu hinterfragen. Denn sie prüfen unter anderem, ob die tatsächliche Situation des Unternehmens in den Zahlen richtig abgebildet ist, und analysieren seine Risiken und Chancen.

„Voraussetzungen für den Prüferberuf sind ein gutes Zahlenverständnis sowie Interesse an komplexen Sachverhalten und wirtschaftlichen Zusammenhängen. Wer teamfähig ist und unter Zeitdruck strukturiert, konzentriert und genau arbeiten kann, bringt gute Voraussetzungen mit", betont auch Dr. Reiner Veidt, Geschäftsführer der Wirtschaftsprüferkammer.

1.2.2 Belastbarkeit

Wer den Beruf des Steuerberaters oder Wirtschaftsprüfers anstrebt, muss sehr viel lernen und leisten, nicht nur vor dem Examen, sondern auch danach.

Im Klartext: Die Arbeitsbelastung in diesen Berufen ist extrem hoch – nicht nur, wenn sie selbstständig ausgeübt werden. Sie sollten sich von vornherein darüber im Klaren sein, dass Sie höchstwahrscheinlich keinen Acht-Stunden-Arbeitstag haben werden. Insbesondere bei der Examensvorbereitung werden Sie die Wochenenden zum Lernen verwenden müssen.

Auch nach den erfolgreich abgelegten Examina wird ein hohes Einkommen mitunter durch wenig Freizeit und viele Überstunden erkauft. Da die meisten Prüfungen vor Ort beim Mandanten erfolgen, kann dies eine umfangreiche Reisetätigkeit bedeuten.

Machen Sie sich zum Beispiel als Steuerberater selbstständig, sind sie nicht nur fachlich mit der Bearbeitung Ihrer Mandate beschäftigt, sondern mit einer Vielzahl an organisatorischen Aufgaben. Sie haben nicht nur dafür zu sorgen, dass Ihre Praxis eingerichtet, sauber und freundlich ist, sondern tragen auch Verantwortung als Arbeitgeber und Ausbilder.

Überlegen Sie sich auch, wie Sie die Belastungen der Vorbereitungszeit auf das Examen und Ihre berufliche Tätigkeit mit einer Familie und Kindern vereinbaren werden und sprechen Sie mit Ihrem Lebenspartner über Ihre Vorstellungen.

Zur Leistungsbereitschaft gehören auch die Bereitschaft, ständig dazu zu lernen sowie Freude und Neugier auf ständige berufliche Herausforderungen in einem dynamischen Umfeld.

In den großen WP-Gesellschaften kommen viele Reisen und Auslandseinsätze hinzu. Diese Mobilität und Flexibilität machen den Arbeitsalltag interessant und abwechslungsreich, erfordern aber auch viel physische und psychische Kraft.

1.2 KEINE TÄTIGKEITEN FÜR JEDERMANN

1.2.3 Eine Woche im Terminkalender

von RA/StB/WP Dr. Thorsten Kuhn, Kuhn & Partner

RA/StB/WP Dr. Thorsten Kuhn ist Partner der Sozietät Kuhn & Partner in Frankfurt am Main und Nackenheim bei Mainz, einer Sozietät mit 4 Berufsträgern und über 15 weiteren Mitarbeitern.

	Montag	Dienstag	Mittwoch	Donnerstag	Freitag	Samstag	Sonntag
8 Uhr	Beantwortung der E-Mails vom Wochenende	Fertigstellung des Schriftsatzes in der gesellschaftsrechtlichen Angelegenheit	Gespräche mit Mitarbeitern	Fortsetzung steuerrechtliches Gutachten	Eigene Fortbildung zuhause		
9 Uhr	Durchsicht Jahresabschlüsse und Steuererklärungen		Steuerrechtliches Gutachten	Jahresabschlussbesprechung			Schriftstellerische Tätigkeit
10 Uhr	Mehrere Telefonate mit Mandanten und Gespräche mit Mitarbeitern		Durchsicht Jahresabschlüsse und Steuererklärungen	Gespräche mit Mitarbeitern			
11 Uhr				Telefonkonferenz wegen Unternehmenskauf		Telefonat mit Mandant	
12 Uhr		Beantwortung von E-Mails und Rückrufen	Internes Seminar	Fertigstellung steuerrechtliches Gutachten	Mittagspause		
13 Uhr	Mittagspause	Mittagspause	Beantwortung von E-Mails und Rückrufen		Beantwortung von E-Mails und Rückrufen		
14 Uhr	Schriftsatz in einer gesellschaftsrechtlichen Angelegenheit	Unterschriftenmappe	Termin neues Mandat Testamentsgestaltung	Mittagspause			
15 Uhr		Auswärtiger Besprechungstermin mit Mandant		Unterschriftenmappe	Partnerbesprechung		
16 Uhr			Beantwortung von E-Mails und Rückrufen	Überarbeitung des Unternehmenskaufvertrages aus steuerlicher Sicht		Kanzleiorganisation	
17 Uhr			Unterschriftenmappe				
18 Uhr		Beantwortung von E-Mails und Rückrufen	Fortsetzung steuerrechtliches Gutachten		Unterschriftenmappe		
19 Uhr							
20 Uhr							Kanzleiorganisation
21 Uhr		Telefonkonferenz mit US-Mandanten					

1.2.4 Kommunikationsfähigkeit und Einfühlungsvermögen

Kommunikation spielt in den steuer- und wirtschaftsberatenden Berufen eine wichtige Rolle. Können Sie offen auf Menschen zugehen und dabei die für Ihren Beruf notwendige Distanz wahren?

Vor allem sollten Sie beachten:

- Auch junge Steuerberater und Wirtschaftsprüfer müssen über ein gewisses **Akquisitionstalent** verfügen. Sie sollten schnell Kontakt zu den entscheidenden Mitarbeitern des Mandanten aufbauen können und so Kundenbeziehungen pflegen und neue aufbauen. Das bedeutet aber keinesfalls, dass der Steuerberater oder WP sein professionell distanziertes Verhalten ablegt. Das Duzen eines Mandanten ist selbstverständlich tabu (auch nach einem Abendessen im Golfclub).

- Als Steuerberater treffen Sie mit sehr unterschiedlichen Mandanten zusammen. Vom Künstler, der seine Belege im Schuhkarton zu Ihnen bringt, bis zum Vorstand, der die Abgabefristen für seine private Steuererklärung bis zum Letzten ausreizt, ist alles möglich. Dies erfordert **Talent im Umgang mit Menschen** und eine gewisse Nervenstärke.

- Es liegt in der Natur der Sache, dass zwischen Prüfer und geprüftem Unternehmen ein Spannungsverhältnis besteht. Vor allem bei Unternehmen in der Krise liegen die Nerven der Manager blank; es geht ja vielfach um ihr Lebenswerk und um ihr Ansehen. Hier ist **Einfühlungsvermögen** gefragt, um konstruktiv zusammenarbeiten zu können.

- Bei Prüfungen werden nicht nur Aktenordner gewälzt. Um die Situation des Unternehmens zu erkennen, spricht der Wirtschaftsprüfer mit der Geschäftsführung und mit vielen Mitarbeitern. Wird beispielsweise eine Bauunternehmung geprüft, kann ein Gespräch mit dem Vorarbeiter in der Baugrube sehr erhellend sein – Arroganz im Nadelstreifenanzug kommt dabei selten gut an.

- Die Prüfung wird meist von kleinen Teams vorgenommen, die von Mandant zu Mandant unterschiedlich zusammengesetzt sind. Gefragt ist hier die Fähigkeit, **selbstständig im Team** zu arbeiten und das eigene Wissen optimal einzubringen. Kommunikative Fähigkeiten und ein sicheres Auftreten sind nicht nur im Verhältnis zu den jeweiligen Auftraggebern und deren Mitarbeitern, sondern auch in den Beziehungen zu eigenen Kollegen und Mitarbeitern gefragt.

- Der Wirtschaftsprüfer bewegt sich auf internationalem Terrain. Es ist unerlässlich, zusätzlich zur deutschen zumindest auch die **englische Sprache** in Wort und Schrift zu beherrschen.

1.2.5 Verantwortungsbewusstsein

Zum steuerlichen Berater besteht ein engeres Vertrauensverhältnis als zu jedem anderen Berater, das zeigen Umfragen bei den Mandanten. Scherzhaft behaupten Steuerberater zuweilen, dass sie besser über die wirtschaftlichen Verhältnisse ihres Mandanten informiert seien als dessen Ehefrau. Diese ganz besondere Vertrauensstellung erlegt Steuerberatern und Wirtschaftsprüfern ein hohes Maß an Verantwortung auf. Der Mandant erwartet selbstverständlich, dass sein Berater integer, vertrauenswürdig und gewissenhaft ist. Erwartet der Mandant darüber hinaus, dass er ihm bei Steuerhinterziehungen behilflich ist, hat der Steuerberater als Organ der Rechtspflege auch hier Verantwortung zu zeigen, gegenüber der Gesellschaft, seinem Berufsstand und nicht zuletzt gegenüber sich selbst ... und das Mandat im Zweifelsfall niederzulegen.

Auch fachlich müssen steuerliche Berater sich bewusst sein, dass sie jeden Tag neu Verantwortung übernehmen. Dazu gehört insbesondere eine gute Selbstorganisation: Fristen und Termine müssen strikt eingehalten werden. Fristversäumnisse oder gar sachlich falsche Beratungsaussagen können weit reichende Konsequenzen sowohl für den Mandanten als auch für den Steuerberater oder Wirtschaftsprüfer selbst haben.

1.2.6 Der erste Schritt: Ein Praktikum

Falls Sie sich noch nicht im Klaren darüber sind, ob der Beruf des Steuerberaters oder des Wirtschaftsprüfers das Richtige für Sie ist, sollten Sie unbedingt während des Studiums die Möglichkeit eines Praktikums nutzen, um den Beruf und sein Umfeld kennen zu lernen.

„Eine gute Entscheidungshilfe kann ein Praktikum bei einem Wirtschaftsprüfer sein. Dort erhält der künftige Wirtschaftsprüfer Einblick in den Prüfungsalltag", sagt Dr. Reiner Veidt, Geschäftsführer der Wirtschaftsprüferkammer, und meint, „dass sich daraus möglicherweise die ersten Schritte auf dem Weg zu einer interessanten beruflichen Karriere ergeben".

> **TIPP** Während eines Praktikums können Sie erste Erfahrungen sammeln und vielleicht schon interessante Kontakte knüpfen.

Praktikumsbörsen im Bereich **Steuerberatung** finden Sie auf den Internetseiten vieler regionaler Steuerberaterkammern. Bei der Suche nach einem geeigneten Praktikumsplatz können Sie auf die bei den einzelnen regionalen Steuerberaterkammern geführten Berufsregister oder auf den Steuerberatersuchservice des Deutschen Steuerberaterverbandes (DStV) unter www.dstv.de zurückgreifen. Dort sind alle Steuerberater und Steuerberatungsgesellschaften im Kammerbezirk aufgeführt.

Studierende, die ein **Praktikum bei einem Wirtschaftsprüfer bzw. bei einer Wirtschaftsprüfungsgesellschaft** suchen, können sich auf den Internetseiten der WPK unter www.wpk.de (Praktikumsbörse) sowie im WP-Magazin, dem Mitteilungsblatt der WPK, über freie Praktikumsplätze informieren. Sie haben auch die Möglichkeit, über die WPK kostenlos eine Kleinanzeige im Internet und im WPK-Magazin zu veröffentlichen. Außerdem können sie das WP Verzeichnis Online, das öffentliche Berufsregister, zu Hilfe nehmen. Dort sind ebenfalls alle Berufsangehörigen aufgeführt.

> **TIPP** In Köln findet jährlich im November der Absolventenkongress statt, Deutschlands größte Jobmesse für Studenten, Absolventen und Young Professionals. Dort präsentieren sich zahlreiche Firmen aller Größen und Branchen, unter anderem auch die großen WP-Gesellschaften. Im persönlichen Gespräch können Sie dort mehr über ihren Wunscharbeitgeber und dessen Kultur erfahren. Zudem haben Sie die Chance, sich persönlich vorzustellen und einen positiven Eindruck zu hinterlassen.

1.2.7 Erfahrungsbericht: Einstieg bei Warth & Klein Grant Thornton AG

Von Simon C. Pfender, Warth & Klein Grant Thornton AG, Düsseldorf

Simon C. Pfender ist im Bereich Corporate Finance & Advisory Services der Warth & Klein Grant Thornton AG Wirtschaftsprüfungsgesellschaft, Düsseldorf, tätig.

Volks- und betriebswirtschaftliche Themen und Zusammenhänge haben mich schon vor meinem Studium besonders interessiert. Zugleich faszinieren mich Naturwissenschaften, insbesondere Mathematik, so dass ich in der Schulzeit entsprechende Vertiefungen gewählt habe. Ziel bei der Wahl meines Studiengangs war es, beides zu verbinden.

Ich habe mich somit nach meiner Schulzeit für den mathematisch, quantitativ ausgerichteten Diplom-Studiengang Volkswirtschaftslehre der Universität Bonn entschieden. Dieser beinhaltet auch eine fundierte betriebswirtschaftliche Ausbildung. Nach Abschluss des Grundstudiums fiel meine Wahl gezielt auf Vorlesungen und Seminare im Bereich Corporate Finance und Banking. Dabei haben mich insbesondere Veranstaltungen mit kapitalmarkttheoretischem Hintergrund und zur Unternehmensbewertung interessiert. Einen weiteren Schwerpunkt habe ich im Bereich Wirtschaftsprüfung gesetzt. Den erfolgreichen Abschluss bildete meine Diplomarbeit zu einem zentralen Thema der Corporate Finance.

Während des Studiums habe ich – entsprechend meiner Studien- und Interessenschwerpunkte – gezielt praktische berufliche Erfahrung gesammelt. Ich war im Corporate Banking der Zentrale einer deutschen Großbank in Frankfurt tätig, habe bei einem Big-Four-Wirtschaftsprüfungsunternehmen in der prüfungsnahen Beratung und im Rahmen einer Fallstudie zur Financial Due Diligence gearbeitet sowie im Rahmen eines Auslandspraktikums Einsicht in eine internationale Wirtschaftsorganisation bekommen. Diese wertvollen Praxiserfahrungen haben sich als hervorragende Kombination erwiesen und mich in meiner Studienausrichtung bestätigt.

Nach dem Studium bin ich der Corporate Finance folgerichtig treu geblieben. Sie ist aus meiner Sicht eines der spannendsten und dynamischsten Berufsfelder mit intensiven Verbindungen zu anderen Wirtschaftsbereichen.

Meinen Berufseinstieg habe ich dementsprechend im Bereich Corporate Finance der Wirtschaftsprüfungsgesellschaft Warth & Klein Grant Thornton AG gefunden. Diese Entscheidung hat sich gelohnt. Ich bin in sämtliche Tätigkeiten und in verschiedenste Projekte des Bereichs eingebunden. Zentrale Leistungen sind dabei Unternehmensbewertung und Financial Due Diligence. Hinzu kommt der Kontakt mit Mandanten aus den unterschiedlichsten Branchen. Zur täglichen Arbeit gehören der Umgang mit Kapitalmarktdaten, theoretische Fragen mit entsprechendem Bedarf an Einordnung und praktischer Berücksichtigung sowie das Financial Modelling.

Zusätzlich zu diesen fachlichen Qualifikationen sind sehr gute Kommunikationsfähigkeiten und Fremdsprachenkenntnisse, Freude an der Arbeit in Teams gefragt sowie die Fähigkeit, sich selbstständig in vielfältigste Themen und Fragestellungen einzuarbeiten. Hohe Eigenmotivation und die Bereitschaft zur Weiterbildung sind ein Muss.

1.3 Kammern, Berufsverbände und weitere berufsständische Organisationen

1.3.1 Die Bundessteuerberaterkammer und regionale Steuerberaterkammern

Die 21 Steuerberaterkammern und ihre Spitzenorganisation, die Bundessteuerberaterkammer, gewährleisten das System der beruflichen Selbstverwaltung der Steuerberater.

Alle im jeweiligen Kammergebiet zugelassenen Steuerberater sind Pflichtmitglieder der Kammer und leisten einen Beitrag nach der Beitragsordnung. Die Steuerberaterkammern sind Körperschaften des öffentlichen Rechts und damit parteipolitisch neutral. Sie informieren und unterstützen Steuerberater in beruflichen Fragen, führen die Ausbildung durch und beaufsichtigen die Berufsausübung. Darüber hinaus bieten sie meist Fortbildungsmaßnahmen für Steuerberater und deren Mitarbeiter an.

1. STEUERBERATER UND WIRTSCHAFTSPRÜFER

Mitglieder nach Kammerbezirken

Steuerberaterkammer	Steuerberater	Steuerberatungsgesellschaften	Steuerbevollmächtigte und Sonstige*	Gesamt	Veränderung gegenüber 2009 in Prozent
Berlin	3.181	536	122	3.839	1,7
Brandenburg	836	146	29	1.011	3,8
Bremen	725	89	16	830	1,2
Düsseldorf	7.715	615	177	8.507	3,0
Hamburg	3.368	380	107	3.855	3,8
Hessen	6.680	641	341	7.662	3,1
Köln	5.294	480	180	5.954	2,4
Mecklenburg-Vorpommern	658	121	46	825	1,7
München	9.075	1.005	313	10.393	3,2
Niedersachsen	6.006	643	245	6.894	2,1
Nordbaden	2.697	281	80	3.058	2,4
Nürnberg	4.010	422	95	4.527	2,6
Rheinland-Pfalz	3.049	329	127	3.505	1,4
Saarland	829	88	35	952	1,4
Sachsen	1.914	318	197	2.429	3,2
Sachsen-Anhalt	776	132	62	970	1,7
Schleswig-Holstein	2.155	275	110	2.540	1,8
Stuttgart	6.555	609	162	7.326	2,4
Südbaden	2.042	225	56	2.323	1,9
Thüringen	924	154	84	1.162	1,1
Westfalen-Lippe	6.844	680	193	7.717	2,0
gesamt	75.333	8.169	2.777	86.279	2,5

* „Sonstige" = Personen gem. § 74 Abs. 2 StBerG
Quelle: Bundessteuerberaterkammer 2010

Die **Bundessteuerberaterkammer** in Berlin vertritt als Spitzenorganisation die Gesamtheit der deutschen Steuerberater auf nationaler und internationaler Ebene. Sie ist demokratisch legitimiert. Die Steuerberater wählen in ihren Kammerbezirken die Vorstände der bundesweit 21 Steuerberaterkammern. Die Vorstände wiederum vertreten durch Delegierte ihre Steuerberaterkammern in den Bundeskammerversammlungen und wählen dort das Präsidium der Bundessteuerberaterkammer. Auch in der Satzungsversammlung, von der die Berufsordnung erlassen und geändert wird, sind die Steuerberater durch unmittelbar gewählte Delegierte vertreten.

Die Bundessteuerberaterkammer wirkt beratend bei der Gestaltung der Steuergesetze und des Berufsrechts mit. Auch bietet sie den Berufsträgern zahlreiche Fachveranstaltungen sowie den jährlich stattfindenden „Deutschen Steuerberaterkongress" an.

Die Adressen und Kontaktdaten der Steuerberaterkammern finden Sie im Anhang.

Mitglieder der Bundessteuerberaterkammer

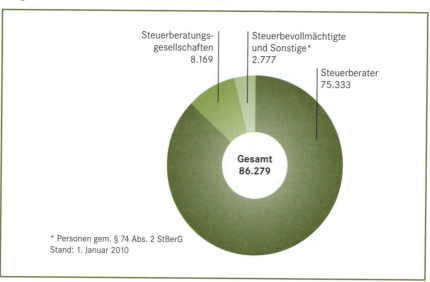

Quelle: Bundessteuerberaterkammer

1.3.2 Der Deutsche Steuerberaterverband – DStV

Zusätzlich zur Pflichtmitgliedschaft in der Steuerberaterkammer können Steuerberater sich freiwillig einem Verband anschließen. Der größte berufsständische Verband auf Bundesebene ist der Deutsche Steuerberaterverband (DStV) mit derzeit ca. 32.000 Mitgliedern. Dem DStV gehören 15 Mitgliedsverbände an. In ihnen haben sich Steuerberater, Steuerbevollmächtigte, Wirtschaftsprüfer, vereidigte Buchprüfer sowie Berufsgesellschaften freiwillig zusammengeschlossen. Der DStV vertritt die Interessen der Berufsangehörigen auf nationaler und internationaler Ebene. Er nimmt politisch Einfluss in steuer-, berufs- und wirtschaftsrechtlichen Fragestellungen und unterstützt den Berufsstand durch konkrete Handlungsempfehlungen und vielfältige Hilfestellungen für die tägliche Praxis. Aktuelle Ziele des Verbandes sind zum Beispiel die Absenkung der Steuer- und Abgabenquote, die Erhaltung der Vorbehaltsaufgaben der wirtschaftsnahen Freien Berufe und die mittelstandsfreundliche Umsetzung der Internationalen Rechnungslegungsstandards. Zusammen mit seinen Schwesterinstituten, dem **Deutschen Steuerberaterinstitut (DStI)** und der **Deutschen Steuerberaterservice GmbH (DStS)** versteht sich der DStV als Service- und Kompetenzzentrum für die Mitglieder der steuerberatenden Berufe.

1.3.3 C.F.E. – Confédération Fiscale Européenne

In der im Jahre 1959 gegründeten europäischen Steuerberaterorganisation C.F.E. haben sich 29 nationale Berufsorganisationen aus 22 Ländern zusammengeschlossen. Die C.F.E., deren Generalsekretariat von der Bundessteuerberaterkammer geführt wird, betätigt sich sowohl im berufsrechtlichen als auch im steuerrechtlichen Bereich. Sie setzt sich zum Beispiel für die Aufrechterhaltung des Status des Steuerberaters in der Europäischen Union sowie für die Anerkennung seines Rechts auf Berufsausübung in allen Ländern der Europäischen Union ein. Alle EU-Richtlinienvorschläge werden von der C.F.E. kritisch geprüft und im Hinblick auf eine einfach umzusetzende und gerechte Steuerharmonisierung durch eingehende Stellungnahmen mitgestaltet. Darüber hinaus unterstützt die C.F.E. die grenzüberschreitende Steuerberatung, die durch die verstärkte internationale wirtschaftliche Betätigung der Mandanten noch zunehmen wird, indem sie Kooperationen von Steuerberatern in allen europäischen Mitgliedsländern vermittelt.

1.3.4 IFA – International Fiscal Association

Die Bundessteuerberaterkammer ist auch Mitglied der International Fiscal Association. Diese im Jahre 1937 gegründete Vereinigung mit Sitz in Rotterdam beobachtet, analysiert und vergleicht die Steuergesetzgebung weltweit. Eine Mitgliedschaft bei der IFA ist insbesondere Steuerberater zu empfehlen, die auf internationalem Gebiet tätig sind.

1.3.5 Die Wirtschaftsprüferkammer

Die Wirtschaftsprüferkammer (WPK) ist eine Körperschaft des öffentlichen Rechts. Alle Wirtschaftsprüfer, vereidigten Buchprüfer, Wirtschaftsprüfungsgesellschaften und Buchprüfungsgesellschaften in Deutschland sind ihre Mitglieder. Die WPK hat ihren Sitz in Berlin und ist für ihre ca. 20.000 Mitglieder bundesweit zuständig und tätig.

Eine regionale Kammerstruktur wie bei den Steuerberatern oder Rechtsanwälten gibt es aufgrund der Direktmitgliedschaft aller Wirtschaftsprüfer und vereidigten Buchprüfer in der WPK nicht. Die WPK unterhält aber in mehreren Bundesländern Landesgeschäftsstellen, die „vor Ort" Informationen und Hilfe bieten. Die Adressen finden Sie im Anhang.

Zu den Aufgaben der WPK gehören insbesondere

- die Berufsaufsicht über die Mitglieder,
- die Durchführung des Qualitätskontrollverfahrens sowie des Wirtschaftsprüfungsexamens,

- die Bestellung von Wirtschaftsprüfern und die Anerkennung von Wirtschaftsprüfungsgesellschaften,
- der Erlass von Satzungen zur Berufsausübung,
- die Vertretung des Berufsstandes gegenüber Politik und Öffentlichkeit, insbesondere bei Gesetzesvorhaben,
- die Förderung der Ausbildung des Berufsnachwuchses.

Die WPK führt das **Berufsregister**. Darin werden Wirtschaftsprüfer, WP-Gesellschaften, vereidigte Buchprüfer und Buchprüfungsgesellschaften und sonstige berufliche Zusammenschlüsse mit bestimmten beruflichen und persönlichen Daten eingetragen. Das Berufsregister ist öffentlich, kann also von jedermann ohne den Nachweis eines berechtigten Interesses – auch elektronisch – eingesehen werden. Das WP Verzeichnis Online hat zwei Abteilungen. Eine enthält die Daten des öffentlichen Berufsregisters und, davon getrennt, freiwillige Kommunikationsdaten. Die andere Abteilung ermöglicht die Suche nach Berufsangehörigen mit Spezialkenntnissen. Jede Ersteintragung und Änderung der beruflichen Verhältnisse eines Wirtschaftsprüfers/vereidigten Buchprüfers oder der Struktur einer Wirtschaftsprüfungsgesellschaft/Buchprüfungsgesellschaft wird bei der Erfassung im Berufsregister von den Mitarbeitern auf die Vereinbarkeit mit dem Berufsrecht hin überprüft. Beratungs- und Gestaltungshilfe bei der Lösung berufsrechtlicher Fragen stehen dabei im Vordergrund.

Öffentlichkeit und Staat stellen hohe Erwartungen an den Berufsstand der Wirtschaftsprüfer. Das System der Qualitätskontrolle soll sicherstellen, dass die Berufsausübung der Berufsangehörigen einer regelmäßigen, präventiven Kontrolle unterliegt. Wirtschaftsprüfer und vereidigte Buchprüfer müssen, sofern sie gesetzliche Abschlussprüfungen durchführen, ihre Praxis alle sechs bzw. alle drei Jahre, soweit sie Unternehmen von öffentlichem Interesse prüfen, durch einen unabhängigen Prüfer für Qualitätskontrolle prüfen lassen. Eine Unterlassung hat zur Folge, dass die Praxis keine Abschlussprüfungen mehr durchführen darf.

Überprüft wird das interne Qualitätssicherungssystem zur Abwicklung von Prüfungsaufträgen der jeweiligen Praxis auf seine Angemessenheit und Wirksamkeit. Das System der Qualitätskontrolle unterliegt der öffentlichen fachbezogenen Aufsicht durch die **Abschlussprüferaufsichtskommission** (APAK), die durch das am 1.1.2005 in Kraft getretene **Abschlussprüferaufsichtsgesetz** (APAG) eingerichtet wurde.

Die WPK ist darüber hinaus verpflichtet, stichprobenartige und anlassunabhängige Sonderuntersuchungen bei den Wirtschaftsprüferpraxen durchzuführen.

Die Wirtschaftsprüferkammer selbst wird vom Bundesministerium für Wirtschaft und Technologie beaufsichtigt. Das Ministerium prüft, ob die Wirtschaftsprüferkammer die Gesetze und Satzungen beachtet, wenn sie ihre Aufgaben durchführt.

Mitglieder der Wirtschaftsprüferkammer

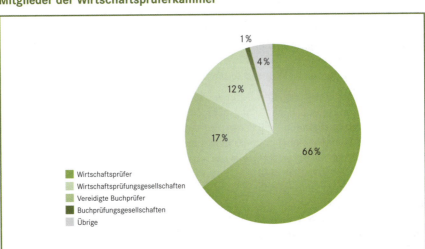

Quelle: Wirtschaftsprüferkammer, Stand 1.7.2010

1.3.6 Das IDW – Institut der Wirtschaftsprüfer

Über 87 Prozent aller Wirtschaftsprüfer sind Mitglieder des Instituts der Wirtschaftsprüfer in Deutschland e.V. Das IDW ist ein freiwilliger Zusammenschluss von Wirtschaftsprüfern und Wirtschaftsprüfungsgesellschaften. Am Stichtag 1.8.2010 hatte das IDW 13.092 Mitglieder, davon 12.054 Wirtschaftsprüfer und 1.038 WP-Gesellschaften. Die hohe Mitgliederzahl erklärt sich aus der großen Bedeutung des IDW für den Berufsstand. Es vertritt die Interessen des Wirtschaftsprüferberufes auf nationaler und internationaler Ebene.

Eine wichtige Aufgabe des IDW ist es, eine einheitliche Auffassung der Wirtschaftsprüfer in fachlichen Grundsatzfragen herbeizuführen. Es entwickelt daher fachliche Regeln der Berufsausübung zur Gewährleistung eines einheitlichen und hochwertigen Qualitätsniveaus, wie zum Beispiel die IDW Prüfungsstandards (IDW PS) und die IDW Stellungnahmen zur Rechnungslegung (IDW RS). Die IDW Prüfungsstandards beispielsweise enthalten die vom IDW festgestellten deutschen Grundsätze ordnungsgemäßer Abschlussprüfung. Dabei handelt es sich um die Grundsätze zur Durchführung von Abschlussprüfungen sowie Festlegungen zu den dabei vorzunehmenden Prüfungshandlungen. Der WP darf nur in begründeten Einzelfällen von diesen Prüfungsstandards abweichen. Werden die IDW PS vom Abschlussprüfer nicht beachtet, ist damit zu rechnen, dass ihm dies in einem Verfahren der Berufsaufsicht oder in einem Strafverfahren zum Nachteil ausgelegt wird.

Seinen Mitgliedern stellt das IDW eine breite Palette fachbezogener Serviceleistungen zur Verfügung. Darüber hinaus bietet das IDW ein anspruchsvolles **Aus- und Fortbildungsprogramm** und fördert insbesondere die WP-Examenskandidaten.

1.3.7 Wirtschaftsprüferverband für die mittelständische Wirtschaft

Der im Jahre 2005 gegründete Verband versteht sich als Interessenvertretung für die in einer Einzelpraxis oder in einer kleinen Wirtschaftsprüfungsgesellschaft freiberuflich tätigen Wirtschaftsprüfer und vereidigten Buchprüfer. Er hat derzeit 400 Mitglieder.

1.3.8 IFAC – International Federation of Accountants

Die IFAC ist eine internationale Berufsorganisation, die sich mit Fragen des Berufsrechts, der Aus- und Fortbildung, der Rechnungslegung der öffentlichen Hand, der Qualitätskontrolle und vor allem der Prüfung befasst. Zu diesem Zweck erarbeitet die IFAC Verlautbarungen und pflegt Kontakte mit nationalen und regionalen Berufsorganisationen.

1.3.9 FEE – Fédération des Experts Comptables Européens

Insgesamt 44 der führenden europäischen Berufsorganisationen aus 32 Ländern haben sich zu der FEE zusammengeschlossen. Ziel der Vereinigung ist es, die Harmonisierung der Rechnungslegung und Prüfung in Europa zu fördern.

1.3.10 Die Versorgungswerke der Steuerberater und Wirtschaftsprüfer

Die Rente scheint sicher – Steuerberater und Wirtschaftsprüfer haben ebenso wie andere freie Berufe eine eigene öffentlich-rechtliche Versorgungseinrichtung – die Versorgungswerke. Mit ihrer Bestellung werden Steuerberater oder Wirtschaftsprüfer automatisch Pflichtmitglied im jeweiligen Versorgungswerk, das nun auch die Beiträge erhält anstelle der BfA etc. Die Versorgungswerke sind Körperschaften des öffentlichen Rechts. Das Versorgungswerk der Steuerberater hat kraft landesgesetzlichen Versorgungsauftrags ausschließlich die Steuerberater, diese jedoch grundsätzlich in jeder Form der Berufsausübung (in selbstständiger und unselbstständiger Tätigkeit) zu versorgen.

Das Versorgungswerk der Wirtschaftsprüfer und der vereidigten Buchprüfer im Land Nordrhein-Westfalen (WPV) ist zentral für die Alters-, Invaliditäts- und Hinterbliebenenversorgung aller Berufsträger verpflichtet. Außer dem Saarland haben sich alle Bundesländer durch Abschluss von Staatsverträgen mit dem Land Nordrhein-Westfalen dem WPV angeschlossen.

Die Adressen und Kontaktdaten aller Versorgungswerke finden Sie im Anhang.

1.3.11 Software und IT-Services

Softwarehaus und IT-Dienstleister für Steuerberater, Wirtschaftsprüfer und Rechtsanwälte sowie deren Mandanten ist vor allem die DATEV eG mit Sitz in Nürnberg. Das Leistungsspektrum umfasst insbesondere die Bereiche Rechnungswesen, Personalwirtschaft, betriebswirtschaftliche Beratung, Steuern, Enterprise Resource Planing (ERP) sowie Organisation und Planung. Die 1966 gegründete DATEV zählt zu den größten Informationsdienstleistern und Softwarehäusern in Europa. So belegte das Unternehmen mit einem Jahresumsatz von ca. 650 Millionen € beispielsweise im bekannten Lünendonk-Ranking von 2009 Platz Vier in der Kategorie Softwarehäuser. Die Genossenschaft hat ca. 39.300 Mitglieder und ca. 5.600 Mitarbeiter.

Einige Zahlen: Die Finanzbuchführungen von rund 2,5 Millionen der meist mittelständischen deutschen Unternehmen werden vom Steuerberater mit DATEV erstellt. Außerdem bringt das DATEV-Druck- und Versandzentrum jeden Monat rund zwei Millionen betriebswirtschaftliche Auswertungen auf den Weg. Mehr als 9,5 Millionen Lohn- und Gehaltsabrechnungen werden jeden Monat mit DATEV-Software erstellt.

2

DER STEUERBERATER: BERUFSBILD UND BERUFSAUSÜBUNG

von RAin Susanne Löffelholz

2.1 Steuerberater – die Berufsbezeichnung

Der Titel Steuerberater/in ist geschützt. Er darf nur von Personen geführt werden, die eine theoretische und praktische Ausbildung abgeschlossen und die äußerst anspruchsvolle Steuerberaterprüfung erfolgreich abgelegt haben.

Rechtliche Grundlagen der Berufsausübung der Steuerberater sind das

- **Steuerberatungsgesetz (StBerG)** vom 16.8.1961, zuletzt geändert durch Gesetz vom 30.7.2009 und die
- **Berufsordnung (BOStB)** vom 2.6.1997, zuletzt geändert durch Beschluss der Satzungsversammlung vom 8.9.2010

> **TIPP** Die meisten Steuerberaterkammern geben ein sogenanntes Berufsrechtliches Handbuch heraus. Dort finden Sie gesetzliche und berufsrechtliche Vorschriften, wie z.B. StBerG, BOStB, Steuerberatergebührenverordnung sowie Verlautbarungen und Hinweise für die Berufspraxis, Vordruckmuster etc.

2.2 Leitbild und Selbstverständnis

Das **Steuerberatungsgesetz** beschreibt in § 33 StBerG die facettenreiche Tätigkeit von Steuerberatern im Einzelnen als:

- Beratung der Auftraggeber in Steuersachen,
- Vertretung in Besteuerungsverfahren,
- Hilfeleistung bei der Bearbeitung von Steuerangelegenheiten und bei der Erfüllung der steuerlichen Pflichten einschließlich der Hilfeleistung in Steuerstrafsachen und in Bußgeldsachen, bei Steuerordnungswidrigkeiten sowie
- Hilfeleistung bei der Erfüllung von steuerlichen Buchführungspflichten, insbesondere bei der Aufstellung von Steuerbilanzen und deren steuerrechtlicher Beurteilung.

Aufgrund der notwendigen besteuerungsrelevanten Gestaltungsüberlegungen umfasst das Tätigkeitsfeld des Steuerberaters die steuerrechtliche und betriebswirtschaftliche Beratung. Die Beratung der Mandanten in Fragen der Steuerwirkungen und der Steuerplanung ist wegen der engen wechselseitigen Abhängigkeit von allgemeinen, betriebswirtschaftlichen Entscheidungen und steuerlichen Sachverhaltsgestaltungen in eine umfassende Unternehmensplanung einzubeziehen.

Die **Bundessteuerberaterkammer** als berufsständische Vertretung sieht das **Anforderungsprofil** so:

„Steuerberater und Steuerbevollmächtigte sind gemäß § 3 Abs. 1 Nr. 1 StBerG unbeschränkt zur geschäftsmäßigen Hilfeleistung in Steuersachen befugt. Damit sind sie als Organ der Steuerrechtspflege tätig und übernehmen auch im Rahmen der Volkswirtschaft eine bedeutsame Dienstleistungsfunktion".

Über die gesetzliche Tätigkeitsbeschreibung hinaus zeigt die Vorstellung der Bundessteuerberaterkammer, dass es sich um einen Beruf handelt, der eine bedeutsame und wichtige Funktion in unserer Gesellschaft hat.

Die Steuerberater selbst haben im Rahmen der Initiative *Perspektiven für morgen* der Bundessteuerberaterkammer im Jahre 2006 ihr **gemeinsames Selbstverständnis** wie folgt beschrieben:

Leitbild des steuerberatenden Berufs

Als Steuerberater und Steuerberaterinnen sind wir Angehörige eines freien Berufs und Organ der Steuerrechtspflege. Durch die gesetzlich geschützte berufliche Verschwiegenheit und die detaillierte Kenntnis der wirtschaftlichen und persönlichen Verhältnisse unserer Mandanten tragen wir ein hohes Maß an Verantwortung und haben eine besondere Vertrauensstellung.

Wir begleiten unsere Mandanten als unabhängige und kompetente Ratgeber bei allen steuerlichen und wirtschaftlichen Fragestellungen mit dem Ziel, deren Interessen als Unternehmer, Institutionen oder Privatpersonen optimal zu vertreten sowie deren wirtschaftlichen Erfolg zu fördern und zu sichern.

Unser Leistungsangebot umfasst insbesondere die Rechnungslegung nach nationalen und internationalen Vorgaben, die Steuerberatung und den steuerlichen Rechtsschutz. Die Beratung in privaten Vermögensangelegenheiten, die betriebswirtschaftliche Beratung sowie die Durchführung von gesetzlichen und freiwilligen Prüfungen sind weitere wesentliche Tätigkeitsfelder.

Wir üben unseren Beruf unabhängig, eigenverantwortlich und gewissenhaft aus. Durch hohe Qualifikation verbunden mit konsequenter Fortbildung, effizienter Kanzleiführung und Qualitätsmanagement schaffen wir die Grundlage, um auch zukünftigen Anforderungen flexibel zu begegnen.

Die Beschreibungen des Berufsbildes und das Selbstverständnis der Steuerberater machen deutlich, dass es sich bei dem Beruf des Steuerberaters nicht um einen „Job" handelt, sondern um einen Beruf, der hohe Anforderungen an die fachliche Qualifikation, aber auch an die Persönlichkeit der Bewerber stellt. Als **Anwälte des Steuerbürgers** tragen Steuerberater eine hohe Verantwortung: Sie vertreten die Interessen ihres Mandanten und leisten gleichzeitig als **Organ der Steuerrechtspflege** einen besonderen Dienst für das Gemeinwohl.

Dies kommt auch in den gesetzlich vorgeschriebenen **Allgemeinen Berufspflichten des Steuerberaters** zum Ausdruck.

Nach § 57 StBerG haben Steuerberater und Steuerbevollmächtigte ihren Beruf unabhängig, eigenverantwortlich, gewissenhaft, verschwiegen und unter Verzicht auf berufswidrige Werbung auszuüben.

Darüber hinaus haben sie sich jeder Tätigkeit zu enthalten, die mit ihrem Beruf oder mit dem Ansehen ihres Berufes nicht vereinbar ist. Sie haben sich auch außerhalb der Berufstätigkeit des Vertrauens und der Achtung würdig zu erweisen, die ihr Beruf erfordert.

Kleiner Exkurs: Geschichte des Berufsbildes

Den Steuerberater in der heute geltenden Ausprägung gibt es erst seit dem Jahre 1975.

Die Tätigkeit eines Steuerberaters kannte man aber bereits im Altertum. Im Römischen Reich traten in Steuerstreitigkeiten „oratores" („Redner") vor Gericht auf. In der Neuzeit wurde diese Rechtsfigur von Rechtsberatern und „Wirtschaftshelfern" abgelöst. Ein konkretes Berufsbild entstand 1891 im Zuge der Miquelschen Steuerreform, mit der die Steuererklärungspflicht eingeführt und erlaubt wurde, sich hierbei durch „Bevollmächtigte" vertreten zu lassen. Danach bildete sich der Beruf des Steuerberaters mit einem Zugang sowohl für Akademiker als auch für Praktiker heraus. An der daraus resultierenden Unterscheidung zwischen Steuerberatern und Steuerbevollmächtigten hielt auch noch das im Jahre 1961 verabschiedete Steuerberatungsgesetz fest. Im Jahre 1975 wurde diese Unterscheidung aufgegeben und das Berufsbild des Steuerberaters schließlich vereinheitlicht.

> **Web-Links** Vielfältige und umfassende Informationen über den Beruf des Steuerberaters sowie aktuelle Stellungnahmen, Termine etc. finden Sie auf den Internetseiten der Bundessteuerberaterkammer www.bstbk.de

2.3 Charakteristika des Berufsbildes

2.3.1 Dienstleistung

Steuerberater sind Dienstleister. Sie werden tätig, wenn sie einen entsprechenden Auftrag erhalten.

Im Wesentlichen unterscheidet man drei Beratungsgebiete:

- die **Deklarationsberatung,** bei der es insbesondere um die Hilfe bei der Erstellung von Steuererklärungen und die Überprüfung von Steuerbescheiden geht.
- die **Gestaltungsberatung,** die vorausschauende Beratung für eine optimale Steuergestaltung des Mandanten sowie
- die **Durchsetzungsberatung,** mit der die Vertretung des Mandanten gegenüber der Finanzverwaltung und den Finanzgerichten gemeint ist.

Die in diesen drei Beratungsgebieten anfallenden Aufgaben nennt man **Vorbehaltsaufgaben.**

Es handelt sich um Leistungen, zu denen ausschließlich Steuerberater aufgrund ihrer Stellung berechtigt sind.

2.3.2 Gebühren

Steuerberater rechnen ihre Leistungen nach der Steuerberatergebührenverordnung (StBGebV) ab. Die Höhe der Gebühren richtet sich nach

- Zeitaufwand
- Wert des Objekts und
- Art der Aufgabe.

Die Gebührenverordnung regelt die einzelnen Tätigkeiten als so genannte Angelegenheiten und benennt jeweils die Gegenstandswerte, die der Honorarrechnung zugrunde liegen. Die jeweiligen Mindest- und Höchstgebühren sind in Zehntelsätzen festgelegt. Die Gebührenregelungen beziehen sich allerdings nur auf die Tätigkeiten des Steuerberaters, die sein Berufsbild prägen, also die Vorbehaltsaufgaben. Für Tätigkeiten, die mit dem Beruf des Steuerberaters lediglich vereinbar sind, gelten sie nicht.

2.3.3 Vereinbare und nicht vereinbare Tätigkeiten

Ein immer größerer Tätigkeitsbereich betrifft die **vereinbaren Tätigkeiten.** Damit sind vielfältige weitere Leistungen gemeint, die Steuerberater für ihre Mandanten erbringen können. Das Berufsrecht schreibt lediglich vor, dass diese Tätigkeiten mit dem Beruf des Steuerberaters vereinbar sein müssen. Mögliche Tätigkeitsfelder sind zum Beispiel Unternehmensberatung, Insolvenzwesen, Vermögensberatung, Mediation, Nachlassverwaltung, und Sachverständigenwesen.

Nicht vereinbar mit dem Beruf des Steuerberaters sind Tätigkeiten, bei denen die Gefahr einer Interessenkollision besteht und daher die geforderte Eigenverantwortlichkeit und Unabhängigkeit nicht mehr gewährleistet ist. Dies liegt insbesondere bei einer gewerblichen Tätigkeit vor. Darunter fallen zum Beispiel auch Maklertätigkeiten, Finanzierungsvermittlung, Inkasso oder provisionsabhängige Tätigkeiten.

Der Bereich der betriebswirtschaftlichen **Unternehmensberatung** nimmt im Tätigkeitsspektrum des Steuerberaters einen immer wichtigeren Platz ein. Insbesondere viele kleine und mittelständische Unternehmen sind oft gekennzeichnet durch ein geringes Kapital- und Personalaufkommen, die Wahrnehmung mehrerer Funktionen in Personalunion und die daraus resultierende fehlende Kapazität für zusätzliche Aufgaben. Der Steuerberater ist in vielen Fällen ein langjähriger Wegbegleiter des Unternehmens und mit den geschäftlichen Interna bestens vertraut. Als Berater unterstützt er das Unternehmen daher bei Investitions- oder Finanzierungsentscheidungen sowie bei der Unternehmensplanung und beim Controlling, wobei er die Kostenentwicklung und die Ertragslage berücksichtigt. Sein Blick für das betriebliche Geschehen versetzt ihn auch in die Lage, eine drohende Zahlungsunfähigkeit oder Überschuldung frühzeitig zu erkennen, das Unternehmen zu beraten und einen Maßnahmenplan zu erarbeiten, um eine Krise von vornherein zu vermeiden.

Leistungen, die der Steuerberater im Zusammenhang mit der Unternehmensberatung erbringt sind zum Beispiel betriebswirtschaftliche Auswertungen, Bilanzanalyse, Finanzplanung, aber auch Marketingberatung und IT-Beratung.

Als **Treuhänder** ist der Steuerberater tätig, wenn er zum Vermögensverwalter, Testamentsvollstrecker, Nachlasspfleger, Pfleger, Insolvenzverwalter, oder Nachlassverwalter bestellt wird.

Um von den praktischen Beratungserfahrungen der Steuerberater zu profitieren, erteilen Hochschulen und wissenschaftliche Institute **Lehraufträge** an Steuerberater.

> **Web-Links** Ein Blick auf den Steuerberatersuchdienst der Bundessteuerberaterkammer im Internet (www.bstbk.de) gibt einen Eindruck von der umfangreichen Palette der steuerlichen Dienstleistungen. Dort sind ca. 23.000 Steuerberater registriert, die ihre Tätigkeit auf über 130 Arbeitsgebieten (!) anbieten.

2.3.4 Freiheit der Berufsausübung

Der Beruf des Steuerberaters ist ein freier Beruf. Ebenso wie Rechtsanwälte, Ärzte oder Architekten erbringt der Steuerberater die Leistungen, die seinen Beruf ausmachen, in den wesentlichen Elementen selbst und eigenverantwortlich.

Nach der Definition in § 1 Abs. 2 Satz 1 des Partnerschaftsgesellschaftsgesetzes erbringen Freiberufler „persönliche, eigenverantwortliche und fachlich unabhängige Dienstleistungen höherer Art im Interesse der Auftraggeber und der Allgemeinheit auf der Grundlage besonderer beruflicher Qualifikation oder schöpferischer Begabung".

Der Unterschied zur Ausübung eines Gewerbes besteht insbesondere in der Ausbildung der freien Berufe, in der staatlichen und berufsautonomen Regelung der Berufsausübung, in ihrer Stellung im Sozialgefüge, in der Art und Weise der Erbringung ihrer Dienstleistungen.

2.3.5 Unabhängigkeit, Eigenverantwortlichkeit, Gewissenhaftigkeit

Laut [§ 2 BOStB] § 1 Abs. 1 BOStB ist der Steuerberater ein unabhängiges Organ der Steuerrechtspflege.

Das bedeutet, dass Steuerberater keine Bindungen eingehen dürfen, die ihre berufliche Entscheidungsfreiheit gefährden könnten. Außerdem sind sie verpflichtet, ihre persönliche und wirtschaftliche Unabhängigkeit gegenüber jedermann zu wahren.

Steuerberater sind verpflichtet, ihre Tätigkeit in eigener Verantwortung auszuüben. Sie bilden sich ihr Urteil selbst und treffen ihre Entscheidungen selbstständig. Insbesondere können sie eine Pflichtverletzung nicht damit rechtfertigen, dass sie auf Weisung des Mandanten gehandelt haben.

So kann beispielsweise der Steuerberater Gefahr laufen, von einem Mandanten mit in den Tatbestand einer Steuerhinterziehung hineingezogen zu werden. Er kann unter Umständen selbst zum potentiellen Verantwortlichen einer Steuerstraftat oder Steuerordnungswidrigkeit werden. Die Berufstätigkeit als solche begründet zwar keine allgemeine Verantwortung für Hinterziehungen. Der Steuerberater ist nicht verpflichtet, Steuerhinterziehungen zu verhindern; er ist aber bei einer eigenen schuldhaften Verletzung der Steuergesetze als Täter oder Teilnehmer ebenso strafrechtlich verantwortlich wie jeder andere.

Steuerberater haben ihren Beruf gewissenhaft auszuüben. Das heißt, sie dürfen einen Auftrag nur annehmen, wenn sie über die dafür erforderliche Sachkunde und die zur Bearbeitung erforderliche Zeit verfügen. Dazu gehört auch, dass sie die für die Berufsausübung erforderlichen sachlichen, personellen und sonstigen organisatorischen Voraussetzungen gewährleisten.

2.3.6 Verschwiegenheit

Die berufsrechtliche Pflicht zur Verschwiegenheit (§ 57 Abs. 1 StBerG, § 5 BOStB) ist von zentraler Bedeutung. Sie erstreckt sich auf alles, was dem Steuerberater hinsichtlich der Verhältnisse des Auftraggebers in Ausübung des Berufes oder bei Gelegenheit der Berufstätigkeit anvertraut oder bekannt gemacht worden ist. Das sind beispielsweise Einkommens-, Vermögens- und persönliche Verhältnisse des Mandanten. Wegen der herausragenden Bedeutung der Verschwiegenheit ist bereits jeder Anschein einer Verletzung zu vermeiden. Um sicherzustellen, dass auch Mitarbeiter, die selbst nicht Steuerberater sind, Vertraulichkeit üben, muss der Steuerberater jene ebenfalls schriftlich zur Verschwiegenheit verpflichten.

2.3.7 Verantwortung

Zu keinem anderen Berater besteht ein engeres Vertrauensverhältnis als zum Steuerberater. Das ergeben laut Bundessteuerberaterkammer regelmäßig Befragungen unter Mandanten. Steuerberater sind mit den wirtschaftlichen und persönlichen Gegebenheiten ihrer Mandanten aufs Engste vertraut. Sie unterstützen dabei, unternehmerische Entscheidungen zu treffen und nehmen daher oft eine Schlüsselrolle ein. Mit dem besonderen Vertrauen ihrer Mandanten geht ein hohes Maß an Verantwortung des Steuerberaters einher. Voraussetzung für ein verantwortungsvolles Verhalten des Steuerberaters ist neben dem Fachwissen zunächst seine eigene Integrität, Unabhängigkeit und Verschwiegenheit. Nur wenn diese persönlichen Voraussetzungen erfüllt sind, ist ein Steuerberater auch vertrauenswürdig.

Außer der Verantwortung für die Mandanten trägt der Steuerberater auch als Arbeitgeber Verantwortung. Durchschnittlich beschäftigt ein Steuerberater knapp sechs Angestellte – weitere Berufsträger, Steuerfachwirte, Steuerfachangestellte und weitere Mitarbeiter. Außerdem engagieren sich sehr viele Steuerberater bei der Ausbildung der Steuerfachangestellten. Im Jahre 2009 wurden mehr als 17.000 junge Frauen und Männer zu Steuerfachangestellten ausgebildet.

2.3.8 Fachkompetenz

Auch nach der anspruchsvollen Steuerberaterprüfung hört das Lernen nicht auf. Steuerberater bewegen sich in einem Rechtsgebiet, das sich permanent verändert. Fortbildung ist daher – gesetzliche – Pflicht (siehe Kapitel 6). Um fachlich auf dem Laufenden zu bleiben, gehören das regelmäßige Lesen von Fachzeitschriften und der Besuch von Fortbildungsveranstaltungen und Kongressen zum Pflichtprogramm.

2.3.9 IT-Kompetenz

In der Steuerberaterpraxis werden viele Mandantendaten elektronisch verarbeitet und aufbereitet. Auch der Transfer der Daten findet zunehmend elektronisch statt. IT-Kompetenz ist daher heute für Steuerberater und ihre Mitarbeiter nicht nur unerlässliche Voraussetzung, um zeit- und kostengünstig arbeiten zu können, sondern wesentlicher Erfolgsfaktor. Die DATEV e.G. stellt als spezialisierter Branchendienstleister Systeme zur Verfügung, die auf die Bedürfnisse der Steuerberater und Wirtschaftsprüfer zugeschnitten sind und besonders hohen Sicherheitsstandards genügen. IT-Kompetenz ist aber nicht nur in der eigenen Praxis notwendig. Auch wenn beim Mandanten, beispielsweise in der Buchführung, Software eingesetzt wird, ist der Steuerberater zentraler Ansprechpartner.

2.3.10 Leistung lohnt sich

Der Beruf des Steuerberaters bietet regelmäßig ein gutes und sicheres Auskommen.

Die lange und anspruchsvolle Ausbildung und die hohe Arbeitsbelastung zahlen sich aus. Dies gilt sowohl für die selbstständige Berufsausübung als auch für eine Tätigkeit im Angestelltenverhältnis.

Die Höhe des Anfangsgehaltes als angestellter Steuerberater ist abhängig von der beruflichen Qualifikation, eventuellen Spezialkenntnissen, den regional üblichen Gehaltshöhen (Nord-Süd sowie Ost-West-Gefälle) und dem individuellen Verhandlungsgeschick.

Kriterien für den wirtschaftlichen Erfolg einer eigenen Steuerberaterpraxis sind die Mandantenstruktur und die strategische Ausrichtung. Natürlich spielt auch die allgemeine wirtschaftliche Lage eine wichtige Rolle.

2.4 Möglichkeiten der Berufsausübung

Als Steuerberater können Sie Ihren Beruf ausüben

- selbstständig,
- als angestellter Steuerberater oder
- als freier Mitarbeiter

2.4.1 Selbstständigkeit

Charakteristisch für die selbstständige Tätigkeit sind das eigene Unternehmensrisiko, die Verfügungsgewalt über die eigene Arbeitskraft sowie die im Wesentlichen frei gestaltete Tätigkeit und Arbeitszeit. Viele Steuerberater wagen den Sprung in die Selbstständigkeit, nachdem sie einige Jahre als Angestellter tätig waren. Derzeit üben ca. 70 Prozent der Steuerberater Ihren Beruf in einer Einzelpraxis aus.

In die Selbstständigkeit führen verschiedene Wege: Entweder Sie gründen eine eigene Steuerberaterpraxis oder Sie übernehmen eine bestehende Praxis. Möglich ist auch die Übernahme von Mandanten aus dem Angestelltenverhältnis gegen eine Ausgleichszahlung.

Unterschiedlich sind der finanzielle Aufwand und das Risiko. Vorteil einer Neugründung ist der relativ niedrige finanzielle Aufwand. Denn es bleibt Ihnen überlassen, wie Sie Ihre Selbstständigkeit organisieren. Es besteht sogar keine Verpflichtung, besondere Praxisräume einzurichten; die Praxis kann sich auch in Ihrer Wohnung befinden. Dagegen birgt die Akquisition eines neuen Mandantenstammes große Risiken. Es kann u.U. sehr schwierig und langwierig sein, einen völlig neuen Mandantenstamm aufzubauen. Bei der Übernahme einer bestehenden Praxis ist dagegen ein meist langjähriger fester Mandantenstamm vorhanden. Die Kosten für die Übernahme einer etablierten Steuerberaterpraxis sind aber sehr viel höher als die der Neugründung einer Praxis.

2.4 MÖGLICHKEITEN DER BERUFSAUSÜBUNG

Anstelle der Berufsausübung als Einzelperson kann der Beruf auch im **Zusammenschluss mit mehreren Steuerberatern** ausgeübt werden. Dies geschieht meist durch die Gründung einer Kapitalgesellschaft, insbesondere einer GmbH als Steuerberatungsgesellschaft.

Der Zusammenschluss mehrerer Steuerberater kann auch in Form einer Personengesellschaft als

- Gesellschaft bürgerlichen Rechts
- Partnerschaftsgesellschaft
- Kommanditgesellschaft
- Offene Handelsgesellschaft

erfolgen. Auch eine Bürogemeinschaft ist möglich.

Praxen

	01.01.2009	01.01.2010	Anteil in Prozent	Veränderung in Prozent
Einzelpraxen	35.383	36.246	70,3	2,4
Berufliche Zusammenschlüsse gemäß § 56 Abs. 1 StBerG*	7.207	7.110	13,8	-1,3
davon Gesellschaften bürgerlichen Rechts	5.722	5.674		-0,8
davon Sozietäten	4.223	4.181		-1,0
davon überörtliche Sozietäten	1.499	1.493		-0,4
davon Partnergesellschaften gemäß § 3 Nr. 2 StBerG	1.485	1.436		-3,3
Steuerberatungsgesellschaften	7.870	8.169	15,9	3,8
Praxen gesamt	50.460	51.525	100,0	2,1

* In der nachfolgenden Differenzierung hier erstmalig ausgewiesen und erstmalig um überörtliche Sozietäten und einfache Partnergesellschaften ergänzt, Quelle: Bundessteuerberaterkammer

Der Anteil der Steuerberatungsgesellschaften ist in den letzten Jahren auf ca. 16 Prozent gewachsen. Die gebräuchlichste Gesellschaftsform ist die GmbH, gefolgt von der Partnerschaftsgesellschaft. Steuerberater arbeiten in diesen Formen meist auch mit Wirtschaftsprüfern und Rechtsanwälten zusammen.

Bei Steuerberatungsgesellschaften dürfen die Nicht-Steuerberater die Steuerberater aber weder auf der Ebene der Anteilseigner noch auf Ebene der Unternehmensleitung dominieren.

2.4.2 Interview mit StB Susanne Rosenberg, VRT, Köln

StB Susanne Rosenberg ist im Anstellungsverhältnis bei der Steuerberatungs- und Wirtschaftsprüfungsgesellschaft VRT Linzbach, Löcherbach und Partner, Köln, tätig.

Wie war Ihr Weg zur Steuerberaterin?

Da ich nach dem Abitur noch keine konkreten Vorstellungen von meinem Berufsleben hatte, habe ich mich zuerst zu einer Ausbildung zum Diplomfinanzwirt in der gehobenen Beamtenlaufbahn der Finanzverwaltung des Landes NRW entschlossen.

Die Ausbildung dauert drei Jahre. Sie gliedert sich in eine 18-monatige praktische Zeit im Ausbildungsfinanzamt und ein daran anschließendes 18-monatiges Studium an der Fachhochschule für Finanzen in Nordkirchen. Nach erfolgreichem Abschluss begann ich meine Berufstätigkeit am Finanzamt Köln-West. Dort war ich zunächst mehrere Jahre auf einer Veranlagungsstelle eingesetzt. Im Anschluss daran habe ich einen von zwei Ausbildungsbezirken der Beamten im mittleren und gehobenen Dienst im Finanzamt Köln-West geleitet (während der Praxisphasen der Ausbildung). An den Strukturen in der Finanzverwaltung hat mich von Anfang an gestört, dass ich selber zu wenig Einfluss auf meinen Werdegang nehmen konnte. Als sich abzeichnete, dass ich nicht zeitnah in den Bereichen eingesetzt werden würde, für die ich mich stark interessierte (zum Beispiel Betriebsprüfung), habe ich neben der Arbeit den Vorbereitungslehrgang zum Steuerberater begonnen. Die Voraussetzungen dafür (Fachhochschulstudium und mehrjährige Berufserfahrung) hatte ich zwischenzeitlich erworben. Nach dem erfolgreichen Ablegen des Steuerberaterexamens habe ich, obwohl ich bereits Beamtin auf Lebenszeit war, den Sprung gewagt und habe als angestellte Steuerberaterin in einer Kölner Steuerberater- und Wirtschaftsprüfer- Praxis gearbeitet.

Haben Sie diese Entscheidung jemals bereut?

Obwohl mir am Anfang die Umstellung sehr schwer gefallen ist, habe ich diese Entscheidung nie bereut. Plötzlich musste ich die steuerlichen Probleme aus einem ganz anderen Blickwinkel betrachten und statt Erklärungen zu überprüfen musste ich sie selbst erstellen. Die Kölner Praxis wurde zwischenzeitlich in die VRT Linzbach, Löcherbach und Partner eingebracht, so dass ich nunmehr auf eine bereits mehr als 15-jährige Berufserfahrung zurückblicken kann.

Wo liegen Ihre Tätigkeitsschwerpunkte?

Als erstes unterstütze ich den verantwortlichen Partner der VRT in Köln bei der Leitung der Niederlassung. Dazu gehören Mitarbeiterführung, Mandatsverantwortung und allgemeine Organisation. Weiterhin bin ich Mitglied im Ausbildungsteam der VRT. Die fachlichen Schwerpunkte bestehen in der Beratung von Künstlern in Deutschland und die damit verbundene Besteuerung im internationalen Bereich sowie die Beratung von Ärzten und sonstigen Heilberufen.

Was sind besondere Herausforderungen?

Als Steuerberater ist man auf der einen Seite bestrebt, im Rahmen der Dienstleistung an den Steuerpflichtigen seinen Steuerminimierungswünschen möglichst umfassend nachzukommen, auf der anderen Seite ist man selbstverständlich verpflichtet, die gesetzlichen Vorgaben zu erfüllen. Vor diesem Hintergrund betrachte ich es als besondere Herausforderung, mit unseren Mandanten auf die permanenten Änderungen in der Unternehmenswelt zu reagieren. Dabei darf man nicht aus dem Auge verlieren, dass hier regelmäßig nicht die steuerlichen Auswirkungen an erster Stelle stehen sollten. Als Steuerberater begleitet man im Idealfall bereits den Prozess der Willensbildung (zum Beispiel bei Umstrukturierungen, Nachfolgeregelungen etc.) und entwickelt parallel oder anschließend eine steuerliche Gestaltung, die das wirtschaftlich Sinnvolle auch steuerlich kostengünstig umsetzt. Dazu ist ein besonderes Vertrauensverhältnis zum Mandanten erforderlich. Diese Basis zu schaffen und aktiv mitzugestalten betrachte ich als besondere Herausforderung.

Haben Frauen es Ihrer Ansicht nach schwerer in diesem Beruf?

Frauen stoßen in unserem Beruf auf die gleichen Problemen wie in anderen Berufen. Es hängt viel von der Unterstützung des Arbeitgebers ab. Die Unterstützung ist bei einem mittelständischen Unternehmen in unserer Größenordnung regelmäßig gewährleistet. Die Entscheidung mehr Zeit für die Familie oder für den Beruf auszuüben muss wie bisher die Frau treffen. Meine augenblickliche Tätigkeit könnte ich nicht in Teilzeit ausüben. Dafür besteht regelmäßig eine gute Chance von zu Hause aus zu arbeiten. Es spricht also nichts dagegen ein paar Jahre kürzer zu treten und anschließend wieder voll einzusteigen. Wichtig ist nur, dass man sich auf dem Laufenden hält.

Was sind die Erfolgsfaktoren in Ihrem Beruf?

Wie in jedem Beruf ist es wichtig, mit Freude und Engagement an die Arbeit zu gehen. Im Einzelnen setzt das voraus: Aufgeschlossenheit und Einfühlungsvermögen im Umgang mit Menschen (Mandanten, Kollegen und Behördenmitarbeitern), Entscheidungswille und -freude, Flexibilität (schon wegen der häufigen Gesetzesänderungen). Ein wichtiger Punkt ist auch Prinzipientreue. Wenn ein Mandant eine Beratung möchte, die gegen die Kanzleiprinzipien verstößt, muss man die Entschlossenheit besitzen, das Mandat abzulehnen, da eine Zusammenarbeit auf dieser Basis nicht erfolgreich sein kann. Notwendig und unerlässlich ist der permanente Wille zur Fortbildung, die selbstverständlich (auch) in der Freizeit stattfindet.

2.4.3 Anstellungsverhältnis oder freie Mitarbeit

Als angestellter Steuerberater können Sie tätig sein bei einem Steuerberater, Steuerbevollmächtigten, Rechtsanwalt, vereidigten Buchprüfer, Wirtschaftsprüfer sowie bei Berufsgesellschaften.

Im Unterschied zu angestellten Steuerberatern können **freie Mitarbeiter** ihre Arbeitszeit grundsätzlich frei gestalten. Sie erhalten für Ihre Tätigkeit kein festes Gehalt wie der angestellte Steuerberater, sondern eine Vergütung in Form eines Stundensatzes, eines Honoraranteils oder einer Pauschale.

2.4.4 Tätigkeit als Syndikus-Steuerberater

Seit 2008 können Steuerberater ihren Beruf auch als Syndikus-Steuerberater ausüben. Denn nach Inkrafttreten des Achten Steuerberatungsänderungsgesetzes (8. StBerÄndG) ist gemäß § 58 StBerG neben der Angestelltentätigkeit auch die Bestellung als selbständiger Steuerberater möglich Ein Syndikus-Steuerberater ist ein Steuerberater, der bei einem nicht berufsständischen Arbeitgeber, wie zum Beispiel einer Steuer- und Rechnungswesenabteilung eines gewerblichen Unternehmens angestellt ist, und daneben als selbstständiger Steuerberater Vorbehaltsaufgaben wahrnimmt.

Laut der aktuellen Berufsstatistik der Bundessteuerberaterkammer waren im März 2010 bereits 2.338 Berufsangehörige als „Sydikus-Steuerberater" bei einem Unternehmen oder einer Organisation beschäftigt. „Die große Nachfrage bestätigt, dass der Syndikus einem Wunsch der Praxis entspricht. Berufsstand und Unternehmen profitieren davon, dass die Kompetenz des Mitarbeiters mit dem Titel auch nach außen erkennbar wird. Für Berufseinsteiger kann die Syndikus-Tätigkeit außerdem eine Brücke in die Selbstständigkeit sein", so Dr. Horst Vinken, Präsident der Bundessteuerberaterkammer.

Der Syndikus-Steuerberater muss den Beruf des Steuerberaters zwar nicht sofort nach der Bestellung tatsächlich ausüben. Er muss aber die Möglichkeit haben und dies grundsätzlich vorhaben. Wer die Möglichkeit ausschließt, neben der Syndikus-Tätigkeit als selbständiger Steuerberater tätig zu sein, und allein die Absicht hat, ausschließlich als angestellter Syndikus tätig zu werden, kann nicht zum Steuerberater bestellt werden. Erforderlich ist zudem auch eine unwiderrufliche Erklärung des Arbeitgebers, dass der Syndikus- Steuerberater das Recht hat, selbständig als Steuerberater neben seinem Hauptberuf tätig zu sein.

Der Syndikus-Steuerberater muss eine berufliche Niederlassung als Steuerberater unterhalten. Berufliche Niederlassung ist die eigene Praxis, von der der Steuerberater seinen Beruf überwiegend ausübt. Diese kann sich auch im eigenen Büro, der privaten Wohnung, aber auch in den Arbeitsräumen des Arbeitgebers befinden, sofern dort die Möglichkeit besteht, als Steuerberater selbständig zu arbeiten, und der Arbeitgeber hiermit einverstanden ist.

2.4 MÖGLICHKEITEN DER BERUFSAUSÜBUNG

Mit der Bestellung wird der Syndikus-Steuerberater Pflichtmitglied im zuständigen Versorgungswerk und muss, wie jeder Steuerberater, der in eigener Praxis tätig ist, eine eigene Berufshaftpflichtversicherung abschließen.

Als Syndikus-Steuerberater dürfen Sie Ihren Arbeitgeber als Angestellter in steuerlichen Fragen beraten und ihn zum Beispiel gegenüber dem Finanzamt vertreten. Nicht erlaubt ist es Ihnen als Syndikus-Steuerberater dagegen, für Ihren Arbeitgeber in Ihrer Eigenschaft als Steuerberater auf der Grundlage eines eigenen Mandats tätig zu werden. Mit anderen Worten: Ihr Arbeitgeber darf nicht gleichzeitig Ihr eigener Mandant sein.

> **TIPP** Die Tätigkeit als Syndikus-Steuerberater ist eine sehr gute Möglichkeit für Berufsanfänger, ihre Berufstätigkeit im Angestelltenverhältnis zu beginnen und daneben den Schritt in die Selbstständigkeit vorzubereiten.

2.4.5 Weitere steuerberatende Berufsgruppen

a) Fachanwalt für Steuerrecht

Ein Fachanwalt für Steuerrecht ist ein Rechtsanwalt, der sich auf dem Gebiet des Steuerrechts besonders fortgebildet und die Zusatzqualifikation als Fachanwalt erworben hat. Die Vergabe der Fachanwaltsbezeichnungen regelt die Fachanwaltsordnung. Das Special ab Seite 39 stellt diese Berufsgruppe ausführlich vor.

b) Steuerbevollmächtigte

Der Zugang zum Beruf des Steuerbevollmächtigten ist seit 1980 geschlossen. Seitdem gibt es das einheitliche Berufsbild des Steuerberaters. Derzeit sind noch ca. 2.500 Steuerbevollmächtigte tätig.

c) Wirtschaftsprüfer

Zu den Aufgaben des Wirtschaftsprüfers gehört auch die unbeschränkte geschäftsmäßige Hilfeleistung in Steuersachen, also die Steuerberatung. Sie umfasst auch das Recht, den Mandanten vor den Finanzbehörden und Finanzgerichten sowie dem Bundesfinanzhof zu vertreten. Mehr über die Berufsgruppe der Wirtschaftsprüfer erfahren Sie in den Kapiteln 4 und 5.

d) Vereidigte Buchprüfer

Die Befugnisse des Wirtschaftsprüfers und vereidigten Buchprüfers sind hinsichtlich der Befugnis zur steuerlichen Beratung und Vertretung identisch. Beide Berufsgruppen sind Mitglieder der WPK.

Die gesetzlich durch § 316 Abs. 1 HGB eingeräumte Prüfungsbefugnis von vereidigten Buchprüfern beschränkt sich aber auf mittelgroße Gesellschaften mit beschränkter Haftung (§ 267 Abs. 2 HGB) und schließt nicht solche mittelgroßen GmbH`s ein, die bereits aufgrund anderer gesetzlicher Vorschriften prüfungspflichtig sind. Vereidigte Buchprüfer werden seit dem 1.1.2005 nicht mehr neu zugelassen.

2.4.6 Interview mit RA/StB/WP/Dipl.-Bw. Bernhard Fuchs, Axer Partnerschaft

RA/StB/WP/Dipl.-Bw. **Bernhard Fuchs** ist seit 2000 Mitglied der Axer Partnerschaft in Köln.

Sie sind Rechtsanwalt, Steuerberater und Wirtschaftsprüfer. Diese dreifache Qualifikation findet man in Deutschland derzeit nur ca. 500 mal. Wie kam es bei Ihnen dazu?

Nach erfolgreichem Abschluss des 2. Juristischen Staatsexamens und Zulassung als Rechtsanwalt erfolgte mein beruflicher Wiedereinstieg bei einer der großen Wirtschaftsprüfungsgesellschaften. Im Einstellungsgespräch hatte der Personalvorstand zum Ausdruck gebracht, dass für die Einstellung das Anstreben des Steuerberaterexamens obligatorisch, die des Wirtschaftsprüfungsexamens fakultativ sei. Nach (nur) vier Wochen habe ich für mich beschlossen, dass, wenn ich in der Wirtschaftsprüfungsgesellschaft bzw. in dieser Branche bleibe, für mich persönlich auch das Wirtschaftsprüfungsexamen obligatorisch ist. Nach meiner Einschätzung war die Ablegung des Wirtschaftsprüfungsexamens Voraussetzung für eine erfolgreiche Karriere in dieser Branche. Andererseits genießt man als Rechtsanwalt und Wirtschaftsprüfer sowohl fachlich, als auch persönlich, einen Sonderstatus. Hinzu kommt, dass man als Rechtsanwalt in der Wirtschaftsprüferbranche ein Paradiesvogel ist, dessen Federn nach bestandenem Wirtschaftsprüfungsexamen besonders bunt leuchten.

Welche Vorteile hat bei Ihrer Tätigkeit als Wirtschaftsprüfer die zusätzliche Qualifikation als Rechtsanwalt?

Die zusätzliche Qualifikation und Zulassung als Rechtsanwalt hat zunächst einen Akquisitionseffekt. Fachlich kann der Wirtschaftsprüfer, der auch Rechtsanwalt ist, den Mandanten rechtlich umfänglich beraten; dies ohne Einschränkung durch das Rechtsberatungsgesetz. Dies ist in Fällen der Umstrukturierung von Unternehmen bzw. Konzernen oder deren Sanierungen sehr hilfreich. Im Übrigen kann der Rechtsanwalt den Mandanten in Finanzgerichtsverfahren auch vor dem Bundesfinanzhof vertreten. Dies ist dem (nur) Wirtschaftsprüfer und Steuerberater verwehrt. Zu guter letzt verfügt der Rechtsanwalt durch sein anderes Studium über eine juristisch fachliche Kompetenz, die bei Wirtschaftsprüfern und Steuerberatern ohne Jurastudium nicht vorhanden ist.

Sie haben Ihren Beruf in unterschiedlichen Formen ausgeübt, als Angestellter eines Unternehmens, als Partner einer großen WP-Gesellschaft und auch als Selbständiger. Welche Vor- und Nachteile bieten die einzelnen Formen?

Ich habe meine „Karriere" in einer großen WP-Gesellschaft zunächst als Mitarbeiter in der Rechtsabteilung begonnen. Der Berufsstart in einer großen Wirtschaftsprüfungsgesellschaft war für mich sehr positiv. Durch die Mitwirkung bei der Erarbeitung von Aufgaben, die Großmandanten stellen, hatte ich die Chance, mich anhand von Einzelthemen in das fachliche Grundgerüst der Rechts-, Steuer- und Bilanzberatung einzuarbeiten. Die Themen der Großmandate müssen auf Grund der erheblichen finanziellen und zeitlichen Auswirkungen in der Regel intensiver und detaillierter bearbeitet werden als die der mittleren und Kleinmandate, deren Honorarbudget auch schnell erschöpft wäre.

Als leitender Mitarbeiter einer großen WP-Gesellschaft hat man auch eine sehr starke Wirkungskraft in die Mandantschaft und den Berufsstand hinein. Als mittlere Führungskraft mit Personalverantwortung steht man allerdings, so habe ich es empfunden, in mehrerlei Hinsicht unter Druck. Zu dem Druck von der Unternehmensleitung und den Mitarbeitern kommt der Druck aus Richtung der Mandanten hinzu. Beratung ist auch heute immer noch mit einer weit überdurchschnittlichen persönlichen Komponente verbunden, denn der Mandant wird nicht von der WP-Gesellschaft, sondern von dem konkreten Partner, der ihn betreut, beraten. Es kommt darauf an, dass der Partner das Klavier, das ihm die WP-Gesellschaft oder die Einheit der er angehört bietet, kennt und auf diesem möglichst virtuos spielt. Misstöne des Klaviers muss er gegenüber dem Mandanten ausbügeln bzw. im Vorfeld vermeiden. Dies bedeutet, dass er sich in der Regel intensiv mit der Arbeit seiner Mitarbeiter beschäftigen und diese ggf. korrigieren muss, bevor sie an den Mandanten rausgeht. Dies kann zu extremen Belastungen führen.

Wie empfanden Sie demgegenüber die Tätigkeit als Finanzchef in einem Familienunternehmen?

Da ich vor Beginn meiner juristischen Ausbildung bereits eine kaufmännisch-betriebswirtschaftliche Ausbildung abgeschlossen habe und in diesem Bereich tätig war, habe ich auch immer mit dem Gedanken gespielt, einmal auf die andere Seite des Schreibtisches zu wechseln, habe dies aber von mir aus nicht aktiv betrieben. Als dann ein Mandant mir anbot, in seine Geschäftsleitung zu wechseln und die Position des Finanzchefs zu übernehmen, konnte ich dem nicht widerstehen. Als Finanzchef in einem auch international tätigen Familienunternehmen hatte ich selbstverständlich eine Sonderrolle. Der Vorteil in einer solchen Position in einem Familienunternehmen zu arbeiten, liegt einerseits darin, dass man wesentlich mehr Möglichkeiten in der Umsetzung der einzelnen Ziele hat, andererseits muss man sich vergegenwärtigen, dass der Familienunternehmer, anders als dies in einem kapitalorientierten Unternehmen der Fall wäre, in den eigenen Fachbereich auch in unwichtigen Detailfragen hineinregiert. Fachliche Kompetenz, Stehvermögen aber auch das Bewusstsein, dass man jederzeit ohne nachvollziehbaren Grund seinen Job verlieren kann, sind Voraussetzung für eine erfolgreiche Tätigkeit.

Wo sehen Sie die Nachteile in der selbständigen Tätigkeit?

Nach Ausscheiden aus dem Unternehmen habe ich mich dann zunächst allein selbständig gemacht. Mein größtes Problem neben der Akquisition von Mandanten, die meinen Rat benötigten, war die Tatsache, dass ich mich persönlich um alle Details der Büroorganisation, angefangen von der Beschaffung der Schreibgeräte und des Papiers, bis hin zur Anmietung der Büroräume und deren Pflege kümmern musste. Meine Gattin und später auch meine Mitarbeiter haben mich in diesem Bereich sehr unterstützt. In der großen Wirtschaftsprüfungsgesellschaft und dem Unternehmen, in dem ich Finanzchef war, hatte ich mich mit solchen Themen nicht auseinanderzusetzen.

Was sollte Ihrer Meinung nach ein Berufseinsteiger beachten, wenn er sich für eine dieser Ausübungsformen entscheidet?

Für den Berufseinsteiger, der zunächst das Steuerberaterexamen und später das Wirtschaftsprüfungsexamen anstrebt, ist besonders wichtig die Erkenntnis, dass man (hoffentlich) über ein gutes theoretisches Grundwissen verfügt. In den seltensten Fällen ist man aber dann schon in der Lage, einen Mandanten erfolgreich zu beraten. Es fehlt nämlich im Wesentlichen die Kenntnis über den Mandanten, seine Probleme und die praktische Anwendung des theoretischen Wissens. Dies gilt für alle möglichen Ausübungsformen. Die Bereitschaft, sein Leben lang unablässig zu lernen, ist Grundvoraussetzung für den Berufseinstieg. Die Vernachlässigung des laufenden Literaturstudiums und des Besuchs von Fachveranstaltungen können fatale negative Folgen haben.

Die Beschäftigung mit dem Mandanten sowie dem zu begutachtenden und zu lösenden Problem ist das A und O jeder Beratung. Sie macht mehr als 50 Prozent und den guten Berater aus. Die Lösung des Falles anhand des theoretischen Wissens und Bearbeitung der Literatur ist dann lediglich Handwerk. Ich empfehle deshalb jedem Berufseinsteiger, gleichgültig in welchem Bereich er starten und später arbeiten will, sich in den ersten Jahren genau dieses Rüstzeug anzueignen.

Welche Ratschläge würden Sie einem Berufseinsteiger allgemein mit auf den Weg geben?

Folgende Erkenntnis: Unser Erfolg ist der Erfolg des Mandanten. Damit ist nicht gemeint, den Erfolg, den der Mandant hätte, wenn er unserem „besserwisserischen Ratschlag" gefolgt wäre, sondern den, den er in seiner Situation mit seinem Wissen und seinem Erfahrungshorizont haben kann. Das theoretische Wissen ist entscheidend für das erfolgreiche Bestehen der Examina zum Steuerberater und zum Wirtschaftsprüfer; das Wissen um die Themen des Mandanten ist wichtig für eine erfolgreiche Beraterkarriere.

Mehr Flexibilität.
Von Anfang an.

Nach Uni, FH oder BA suchen Sie jetzt die Abkürzung nach oben. Und ein Unternehmen, in dem auch junge Aufsteiger regelmäßig auftanken können.* Flexible Arbeitszeiten sind Ihnen deshalb wichtig, genauso wie spannende Aufgaben in Wirtschaftsprüfung, Steuerberatung, Transaktionsberatung und Advisory Services. Wenn das so ist:

What's next for your future?
www.de.ey.com/karriere

ᴉᴉ **Ernst & Young**
Quality In Everything We Do

Wirtschafts Woche
UNIVERSUM
TOP 100
ARBEITGEBER
2010 STUDENT SURVEY

* Der Name Ernst & Young bezieht sich auf alle deutschen Mitgliedsunternehmen von Ernst & Young Global Limited, einer Gesellschaft mit beschränkter Haftung nach englischem Recht.

Das umfangreiche Wissen leicht bewältigen

↗

WWW.GABLER.DE

Sven Braun / Christiane Stenger / Jonas Ritter

Keine Panik vor der Steuerberaterprüfung

Wie Sie das Steuerberaterexamen zielsicher bestehen

5. Aufl. 2011. 145 S. Br. ca. EUR 29,95
ISBN 978-3-8349-2726-2

Die Steuerberaterprüfung ist vor allem wegen der zahlreichen und komplexen Prüfungsinhalte gefürchtet. Dieses Buch zeigt Ihnen, wie Sie die schwierige Steuerberaterprüfung - schriftlich und mündlich - zielsicher bestehen. Das auf Sie zugeschnittene Gedächnis- und Lerntraining hilft Ihnen, das äußerst umfangreiche Fachwissen für die Prüfung leicht verfügbar zu halten. So lernen Sie an Fachbeispielen, Ihr Erinnerungsvermögen auf- und auszubauen, Fachtexte schneller zu lesen und wie Sie Ihren mündlichen Vortrag völlig frei halten.

Der Inhalt

- Wie Sie Ihr Wissen just in time abrufen – Wie Sie alle Steuerparagrafen beherrschen
- Gedächtnistraining: Geschichtentechnik, Routenmethode, Mastersystem
- Schnelllesen: Wie Sie Ihre Lesegeschwindigkeit deutlich erhöhen bei verbessertem Textverständnis
- Online: Lernprogramm für Paragrafen im Online-Bereich zum Buch

Die Autoren

Diplom-Betriebswirt (FH), Master of Arts (M.A.) Sven Braun ist Steuerberater und Referent für steuerliche Themen. Er hat 2006 als damals jüngster Steuerberater des Saarlandes die Steuerberaterprüfung absolviert.

Jonas Ritter ist langjähriger Trainer für Schnelllese-Seminare sowie Experte in der praxisnahen Umsetzung neuester Erkenntnisse der Gehirnforschung. Er ist international tätig und unterrichtete unter anderem an der Harvard Universität in den USA.

Christiane Stenger ist dreifache Junioren-Gedächtnisweltmeisterin und Buchautorin.

Einfach bestellen: buch@gabler.de   Telefon +49(0)611. 7878-626

KOMPETENZ IN SACHEN WIRTSCHAFT

SPECIAL: FACHANWALT FÜR STEUERRECHT

von RAin Susanne Löffelholz

In der juristischen Ausbildung spielt das Steuerrecht nur eine untergeordnete Rolle. Die meisten Volljuristen kennen sich daher entweder gar nicht oder nur rudimentär im Steuerrecht aus. Dieser Umstand steht in einem auffälligen Gegensatz zur Bedeutung des Steuerrechts in der juristischen Praxis: In fast jedem Rechtsgebiet ist neben der jeweiligen rechtlichen auch eine steuerrechtliche Beratung erforderlich; für Unternehmensentscheidungen ist das Steuerrecht oft ein zentraler Faktor. Im Steuerrecht spezialisierte Rechtsanwälte können ihre Mandanten auch im Hinblick auf die steuerlichen Konsequenzen ihrer Entscheidungen umfassend beraten. Sie werden außerdem schnell feststellen, dass es sich bei der juristischen Tätigkeit im Steuerrecht um eine inhaltlich keineswegs „trockene", sondern sehr interessante und finanziell durchaus lukrative Form der Berufsausübung handelt. Sie beinhaltet indes auch die Pflicht, sich fortwährend weiterzubilden. Denn kein Rechtsgebiet verändert sich so dynamisch wie das Steuerrecht.

1. Berufsbild

Der Titel „Fachanwalt für Steuerrecht" zählt zu den ältesten Fachanwaltsbezeichnungen. Die Statistik der Bundesrechtsanwaltskammer wies bereits für das Jahr 1960 fast 900 Fachanwälte für Steuerrecht aus. Daneben gab es damals nur noch den Fachanwalt für Verwaltungsrecht.

Die Fachanwaltsbezeichnung kennzeichnet eine tiefgehende Spezialisierung im Steuerrecht und nimmt neben den Berufsbildern des Steuerberaters und des Wirtschaftsprüfers bei der Steuer- und Wirtschaftsberatung einen festen Platz ein. Es handelt sich dabei in den meisten Fällen nicht um ein Konkurrenzverhältnis, sondern um eine enge berufsübergreifende Zusammenarbeit zugunsten des Mandanten.

Der Fachanwalt für Steuerrecht ist in erster Linie Jurist – im Gegensatz zum Steuerberater, der in der Regel Betriebswirtschaftslehre studiert hat. Diese Stärken im juristischen Bereich gilt es für den vorhandenen Beratungsbedarf zu nutzen. Denn aus der laufenden Beratung durch den Steuerberater resultieren häufig Rechtsfragen oder Streitfälle, zu deren Lösung Steuerberatern meist das notwendige juristische Fachwissen fehlt. Im Bereich der Wirtschafts- und Steuerberatung ist der Fachanwalt daher ein interdisziplinärer rechtlicher Universalberater.

Die Zusammenarbeit zwischen Steuerberatern und Steueranwälten zeigt sich in vielfältigen Kooperationen. So bietet das Berufsrecht die Möglichkeit, dass Fachanwälte im Steuerrecht gemeinsam mit Steuerberatern und Wirtschaftsprüfern eine Sozietät bilden. Viele Rechtanwälte und Steuerberater kooperieren mit Steueranwälten auch in einer Bürogemeinschaft oder empfehlen einander, wenn sie an ihre jeweiligen fachlichen Grenzen stoßen.

Zudem kann der Fachanwalt für Steuerrecht zusätzlich die Steuerberaterprüfung oder das Wirtschaftsprüfungsexamen ablegen.

Schließlich kann sich aus der Tätigkeit als Steueranwalt auch noch eine weitergehende Spezialisierung entwickeln, wie zum Beispiel in den Bereichen der internationalen Besteuerung, der Umsatzbesteuerung oder des Steuerstrafrechts.

2. Tätigkeitsfelder

Der Fachanwalt für Steuerrecht ist tätig in der Beratung bei der Erstellung der Steuererklärung, im Rahmen der Steuergestaltung, bei Steuerstreitverfahren und schließlich im Bereich des Steuerstrafrechts bzw. der Steuerfahndung.

Während der Fachanwalt sich bei der Erklärungsberatung im klassischen Gebiet des Steuerberaters bewegt, kommen seine juristischen Kenntnisse bei der Vertragsgestaltung unter steuerlichen Aspekten wegen der vielfältigen Bezüge zum Gesellschaftsrecht, Insolvenzrecht, Arbeitsrecht etc. besonders zur Geltung. Ein weiteres, aufgrund der hierzulande steigenden Erbmasse immer interessanter werdendes Betätigungsfeld ist das Erbschaftsteuerrecht. Betriebswirtschaftliches Wissen in Verbindung mit steuerrechtlichem Know-how zeichnet den Fachanwalt außerdem in idealer Weise für die Tätigkeit als Insolvenzverwalter aus. Auch Kenntnisse des internationalen Steuerrechts und der Doppelbesteuerungsabkommen in Verbindung mit den entsprechenden Verfahrensordnungen sind in Zeiten grenzüberschreitender Wirtschaftsaktivitäten unumgänglich und verhelfen zu lukrativen Mandantenaufträgen.

Der Fachanwalt im Steuerrecht vertritt seine Mandanten sowohl in Prüfungs-, Festsetzungs- und Rechtsbehelfsverfahren gegenüber dem Finanzamt als auch im erstinstanzlichen Verfahren vor dem Finanzgericht und in der Revision vor dem Bundesfinanzhof. Die forensische Tätigkeit vor den Finanzgerichten bewegt sich auf einem hohen juristischen Niveau. Die Verhandlungsatmosphäre dort wird daher von Steueranwälten oft als reizvoller empfunden als die bei den ordentlichen Gerichten.

Eine Domäne des Fachanwalts ist das Steuerstrafrecht. Nicht erst seit dem Auftauchen gewisser CDs mit den Daten von „Steuersündern" ist bekannt, dass in breiten Teilen der Bevölkerung steuerstrafrechtlicher Beratungsbedarf besteht. Das Beratungsspektrum reicht von Schwarzarbeit und verschwiegenen Einkünften aus Auslandszinsen bis hin zu umfangreichen Wirtschaftsstrafverfahren.

SPECIAL: FACHANWALT FÜR STEUERRECHT

3. Entwicklung der Fachanwaltszahlen

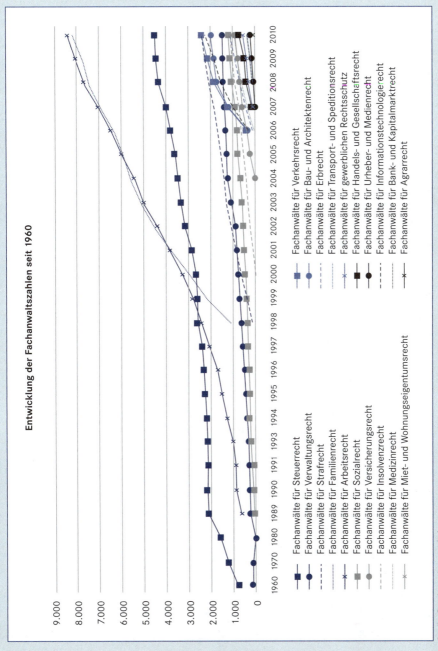

4. Berufsaussichten

Die Wirtschaft verlangt nach Fachleuten, die steuerlich gestaltend beraten können und dabei auf fundierte juristische Kenntnisse zurückgreifen. Derzeit führen nach der Statistik der Bundesrechtsanwaltskammer weniger als 3 Prozent der zugelassenen Rechtsanwälte den Titel des Fachanwalts für Steuerrecht. Dieser erstaunlich geringe Prozentsatz entspricht keineswegs der praktischen Bedeutung des Steuerrechts. Wer sich als junge Rechtsanwältin bzw. als junger Rechtsanwalt dem Steuerrecht gezielt zuwendet, ergreift damit die Chance, den Mandanten umfassend zur Seite zu stehen. Sich frühzeitig zu spezialisieren, ist zudem eine wirkungsvolle Strategie, dem Wettbewerbsdruck durch die stetig steigenden Anwaltszahlen zu begegnen. Hochspezialisierte Steuerjuristen sind zudem auch in den Steuerabteilungen der Großunternehmen gefragt.

Die Chancen erhöhen sich beträchtlich, wenn die Spezialisierung früh, am besten schon während des Studiums erfolgt. „Der frühe Vogel fängt den Wurm ...", so bringt es Rechtsanwalt Alexander Freiherr von Fürstenberg auf den Punkt. Der Geschäftsführer des Ausbildungsunternehmens Fachseminare von Fürstenberg, der über zwei Jahrzehnte Erfahrung in der Fachanwaltsausbildung verfügt, meint: „Für Ihre Bewerbung nach dem zweiten Staatsexamen wird es ein – vielleicht entscheidender – Vorteil gegenüber ihren Mitbewerbern sein, wenn Sie die theoretische Qualifikation zu einer Fachanwaltschaft vorweisen können. Diese ist für viele Arbeitgeber ein wichtiges Kriterium. Sie zählt mehr als der eine oder andere Punkt der Examensnote".

Zwar darf auch der „normale" Rechtsanwalt steuerlich beraten (§ 3 Nr. 2 StBerG), ihm fehlt in der Regel jedoch die steuerliche Beratungskompetenz. Der Fachanwaltstitel im Steuerrecht zahlt sich also aus: Das Einkommen der Fachanwälte liegt seit jeher weit über dem Durchschnitt. Die steuerliche und rechtliche Beratung aus einer Hand macht die Kanzlei für Mandanten auch langfristig attraktiv. Sich dadurch entwickelnde Dauermandate sind lukrativ und erhöhen den Praxiswert.

Ist der Anwalt darüber hinaus noch als Steuerberater oder Wirtschaftsprüfer qualifiziert, befindet er sich – auch in puncto Einkommen – in der Spitzengruppe der beratenden Berufe.

5. Interview mit RA/FAStR Dr. Stephan Schauhoff, Partner bei Flick Gocke Schaumburg (FGS), Bonn

Welche Beratungsschwerpunkte hat Ihre Kanzlei?

Flick Gocke Schaumburg bietet den Mandanten eine wirtschaftsrechtliche Beratung mit steuerrechtlicher Spezialisierung. Unsere Beratungsschwerpunkte liegen im Steuerrecht, Wirtschaftsrecht und in der Wirtschaftsprüfung. Wir beraten insbesondere auf den Gebieten der Steuerprozesse, Abwehr gegenüber den Behörden und der steuerberatenden und rechtlichen Gestaltung, insbesondere auch Gestaltung bei Fragen, die sich aus der Verbindung von Steuerrecht und Gesellschaftsrecht ergeben. Jede wirtschaftliche Entscheidung hat stets auch eine steuerliche Folge. Um diese beurteilen zu können, ist es wichtig, beide Rechtsgebiete detailliert zu kennen und integriert beraten zu können.

Und welche Beratungsschwerpunkte haben Sie persönlich?

Ich persönlich berate schwerpunktmäßig Familienunternehmen im Hinblick auf die optimale steuerliche und gesellschaftsrechtliche Gestaltung oder bei Transaktionen. Große Privatvermögen betreue ich ebenfalls rechtlich und steuerlich. Dabei geht es z. B. um Nachfolgefragen, um Erbschaftsteuer und um Schenkungsteuer kombiniert mit der optimalen Besteuerung von Kapital- und Immobilienvermögen. Dies alles muss rechtlich und steuerlich gestaltet werden, um optimale Ergebnisse zu erzielen. Ein weiterer Schwerpunkt meiner Tätigkeit ist die steuerliche Beratung von Non- Profit- Organisationen wie Stiftungen, Vereinen und gemeinnützigen Konzernen. Dort hat das Steuerrecht besondere Regeln aufgestellt, wie diese sich verhalten dürfen oder müssen. Diese Regeln sind aber nicht nur im Steuerrecht zu beachten. Sie sind, wie gerade die Gemeinnützigkeit zeigt, allgemein verhaltensprägend. Außerdem befasse ich mich mit den Steuerfragen öffentlich-rechtlicher Körperschaften sowie mit der Besteuerung ausländischer Künstler und Sportler oder entsprechenden Veranstaltungen und den daraus resultierenden steuerlichen Folgen. Überwiegend bin ich in der Beratung der rechtlichen und steuerlichen Struktur tätig, führe aber auch Musterprozesse oder vertrete eine Branche gegenüber einem Ministerium.

Das Schöne an meiner Tätigkeit ist die Vielfalt der Mandate und Rechtsgebiete, etwas für den Mandanten häufig grundlegend gestalten zu können.

Wie wird man Partner bei FGS?

Während meines juristischen Studiums habe ich bereits auch an der volkswirtschaftlichen Abteilung der Universität Bonn Steuerrecht gehört. Auf Vermittlung meiner damaligen Steuerrechtsprofessorin, Frau Prof. Dr. Knobbe-Keuk, habe ich ein Praktikum beim Deutschen Industrie- und Handelstag absolviert. Leiter des Deutschen Industrie- und Handelstages war damals Herr Dr. Hans Flick, der Gründer unserer Sozietät. Er lud mich ein, nach Abschluss meines ersten juristischen Staatsexamens als Praktikant in der damals noch relativ kleinen Sozietät FGS zu beginnen. Dort habe ich auch während des Referendariats und der Promotion weiter gearbeitet. Nach dem zweiten Staatsexamen habe ich dort angefangen und bin nach einigen Jahren Partner der Kanzlei geworden. Meine heutigen Tätigkeitsfelder haben sich aus den praktischen Beratungsfällen, die ich immer verantwortlicher übernommen habe, zunehmend herauskristallisiert. Anfangs arbeitet man bei FGS unter der Verantwortung eines Partners. Dann wird geprüft, ob die fachliche Eignung derart ist, dass die Partner sicher sein können, verantwortliche Aufgaben übertragen zu können. Neben der fachlichen Eignung ist gleichberechtigt eine unternehmerische Eignung erforderlich, damit man bei FGS als Partner gewählt wird. Als Partner von FGS führt man zahlreiche Mandate sowie Rechtsanwälte, Wirtschaftsprüfer und Steuerberater als Mitarbeiter, die alle auch Aussicht haben, eines Tages nach entsprechender Qualifikation Partner bei uns zu werden.

Außer der praktischen Mandatsarbeit, die einen großen Teil der Tätigkeit ausmacht, bin ich auch wissenschaftlich tätig. Ich habe einen Lehrauftrag an der Universität Bonn. Außerdem bin ich Aufsichtsratsmitglied in mittelständischen Unternehmungen und engagiert z. B. als Beirat des Bundesverbandes Deutscher Stiftungen und anderer gemeinnütziger Institutionen, was wiederum meine praktische Beratungstätigkeit befruchtet. Daneben finde ich aber auch Zeit für meine große Familie mit fünf Kindern.

Was macht für Sie den besonderen Reiz Ihrer Tätigkeit aus?
Der besondere Reiz meiner Tätigkeit besteht darin, dass man sehr viele ganz verschiedene Menschen trifft. Dadurch, dass ich sehr viel im Non-Profit-Bereich arbeite, kenne ich Wissenschaftler, Politiker, sehr sozial engagierte Menschen und kirchliche Einrichtungen. Ich berate aber auch erfolgreiche Familienunternehmer, Künstler und Sportler oder deren Verbände und habe durch letztere daher auch Einblick in die „Glamour-Welt". Von all diesen vielfältigen Persönlichkeiten lerne ich sehr viel für meine eigene Berufstätigkeit, wenn nicht in fachlichen Dingen, so doch in persönlichen Fragen.

Was raten Sie jungen Berufseinsteigern, die sich im Bereich der Steuer- und Wirtschaftsberatung etablieren möchten?
Wichtig für Berufseinsteiger in jedem wirtschaftsberatenden Beruf ist neben den fachlichen Kenntnissen, dass man die wirtschaftliche Zielsetzung jeder Überlegung der Mandanten oder auch dessen, was letztlich zu einem Gerichtsverfahren geführt hat, stets beachtet. Man muss versuchen, die wirtschaftliche Bedeutung von rechtlichen Regelungen jeweils zu quantifizieren. Diese kann völlig unterschiedlich sein. Man darf daher Rechtsfragen nie losgelöst von ihrer wirtschaftlichen Bedeutung beurteilen. Beides gehört stets zusammen. Darauf, sich die wirtschaftlichen Auswirkungen einer Rechtsfrage klar zu machen, bereitet die universitäre Ausbildung leider nicht vor.

6. Interview mit RAin/FAStR Andrea Haustein, Axer Partnerschaft, Köln

Andrea Haustein, Rechtsanwältin und Fachanwältin für Steuerrecht, ist seit 2006 Mitglied der Axer Partnerschaft, Köln, mit dem Tätigkeitsschwerpunkt Beratung von Kreditinstituten und Finanzdienstleistungsunternehmen

Wie war Ihr Ausbildungsweg?

Nach meinem Jurastudium in Bonn, das ich ohne weitere Spezialisierung abschloss, und dem 2. Staatsexamen fand ich meine erste Stelle als Rechtsanwältin bei einer Anwaltskanzlei in Siegburg. Nachdem ich dort die ersten praktischen Erfahrungen gesammelt hatte, wechselte ich zu einem Fachanwalt für Steuerrecht in Bonn. Damals im Jahr 1986 war die Weiterbildung als Fachanwalt noch eine ziemlich neue Spezialisierung. Die Berechtigung, die Bezeichnung „Fachanwalt/Fachanwältin für Steuerrecht" zu führen, erhielt man durch den Nachweis möglichst breit gefächerter praktischer Erfahrungen sowie durch Teilnahme an einem sechswöchigen „Crash-Kurs" und dem Bestehen der Abschlussklausuren, in meinem Fall war das in Detmold.

Heute haben nahezu ein Viertel der Anwälte einen Fachanwaltstitel. Auch die Weiterbildung ist mittlerweile standardisiert: Neben der Vorlage einer bestimmten Anzahl von bearbeiteten Fällen aus den einzelnen Fachgebieten muss ein Klausurenkurs belegt werden, der mit einer Prüfung abschließt.

Damals gab es nur wenige Frauen, die sich auf dem Gebiet des Steuerrechts spezialisiert hatten. Auch das hat sich erfreulich gewandelt.

Wie war Ihr weiterer Berufsweg?

Mein nächster Schritt war der in die Selbständigkeit. Mich reizte es, nun auch wieder in anderen Rechtsgebieten tätig zu sein. Zudem wollte ich die Möglichkeit haben, mein Privatleben ohne Vorgaben von außen und nach eigenen Vorstellungen mit meinem Beruf zu vereinbaren. Also eröffnete ich Ende 1986 in Bonn-Poppelsdorf eine Kanzlei. Meine Spezialisierung schrieb ich damals nicht auf mein Praxisschild, weil ich befürchtete, dass dann nur Mandanten mit Steuerproblemen zu mir kommen würden. Die Zeit der Selbständigkeit ist mir einerseits aufgrund der großen Freiheiten, die ich in der Gestaltung meiner Berufstätigkeit hatte, in guter Erinnerung. Und die Finanzen haben auch nach kurzer Anlaufzeit gestimmt. Andererseits machte sich bereits nach ca. zwei Jahren bemerkbar, dass man als Einzelanwalt mit den Themen von Privatpersonen befasst wird. Mich interessierte hingegen zunehmend auch der unternehmerische Bereich.

Meine nächste Station war eine Verbandstätigkeit. Im Jahr 1989 wurde ich juristische Mitarbeiterin im damaligen Verband deutscher Hypothekenbanken e.V. (jetzt: Verband deutscher Pfandbriefbanken). Die Mitglieder dieses Verbandes sind Spezialbanken, die sich vor allem dem Hypotheken- und Pfandbriefgeschäft widmen. Ich war für die Betreuung mehrerer Fachausschüsse zuständig, die sich turnusmäßig zur Klärung aktueller Fragen trafen. Zudem wirkte ich in verschiedenen Gremien des Zentralen Kreditausschusses, dem Zusammenschluss der Spitzenverbände der Kreditwirtschaft, mit.

Eine Verbandstätigkeit im Kreditwirtschaftsbereich wirkt vor allem in zwei Richtungen: Zum einen ist man Dienstleister der Mitgliedsbanken und unterstützt diese in ihrer Geschäftstätigkeit. Zum anderen ist man Interessenvertreter nach außen, vor allem in bankrechtlichen und bankpolitischen Fragen, und vertritt die im Verband oder auf Ebene der Spitzenverbände erarbeiteten Positionen unter anderem gegenüber Politik und Behörden sowie bank- und finanzwirtschaftlichen Institutionen auf nationaler und auch europäischer Ebene.

Diese Zeit ist mir als juristisch sehr anspruchsvoll in Erinnerung. Unter anderem über die Mitarbeit in Gremien des Europäischen Hypothekenverbandes, der European Mortgage Federation, lernte ich das Hypothekenrecht anderer europäischer Länder kennen und konnte auch meine Sprachkenntnisse gut nutzen. Im Jahr 2001 zog der Verband, der Bundesregierung folgend, nach Berlin um.

Bis 2006 bin ich noch zwischen Berlin und Bonn hin- und hergependelt. Dann musste eine Entscheidung getroffen werden: entweder zurück ins Rheinland oder ganz nach Berlin.

Über mein berufliches Netzwerk erhielt ich Kontakt zur Axer Partnerschaft in Köln, einer auf die Beratung von Unternehmen und Unternehmer ausgerichteten Wirtschaftsrechtskanzlei. Hier befasse ich mich nun wieder im Schwerpunkt mit steuerrechtlichen Themen. Da wir viele Finanzdienstleister zu unseren Mandanten zählen, kommen mir dabei auch meine Erfahrungen aus der Verbandstätigkeit zugute. Die von mir zu bearbeitenden Themen sind äußerst vielfältig. Sie reichen vom Unternehmensteuerrecht über die Abgeltungsteuer und umsatzsteuerliche Fragen bis hin zum Bankaufsichtsrecht, Verfahrensrecht und gesellschaftsrechtlichen Thematiken sowie zu Steuerfragen von Bankkunden.

Ein Aspekt, der mir an meiner jetzigen Tätigkeit besonders gefällt:

In unserer Kanzlei arbeiten ca. 40 Berufsträger: Rechtsanwälte, Steuerberater und Wirtschaftsprüfer. Von daher finde ich praktisch immer Kollegen, mit denen ich mich über ein Problem fachlich austauschen kann. Der Verband hingegen verfügte insgesamt über lediglich ca. 25 Mitarbeiter, so dass man wesentlich stärker auf sich gestellt war.

Was genau sind Ihre Aufgaben?

Wir beschäftigen uns unter anderem mit den Überlegungen unserer Mandanten bezüglich der Gestaltung neuer Produkte und überprüfen diese zum Beispiel im Hinblick auf deren steuerliche Auswirkungen. Oder es werden unternehmensgestaltende Sachverhalte an uns herangetragen, die wir im Rahmen eines Gutachtens überprüfen. Wir vertreten auch Mandanten in Steuer- und Steuerstrafverfahren. Die Veröffentlichung von Aufsätzen für Fachzeitschriften usw. rundet das Spektrum ab.

Sie haben auf Ihrem Berufsweg die unterschiedlichsten Bereiche kennengelernt. Was geben Sie jungen Kollegen mit auf den Karriereweg?

Ich würde auf jeden Fall dazu raten, sich zu spezialisieren. Anders dürfte es heute sehr schwierig sein, anspruchsvolle Mandate zu bekommen. Und ein weiterer Rat: Lernt Fremdsprachen, und zwar nicht nur Englisch und Französisch, sondern zum Beispiel auch Spanisch oder Russisch! Ich selber spreche Englisch und Französisch und verfüge über zum Teil rudimentäre Grundkenntnisse in einigen anderen Sprachen, zum Beispiel Arabisch. Sowohl durch die EU als auch die Globalisierung wächst die Welt zusammen. Immer häufiger entfalten Unternehmen Wirtschaftsaktivitäten im Ausland. Für einen Berater sind gute Fremdsprachenkenntnisse daher sehr wichtig.

Was macht Ihnen an Ihrem Job besonders Freude?

Ich mag es, komplexe Sachverhalte strukturiert zu durchdenken und zu praxisgerechten Lösungen zu kommen. Daneben habe ich besonderen Spaß an der kreativen Argumentation. Es reicht dabei nicht, gut zu argumentieren, sondern man muss seine Gedanken auch klar und präzise ausdrücken können. Insbesondere bei der gutachterlichen Tätigkeit kommt dies zum Tragen. – Und mir macht der Umgang mit den Mandanten Freude, was ganz eigene Soft Skills erfordert.

7. Voraussetzungen für die Verleihung der Fachanwaltsbezeichnung

Die Voraussetzungen für die Verleihung der Fachanwaltsbezeichnung sind in der Fachanwaltsordnung (FAO) in der Fassung vom 1.3.2010 geregelt.

> **Web-Links** Vielfältige Informationen über den Erwerb der Fachanwaltsbezeichnung für Steuerrecht finden Sie auf den Internetseiten der Bundesrechtsanwaltskammer www.bundesrechtsanwaltskammer.de

Der Antragsteller hat **besondere theoretische Kenntnisse und besondere praktische Erfahrungen** nachzuweisen. Nach § 2 Abs. 2 FAO liegen diese vor, wenn sie auf dem Fachgebiet erheblich das Maß dessen übersteigen, was üblicherweise durch die berufliche Ausbildung und praktische Erfahrung im Beruf vermittelt wird. Das bedeutet: Wer die Fachanwaltsbezeichnung erlangen möchte, muss mindestens drei Jahre als Rechtsanwalt zugelassen sein und wenigstens 50 Fälle aus dem Bereich des Steuerrechts bearbeitet haben.

Für das Fachgebiet Steuerrecht sind nach § 9 FAO besondere Kenntnisse nachzuweisen in den Bereichen

1. Buchführung und Bilanzwesen einschließlich des Rechts der Buchführung und des Jahresabschlusses,
2. Allgemeines Abgabenrecht einschließlich Bewertungs- und Verfahrensrecht,
3. Besonderes Steuer- und Abgabenrecht in den Gebieten:
   a) Einkommen-, Körperschaft- und Gewerbesteuer,
   b) Umsatz- und Grunderwerbsteuerrecht,
   c) Erbschaft- und Schenkungsteuerrecht.
4. Steuerstrafrecht sowie Grundzüge des Verbrauchsteuer- und internationalen Steuerrechts einschließlich des Zollrechts.

Der Erwerb besonderer theoretischer Kenntnisse setzt in der Regel voraus, dass der Antragsteller an einem auf die Fachanwaltsbezeichnung vorbereitenden **anwaltsspezifischen Lehrgang** teilgenommen hat, der alle relevanten Bereiche des Fachgebietes umfasst. Die Gesamtdauer des Lehrgangs muss, Leistungskontrollen nicht eingerechnet, mindestens 120 Zeitstunden betragen. Im Fachgebiet Steuerrecht kommen für Buchhaltung und Bilanzwesen 40 Zeitstunden hinzu.

Aus verschiedenen Bereichen des Lehrgangs muss der Antragsteller mindestens drei schriftliche Leistungskontrollen (Aufsichtsarbeiten) erfolgreich bestehen. Die Gesamtdauer der bestandenen Leistungskontrollen darf fünfzehn Zeitstunden nicht unterschreiten.

Der Erwerb der besonderen praktischen Erfahrungen setzt voraus, dass der Antragsteller innerhalb der letzten drei Jahre vor der Antragstellung im Steuerrecht **als Rechtsanwalt persönlich und weisungsfrei 50 Fälle aus allen in § 9 FAO genannten Bereichen bearbeitet** hat. Dabei müssen mit jeweils mindestens fünf Fällen alle in § 9 Nr. 3 genannte Steuerarten erfasst sein. Mindestens 10 Fälle müssen rechtsförmliche Verfahren (Einspruchs- oder Klageverfahren) sein.

> **TIPP** Zur Dokumentation der bearbeiteten Fälle sind Falllisten vorzulegen, die bestimmte, in § 6 FAO näher bezeichnete Angaben enthalten müssen. Insbesondere, wenn Sie Ihre Fälle als angestellter Rechtsanwalt sammeln, sollten Sie auf eine zeitnahe und vollständige Dokumentation achten, damit Sie auch dann, wenn Sie zu einem anderen Arbeitgeber wechseln, die erforderlichen Nachweise erbringen können.

Die Befugnis, die Bezeichnung „Fachanwalt für Steuerrecht" zu führen, verleiht die Rechtsanwaltskammer, der der Rechtsanwalt angehört (§ 42a ff. BRAO). Über den Antrag entscheidet der Vorstand in einem in §§ 17-25 FO geregelten Verfahren.

Wer eine Fachanwaltsbezeichnung führt, muss nach § 14 FAO auf diesem Fachgebiet jährlich an mindestens einer Fortbildungsveranstaltung dozierend oder hörend teilnehmen und dies der Rechtsanwaltskammer unaufgefordert nachweisen. Die Gesamtdauer der Fortbildung darf zehn Zeitstunden nicht unterschreiten.

> **TIPP** Wird der Antrag auf Verleihung der Fachanwaltschaft nicht in dem Kalenderjahr gestellt, in dem der Lehrgang begonnen hat, ist ab diesem Jahr Fortbildung in Art und Umfang von § 15 FAO nachzuweisen. (§ 4 Abs. 2 in der seit dem 1.1.2011 geltenden Fassung).

8. Interview mit RA/FAStR Dr. Peter Haas, Leiter des Fachinstituts für Steuerrecht im Deutschen Anwaltsinstitut und Vorsitzender der Arbeitsgemeinschaft der Fachanwälte für Steuerrecht e.V.

Dr. Peter Haas ist in seiner Praxis in Bochum ausschließlich im Steuerstrafrecht tätig, www.steuerrecht.ph.

Das Fachinstitut für Steuerrecht im Deutschen Anwaltsinstitut (DAI) veranstaltet deutschlandweit angesehene Fortbildungsveranstaltungen über alle steuerrechtlichen Themengebiete, www.fachanwalt-fuer-steuerrecht.de.

Die Arbeitsgemeinschaft der Fachanwälte für Steuerrecht ist Veranstalter der Jahresarbeitstagung der Fachanwälte für Steuerrecht in Wiesbaden, die mit ca. 1.300 Teilnehmern eine der größten und anspruchsvollsten Fortbildungsveranstaltungen im Steuerrecht darstellt. Zudem bietet die Arbeitsgemeinschaft seit 2010 einen fünfwöchigen Fachanwaltskurs, verteilt auf drei Abschnitte in Bochum an, www.fachanwalt-fuer-steuerrecht.de.

Herr Dr. Haas, Sie kennen den gesamten Bereich der Aus- und Fortbildung im Steuerrecht. Welchen Stellenwert hat der Fachanwalt für Steuerrecht heute zwischen dem Steuerberater und dem Wirtschaftsprüfer?

Das Steuerrecht ist eine juristische Materie. Aufgrund anspruchsvoller Gesetzestechnik und umfassenden Verwaltungsregelungen findet der Steuerjurist einen reichlichen Markt zwischen Gestaltungsaufgaben und Abwehrmandaten. Zudem knüpft das Steuerrecht an Lebenssachverhalte an, die immer aus zivil-, gesellschafts-, erb- oder familien- oder strafrechtlichen Zusammenhängen beurteilt und beraten werden müssen. Der Jurist ist daher der geeignete Berater des rechtsuchenden Mandanten und zugleich als Organ der Steuerrechtspflege an der Erhaltung des Steuerrechtsfriedens maßgeblich beteiligt. Der „Fachanwalt für Steuerrecht" bringt zum Ausdruck, dass er im Rahmen seiner anwaltlichen Tätigkeit zusätzlich das Steuerrecht berät. Damit ist er ein kompetenter Partner auch für Steuerberater und Wirtschaftsprüfer. Wie gesagt, steuerrechtliche Gestaltungsberatung und Steuerabwehr sind eine übergreifende Rechtsmaterie, die dem Rechtsanwalt und Fachanwalt für Steuerrecht ganzheitlich vertraut ist. In der Praxis werden die meisten Mandate dem Fachanwalt für Steuerrecht von Steuerberatern und Wirtschaftsprüfern zugetragen. Es besteht ein reges Netzwerk zwischen den Berufsgruppen.

Sie fragen aber zu Recht nach dem „heutigen" Stellenwert des Fachanwalts. Die ursprünglichen Berufsbilder haben sich in der letzten Zeit stark verändert. Gute Steuerberatungsgesellschaften bieten heute selbstverständlich eine kompetente Rechtsberatung im Steuerrecht an. Anwälte haben auch längst den Markt der „klassischen" Steuerberatung mit Buchstellen und Abschlüssen für sich erkannt. Beratungen mit internationalem Bezug erfordern Partnerschaften und Kooperationen in großen Gesellschaften. Ausländische Kollegen werden im Inland tätig und umgekehrt. Die Mandate werden immer komplexer und der „Generalist" des Rechtsanwalts, der in allen Rechtsgebieten kompetent berät, wird selten. Es wird durch höhere Spezialisierung in der Aus- und Fortbildung ein Fach-Know-How aufgebaut, das es nahezu unmöglich macht, in allen Bereichen des Steuerrechts auf höchstem Niveau tätig zu werden. Es bilden sich Spezialisten-Kanzleien, z.B. im Umsatzsteuerrecht, Steuerstrafrecht oder Gesellschafts-Steuerrecht, teilweise sogar nur in einzelnen Mandatsaspekten (z.B. Internationale Verrechnungspreise, M&A, Insolvenzberatung etc). Großkanzleien bilden diese Spezialgebiete in eigenen Strukturen aus.

Es kommt heute daher weniger auf die Titel und Berufsbezeichnungen an. Eine wettbewerbliche Stellung zwischen den Berufsträgern „Steuerberater", „Wirtschaftsprüfer" und „Fachanwalt für Steuerrecht" ist mir nicht bekannt. Renommierte Fachberater sind in allen Berufsgruppen zu finden. Heute muss der „Fachanwalt für Steuerrecht" sich diesen veränderten Anforderungen stellen. Ich selbst bin z.B. auch auf nur ein Rechtsgebiet spezialisiert, aber ich versuche bei jeder Gelegenheit, mir eine fachliche Breite zu erhalten, um dann wenigstens ein gut ausgebildetes Problembewusstsein zu entwickeln, das mich in die Lage versetzt, vernetzte Spezialisten anderer Fachgebiete hinzuzuziehen, um ein hohes Niveau über alle Teilrechtsgebiete zu erarbeiten. So bilden sich auch funktionierende Netzwerke.

Welche Zukunft hat der Fachanwalt für Steuerrecht?
Erst einmal unabhängig vom Fachanwaltstitel: Meines Erachtens sollte jeder Jurist eine solide Grundausbildung im Steuerrecht mitbringen. Je früher und je mehr, desto besser. Dazu eignet sich leider immer noch viel zu selten die universitäre Ausbildung. Auch die Referendarsausbildung ist hier in den meisten Bundesländern dürftig. Früher saßen in unseren Fachanwaltskursen im Steuerrecht von 400 Teilnehmern 350 Referendare. Heute sind in den Kursen bei wesentlich weniger Teilnehmern keine 10 % Referendare. Die Verkürzung der Referendarszeit, das Versagen von Sonderurlaub zur Teilnahme an dem Fachanwaltskurs und viele anderen Aspekte liegen dem zugrunde. Auch Großkanzleien ließen früher alle jungen Kollegen durch den Fachanwaltskurs laufen, selbst wenn sie später den Steuerberatertitel anstrebten. Das ist heute leider nur noch in Einzelfällen festzustellen. Also: Ich plädiere zunächst uneingeschränkt für die solide steuerrechtliche Grundausbil-

dung aller Juristen, egal in welcher Form diese Ausbildung erfolgt. Auf dem Niveau des erfolgreich absolvierten Fachanwaltskurses im Steuerrecht sollte jeder Jurist sein. Auch für die Karriereplanung ist damit in keinem Fall ein Fehler begangen.

Und ich empfinde die nach außen durch den Fachanwaltstitel zum Ausdruck gebrachte Kenntnis des Steuerrechts auch nicht als einschränkenden Ausdruck einer beschränkten Berufstätigkeit. Der Fachanwalt für Steuerrecht war schon immer ein Prädikat für einen Juristen, der wirtschaftliche Sachverhalte überhaupt erst ganzheitlich erfassen und beraten kann. Das wird von vielen Kolleginnen und Kollegen als Wettbewerbsvorteil betrachtet.

Das Ansehen des Fachanwalts für Steuerrecht - jahrzehntelang der einzige Fachanwaltstitel - fußt auf einer 100-jährigen Entwicklung. Heute führen knapp 4.500 Kolleginnen und Kollegen diesen Titel. In unserer Arbeitsgemeinschaft der Fachanwälte für Steuerrecht sind ca. 1000 renommierte Fachanwälte für Steuerrecht Mitglied. Die Jahresarbeitstagung fand in diesem Jahr (2010) zum 61. Mal statt. Die steuerwissenschaftliche Literatur wird maßgeblich von Fachanwälten für Steuerrecht geprägt. Entscheidende Revisionen vor dem BFH wurden von Fachanwälten für Steuerrecht initiiert. Auch Steuerberater oder Wirtschaftsprüfer, soweit sie Juristen sind, verzichten nicht auf das Führen des Titels „Fachanwalt für Steuerrecht". Das alles ist nicht nur eine Tradition, das ist eine Substanz, die die Zukunft des Fachanwalts für Steuerrecht ausmacht. Heute dürfen 3 Fachanwaltsbezeichnungen geführt werden. Eine sollte dabei immer das Steuerrecht umfassen.

Welchen Fachanwaltskurs empfehlen Sie?

Es kommt nie gut an, pro domo zu loben, aber ich erlaube mir, unseren Kurs kurz darzustellen: Die Arbeitsgemeinschaft der Fachanwälte für Steuerrecht veranstaltet in Zusammenarbeit mit dem Fachinstitut für Steuerrecht im DAI den Traditionslehrgang, seit 1950, der als „Detmolder Lehrgang" bekannt wurde und heute jährlich in drei zeitlich versetzten Blöcken in Bochum veranstaltet wird. Weit über 30.000 Juristen wurden in diesem Kurs im Steuerrecht ausgebildet. „En bloc", also in einem Stück kann heute aber ein Fachanwaltskurs nicht mehr durchgeführt werden, weil die Teilnehmer i.d.R. Berufskollegen sind, die sich eine mehrwöchige Abwesenheit aus der Kanzlei nicht leisten können. Der Kurs wird auch von Vielen besucht, die gar nicht den Fachanwaltstitel anstreben, sondern die Ausbildung im Steuerrecht als Grundlage jedweder Beratertätigkeit begreifen. Auch wird der Kurs zur Vorbereitung auf die Steuerberaterausbildung besucht. Unser Fachanwaltskurs geht weit über die Erfordernisse nach der Fachanwaltsordnung hinaus, umfasst 196 Stunden bei 160 „Pflichtstunden" nach der FAO und bietet 4 fünfstündige Klausuren an; die FAO erfordert nur 3 Klausuren. Der Kurs findet in Bochum in den hervorragend geeigneten Tagungsräumen des DAI statt, man kann in Bochum günstig wohnen, Parken ist kein Problem und die Organisation des DAI (Internet, Mittagessen, freie Heiß- und Kaltgetränke, modernste Tagungstechnik, großzügige Räumlichkeiten) kann von uns genutzt werden. Die unmittelbare Nähe zur Universität ist auch kein Nachteil.

Ich glaube sagen zu können, dass eine intensivere und umfassendere Ausbildung in diesem Zeitrahmen nicht möglich wäre. Viele tausend Seiten Skript werden von sieben erfahrenen Referenten, darunter auch Finanzrichter, Angehörige der Finanzverwaltung und natürlich Fachanwälte für Steuerrecht in einer straffen Didaktik vorgetragen und der Lernerfolg wird in vielen Übungsfällen und –klausuren ständig überprüft. Dieses Konzept wird von anderen Anbietern auch kritisiert, da es – ich gebe es zu – anstrengend ist. Auch ist der Tagungsort „Bochum" für viele nicht attraktiv, aber ich meine, zum Lernen ist der Standort optimal, und das Ruhrgebiet ist nicht erst seit der „Kulturhauptstadt 2010" als landschaftlich schöne und kulturell äußerst vielfältige Gegend bekannt geworden.

9. Lehrgangsanbieter „Fachanwalt für Steuerrecht":

Folgende Institutionen und private Anbieter bieten Fachanwaltslehrgänge im Steuerrecht an:

- Arbeitsgemeinschaft der Fachanwälte für Steuerrecht e. V.
  in Zusammenarbeit mit dem Deutschen Anwaltsinstitut DAI
  Universitätsstraße 140
  44799 Bochum
  Frau Herlinghaus
  Telefon 0234/ 932 5690
  Fax   0234/ 932 569-29
  www.fachanwalt-fuer-steuerrecht.de
  info@fachanwalt-fuer-steuerrecht.de

- Fachseminare von Fürstenberg GmbH Co. KG
  Werthmannstraße 15
  79098 Freiburg
  Telefon 0761/2148310
  Fax   0761/2148329
  www.fachseminare-von-fuerstenberg.de
  info@fachseminare-von-fuerstenberg.de

- Juristische Fakultät der Ruhr-Universität Bochum
  Lehrstuhl für Steuerrecht
  Dirk Steiner
  Universitätsstraße 150,
  44780 Bochum
  Telefon Mi. u. Fr. 0234/3228358
  http://ruhr-uni-bochum.de/wir-steu
  sg.wir-steu@jura.ruhr.uni-bochum.de

SPECIAL: FACHANWALT FÜR STEUERRECHT

- SWA Steuer & Wirtschafts-Akademie GmbH
  Gutleutstraße 82
  60329 Frankfurt a.M.
  Herr Harz
  Telefon 0800/0181818
  Fax   06131/3282777
  www.swa.de
  info@swa.de

- hemmer/ECONECT Fachanwaltsausbildung GbR
  Rödelheimer Strasse 47
  60487 Frankfurt a. M.
  Katja Rosenberger
  Telefon 069/ 970970-0
  Fax   069/970970-70
  www.econect.com
  fastr@econect.com

- Tributum Steuerseminar GbR
  Forststraße 8
  04229 Leipzig
  Britta Grützner
  Telefon 0341/ 9272145
  Fax   0341/ 9272145
  www.tributum-steuerseminar.de
  mail@tributum-steuerseminar.de

- Universität Osnabrück – Institut für Finanz- und Steuerrecht
  Martinistr. 10
  49078 Osnabrück
  Dr. Elmar Krüger, LL.M. Taxation
  Telefon 0541/ 969-6183
  Fax   0541/ 969-6167
  www.llm-taxation.de
  info@llm-taxation.de

- Universität Münster JurGrad
  Königstr. 46
  48143 Münster
  Jürgen Schäfer
  www.steuerwissenschaften.net
  Juergen.schaefer@uni-muenster.de

- RFS Repetitorium für Steuerrecht
  Ansbacher Str. 16,
  10787 Berlin
  Werner Karst
  www.rfs-muenchen.de
  info@rfs-muenchen.de
- Deutsche AnwaltAkademie GmbH
  Littenstraße 11
  10179 Berlin
  Fachseminare von Fürstenberg
  www.anwaltakademie.de
  info@fachseminare-von-fuerstenberg.de

Bei der Auswahl des Lehrgangs sollten Sie sich nicht nur auf die Angaben der Lehrgangsanbieter selbst verlassen, sondern auch Gespräche mit Teilnehmern führen, an Probestunden teilnehmen etc. Die Kursgebühren schwanken. Fast alle Anbieter gewähren Referendaren und Junganwälten Rabatte.

> **Web-Link** Alle Lehrgangsanbieter finden Sie unter www.fachanwaltslehrgang.de

10. Interview mit RA Martin Gehlen, Teilnehmer an zwei Fachanwaltslehrgängen bei hemmer/ECONECT

Warum haben Sie sich für einen Fachanwaltslehrgang entschieden?

Für mich gab es mehrere Gründe einen Fachanwaltslehrgang zu besuchen. An erster Stelle sei hier die Erweiterung des Fachwissens genannt, welche nicht nur im Kanzleialltag von Vorteil ist, sondern auch dazu dient, sich von Kollegen abzuheben und auf dem Arbeitsmarkt attraktiv zu machen. Hierbei steht meines Erachtens aber nicht nur die Erlangung von Fachwissen im Vordergrund, sondern der Besuch eines Fachanwaltslehrganges dokumentiert auch eine gewisse Lern- bzw. Einsatzbereitschaft. Darüber hinaus hat man – je nach Wahl des Fachanwaltslehrganges – die Möglichkeit, Fachwissen in Rechtsgebieten zu erlangen, die während des Studiums weniger ausführlich behandelt wurden.

Nach welchen Kriterien haben Sie den Anbieter gewählt?

Auf den Veranstalter bin ich über die Homepage „Fachanwaltslehrgang.de" aufmerksam geworden. Mich überzeugte sein Gesamtkonzept. Namhafte Dozenten und ein fairer Preis. Darüber hinaus ist durch das Wochenendkonzept ein berufsbegleitender Lehrgang möglich, ohne dass man aus dem Kanzleialltag herausgerissen wird. Ferner finden die Klausuren nach einzelnen Blöcken und nicht komprimiert nach Ende des Lehrganges statt, wodurch eine punktuelle Vorbereitung ermöglicht wird.

Wie würden Sie das Dozententeam beurteilen?
Nachdem ich nunmehr ca. 25 Dozenten „erlebt" habe, kann ich bestätigen, dass Praktiker häufig eher in der Lage sind, sich in die Situation der Lehrgangsteilnehmer hinein zu versetzen. Bei beiden von mir absolvierten Fachanwaltslehrgängen hat der Anbieter eine optimale Mischung aus Praktikern und Theoretikern gewählt. Fast ausnahmslos fielen die Dozenten durch ihre freundliche und immer hilfsbereite Art sowie ihren dialogorientierten Unterricht auf. Dabei ist die Altersstruktur der Dozenten gut gemischt.

Wie stufen Sie die praktische Verwertbarkeit des erlangten Wissens ein?
Häufig sind es nicht einzelne Detailfragen, die einem in der Praxis weiterhelfen, sondern das durch die Dozenten vermittelte Gesamtverständnis eines Teilrechtsgebietes. Zur Lösung von Detailfragen eignen sich die dann zur Verfügung gestellten Kursunterlagen. Konkret erinnere ich mich in diesem Zusammenhang an eine sowohl mit dem Dozenten als auch mit den Lehrgangsteilnehmern geführte Diskussion über die Anfechtbarkeit von Sozialversicherungsbeiträgen, deren Lösung wenige Monate später vom BGH „bestätigt" wurde.

Wie haben Sie die Klausurvorbereitung und die Klausuren empfunden?
Wie bereits erwähnt, werden die Klausuren am Ende eines Blocks angeboten. In der Regel ist der Lehrgang, unabhängig von dessen Pflichtstundenzahl, in drei Blöcke somit also drei Klausuren aufgeteilt. Hierdurch ist eine punktuelle Vorbereitung möglich, wodurch die Bewältigung der Haupttätigkeit nicht beeinträchtigt wird. Darüber hinaus ist es durch die Blockgestaltung möglich, auch später in den Kurs einzusteigen und verpasste Klausuren in einem individuell vereinbarten Termin nachzuschreiben. So war es mir möglich, die verpasste erste Klausur zum Fachanwaltslehrgang für Steuerrecht wenige Wochen nach Ende des Fachanwaltslehrganges nachzuholen. Diese Flexibilität ist mir insbesondere vor dem Hintergrund der Bewältigung des Berufsalltages als äußerst positiv in Erinnerung geblieben. Darüber hinaus habe ich den Eindruck gewonnen, dass die Mitarbeiter des Veranstalters stets bemüht sind, eine individuelle Lösung für jeden einzelnen Kursteilnehmer zu finden.

Haben Ihnen die Lehrgänge geholfen, sich beruflich weiterzuentwickeln?
Es versteht sich von selbst, dass der Besuch eines Fachanwaltslehrganges das Fachwissen herstellt und erweitert und somit die Karrierechancen wie auch das Gehalt verbessert. Darüber hinaus erlangt man durch den Fachanwaltstitel – ähnlich wie bei Fachärzten – bereits durch seine Bezeichnung eine gewisse Kompetenz zugesprochen, welche nicht nur das Standing in der Kanzlei, sondern auch bei Mandanten verbessert. Auch hier führte

der Besuch von zwei Fachanwaltslehrgängen zu einer Erweiterung des Fachwissens, was in meinem Fall auch zu einer Gehaltsverbesserung führte.

Wie war die Atmosphäre während des Lehrgangs? Haben Sie noch Kontakt zu anderen Teilnehmern?

Nicht zuletzt stellt der Lehrgang – und dies habe ich nunmehr in zwei Lehrgängen so erlebt – eine Plattform für interessante berufliche Kontakte, aber auch mögliche Freundschaften dar. Auch wenn man sich hier einem gemeinsamen Rechtsgebiet widmet, haben die einzelnen Teilnehmer oft unterschiedlichste Hinter- bzw. Beweggründe für den Besuch des Lehrganges. Durch die neu gewonnenen Bekanntschaften zu Kolleginnen und Kollegen entstand zumindest für mich ein Netzwerk, welches ich gerne und regelmäßig für den beruflichen Erfahrungs- und Wissensaustausch nutze.

3

AUSBILDUNGSWEGE ZUM STEUERBERATER

von RAin Susanne Löffelholz

3.1 Der Weg zum Steuerberater

Zum Steuerberater führen zwei Wege: der akademische und der praktische. Die meisten Steuerberater (ca. 60 Prozent) haben zunächst ein Studium absolviert. Zur Steuerberaterprüfung wird aber auch zugelassen, wer nach bestandener Abschlussprüfung in einem kaufmännischen Ausbildungsberuf, zum Beispiel als Steuerfachangestellter, zehn Jahre lang auf dem Gebiet des Steuerwesens tätig gewesen ist. Eine bestandene Prüfung zum Steuerfachwirt oder zum Bilanzbuchhalter verkürzt diese Zeitspanne auf sieben Jahre.

Wege zum Steuerberater

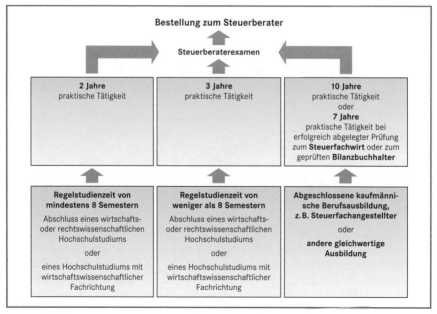

Quelle: Bundessteuerberaterkammer

3.1.1 Der akademische „klassische" Weg

Der akademische Weg führt über ein wirtschaftswissenschaftliches oder rechtswissenschaftliches Studium. Viele Hochschulen bieten im Rahmen eines betriebswirtschaftlichen Studiums berufsspezifische Schwerpunkte an. Zu empfehlen sind die Studienschwerpunkte „Betriebliche Steuerlehre" bzw. „Steuerrecht".

Im Anschluss an das Studium ist eine berufspraktische Tätigkeit auszuüben. Beträgt die Regelstudienzeit des Hochschulstudiums weniger als vier Jahre, muss die praktische Tätigkeit über einen Zeitraum von mindestens drei Jahren ausgeübt werden, sonst über einen Zeitraum von mindestens zwei Jahren.

Exemplarisch: Die Studiengänge Steuerlehre (B.A.) und Taxation (M.A.) an der FH Worms

Die Fachhochschule Worms ist mit ca. 2.600 Studierenden in 3 Fachbereichen eine Institution, die durch ihre Struktur den intensiven und persönlichen Austausch zwischen Lehrenden und Studierenden sicherstellt. Organisatorisch sind die steuerrechtlichen Studiengänge Steuerlehre und Taxation in den Fachbereich Wirtschaftswissenschaften eingegliedert.

Der Studiengang Steuerlehre (B.A.)

Seit dem Sommersemester 2010 bietet die FH Worms den Bachelor-Studiengang „Steuerlehre" an, der basierend auf dem bisherigen Diplomstudiengang „Steuerwesen" entwickelt wurde. Das betriebswirtschaftliche Studium mit einer klaren Ausrichtung an den Bedürfnissen der steuerberatenden Berufe wird auch als dualer Bachelor-Studiengang „Steuerlehre im Praxisverbund" geführt. Die Ausbildung erfolgt in sieben Semestern überwiegend praxisorientiert. Ziel ist es, die Studierenden optimal auf einen Berufseinstieg in den steuerberatenden Berufen und auf das Steuerberaterexamen vorzubereiten. Dieses kann in Verbindung mit einem anschließenden Masterstudiengang, der in Kombination mit einer beruflichen Tätigkeit von 16 Wochenstunden absolviert wird, in nur 5 Jahren nach Beginn des Bachelorstudiums abgelegt werden.

Die Studieninhalte

Das Studium vermittelt den Studierenden ein möglichst umfassendes Wissen in den speziellen Betriebswirtschaftslehren „Betriebliche Steuerlehre" und „Rechnungswesen" sowie im Bereich Wirtschaftsrecht (Modulblock „Recht und Methodenlehre). Im steuerrechtlichen Bereich erlangen die Studierenden vertiefte Kenntnisse in den Einzelsteuerarten ebenso wie im Bilanzsteuerrecht, der Abgabenordnung, dem Bewertungs- und Umwandlungssteuerrecht sowie im Internationalen Steuerrecht. Daneben werden Grundlagen der allgemeinen Betriebs- und Volkswirtschaftslehre angeboten. Fähigkeiten in Nebendisziplinen wie Wirtschaftsenglisch, Rethorik, wissenschaftliches Arbeiten oder Wirtschaftsethik werden im Modulblock „Softskills" vermittelt.

Das Studium im Praxisverbund

Im Studium im Praxisverbund wird die Wissensvermittlung an der Hochschule mit einer (parallelen) praktischen Tätigkeit des Studierenden in einer Kanzlei verbunden. Die Tätigkeit in der Kanzlei findet überwiegend in der vorlesungsfreien Zeit und ggf. auch tageweise während des Semesters statt. Mit dem Studium im Praxisverbund können Unternehmen frühzeitig und langfristig eine Bindung zu jungen und qualifizierten Mitarbeitern aufnehmen/vertiefen und so bestmöglich von der Verbindung zwischen Wirtschaft und Hochschule profitieren. Idealerweise ist das duale Studium zur Weiterbildung für bereits in den Kanzleien ausgebildete Steuerfachangestellte geeignet. Notwendige Voraussetzung für das duale Studium ist ein Kooperationsvertrag der Kanzlei mit der FH Worms.

Das Orientierungssemester

Ein Praktikum vor Studienbeginn ist im Bachelor-Studiengang Steuerlehre nicht erforderlich. Vielmehr ist das erste Fachsemester als Einführungs- und Orientierungssemester für Studienanfänger ohne Berufsausbildung ausgestaltet. In der ersten Hälfte des ersten Semesters finden einführende Vorlesungen zu steuerlichen, wirtschaftswissenschaftlichen und rechtlichen Themen statt. In der zweiten Semesterhälfte haben die Studierenden ein Praktikum bei einer Steuerberatungs- oder Wirtschaftsprüfungskanzlei oder einem Unternehmen mit eigener Steuer- oder Jahresabschlussabteilung abzuleisten. Dieses Praktikum ist von den Studierenden selbst zu organisieren.

Bewerber mit einer abgeschlossenen Berufsausbildung können im Bachelor-Studium direkt in das zweite Fachsemester einsteigen und ihr Studium so auf sechs Semester verkürzen. Unter einer qualifizierten Ausbildung wird angesehen:

- eine Ausbildung zur/zum Steuerfachangestellten (im Sinne des anerkannten Ausbildungsberufs gemäß Berufsbildungsgesetz (BBiG) oder einer gleichwertigen Ausbildung);
- eine Ausbildung zur Finanzwirtin/zum Finanzwirt (mittlerer Dienst) der Finanzverwaltung oder einer gleichwertigen Ausbildung;

- eine Ausbildung zum Steuerfachwirt;
- eine Ausbildung zum Bilanzbuchhalter (IHK).

Die Berufschancen

Der Bachelor-Studiengang ist ein siebensemestriges Grundlagenstudium, in dem anwendungsorientiert die Basis für zukünftiges wissenschaftliches Arbeiten gelegt wird. Der Studiengang führt zu einem ersten berufsqualifizierenden akademischen Abschluss (Bachelor of Arts, B.A.). Das Studium bildet die Grundlage für den Eintritt in die Berufspraxis oder für ein weiteres, auf den Inhalten des Bachelorstudiums aufbauendes Masterstudium. Dieses Masterstudium wird an der FH Worms im Studiengang Taxation ab dem Sommersemester 2011 angeboten. Absolventen des Bachelorstudiums sind in der Lage, Themen selbständig und zielorientiert zu bearbeiten. Hierbei hilft ihnen – neben den fundierten theoretischen Kenntnissen – die im Studium erlernte Arbeitstechnik/-methodik. Den Absolventen stehen leitende Stellungen in den Steuerabteilungen von großen Unternehmungen oder in Steuerberatungs- und Wirtschaftsprüfungsgesellschaften offen.

Neu ab 2011: Master-Studiengang Taxation (M.A.) und Taxation im Praxisverbund

Der konsekutive, anwendungsorientierte Master-Studiengang hat eine Regelstudiendauer von drei Semestern. Er setzt einen Bachelorabschluss mit in der Regel mindestens 210 ECTS oder einen Abschluss als Diplom-Betriebswirt voraus und führt zum berufsqualifizierenden akademischen Abschluss "Master of Arts, M.A.". Ziel des Master-Studiengangs ist die Vorbereitung der Studierenden auf eine berufspraktische oder wissenschaftliche Tätigkeit. Das Master-Studium ermöglicht eine intensive Spezialisierung auf das Berufsfeld des Steuerberaters bzw. auf das Berufsfeld eines Mitarbeiters in einer Steuerberatungspraxis oder Steuerabteilung eines nationalen oder internationalen Konzerns. Damit positioniert sich der Master-Studiengang als Spezialisierungsstudium komplementär zum generalistischen Ansatz des Bachelor-Studiengangs. Im Hinblick auf eine wissenschaftliche Befähigung schafft der Master-Studiengang die Voraussetzung für ein Promotionsstudium. Außerdem eröffnet er den Zugang zum Höheren Dienst.

Die Inhalte des Master-Studiengangs

Die fachlichen Lehrveranstaltungen konzentrieren sich auf die Bereiche Steuerrecht, Wirtschaftsrecht und betriebswirtschaftliches Rechnungswesen unter Berücksichtigung vornehmlich internationaler Aspekte sowie der wissenschaftlichen

Methodenlehre. Ein besonderes Gewicht haben dabei die Lehrveranstaltungen im steuerrechtlichen Bereich. Dort erlangen die Studierenden vertiefende Kenntnisse in den Einzelsteuerarten sowie deren Wechselwirkungen im Kontext von Akquisitions- und Finanzierungsstrukturen (Einkommensteuer, Körperschaftsteuer, Gewerbesteuer, Umsatzsteuer, Grunderwerbsteuer) ebenso wie im Bilanzsteuerrecht, Verfahrensrecht, grenzüberschreitendes Umwandlungssteuerrecht und im Internationalen Steuerrecht. Im Bereich des Wirtschaftsrechts beschäftigen sich die Studierenden vor allem mit den Gebieten des Handels- und Gesellschaftsrechts im Hinblick auf praxisrelevante Unter-nehmensverträge und deren steuerliche Implikationen. In dem Bereich Betriebswirtschaft/Rechnungswesen sollen die Studierenden Kenntnisse über die steuerlichen Einflüsse auf Investitions- und Finanzierungsentscheidungen/Internationale Rechnungslegung und der Finanzanalyse erlangen. Die fachlichen Module werden ergänzt durch eine Ausbildung in der englischen Sprache. Der Schwerpunkt liegt hierbei auf steuerspezifischem Englisch.

KONTAKT:

Assistentenbüro der Studiengänge Steuerlehre/Taxation
Dipl.-Betriebswirtin (FH) Carmen Neiser
Tel. (0 62 41) 50 91 11
carmen.neiser@fh-worms.de
www.fh-worms.de

3.1.2 Erfahrungsbericht: Mein Weg zum Beruf des Steuerberaters

von StB Benjamin Schäfer, ATCon AG, Frankfurt/Main

Bereits während meiner Vorbereitung auf das Abitur an einem Beruflichen Gymnasium wurden die Fächer Rechnungswesen und Wirtschaftslehre unterrichtet. Dabei stellte ich fest, dass bei mir ein Verständnis für wirtschaftliche Zusammenhänge vorhanden war. Die spätere Ausübung eines Berufes mit Bezug zu diesen Themen konnte ich mir gut vorstellen. Im Anschluss an mein Abitur entschied ich mich daher für eine Berufsausbildung zum Steuerfachangestellten, da diese Ausbildung zum einen eng mit diesen Themengebieten verbunden ist und zum anderen umfangreiche Fortbildungsmöglichkeiten in diesem Beruf nach Abschluss der Berufsausbildung bestehen. Die dreijährige Ausbildung absolvierte ich in einer kleineren Steuerberatungskanzlei. Während dieser Zeit konnte ich mir die ersten theoretischen und praktischen Kenntnisse aneignen. Mein Aufgabengebiet umfasste die Abwicklung von Buchhaltungen sowie die Erstellung von Steuererklärungen und Jahresabschlüssen. Dabei entwickelte sich bei mir ein großes Interesse für den Beruf des Steuerberaters.

Zum Ende meiner Berufsausbildung habe ich mir das Ziel gesetzt, Steuerberater zu werden. Insbesondere die Arbeit mit Gesetzen und die vielfältigen Arbeitsgebiete wie zum Beispiel die Erstellung von Jahresabschlüssen und Steuererklärungen, die Beratung der Mandanten in betriebswirtschaftlichen und vermögensrechtlichen Fragen sowie die Vertretung der Mandanten vor der Finanzverwaltung und den Finanzgerichten, motivierten diese Entscheidung. Im Nachhinein betrachtet, war meine Berufsausbildung ein wichtiger Grundstein für ein erfolgreiches Studium und eine wichtige Weichenstellung für die Ausbildung zum Steuerberater, da ich mir eine Basis an fachlichem Wissen aufgebaut habe, das zum besseren Verständnis des Lehrstoffes bei den folgenden Fortbildungen beigetragen hat und ich mir frühzeitig die praktischen Anforderungen an den Beruf des Steuerberaters, insbesondere die Erstellung von Jahresabschlüssen und Steuererklärungen, angeeignet habe.

Die Zulassungsvoraussetzungen für die Steuerberaterprüfung wollte ich über ein BWL-Studium erlangen. Dafür erschien mir der Studiengang Steuerwesen an der Fachhochschule in Worms als die geeignete Lösung, da bei diesem Studiengang, anders als bei einem üblichen BWL-Studium schwerpunktmäßig die steuerrechtliche Ausbildung im Vordergrund steht. Das Studium half mir, meine bereits vorhandene Basis an fachlichem Wissen zielorientiert aufzubauen und zu erweitern.

Im Übrigen konnte ich aufgrund meiner Berufsausbildung während der Semesterferien in Steuerberatungskanzleien arbeiten und so meine im Studium erlangten theoretischen Kenntnisse in der Praxis anwenden.

Auch für den Berufseinstieg hat sich die Kombination aus Berufsausbildung und Studium als erfolgreich erwiesen, da ich sowohl den theoretischen als auch den berufspraktischen Anforderungen des Arbeitgebers von Anfang an gewachsen war.

Das im Rahmen meines Studiums vorgesehene Praxissemester hatte ich dazu genutzt, um bei einer der Big-Four-Wirtschaftsprüfungsgesellschaften über eine Dauer von sieben Monaten zu arbeiten. Auch diese Station war für mich eine gute Erfahrung, da die tägliche Arbeit in Bezug auf Mandanten, Organisation und Aufgabenbereiche im Vergleich zu kleinen oder auch mittelgroßen Steuerberatungs-

und Wirtschaftsprüfungsgesellschaften sehr unterschiedlich sein kann. Während bei den größeren Gesellschaften oft eine Trennung zwischen Steuerberatung und Wirtschaftsprüfung vorzufinden ist, kann man in kleineren Organisationen meistens in beiden Bereichen übergreifend tätig werden. Die großen Steuerberatungs- und Wirtschaftsprüfungsgesellschaften bieten auch die Möglichkeit einer Spezialisierung in bestimmten Tätigkeitsbereichen an. Hingegen sind bei kleinen Gesellschaften eher die Generalisten gefragt. Im Vergleich zu meiner bisherigen Tätigkeit hatte ich somit ein ganz neues Arbeitsumfeld kennen gelernt.

Zum Ende meines Studiums musste ich mir dann die Fragen stellen: Welcher Job und welche Aufgabengebiete interessieren mich im späteren Berufsleben? Gehe ich zu einer kleinen oder großen Kanzlei? Steuerberatung oder Wirtschaftsprüfung? Oder vielleicht auch beides?

Mein Ziel war es jedenfalls, sowohl im Bereich der Steuerberatung als auch in der Wirtschaftsprüfung tätig zu werden, um mir so ein breites Wissen anzueignen. Nach meinem Studium nahm ich deshalb ein Stellenangebot als Steuer- und Prüfungsassistent bei der ATCon AG Wirtschaftsprüfungsgesellschaft in Frankfurt am Main an, da dieses Angebot meinen Vorstellungen entsprach. Gerade im Hinblick auf die Steuerberaterprüfung war dies die richtige Entscheidung, da ich mit sämtlichen für die spätere Prüfung relevanten Steuerarten konfrontiert wurde.

Nachdem ich die Zulassungsvoraussetzungen zur Steuerberaterprüfung erfüllt hatte, habe ich dann an der Prüfung teilgenommen und diese bestanden.

Heute konzentriert sich mein Tätigkeitsfeld auf die steuerrechtliche Beratung unserer Mandanten sowie die Teilnahme an Jahresabschlussprüfungen. Durch die enge Verzahnung von Steuerberatung und Wirtschaftsprüfung ist die tägliche Arbeit sehr anspruchsvoll. Die Problemstellungen der Mandanten, insbesondere die der mittelständischen Unternehmer und Unternehmen, beschränken sich tatsächlich nicht nur auf steuerrechtliche Fragen sondern richten sich - insbesondere bei Jahresabschlussprüfungen - auf eine fächerübergreifende Beratung. Die ganzheitliche Beratung steht somit im Vordergrund. Nach der Prüfungssaison in den ersten Monaten des Jahres ist die zweite Jahreshälfte durch die Erstellung der Steuererklärungen geprägt. Durch eine interessante und vielfältige Mandantenstruktur wird die tägliche Arbeit sehr abwechslungsreich, so wie ich sie mir vorgestellt habe.

3.1.3 Der Praktikerweg

Praktiker erfüllen die Zulassungsbedingungen für die Steuerberaterprüfung nach Abschluss einer kaufmännischen Ausbildung, wenn sie nach erfolgreich abgelegter Prüfung zum Steuerfachwirt oder Bilanzbuchhalter sieben Jahre lang praktisch tätig gewesen sind.

a) Steuerfachwirt

Die Steuerfachwirtprüfung wird oft als die „Meisterprüfung im Steuerwesen und Bilanzsteuerrecht" bezeichnet. Denn nach erfolgreich abgelegter Prüfung zum Steuerfachwirt oder zur Steuerfachwirtin können Mitarbeiter einer Steuerberaterpraxis verantwortungsvolle Aufgaben übernehmen. Beispielsweise können sie den Schriftverkehr mit Mandanten und Finanzbehörden abwickeln und auch anspruchsvollere Mandate selbständig bearbeiten. Steuerfachwirte nehmen innerhalb der Steuerberaterpraxis Führungsaufgaben als Bürovorsteher wahr und sind meist auch Ansprechpartner für die Auszubildenden.

Auch für das Berufsziel Steuerberater kann das Ablegen der Steuerfachwirtprüfung ein sinnvoller Zwischenschritt sein. Wer zum Beispiel als Steuerfachangestellter der Beruf des Steuerberaters anstrebt, kann durch das Ablegen der Steuerfachwirtprüfung nicht nur die berufspraktische Zeit verkürzen, sondern auch die Erfolgsaussichten auf das Bestehen der späteren Steuerberaterprüfung steigern. Bestätigt wird diese Einschätzung durch die Ergebnisse, die von Prüfungsbewerbern nach vorausgegangener Steuerfachwirtprüfung in der Steuerberaterprüfung erzielt wurden: In den Steuerberaterprüfungen der letzten fünf Jahre war die Durchfallquote der Steuerfachwirte deutlich niedriger als die der Steuerfachangestellten und sogar niedriger als die der Hochschulabsolventen.

Durchfallquoten der Hochschulabsolventen, Steuerfachwirte und Steuerfachangestellten bei der Steuerberaterprüfung

StB-Prüfung	Durchfallquote Hochschulabsolventen	Durchfallquote Steuerfachwirte	Durchfallquote Steuerfachangestellte	Durchfallquote insgesamt
2003/04	60,06 %	59,28 %	79,14 %	58,80 %
2004/05	41,82 %	39,91 %	61,52 %	41,49 %
2005/06	57,40 %	53,60 %	71,59 %	55,58 %
2006/07	40,57 %	37,77 %	65,65 %	40,50 %
2007/08	39,20 %	39,10 %	63,70 %	40,24 %
2008/09	48,60 %	32,30 %	77,80 %	50,10 %

Quelle: Statistik Steuerberaterprüfung

> **TIPP** Hochschul-, bzw. Fachhochschulabsolventen können meist bereits nach zweijähriger hauptberuflicher Tätigkeit bei Angehörigen steuerberatender Berufe zur Steuerfachwirtprüfung zugelassen werden. Die Vorbereitung auf die Steuerfachwirtprüfung kann gerade ihnen den Einstieg in den steuerberatenden und wirtschaftsprüfenden Beruf erleichtern. Die Steuerfachwirtprüfung gilt hinsichtlich ihrer Gliederung und auch im Hinblick auf das recht hohe Niveau als „Zwischenprüfung" auf dem Weg zur Steuerberaterprüfung. Sie wird deshalb auch als die „kleine Steuerberaterprüfung" bezeichnet.

Für die Steuerfachwirtprüfung sind die jeweiligen Steuerberaterkammern zuständig. Alle Prüfungsordnungen basieren aber auf einer einheitlichen Musterprüfungsordnung, so dass man von einem bundesweit fast einheitlichen Abschluss sprechen kann. Außerdem hat die Bundessteuerberaterkammer einen einheitlichen Anforderungskatalog herausgegeben. Die Prüfungsklausuren sind ebenfalls in den einzelnen Regionen der Steuerberaterkammern nahezu identisch.

Zulassung zur Steuerfachwirtprüfung

Die Zulassung zur Steuerfachwirtprüfung setzt zunächst voraus, dass die Abschlussprüfung als „Steuerfachangestellter/Steuerfachangestellte" mit Erfolg abgelegt worden ist.

Außerdem muss – nach der Abschlussprüfung - eine hauptberufliche praktische Tätigkeit auf dem Gebiet des Steuer- und Rechnungswesens von mindestens drei Jahren bei einem Steuerberater, Steuerbevollmächtigten, Wirtschaftsprüfer, vereidigten Buchprüfer, Rechtsanwalt, einer Steuerberatungsgesellschaft, Wirtschaftsprüfungsgesellschaft, Buchprüfungsgesellschaft oder Landwirtschaftlichen Buchstelle nachgewiesen werden.

Wer keine gleichwertige Berufsausbildung nachweisen kann, muss mindestens acht Jahre auf dem Gebiet des Steuer- und Rechnungswesens, davon mindestens fünf Jahre bei einem Steuerberater, Steuerbevollmächtigten, Wirtschaftsprüfer, vereidigten Buchprüfer, Rechtsanwalt, einer Steuerberatungsgesellschaft, Wirtschaftsprüfungsgesellschaft, Buchprüfungsgesellschaft oder Landwirtschaftlichen Buchstelle hauptberuflich praktisch tätig gewesen sein.

Im Allgemeinen wird eine hauptberufliche Tätigkeit angenommen, wenn die regelmäßige Arbeitszeit 20 Stunden in der Woche übersteigt. In diesem Fall wird die berufspraktische Tätigkeit voll angerechnet.

> **„Meister-BaföG"**
>
> Die Vorbereitung auf die Steuerfachwirtprüfung wird durch das Aufstiegsfortbildungsförderungsgesetz (kurz: AFBG, sog. „Meister-BaföG") gefördert. Es handelt sich um einen Zuschuss von 30,5 Prozent sowie bei Bedarf ein Darlehen von 69,5 Prozent der Lehrgangs- und Prüfungskosten. Über die Voraussetzungen informieren Sie sich im Internet unter www.meister-bafoeg.info. Dort finden Sie auch alle Informationen über die Antragstellung und das Verfahren. Außerdem gibt es eine kostenlose Info-Hotline unter der Telefonnummer: 0800 6223634.
>
> In Nordrhein-Westfalen kann die Weiterbildung zum Steuerfachwirt mit dem sogenannten „Bildungsscheck NRW" in Höhe von max. 500 EUR unterstützt werden.
>
> Informationen unter www.bildungsscheck.nrw.de.

Die Steuerfachwirtprüfung

Gegenstand und Gliederung der Steuerfachwirtprüfung können Sie den Prüfungsordnungen entnehmen. Die Prüfung besteht aus vier Prüfungsfächern, und zwar aus einem schriftlichen Teil mit drei Klausuren und einer mündlichen Prüfung. Die Bearbeitungszeit beträgt je Klausur vier Zeitstunden. Die Prüfungsdauer der mündlichen Prüfung soll je Prüfling 30 Minuten nicht überschreiten. Die Bestehensquote schwankt je nach Steuerberaterkammer zwischen 35 und 70 Prozent.

> **TIPP** Zur optimalen Vorbereitung können Prüfungsklausuren der vergangenen Jahre auf den Internetseiten der Steuerberaterkammern eingesehen werden.

b) Bilanzbuchhalter

Wer heute noch an Buchhalter als verstaubte Ärmelschonerträger denkt, hat die rasante Entwicklung dieses Berufsstandes verpasst. Das Image der Bilanzbuchhalter hat sich zu Recht gewandelt. Bilanzbuchhalter sind heute Finanzexperten am Computer. Sie sind nicht nur gefragte Mitarbeiter von Steuerberatern und Wirtschaftsprüfern, sondern besetzen als Berater der Unternehmensführung entscheidende Schlüsselpositionen im Unternehmensmanagement.

Als Experten für das betriebliche Rechnungswesen sind sie in allen Branchen stark nachgefragte Fachkräfte.

Der Aufgabenbereich eines Bilanzbuchhalters wird in § 1 Abs. 2 der Prüfungsverordnung so beschrieben:

1. Gewährleisten der Organisation und Funktion des betrieblichen Finanz- und Rechnungswesens.
2. Erstellen des Jahresabschlusses und Lageberichts nach Handelsrecht sowie der Steuerbilanz und Berichterstattung aus Finanz- und Betriebsbuchhaltung.

MASTER OF ARTS IN TAXATION

Die Innovation in der Steuerberater-Ausbildung!

1 Studiengang
2 Abschlüsse

Master of Arts
&
Steuerberater

berufsbegleitend • in 7 Semestern • bundesweit

Anmeldung: jeweils bis zum März eines Jahres
Studienbeginn: jeweils zum Sommersemester (April)

Fordern Sie kostenfrei unsere Infobroschüre an:
Tel. 0221 / 93 64 42-0 • info@taxmaster.de

www.TaxMaster.de

Ein Studienangebot
der Hochschule Aalen

in Kooperation mit der
Steuer-Fachschule Dr. Endriss

PR-Anzeige

Wege zur erfolgreichen Steuerberater-Prüfung

Ein erfolgreiches Absolvieren der Steuerberater-Prüfung basiert auf zahlreichen wichtigen Entscheidungen, die lange vor dem Berufsexamen getroffen werden müssen.

Von großer Bedeutung ist die Wahl der individuell passenden Lehrgangsform. Sie sollte möglichst gut zum eigenen Lerntyp und zu den beruflichen und privaten Rahmenbedingungen passen.

Bei der Auswahl eines Lehrganges ist es ratsam, auf einen rechtzeitigen Beginn zu achten. Konzepte, die die Phase der Wissensvermittlung im Juli abgeschlossen haben, sind besonders zu empfehlen, denn dann ist noch hinreichend Zeit – die schriftlichen Prüfungen finden i. d. R. im Oktober statt – für Wiederholung und unerlässliches Klausurtraining.

Eine gängige Form der Prüfungsvorbereitung ist der **Samstaglehrgang**, der meist rund 15 Monate vor Prüfungsbeginn startet. Viele Teilnehmende schätzen den „6. Tag" der Woche über einen längeren Zeitraum, da ihnen so an Sonntagen und in der Woche Zeit für die notwendige Vertiefung des Stoffes bleibt.

Die zeitlich kürzeste Lehrgangsorganisationsform ist der **Tageskurs/Vollzeitlehrgang**. Dieser beginnt meist im Frühjahr des Prüfungsjahres und dauert dann rund 3 Monate. An 6 Tagen der Woche findet Unterricht statt. Die notwendige mehrmonatige Freistellung wird in mittleren und größeren Prüfungsgesellschaften häufig eingeräumt. Die Stoffvermittlung erfolgt kompakt, so dass Teilnehmende mit viel Praxiserfahrung schnell und zielgerichtet auf die Prüfung vorbereitet werden können.

Ein beliebtes und bewährtes Lehrgangsmodell ist der **Kombi-Lehrgang** an. Er verbindet Elemente des Tages- und des Samstaglehrganges. Dieses Modell ist besonders bei Teilnehmenden sehr gefragt, die aufgrund hoher Arbeitsbelastung unter der Woche wenig Zeit zur effizienten Nacharbeit finden. Der 2-wöchige Unterrichtsrhythmus ermöglicht am unterrichtsfreien Samstag eine intensive Nacharbeit des Stoffs der Vorwoche.

Darüber hinaus empfehlen sich Kompakt-Repetitorien, Intensiv-Klausurenlehrgänge, Klausurentechnik-Trainings oder Prüfungssimulationen.

Die auf die individuellen Bedürfnisse und Möglichkeiten angepasste persönliche Beratung hilft bei der Auswahl und Zusammenstellung des richtigen Vorbereitungsprogramms.

Kostenfreies **Probehören** in laufenden Kursen bietet eine gute Möglichkeit, sich ein persönliches Bild von Konzepten, Strukturen, Abläufen, von Dozenten und Materialien zu verschaffen.

Bundesweite, kostenfreie **Informationsveranstaltungen** zur Steuerberaterprüfung bieten allen Interessierten wichtige und notwendige Informationen, die Möglichkeit, noch unbeantwortete persönliche Fragen zu stellen und sich mit Dozenten und anderen Interessenten auszutauschen.

PR-Anzeige

Die Erfolgsgaranten der Steuer-Fachschule Dr. Endriss

Bereits seit 1950 führt Endriss erfolgreich Vorbereitungslehrgänge für das Steuerberater-Examen durch.

- Die Lehr- und Methodenkonzepte werden ständig weiterentwickelt und an die Prüfungserfordernisse angepasst.
- Kompetente Dozenten mit langjähriger Erfahrung in der Prüfungsvorbereitung und Spaß an erfolgreicher Lehre engagieren sich jederzeit für den Erfolg der Teilnehmenden.
- Stets aktuelle, unterrichtsbegleitende Arbeitsmaterialien – die sich auf Themenfelder mit hoher Prüfungs- und Praxisrelevanz konzentrieren – vermitteln den Stoff umfassend und in verständlicher Weise.
- Moderne Medien, die die Prüfungsvorbereitung nachweislich optimieren, finden jederzeit Eingang in die Lehr- und Lernkonzepte.

Kontakt:

Steuer-Fachschule Dr. Endriss GmbH & Co. KG
Lichtstraße 45-49
50825 Köln

Tel.: 0221/93 64 42-0
Fax: 0221/93 64 42-33
info@endriss.de

www.endriss.de

Beratung:
Gerhard Brück
Tel.: 0221/93 64 42-18
E-Mail: brueck@endriss.de

3. Auswerten und Interpretieren des Zahlenwerks für Planungs- und Kontrollentscheidungen.

Das Tätigkeitsfeld ist je nach Größe, Branche und Organisation eines Unternehmens unterschiedlich. Die Bandbreite reicht vom Spezialisten – mit einem exakt abgesteckten Tätigkeitsfeld – bis hin zum Manager an der Unternehmensspitze. Bilanzbuchhalter sind für die Leitung des Rechnungswesens verantwortlich. Hierzu gehören alle Tätigkeiten von der Belegerfassung bis hin zum Erstellen von Bilanzen und Steuererklärungen sowie die Vertretung des Betriebes gegenüber dem Finanzamt.

Im Bereich der Geschäftsbuchhaltung fertigen Bilanzbuchhalter hauptsächlich Abschlüsse und Bilanzen an, die der Geschäftsleitung vorzulegen sind. Sie kontrollieren das Finanzwesen des Unternehmens, prüfen seine Liquidität und überwachen die Einnahme –und Ausgabeentwicklung. Im Rahmen der Betriebsbuchhaltung werten Bilanzbuchhalter die Kostendaten aus und führen eine Kostträgerzeitrechnung durch.

Laut Bundesverband der Bilanzbuchhalter und Controller e.V. gibt es in Deutschland derzeit ca. 100.000 Bilanzbuchhalter – Tendenz steigend. Ungefähr 25.000 Berufsträger sind selbständig tätig.

Laut einer Studie der Vergütungsberatung Personalmarkt haben nur 14 Prozent der angestellten Bilanzbuchhalter studiert. 86 Prozent haben meist eine klassische „Buchhalter-Karriere" hinter sich, d.h. eine kaufmännische Ausbildung, einige Zeit Berufserfahrung in der Buchhaltung eines Unternehmens oder bei einem Steuerberater und danach die Prüfung zum Bilanzbuchhalter.

Zulassung zur Bilanzbuchhalter-Prüfung

Rechtliche Grundlage der Prüfung ist die im Jahre 2007 verabschiedete „Verordnung über die Prüfung zum anerkannten Abschluss Geprüfter Bilanzbuchhalter/Geprüfte Bilanzbuchhalterin".

Die Zulassung zur Prüfung setzt danach voraus:

- eine mit Erfolg abgelegte Abschlussprüfung in einem anerkannten kaufmännischen oder verwaltenden Ausbildungsberuf und danach eine mindestens dreijährige Berufspraxis oder
- eine mindestens sechsjährige Berufspraxis.

Die Berufspraxis muss inhaltlich wesentliche Bezüge zum betrieblichen Finanz- und Rechnungswesen haben. In Betracht kommen also Tätigkeiten als Mitarbeiter von Steuerberatern und Wirtschaftsprüfern oder als kaufmännischer Angestellter im Bereich des betrieblichen Finanz- und Rechnungswesens.

Die Bilanzbuchhalter-Prüfung

Die Bilanzbuchhalterprüfung wird bundeseinheitlich von den IHKs abgenommen. Die schriftlichen Prüfungen finden jeweils im Herbst statt (Ende September/Anfang Oktober). Einige IHKs bieten auch Prüfungen im Frühjahr (meist im April) an. Die Durchfallquote schwankt zwischen 45 und 50 Prozent.

Die Prüfung gliedert sich in einen funktionsübergreifenden und einen funktionsspezifischen Teil.

Der funktionsübergreifende Prüfungsteil besteht aus drei Klausuren von je 1,5 Stunden Dauer.

Die abgefragten Fachgebiete sind:

- Volks- und betriebswirtschaftliche Grundlagen
- Recht
- Elektronische Datenverarbeitung, Informations- und Kommunikationstechniken.

Die schriftliche Prüfung im funktionsspezifischen Teil besteht aus einer Klausur im Bereich

- Buchführung und Buchhaltungsorganisation, Jahresabschluss und Jahresabschlussanalyse: 5 Stunden,
- Steuerrecht und betriebliche Steuerlehre: 3 Stunden,
- Kosten- und Leistungsrechnung: 2 Stunden,
- Finanzwirtschaft der Unternehmung und Planungsrechnung: 1,5 Stunden.

Eine mündliche Prüfung von bis zu 30 Minuten je Prüfungsteilnehmer findet nur in dem Prüfungsfach *Buchführung und Buchhaltungsorganisation, Jahresabschluss und Jahresabschlussanalyse* statt. Eine mündliche Prüfung findet im Übrigen nur auf Antrag des Prüflings oder nach dem Ermessen des Prüfungsausschusses statt.

> **TIPP** Schwerpunkt der Bilanzbuchhalter-Prüfung ist das betriebliche Finanz- und Rechnungswesen. Für fortbildungswillige Mitarbeiter von Steuerberatern und Wirtschaftsprüfern ist daher die Steuerfachwirtprüfung geeigneter.

Perspektiven

Die Perspektiven für Bilanzbuchhalter sind ausgezeichnet. Da sich das Steuerrecht sowohl in Deutschland als auch in der EU ständig ändert, werden hoch qualifizierte Bilanzbuchhalter mit aktuellem Wissensstand von allen Branchen stark nachgefragt. Zunehmende Internationalisierung und technologischer Wandel bieten dem Bilanzbuchhalter zusätzliche Chancen.

3.1.4 Interview mit Volker Bück, Finanzvorstand der Meissner AG, Biedenkopf

Volker Bück ist Bilanzbuchhalter und Finanzvorstand der Meissner AG in Biedenkopf, einem der weltweit führenden Hersteller von Gießereiwerkzeugen.

Wie war Ihr Werdegang?

Nach dem Abitur beabsichtigte ich eigentlich Betriebswirtschaftslehre zu studieren. Ich entschied mich jedoch, vorher eine Ausbildung zum Industriekaufmann zu absolvieren. Aufgrund meiner sehr guten Prüfung wurde mir direkt im Team der Finanzabteilung des Ausbildungsunternehmens eine gute Stelle angeboten, so dass ich meine Studienpläne aufgab. Berufsbegleitend ließ ich mich drei Jahre lang zusätzlich zum „EDV-Fachwirt" ausbilden. Auch aufgrund dieser Zusatzqualifikation und bedingt durch den zunehmenden EDV-Einsatz in allen Abteilungen wurde ich bei allen Projekten mit Bezug zur Finanzabteilung als Projektleiter eingesetzt. Da ich alle Projekte zur Zufriedenheit meines damaligen Arbeitgebers durchgeführt habe, wurde ich schon in jungen Jahren stellvertretender Leiter der Finanzabteilung. Parallel begann ich die nebenberufliche Fortbildung zum „Bilanzbuchhalter". Nach drei Jahren legte ich im Jahre 1999 die bundesweit beste Bilanzbuchhalter-Prüfung ab.

Wie ging es dann weiter?

Weitere Berufserfahrungen sammelte ich als stellvertretender Leiter Finanzen in der Pharmabranche und in einem Zulieferbetrieb der Automobilindustrie, bevor ich Leiter der Finanzabteilung bei der Meissner AG wurde. Nach wenigen Jahren wurde mir dort die Stelle des Kaufmännischen Leiters angeboten, bevor ich als Bereichsleiter für Finanzen in den Vorstand aufstieg.

Was ist heute Ihre Aufgabe im Unternehmen?

Als Vorstand Finanzen gehören zu meinen Geschäftsbereich folgende Abteilungen bzw. Aufgaben: Rechnungswesen und Personalbuchhaltung, Finanzen und Steuern, Einkauf/Materialwirtschaft, Controlling und IT/EDV. Jede dieser Abteilungen wird durch einen Abteilungsleiter geführt, welcher unmittelbar mir Bericht erstatten muss. Meine Aufgabe besteht darin, die einzelnen Abteilungen zu koordinieren und Zielvorgaben zu entwickeln. Alle dabei auftretenden Sonderanforderungen, wie zum Beispiel die Bearbeitung steuerlicher Sonderfragen, die Ausarbeitung besonderer Lieferantenverträge oder die Abwicklung von Devisengeschäften, erledige ich alleine oder in Zusammenarbeit mit dem jeweiligen Abteilungsleiter. Das setzt natürlich voraus, dass ich über neue steuerrechtliche Gesetze und Verordnungen sowie aktuelle Zins- und Devisenentwicklungen informiert bin.

Wo liegen die Herausforderungen in Ihrem Beruf?

In dem ständigen Wechsel zwischen theoretischen Fragestellungen und praktischen Problemen, die beide in einem Unternehmen gleichermaßen schnell und rechtssicher zu lösen sind. Dies erfordert einerseits viel theoretisches steuerrechtliches Wissen, andererseits aber auch, wenn es zum Beispiel um den Einkauf oder das Personal geht, viel branchenspezifisches Detailwissen.

Eine weitere Herausforderung liegt für mich in der fachlichen und persönlichen Weiterentwicklung der Mitarbeiter, insbesondere der Führungskräfte, um den immer stärker werdenden Druck auf die Entscheidungsträger des Unternehmens zu vermindern.

3.1.5 Berufspraktische Zeit

Eine wichtige Phase auf dem Weg zum Steuerberater ist die praktische Tätigkeit auf dem Gebiet des Steuerwesens. Während dieser Zeit soll der zukünftige Steuerberater lernen, die bereits erworbenen theoretischen Kenntnisse und Fertigkeiten in der Praxis anzuwenden. Ziel dieser praktischen Grundausbildung ist in erster Linie die Berufsfertigkeit, d.h. ein unabhängiges, eigenverantwortliches und gewissenhaftes Tätigwerden auf dem Berufsfeld der Steuerberatung.

Dies umfasst vor allem

- die Fähigkeit, fundierte fachliche Kenntnisse auf den einschlägigen rechtlichen, insbesondere steuerrechtlichen und den betriebswirtschaftlichen Gebieten praktisch anzuwenden,
- die Fähigkeit, den jeweiligen Sachverhalt entscheidungsreif aufzuarbeiten, Prioritäten zu setzen und Alternativlösungen zu entwickeln,
- die Fähigkeit, den Mandanten Ratschläge und Empfehlungen verständlich und präzise zu vermitteln.

Am Ende der praktischen Tätigkeit sollten Sie in der Lage sein, sich selbständig auch in solche Fachgebiete einzuarbeiten, in denen Sie nicht ausgebildet worden sind.

> **TIPP** Die berufspraktische Zeit dient nicht allein der fachlichen Qualifikation. Sie ist zugleich eine Gelegenheit, sich persönlich im beruflichen Umfeld weiter zu entwickeln, zum Beispiel Teamgeist zu entwickeln, den richtigen Umgang mit Mandanten und Mitarbeitern zu erlernen, Stresssituationen zu meistern, Umgangsformen zu perfektionieren – die wichtigsten Grundregeln finden Sie in Kapitel 9.

Detaillierte Informationen über die Anforderungen an die berufspraktische Zeit als Zulassungsvoraussetzung zur Steuerberaterprüfung finden Sie in Kapitel 3.1.6.

3.1.6 Integrierter Studiengang: Master of Taxation

Zur Vorbereitung auf das Steuerberaterexamen werden derzeit an Universitäten und Fachhochschulen Bachelor- und Master-Studiengänge konzipiert, die eine fundierte wissenschaftlich orientierte Ausbildung mit der praktischen beruflichen Ausbildung verbinden. Ein Beispiel hierfür ist der 2008 an den Start gegangene Mannheim Master of Accounting & Taxation der Universität Mannheim/Mannheim Business School. Der Studiengang startet im Taxation Track mit einem 6-wöchigen Modulblock, der die Teilnehmer unmittelbar für die Berufspraxis fit macht. Aufgrund des Teilzeitmodells können die Absolventinnen und Absolventen zudem die erforderliche Praxiszeit ansammeln und unmittelbar nach Abschluss ihres Studiums das Steuerberaterexamen ablegen. Im Abschlussjahr enden die Veranstaltungen bereits im Mai, so dass genügend Zeit für die individuelle Examensvorbereitung bleibt.

KONTAKT:

Universität Mannheim/Mannheim Business School
Mannheim Master of Accounting & Taxation, Taxation Track
L 5,6
68131 Mannheim
Abschluss: Master of Science (M.Sc.)
Studienbeginn: jedes Jahr im Juni
Studiendauer: 3 Jahre
www.mannheim-accounting-taxation.com
info@mannheim-accounting.taxation.com

Ein weiteres Beispiel ist der Studiengang Steuerwesen an der FH Worms (siehe Seite 58 ff.). Die Vorbereitung auf das Steuerberaterexamen ist integraler Bestandteil des Studiengangs. Das Steuerberaterexamen kann ggf. vor Abschluss der Master-Arbeit abgelegt werden.

Der Integrierte Studiengang wird aktuell zum Beispiel angeboten von

- der **Universität Freiburg** in Kooperation mit der Hochschule Aalen, der Berufsakademie Villingen-Schwenningen und der Steuerfachschule Dr. Endriss

  Abschluss: **Master of Arts in Taxation**
  Studienschwerpunkt: Steuerwissenschaften
  Studienbeginn: 1. April 2011
  Studiendauer: 7 Semester
  www.master-in-taxation.info

3.2 Meilenstein: Die Prüfung zum Steuerberater

3.2.1 Zulassung zur Steuerberaterprüfung

Die Teilnahme an der Steuerberaterprüfung setzt eine Zulassung voraus. Zuständig für die Zulassung und auch die organisatorische Durchführung sind die Steuerberaterkammern. Die Abnahme der Prüfung ist dagegen Aufgabe des Prüfungsausschusses, der vom Finanzministerium gebildet wird.

Die Zulassung setzt grundsätzlich eine **fachliche Vorbildung** und eine **berufspraktische Tätigkeit** voraus. Der Prüfungsbewerber muss diese Voraussetzungen mit dem Antrag auf Zulassung zur Steuerberaterprüfung nachweisen.

a) Fachliche Vorbildung: Hochschulstudium oder kaufmännische Ausbildung

Die Vorschrift des § 36 Abs. 1 StBerG unterscheidet zwischen Studiengängen mit einer Regelstudienzeit von mindestens vier Jahren und einer Regelstudienzeit unter vier Jahren. Eine Unterscheidung zwischen Hochschulstudium und Fachhochschulstudium gibt es nicht. Die Regelstudienzeit ist in der jeweiligen Prüfungsordnung angegeben. Praxissemester sind meist von der Regelstudienzeit mit umfasst.

Die folgenden Hochschulstudien erfüllen die Voraussetzungen nach § 36 Abs. 1 StBerG:

- Volkswirtschafts- und Betriebswirtschaftslehre mit den Abschlüssen Diplom-Volkswirt, Diplom-Kaufmann, Diplom- Betriebswirt oder Diplom-Ökonom
- Rechtswissenschaften
- Hochschulstudium mit wirtschaftswissenschaftlicher Fachrichtung, zum Beispiel Diplom- Wirtschaftsingenieur, Diplom-Handelslehrer, Mathematik mit Nebenfach Betriebswirtschaftslehre

Auch Prüfungsbewerber, die ein Studium an der Berufsakademie (BA) absolviert haben, und Diplom-Finanzwirte können zur Steuerberaterprüfung zugelassen werden. Ein Studium an der Verwaltungs- und Wirtschaftsakademie (VWA) ist kein staatlich anerkanntes Hochschulstudium und erfüllt daher nicht die Zulassungsvoraussetzungen.

> **TIPP** Die Regelstudienzeiten von Bachelor- und Masterstudium werden zusammengerechnet. Die Regelstudienzeit beträgt dann mehr als vier Jahre, so dass für die Zulassung zur Steuerberaterprüfung nur zwei Jahre Berufspraxis erforderlich sind. Eine berufspraktische Tätigkeit nach dem Bachelor-Abschluss als erstem Teil des Studiums wird bei der Prüfungszulassung mit berücksichtigt. Bei Unklarheiten wenden Sie sich bitte an die für Sie zuständige Steuerberaterkammer.

Zur Steuerberaterprüfung kann nach § 36 Abs. 2 StBG auch ein Bewerber zugelassen werden, der eine

- Abschlussprüfung in einem kaufmännischen Ausbildungsberuf bestanden hat oder eine andere gleichwertige Vorbildung besitzt und nach Abschluss der Ausbildung zehn Jahre oder im Fall einer erfolgreich abgelegten Prüfung zum geprüften Bilanzbuchhalter oder Steuerfachwirt sieben Jahre praktisch tätig gewesen ist oder

- der Finanzverwaltung als Beamter des gehobenen Dienstes oder als vergleichbarer Angehöriger angehört hat und bei ihr mindestens sieben Jahre als Sachbearbeiter oder mindestens gleichwertiger Stellung praktisch tätig gewesen ist.

b) Berufspraktische Tätigkeit

Nach Erfüllung der fachlichen Qualifikation erst kann die berufspraktische Tätigkeit geleistet, bzw. angerechnet werden. Die berufspraktische Tätigkeit muss in einem Umfang von mindestens **16 Wochenstunden** auf dem Gebiet der von den Bundes- oder Landesfinanzbehörden verwalteten Steuern ausgeübt worden sein. Sie muss weder fortlaufend noch innerhalb einer bestimmten Zeitspanne geleistet werden. Die jeweils vorgeschriebene Gesamtdauer muss aber bei der Zulassung zur Prüfung erreicht sein. Die berufspraktische Tätigkeit wird meist in einem Angestelltenverhältnis ausgeübt, sie kann aber auch in freier Mitarbeit oder im Rahmen eines Praktikums ausgeübt werden. Dies gilt aber nicht für das studienbegleitende Praktikum.

Die Praktische Tätigkeit muss sich auf das Kerngebiet der Berufstätigkeit des späteren Steuerberaters beziehen. Dazu zählen nur solche Tätigkeiten, unter das Buchführungsprivileg der steuerberatenden Berufe fallen, d.h. die den Angehörigen steuerberatender Berufe vorbehalten sind. Das sind zum Beispiel die Einrichtung der Buchführung, die Erstellung von Abschlüssen und das Erstellen von Umsatzsteuervoranmeldungen sowie das Führen von Rechtsbehelfsverfahren.

Darauf sollten Sie achten!

- Mechanische Arbeitsvorgänge wie zum Beispiel das Buchen der laufenden Geschäftsvorfälle und das Fertigen der Lohnsteuer-Anmeldungen fallen nicht unter das Buchführungsprivileg und reichen daher zum Nachweis der Berufspraxis alleine nicht aus.

- In größeren Steuerberatungs- und Wirtschaftsprüferkanzleien ist es üblich, dass die Steuer- und Wirtschaftsprüfungsassistenten den Urlaub von zwei Jahren ansparen, um ab Juni/Juli des Prüfungsjahres freigestellt werden zu können. Handelt es sich dabei um den Jahresurlaub, gilt die Zeit der Freistellung als berufspraktische Tätigkeit. Zu beachten ist aber, dass unbezahlter Urlaub, Überstundenausgleich und die Umwandlung von Bonusansprüchen in Zeitguthaben nicht auf die berufspraktische Tätigkeit angerechnet werden können.

- Bei der Zulassung zur Steuerberaterprüfung wird sehr streng darauf geachtet, dass die Mindestdauer der berufspraktischen Tätigkeit eingehalten wird. Die Zulassung wird bereits dann versagt, wenn es an einem einzigen Tag fehlt.

3.2.2 Nachweis der Zulassungsvoraussetzungen

Der Bewerber hat mit dem Antrag auf Zulassung zur Steuerberaterprüfung nachzuweisen, dass die Zulassungsvoraussetzungen vorliegen.

Besonders wichtig ist die Arbeitgeberbescheinigung zum Nachweis der berufspraktischen Tätigkeit. Aus ihr muss sich präzise und ohne Zweifel ergeben, dass sich die Tätigkeiten in einem Umfang von mindestens 16 Wochenstunden auf das Gebiet der von den Bundes- oder Landesfinanzbehörden verwalteten Steuern beziehen.

ACHTUNG Unzutreffende Angaben über die Zeiten oder Tätigkeiten können nach § 39a StBerG in letzter Konsequenz sogar zur Rücknahme der Bestellung zum Steuerberater führen.

Muster einer Arbeitgeberbescheinigung

Herr/Frau … ist bei mir seit … als … mit einer regelmäßigen Wochenarbeitszeit von … Stunden als Angestellte/r beschäftigt. Er/sie führt in einem Umfang von …Wochenstunden Tätigkeiten aus, die den Kernbereich der Berufstätigkeit eines Steuerberaters ausmachen wie:

- Erstellen von Steuererklärungen
- Einrichtung der Buchführung
- Mitwirkung beim Jahresabschluss
- Erstellen von Umsatzsteuervoranmeldungen

Weitere Tätigkeiten waren …

Die berufspraktische Tätigkeit war unterbrochen vom … bis … wegen längerer Krankheit, wegen zum Beispiel Fortbildungslehrgang vom … bis …, Beurlaubung vom … bis ….

TIPP Haben Sie Zweifel, ob und inwieweit die Voraussetzungen für die Zulassung der Steuerberaterprüfung in ihrem Fall erfüllt sind, klärt in der Regel eine telefonische Anfrage Ihre Fragen. Die Antwort ist aber nicht verbindlich. Bei komplizierten Sachverhalten können Sie eine verbindliche Auskunft nach § 38a StBerG beantragen. Dafür fällt eine Gebühr für die Auskunft in Höhe von 200 EUR an.

Die Zulassung zur Steuerberaterprüfung kostet derzeit 200,– EUR, die Prüfungsgebühr beträgt 1.000,– EUR. Eine finanzielle Förderung durch den Bildungsscheck ist möglich. Informationen unter www.Bildungsscheck.nrw.de.

3.2.3 Die Steuerberaterprüfung

Nach § 37 Abs. 1 StBerG hat „der Bewerber mit der Prüfung darzutun, dass er in der Lage ist, den Beruf des Steuerberaters ordnungsgemäß auszuüben"

Die Prüfung gliedert sich in einen schriftlichen Teil aus drei Aufsichtsarbeiten, die jeweils im Oktober geschrieben werden und eine mündliche Prüfung, die meist jeweils im März/April des folgenden Jahres (in einigen Bundesländern auch früher) stattfindet.

Prüfungsgebiete der Steuerberaterprüfung sind:

1. Steuerliches Verfahrensrecht sowie Steuerstraf- und Steuerordnungswidrigkeitenrecht,
2. Steuern vom Einkommen und Ertrag,
3. Bewertungsrecht, Erbschaftssteuer und Grundsteuer,
4. Verbrauchs- und Verkehrssteuern, Grundzüge des Zollrechts,
5. Handelsrecht sowie Grundzüge des Bürgerlichen Rechts, des Gesellschaftsrechts, des Insolvenzrechts und des Rechts der Europäischen Gemeinschaft,
6. Betriebswirtschaft und Rechnungswesen,
7. Volkswirtschaft,
8. Berufsrecht.

Laut Gesetz ist es nicht erforderlich, dass sämtliche Gebiete Gegenstand der Prüfung sind.

3.2.4 Die Bestellung zum Steuerberater

Das Bestellungsverfahren wird von der zuständigen Steuerberaterkammer durchgeführt. Durch die Bestellung wird der oder die neue Berufsangehörige Mitglied der jeweiligen Steuerberaterkammer und unterliegt ihrer Berufsaufsicht. Er wird außerdem Mitglied des jeweiligen Steuerberater-Versorgungswerkes. Die geschützte Bezeichnung „Steuerberater/-in" darf erst nach dem Bestellungsverfahren geführt werden.

3.2.5 Interview mit Daniel Fusshöller
Prüfungsassistent bei PricewaterhouseCoopers

Sie haben kürzlich das Steuerberaterexamen erfolgreich absolviert. Wie sind Sie dort hingekommen?

Ich habe mich schon relativ früh für die Berufsbilder Steuerberater/Wirtschaftsprüfer interessiert. Um das Handwerk von Grund auf zu erlernen, absolvierte ich nach meinem Abitur die Ausbildung zum Steuerfachangestellten in einer kleineren Steuerberatungsgesellschaft mit ca. 15 Mitarbeitern. Anschließend legte ich mein betriebswirtschaftliches Studium mit den Schwerpunkten Steuern, Rechnungslegung und Wirtschaftsprüfung ab. Um den internationalen Anforderungen der Berufe gerecht zu werden, entschloss ich mich, ein Auslandssemester in Aberdeen, Schottland, zu belegen, um dort meine theoretischen Kenntnisse im Bereich der internationalen Rechnungslegung zu vertiefen. So gerüstet, bewarb ich mich dann bei meinem heutigen Arbeitgeber, einem der Global Player auf dem Gebiet der Wirtschaftsprüfung und Steuerberatung weltweit.

Um später selbst einmal eine Führungsposition bekleiden zu können, versteht es sich von selbst, die dazu nötigen Berufsexamina abgelegt zu haben.

Sie arbeiten bei einer der „Big Four"- Gesellschaften. Warum haben Sie sich dafür entschieden?

Nachdem ich im Rahmen meiner Ausbildung für kleine und mittelständische Betriebe steuerberatende Tätigkeiten ausführte, war und ist es nach dem Studium mein Ziel, die Kehrseite kennen zu lernen. Als Mitarbeiter einer national und international tätigen Organisation wird es mir nunmehr ermöglicht, auch die „großen" Prüfungs- und Beratungsmandate betreuen zu können.

Ich verstehe meinen derzeitigen Beruf als 'Prüfungsassistent' als einen Ausbildungsbildungsberuf. Dabei fühle ich mich bei meinem Arbeitgeber gut positioniert, da ich berufsbegleitend aus- und fortgebildet werde. Daneben ermöglicht mir der vielschichtige Mandantenkreis, mich gezielt branchenspezifisch nach meinen Vorstellungen und Neigungen positionieren zu können und ein darauf abgestimmtes Schulungsangebot beziehen zu können. Selbstverständlich ist das Training on the Job ein unverzichtbarer Bestandteil meiner Weiterbildung.

Nicht zuletzt habe ich mich für eine der „Big Four" Gesellschaften vor dem Hintergrund der Netzwerkbildung entschieden. Bei meiner täglichen Arbeit halte ich ständig Kontakt mit den unterschiedlichen Mandanten als auch mit einer Vielzahl von Kollegen.

3. AUSBILDUNGSWEGE ZUM STEUERBERATER

Wie haben Sie sich auf die Steuerberater-Prüfung vorbereitet?

Meine Vorbereitung auf die in 2010/2011 absolvierte Steuerberaterprüfung begann im weitesten Sinne mit meiner Ausbildung zum Steuerfachangestellten. Hier entwickelte ich ein Grundverständnis in Bezug auf das deutsche Steuerrecht.

Konkret bereitete ich mich jedoch seit ungefähr Oktober 2009 mit Hilfe eines Fernkursanbieters auf das Examen vor, bei dem ich in regelmäßigen Abständen Schulungsskripte zur Verfügung gestellt bekomme. Aufgrund des saisonalen Geschäfts und der um den Jahreswechsel auftretenden erhöhten beruflichen Belastung beschränkten sich meine Vorbereitungstätigkeiten auf die Wochenenden.

Darüber hinaus belegte ich seit Mitte Mai 2010 Jahres einen Tages-Präsenzlehrgang zur weiteren gezielten Vorbereitung. Anschließend belegte ich noch einen Klausurenkurs, dessen Ziel es war, das bis dahin gewonnene theoretische Wissen zielgerichtet für das schriftliche Examen einsetzen zu können. Nach bestandener schriftlicher Prüfung bereitete ich mich auf das mündliche Examen ebenfalls unter Zuhilfenahme eines Präsenzkurses vor. Hier wurden zum einen die erforderlichen Techniken hinsichtlich des mündlichen Kurzvortrags sowie der Gesprächsführung, als auch die steuerlichen Neuerungen und theoretischen Grundlagen in Bezug auf die sogenannten Nebenfächer vermittelt.

Rückblickend betrachtet kann ich die Vorbereitung mittels Präsenzkursen nur empfehlen, da einem so die in der Prüfung geforderten Informationen zielgerichtet und im entsprechend zeitlichen Rahmen aufbereitet werden.

Was würden Sie Studenten raten, die sich für den Beruf des Steuerberaters bzw. Wirtschaftsprüfers interessieren?

Studenten, die sich für die beiden Berufsbilder interessieren, empfehle ich schon im Studium möglichst reichhaltige Praxiserfahrungen zu sammeln. Dies kann optimal im Rahmen von Praktika erreicht werden. Um die persönlichen Neigungen auszutesten halte ich es für ratsam, möglichst breit aufgestellt zu sein. Damit meine ich, dass ich bewusst Unternehmen aller Größenklassen auswählen würde; von kleinen Praxen, über mittelständische Beratungsunternehmen bis hin zu den Big Playern.

Daneben empfehle ich im Rahmen des Studiums - sofern möglich - Auslandsaufenthalte einzuplanen. Diese sind in der Arbeitswelt gerne gesehen und erweitern den persönlichen Erfahrungsschatz immens.

4

DER WIRTSCHAFTSPRÜFER: BERUFSBILD UND BERUFSAUSÜBUNG

von RAin Susanne Löffelholz

Wirtschaftsprüfer ist, wer als solcher öffentlich bestellt ist. Die Bestellung setzt den Nachweis der persönlichen und fachlichen Eignung des Bewerbers im Zulassungs- und Prüfungsverfahren voraus.

Rechtliche Grundlagen der Berufsausübung der Wirtschaftsprüfer sind die

- Wirtschaftsprüferordnung (WPO) v. 24.7.1961
- Berufssatzung der Wirtschaftsprüferkammer (WPK) v. 11.6.1996

> **TIPP** In dem vom Institut der Wirtschaftsprüfer (IDW) herausgegebenen WP Handbuch finden Sie berufsrechtliche und fachliche Informationen für die Berufspraxis des Wirtschaftsprüfers.

> **Web-Link** Ausführliche Informationen zum Berufsbild bietet auch die Wirtschaftsprüferkammer unter www.wpk.de. Dort steht zum Beispiel für den ersten Überblick die Broschüre *Wirtschaftsprüfer – Ein attraktiver Beruf* als Download zur Verfügung.

4.1 Berufsbild und Aufgaben

Das Bild des Wirtschaftsprüfers als „Hakelmacher", der ausschließlich gut rechnen können muss, um Zahlen zu überprüfen und abzuhaken, gehört der Vergangenheit an. Gefragt sind vielmehr überdurchschnittliche fachliche Kompetenzen, Personalmanagementqualitäten, Offenheit im Umgang mit Mandanten und Kollegen, Teamfähigkeit, analytisches Denkvermögen und Einfühlungsvermögen.

Der Tätigkeitsbereich des Wirtschaftsprüfers umfasst alle Bereiche der Wirtschaft. Die Aufgaben reichen von der eigentlichen Prüfung über die steuerliche Beratung und Vertretung, über die Tätigkeit als Unternehmensberater und Treuhänder bis hin zu juristischen Beratungen, die sich aus der Durchführung von Mandaten ergeben.

Der Wirtschaftsprüfer hat folgende Kernkompetenzen:

4.1.1 Prüfungstätigkeit (Audit)

Nach § 2 Abs. 1 der Wirtschaftprüferordnung (WPO), die die Berufsausübung der Wirtschaftsprüfer regelt, haben Wirtschaftsprüfer die Aufgabe, betriebswirtschaftliche Prüfungen durchzuführen. Sie haben vor allem die Aufgabe, die durch Gesetz vorgeschriebene Prüfung von Jahresabschlüssen und Lageberichten, von Konzernabschlüssen und Konzernlageberichten durchzuführen und Bestätigungsvermerke über die Vornahme der Prüfung zu erteilen oder auch zu versagen.

Mandanten der Wirtschaftsprüfer sind Kapitalgesellschaften, die der gesetzlich vorgeschriebenen Pflichtprüfung unterliegen, sowie Unternehmen bzw. Konzerne einer gewissen Größe und Unternehmen bestimmter Wirtschaftszweige, die verpflichtet sind, jährlich ihre Abschlüsse prüfen zu lassen. Daneben gibt es viele Unternehmen, die zwar nicht der gesetzlichen Pflicht zur Prüfung ihrer Jahresabschlüsse unterliegen, jedoch trotzdem ihre Abschlüsse von Wirtschaftsprüfern freiwillig prüfen lassen. Denn testierte Bilanzen und Jahresabschlüsse dienen der eigenen Sicherheit und Kontrolle sowie zur Vorlage bei Außenstehenden, zum Beispiel Kreditinstituten. Neben sonstigen gesetzlich vorgeschriebenen Prüfungen, insbesondere aktienrechtlichen Sonderprüfungen, Geschäftsführungsprüfungen und der Prüfung von Risikofrüherkennungssystemen werden Wirtschaftprüfern auch andere betriebswirtschaftliche Prüfungen, wie zum Beispiel die Prüfung der Kreditwürdigkeit eines Unternehmens oder Due-Diligence-Prüfungen übertragen.

Im Rahmen der Tätigkeit als Abschlussprüfer nimmt der Wirtschaftsprüfer Einsicht in das Rechnungswesen und den Schriftverkehr des Unternehmens und verschafft sich dadurch und durch bestimmte Prüfungshandlungen Gewissheit darüber, ob der Jahres- bzw. Konzernabschluss den gesetzlichen Vorschriften und dem sie ergänzenden Gesellschaftsvertrag sowie die Grundsätze ordnungsgemäßer Buchführung (GoB) eingehalten wurden. Ist dies der Fall und wird mit dem Abschluss ein den tatsächlichen Verhältnissen entsprechendes Bild der Vermögens-, Finanz- und Ertragslage des Unternehmens vermittelt, kann der Jahresabschluss als ordnungsgemäß bestätigt werden.

Eine wichtige Rolle spielen dabei die **Grundsätze ordnungsgemäßer Abschlussprüfung**, die vom Institut für Wirtschaftsprüfer in Deutschland e. V. (IDW) formuliert werden. Insbesondere die **Prüfungsstandards** geben dem Wirtschaftsprüfer sehr detailliert vor, wie Aufträge anzunehmen, zu planen, durchzuführen und zu dokumentieren sind. Den Prüfungsstandards kommt quasi Gesetzesrang zu, denn die Nichtanwendung der Standards ohne ausreichende Dokumentation wird als sanktionsfähige Berufspflichtverletzung angesehen. Eine Prüfung erfolgt in der Regel durch Stichproben. In Bereichen mit hohem Risiko wird eine vergleichsweise hohe Stichprobenanzahl verwendet. Vor Beginn der eigentlichen Prüfungshandlung legt der Wirtschaftsprüfer fest, nach welchen Kriterien Fehler als unwesentlich anzusehen sind und wann sie als wesentliche Fehler Einfluss auf das Ergebnis der Prüfung nehmen. Seine Prüfungsergebnisse erläutert der Wirtschaftsprüfer dem geprüften Unternehmen in einem vertraulichen Bericht. Außerdem erteilt er einen Bestätigungsvermerk, der in Kurzform das Ergebnis der Prüfung enthält. Dieser Bestätigungsvermerk, das so genannte Testat, wird bei gesetzlichen Prüfungen mit der Bilanz, der Gewinn- und Verlustrechnung, dem Anhang und dem Lagebericht veröffentlicht. Der Prüfungsbericht ist dagegen nur der Geschäftsführung, dem Aufsichtsrat und den Gesellschaftern der Unternehmen zugänglich.

Aufgabe des Wirtschaftprüfers ist es auch, Prüfungen von nach international anerkannten Rechnungslegungsgrundsätzen aufgestellten Jahres- und Konzernabschlüssen vorzunehmen.

4.1.2 Steuerberatung (Tax)

Zu den Aufgaben des Wirtschaftsprüfers gehört auch die unbeschränkte geschäftsmäßige Hilfeleistung in Steuersachen, also die Steuerberatung. Sie umfasst auch das Recht, den Mandanten vor den Finanzbehörden und Finanzgerichten sowie dem Bundesfinanzhof zu vertreten. In diesem Bereich ist es Aufgabe des Wirtschaftsprüfers, das Marktumfeld zu analysieren und Steuerkonzepte so individuell zu gestalten, dass der Mandant den größtmöglichen Nutzen daraus ziehen kann.

4.1.3 Unternehmensberatung (Advisory/Corporate Finance)

Aufgrund seiner umfangreichen Erfahrungen und Kenntnisse auf den Gebieten der wirtschaftlichen Betriebsführung und Organisation ist der Wirtschaftsprüfer der qualifizierte Berater (trusted business advisor) seiner Mandanten. Als Unternehmensberater im weiteren Sinne hat er wirtschaftliche, finanzielle, organisatorische und auch wirtschaftsrechtliche Problemstellungen seiner Mandanten zu berücksichtigen und zu lösen. In begrenztem Umfang dürfen Wirtschaftsprüfer ihre Mandanten auch rechtlich beraten. Das ist insbesondere dann der Fall, wenn der Wirtschaftsprüfer eine Angelegenheit, mit der er befasst ist, ohne Rechtsberatung nicht sachgemäß erledigen kann.

4.1.4 Gutachter-/Sachverständigentätigkeit

Außerdem ist der Wirtschaftsprüfer auch als Gutachter und Sachverständiger (zum Beispiel beim Gericht) in allen Bereichen der wirtschaftlichen Betriebsführung (zum Beispiel bei Unternehmensbewertungen) und als Treuhänder (zum Beispiel als Vermögensverwalter oder Testamentsvollstrecker) tätig.

4.1.5 Interview mit StB/WP Dr. Martin Jonas, Warth & Klein Grant Thornton AG

StB/WP Dr. Martin Jonas ist Partner im Bereich Corporate Finance & Advisory Services bei der Warth & Klein Grant Thornton AG, Düsseldorf.

Corporate Finance-Beratung – was ist das und was hat das mit Wirtschaftsprüfung zu tun?

Zur Finanzierung ihrer Investitionen benötigen Unternehmen Kapital. Unternehmer gründen dazu Kapitalgesellschaften, erhöhen das Kapital, wandeln sie in andere Rechtsformen um (zum Beispiel AG oder SE), gehen an die Börse, fusionieren, übernehmen oder beteiligen sich an anderen Unternehmen. Für die Investoren stellt sich dabei stets die Frage, ob sich die Investition lohnt. Sie fragen danach, was das Investment wert ist und ob sie eine angemessene Rendite erwarten können. Dazu bedienen sie sich gerne externer Spezialisten, wie zum Beispiel Wirtschaftsprüfern.

Damit unkompliziert weitere Investoren gefunden werden können, hat der Gesetzgeber beschränkt haftende Rechtsformen geschaffen, bei denen die Investoren für Fehler des Managements nur beschränkt haften. Dafür müssen solche Gesellschaften bei Kapitalmaßnahmen oder Maßnahmen beherrschender Gesellschafter sicherstellen, dass ihr haftendes Kapital erbracht bzw. nicht geschmälert wird. Umgekehrt hat er ermöglicht, dass Hauptgesellschafter ihre Gesellschaft legal beherrschen dürfen und die Minderheitsaktionäre gegen eine angemessene Abfindung aus dem Unternehmen drängen dürfen. Um die Angemessenheit bzw. Werthaltigkeit sicher zu stellen, hat der Gesetzgeber für bestimmte Vorgänge obligatorische Pflichtprüfungen vorgesehen.

Zentrale Frage bei all diesen Prüfungen und Analysen ist stets die Frage: Was ist das Unternehmen, der Unternehmensteil oder der Unternehmensanteil wert? Dazu bedient man sich heute komplexer Bewertungsmethoden, die auf anspruchsvollen Kapitalmarktmodellen beruhen und das jeweilige Unternehmen sinnvoll abbilden sollen.

Wie wird man Unternehmensbewerter?

Die erste Antwort ist nicht überraschend: Man sollte Spaß an Zahlen haben. Besser formuliert: Man sollte mathematisch formulierte Modelle mögen. Ich selbst hatte Physik und Mathematik als Abiturfächer und hätte beinahe Physik studiert, habe mich dann aber für Volkswirtschaftslehre (die an der Universität in Bonn stark mathematisiert ist) entschieden. Dabei ist die Mathematik immer nur Mittel zum Zweck: Sie hilft, schwer überschaubare Sachverhalte auf ihren Kern zu reduzieren und die wesentlichen Zusammenhänge nachvollziehbar abzubilden.

Die zweite Antwort ist möglicherweise etwas unerwarteter: Man muss zuhören können. Wer Unternehmen bewertet, lernt ständig neue Unternehmen kennen und muss sie bzw.

ihr Geschäftsmodell in kurzer Zeit verstehen. Dieses Verständnis erzielt man letztlich nur im Gespräch mit den im Unternehmen handelnden Menschen. In den angesprochenen Situationen (Fusion, Übernahme, Umstrukturierung etc.) stehen diese Menschen oft unter großen Druck. Dies erfordert ein Mindestmaß an Einfühlungsvermögen, vor allem aber ein aktives Zuhören: Es ist wichtig, den richtigen Leuten die richtigen Fragen zu stellen.

Entscheidende Eigenschaft aber dürfte sein, ein untrügliches und nicht abstumpfendes Gefühl dafür zu haben, ob und wann man eine gute Informationsbasis für eine wertende Aussage hat. Es ist immer möglich, mit mehr Aufwand mehr Informationen zu erlangen. Jemand hat einmal eine Unternehmensbewertung mit einer Landkarte verglichen. Es geht darum, die in ihrer Gesamtheit nicht überschaubare komplexe Realität in einem überschaubaren Modell abzubilden. Eine Landkarte im Maßstab 1 zu 1 wäre sinnlos. Genauso sinnlos wäre eine Bewertungsmodell, das jedes Detail eines Unternehmens abbildet. Entscheidend ist die Frage, für welchen Zweck man welchen Maßstab benötigt. So wie man einmal eine Europakarte und für einen anderen Anlass eine Wanderkarte verwendet, benötigt man für unterschiedliche Bewertungsanlässe unterschiedliche Bewertungsmodelle.

Wie wird man Partner einer mittelgroßen Wirtschaftsprüfungsgesellschaft?
Nach meinem Studium bin ich zunächst als Assistent an der Uni geblieben und habe promoviert. Während dieser Zeit habe ich die Vorlesungen von Professor Günter Klein, einem der Gründer von Warth & Klein, heute Warth & Klein Grant Thornton AG, betreut und bin anschließend in sein Unternehmen gewechselt. Seit Beginn der 1990er Jahre stieg der Anzahl der Unternehmenstransaktionen stetig an. Bei Fusionen und Übernahmen werden häufig neutrale, unbefangene Prüfer gesucht. Neben den großen vier WP-Gesellschaften gibt es nur eine Handvoll mittelgroße WP-Gesellschaften, die das know how und die Größe haben, solche Transaktionen zu betreuen. Nach Promotion, Steuerberater- und Wirtschaftsprüfungsexamen habe ich mich daher vollständig auf den Bereich Corporate Finance konzentriert. Interessengebiet und Bewertungsanlässe haben sich dabei gegenseitig befruchtet. Neben den operativen Projekten bestimmen Vorträge, Veröffentlichungen und ein Lehrauftrag an der Uni Köln meinen Alltag. Zeitlich erfordern insbesondere kurzfristige Transaktionen eine große Belastbarkeit und Flexibilität. In einem zuverlässigen und freundschaftlichen Team und aufgefangen in einer verständnisvollen Familie überwiegt jedoch die Bestätigung durch die Arbeit.

> **TIPP** Ob Sie eine Prüfungstätigkeit oder die Unternehmensberatung vorziehen, ist auch eine Typfrage. Im Bereich der Unternehmensberatung berät man beispielsweise ein Unternehmen in einer Krisensituation ca. vier bis sechs Wochen lang und weiß nicht, wo, wann und wie lange der nächste Einsatz sein wird.

> **Wirtschaftsprüfer – Kleine Geschichte des Berufsbildes**
>
> Bereits im 14. Jahrhundert wurden in Genua und anderen oberitalienischen Städten Visitatoren eingesetzt, die Bücher von Kaufleuten überprüften. In Deutschland wurden im Jahre 1886 die Gründungsprüfung von Aktiengesellschaften und die Pflichtrevision von Genossenschaften eingeführt. Als Folge davon bestellten die Gerichte vereidigte Buchprüfer. Um die Wende des 19. zum 20. Jahrhundert entstanden die ersten Treuhandgesellschaften zum Zwecke der Prüfung und Beratung von Großunternehmen. Während der Weltwirtschaftskrise der 30er Jahre des 20. Jahrhunderts wurden erstmals kraft Gesetzes Aktiengesellschaften und Unternehmen anderer Rechtsformen einer Abschlussprüfung durch qualifizierte und unabhängige Prüfer unterworfen. In einer Aktienrechtsnovelle aus dem Jahre 1931 taucht zum ersten Mal die Berufsbezeichnung „Öffentlich bestellter Wirtschaftsprüfer" auf. Seit 1932 werden die Interessen des neuen Berufsstandes vom Institut der Wirtschaftsprüfer (IDW) wahrgenommen. Nach dem 2. Weltkrieg schließt sich der Berufsstand in freiwilligen Verbänden zusammen.
>
> Eine bundeseinheitliche Gesetzgebung zum Berufsrecht der Wirtschaftsprüfer wurde durch die Wirtschaftsprüferordnung geschaffen, die am 1.11.1961 in Kraft getreten ist und seit 1990 auch in den neuen Bundesländern gilt. Im Jahre 2004 wurde ein bundeseinheitliches Wirtschaftsprüfungsexamen eingeführt. Der Zugang zum Beruf des vereidigten Buchprüfers wurde geschlossen.

4.1.6 Freier Beruf mit strengen Regeln

Ebenso wie der Beruf des Steuerberaters zählt der Beruf des Wirtschaftsprüfers zu den freien Berufen. Bei der Erfüllung der vorstehenden Aufgaben übernimmt der Wirtschaftsprüfer eine besondere Verantwortung. Er hat daher bei Ausübung seiner Tätigkeit bestimmte ethische Verhaltensnormen als **Berufspflichten** zu erfüllen, die in den §§ 43, 43a und 49 WPO normiert sind.

- Unabhängigkeit

  Der Wirtschaftsprüfer muss seinen Beruf unabhängig ausüben. Das heißt, er muss frei sein von Bindungen, die seine berufliche Entscheidungsfreiheit beeinträchtigen oder beeinträchtigen könnten.

- Unbefangenheit

  Bei seinen Feststellungen, Beurteilungen und Entscheidungen muss der Wirtschaftsprüfer frei von Einflüssen, Rücksichten und Bindungen sein, gleichgültig, ob jene persönlicher, wirtschaftlicher oder rechtlicher Natur sind.

- Unparteilichkeit

  Er hat sich bei seiner Prüfungstätigkeit und der Erstattung von Gutachten unparteiisch zu verhalten.

- **Verschwiegenheit**

  Alle Tatsachen und Umstände, die dem Wirtschaftsprüfer bei seiner Tätigkeit anvertraut werden, dürfen nicht unbefugt offenbart werden. Die Verschwiegenheitspflicht ist grundlegend für das Vertrauensverhältnis zum Mandanten.

- **Gewissenhaftigkeit**

  Der Wirtschaftsprüfer hat seinen Beruf gewissenhaft auszuüben. Aufträge müssen ordnungsgemäß durchgeführt werden. Bei der Einstellung von Mitarbeitern sind deren Fachliche und persönliche Eignung zu prüfen. Sie sind über Berufspflichten zu unterrichten; auch muss der Wirtschaftsprüfer für ihre angemessene Aus- und Fortbildung Sorge tragen.

- **Eigenverantwortung**

  Der Wirtschaftsprüfer übt seinen Beruf frei eigenverantwortlich aus. Er hat sein Handeln in eigener Verantwortung zu bestimmen, sich selbst ein Urteil zu bilden und seine Entscheidungen selbst zu treffen.

- **Berufswürdiges Verhalten**

  Sowohl innerhalb seiner Berufstätigkeit als auch außerhalb, also im privaten Bereich, hat sich der Wirtschaftsprüfer des Vertrauens und der Achtung würdig zu erweisen, die der Beruf fordert.

Im Hinblick auf die strengen Berufspflichten wird die Konzeption des Berufsbildes immer wieder in Wissenschaft und Praxis kritisiert. Ein Hauptkritikpunkt besteht darin, dass der Wirtschaftsprüfer bei jeder Prüfung in dem Konflikt steckt, einerseits sorgfältig und seinem Auftraggeber gegenüber kritisch die Zahlen des Unternehmens zu prüfen, andererseits den Prüfungsauftrag für das nächste Jahr wieder zu erhalten.

Vereinbare und unvereinbare Tätigkeiten

Der Umfang der Aufgaben des Wirtschaftsprüfers ergibt sich nicht nur aus den das Berufsbild prägenden Aufgaben, die vorstehend beschrieben wurden, sondern auch aus den Tätigkeiten , die nach der WPO mit dem Beruf vereinbar bzw. nicht vereinbar hält.

Vereinbar mit der Ausübung des Berufes als WP sind

- die Ausübung eines anderen freien Berufes, zum Beispiel Steuerberater, Rechtsanwalt oder Patentanwalt, Anwaltsnotar, Architekt oder öffentlich bestellter Sachverständiger,
- eine Lehr- und Vortragstätigkeit, insbesondere auch die Tätigkeit als beamteter Hochschullehrer,
- die Tätigkeit als Angestellter von Berufsorganisationen und beruflichen Vereinigungen,
- eine schriftstellerische oder künstlerische Tätigkeit sowie
- die Mitgliedschaft in Kontrollorganen, wie Aufsichtsräten und Beiräten.

Tätigkeiten, die die Einhaltung der Berufspflichten gefährden können, sind mit der Berufsausübung **nicht vereinbar**. Diese sind insbesondere

- gewerbliche Tätigkeiten,
- berufsfremde Anstellungsverhältnisse und
- öffentlich-rechtliche Dienstverhältnisse (Ausnahme: zum Beispiel wissenschaftliche Tätigkeit als Hochschullehrer, Mandat als Abgeordneter des Bundestages, des Landtages oder eines Gemeindeparlamentes).

4.2 Möglichkeiten der Berufsausübung

Ein Wirtschaftsprüfer kann seinen Beruf ebenso wie der Steuerberater sowohl selbstständig als auch im Angestelltenverhältnis ausüben.

4.2.1 Selbstständigkeit

Charakteristisch für die selbstständige Tätigkeit sind das eigene Unternehmensrisiko, die Verfügungsgewalt über die eigene Arbeitskraft sowie die im Wesentlichen frei gestaltete Tätigkeit und Arbeitszeit. Die Art und Weise der selbstständigen Berufsausübung kann vom WP in einer Einzelpraxis selbst bestimmt werden. Die WPO verpflichtet ihn nicht, Praxisräume einzurichten oder ein Praxisschild anzubringen.

Um nicht als „Einzelkämpfer" tätig zu sein, können sich WP zur gemeinschaftlichen Berufsausübung örtlich oder überörtlich zu einer **Sozietät** oder einer **Partnerschaftsgesellschaft** zusammenschließen. Eine **Bürogemeinschaft** kann mit Angehörigen anderer sozietätsfähiger Berufe, wie zum Beispiel Steuerberater und Rechtsanwalt begründet werden.

Nicht um eine gemeinsame Berufsausübung handelt es sich dagegen bei einer Zusammenarbeit in Form einer „Kooperation" des WP mit anderen, meist im Ausland ansässigen, WP.

4.2.2 Angestelltenverhältnis

Wirtschaftsprüfer dürfen grundsätzlich nur bei WP, WPG und den anderen in § 43 a Abs. 1 WPO genannten Prüfungseinrichtungen angestellt sein. Alle anderen Anstellungsverhältnisse sind mit dem Beruf des Wirtschaftsprüfers unvereinbar. Es gibt auch – anders als bei den Rechtsanwälten und mittlerweile auch bei den Steuerberatern – keinen „Syndikus-WP".

Ambition verbindet
Unser Team, unsere Mandanten –
Sie und uns

Berufseinstieg
Wirtschaftsprüfung • Corporate Finance • Steuerberatung

Warth & Klein Grant Thornton zählt zu den führenden mittelständischen Wirtschaftsprüfungsgesellschaften in Deutschland. Ab Juli 2011 werden wir exklusive Mitgliedsgesellschaft von Grant Thornton in Deutschland.

Wir vereinen die persönliche Nähe, Offenheit und Eigenverantwortung einer mittelständischen Gesellschaft mit dem breitgefächerten fachlichen Spektrum und der internationalen Perspektive eines global agierenden Netzwerkes.

Hoch qualifizierte Kolleginnen und Kollegen, konsequentes Investment in Schulung und Weiterbildung und eine Unternehmenskultur, die geprägt ist von Offenheit und Partnerschaftlichkeit: Es gibt viele gute Gründe, sich für Warth & Klein Grant Thornton zu entscheiden. Wir bieten Ihnen sehr gute Karrierechancen in einem interessanten, internationalen Umfeld mit hervorragenden Zukunftsperspektiven.

Wir verstärken unsere Teams laufend mit erstklassigen Mitarbeiterinnen und Mitarbeitern. Wir bieten ein anregendes Umfeld und exzellente, auf die persönlichen Bedürfnisse abgestimmte Entwicklungsmöglichkeiten.

Senden Sie Ihre aussagefähige Bewerbung an:

Warth & Klein Grant Thornton AG
Wirtschaftsprüfungsgesellschaft
Herrn WP/StB Dipl.-Kfm. Joachim Riese
Rosenstraße 47
40479 Düsseldorf

Ansprechpartner
WP/StB Dipl.-Kfm. Joachim Riese
T +49 211 9524 331
E joachim.riese@wkgt.com

www.wkgt.com

Aachen • Dresden • Düsseldorf • Frankfurt • Hamburg • Leipzig • München • Stuttgart • Viersen • Wiesbaden

© 2011 Warth & Klein Grant Thornton AG Wirtschaftsprüfungsgesellschaft. Warth & Klein Grant Thornton AG ist eine Mitgliedsfirma von Grant Thornton International Ltd (Grant Thornton International). Die Bezeichnung Grant Thornton bezieht sich auf Grant Thornton International oder eine ihrer Mitgliedsfirmen. Grant Thornton International und die Mitgliedsfirmen sind keine weltweite Partnerschaft. Jede Mitgliedsfirma erbringt ihre Dienstleistungen eigenverantwortlich und unabhängig von Grant Thornton International oder anderen Mitgliedsfirmen.

Prüfungsthemen
aus Prüfungsprotokollen
↗

WWW.GABLER.DE

Frank Herrmann
Kurzvorträge BWL/VWL
Gezielt das lernen, was in den Prüfungen verlangt wird
2010. XII, 248 S. Br. EUR 34,95
ISBN 978-3-8349-2264-9

Der Autor hat Prüfungen für Studierende der Wirtschaftswissenschaften und angehende Steuerberater der letzten Jahre ausgewertet und stellt damit erstmals ein Lehrbuch zur Verfügung, das die Grundlagen der BWL/VWL kompakt erläutert und zugleich Schwerpunkte auf die besonders prüfungsrelevanten Punkte legt. Die Zusammenfassungen der wichtigsten Prüfungsthemen eignen sich insbesondere als Vorlage für die mündlichen Kurzvorträge in BWL/VWL- und Steuerberaterprüfungen.

Der Inhalt
- Die Vorbereitung auf eine mündliche Prüfung
- Einführung in die Betriebswirtschaftslehre
- Grundlegende Entscheidungen
- Unternehmensführung
- Betriebliche Leistungserstellung
- Rechnungswesen und Finanzwesen
- Einführung in die Volkswirtschaftslehre
- Mikroökonomik und Makroökonomie
- Wirtschaftspolitik und Finanzwissenschaft

Der Autor
Dr. rer. pol. Frank Herrmann ist Diplom-Kaufmann und war mehrere Jahre in der Beratung tätig.

www.wirtschaftslexikon.gabler.de
Jetzt online, frei verfügbar!
↗

Einfach bestellen: buch@gabler.de   Telefon +49(0)611. 7878-626

KOMPETENZ IN SACHEN WIRTSCHAFT

Die „Big Four"

Weltweit haben sich in der Wirtschaftsprüfung und Beratung vier Marktführer etabliert – jeweils mit Dependancen auf allen Kontinenten. Die **Big Four** sind PricewaterhouseCoopers, KPMG, Ernst & Young und Deloitte. Unter den im DAX notierten großen deutschen Konzernen dominieren KPMG sowie PwC. Ernst & Young prüft die Siemens AG, Beiersdorf AG sowie die Deutsche Telekom AG (Joint Audit mit PwC). Bei den Finanzkonzernen prüfen überwiegend die großen Gesellschaften.

PricewaterhouseCoopers
Unternehmensform: Limited
Gründung: 1849
Unternehmenssitz: New York City
Unternehmensleitung: Samuel A DiPiazza Jr (CEO)
Mitarbeiter: 155.000 (2010) in 153 Ländern
Umsatz: 25,15 Mrd. US$ (2007)

KPMG
Der Name KPMG steht für die Initialen der Gründer der Gesellschaft: Klynveld, Peat, Marwick und Goerdeler.
Unternehmensform: Genossenschaft schweizerischen Rechts
Gründung: 1987 (einzelne Gesellschaften ab 1870)
Unternehmenssitz: Zug, Schweiz (Hauptverwaltung in Amstelveen, Niederlande
Unternehmensleitung: Tim Flynn
Mitarbeiter: 140.000 in 146 Ländern
Umsatz: 22,7 Mrd. US$ (2008)

Ernst & Young
Fusion von Ernst & Whinney und Arthur Young
Unternehmensform: Limited
Gründung: 1989
Unternehmenssitz: New York City
Unternehmensleitung: James S. Turley (Chairman & CEO), John Ferraro (COO)
Mitarbeiter: 150.000 (2008)
Umsatz: 24,5 Mrd. US$ (2008)

Deloitte
Unternehmensform: Verein schweizerischen Rechts
Gründung: 1845
Unternehmenssitz: New York
Unternehmensleitung: James H. Quigley, Vorstandsvorsitzender
John P. Connolly, Chairman
Mitarbeiter: ca. 169.000
Umsatz: 27,4 Mrd. US$

4. WIRTSCHAFTSPRÜFER: BERUFSBILD UND BERUFSAUSÜBUNG

Trotz Konkurrenz der großen Vier sind viele mittelständische Prüfungsgesellschaften erfolgreich am Markt tätig – insbesondere viele mittelständische Unternehmen.

Die weltweite Finanzmarkt- und Wirtschaftskrise wirkte sich auch auf die Wirtschaftsprüfungs- und Steuerberatungsgesellschaften aus. Nach zweistelliger Wachstumsrate in 2008 betrug das durchschnittliche Wachstum der 25 führenden Unternehmen im Krisenjahr 2009 lediglich 5,4 Prozent. Die Big Four verbuchten sogar einen Rückgang um durchschnittlich 3,9 Prozent. Auf das Geschäftsjahr 2010 blicken die Top 25 wieder optimistischer: Man erwartet wieder ein zweistelliges Wachstum von durchschnittlich 10,5 Prozent. Das Bilanzrechtmodernisierungsgesetz (BilMoG), die Unternehmenssteuerreform und das Erbschaftsteuergesetz sollen die Umsätze wieder steigern.

Die **Lünendonk-Liste** nennt die 25 umsatzstärksten Gesellschaften:

	Unternehmen	Umsatz in Deutschland in Mio. Euro		davon Anteil Advisory**	Mitarbeiterzahl in Deutschland		Gesamtumsatz in Mio. Euro	
		2009	2008	2009	2009	2008	2009	2008
1	PWC AG, Frankfurt am Main	1.378,9	1.469,2	• •	9.028	8.870		
2	KPMG AG, Berlin	1.524,0	1.263,0	• • •	8.340	8.510		
3	Ernst & Young AG, Stuttgart[1)]	1.086,9	1.094,7	• • •	6.879	6.315		
4	Deloitte & Touche GmbH, München	716,3	779,4	• • • •	4.696	4.011		
5	BDO Deutsche Warentreuhand AG, Hamburg	185,7	195,1	• •	1.991	1.990		
6	Rödl & Partner GbR, Nürnberg	125,7	122,0	•	1.500	1.550	217,9	209,4
7	Ecovis AG, Berlin[2)]	102,0	102,0	•	1.516	1.458		
8	Ebner Stolz Mönning Bachem Partnerschaft, Stuttgart	94,3	89,0	•	659	639		
9	Rölfs WP Partner AG, Düsseldorf	90,6	78,0	• • • •	603	551	92,0	78,0
10	PKF Fasselt Schlage Partnerschaft, Berlin	57,3	38,6	• •	529	408		
11	Susat & Partner OHG, Hamburg	53,0	51,4	• •	502	463		
12	Warth & Klein AG, Düsseldorf	51,9	45,5	• • • •	476	435		

4.2 MÖGLICHKEITEN DER BERUFSAUSÜBUNG

13	MAZARS Hemmelrath GmbH, Frankfurt a.M.	42,3	42,9	–	380	400		
14	RöverBrönner GmbH & Co.KG, Berlin	33,2	28,5	•	286	260	33,8	29,0
15	DHPG Dr. Harzem & Partner KG, Bonn	30,3	29,6	• •	284	278		
16	Fides Gruppe, Bremen*⁾	27,6	23,2	k.A.	330	270		
17	MDS Möhrle & Partner, Hamburg	26,9	23,0	•	217	207		
18	RP Richter & Partner, München	25,2	26,6	•	188	146		
19	FGS Flick Gocke Schaumburg Partnerschaft, Bonn*⁾	25,0	24,0	k.A.	180	172		
20	TPW Todt & Partner KG, Hamburg	24,6	23,1	• •	247	228		
21	Dr. Dornbach & Partner GmbH, Koblenz	24,5	23,6	•	255	216		
22	Solidaris Revisions-GmbH, Köln	24,4	23,8	• •	238	215		
23	Bansbach Schübel Brösztl & Partner GmbH, Stuttgart	22,3	22,0	• •	199	185		
23	Esche Schümann Commichau GbR, Hamburg	22,3	23,3	k.A.	190	180		
25	CURACON GmbH, Münster	21,0	21,1	• •	223	204		

Quelle: Lünendonk-Liste: Führende Wirtschaftsprüfungsgesellschaften in Deutschland 2009

* Daten teilweise geschätzt

1) Gesamtumsatz und Mitarbeiter in Deutschland der Ernst & Young-Gruppe:
   Gesamtumsatz (2009): 1.124,0 Mio. Euro, Gesamtumsatz (2008): 1.136,0 Mio. Euro
   Mitarbeiter Deutschland (2009): 7.096, Mitarbeiter Deutschland (2008): 6.558

2) Bei Ecovis handelt es sich im Inland um einen Gleichordnungskonzern

**) Unter Advisory werden folgende Leistungen summiert: Finanzierungsberatung, Managementberatung, Unternehmensberatung und IT-Beratung

Die Punktvergabe erfolgt anhand folgender Gruppierung:
- – = 0 %, • = ab 0 % bis 10 %, • • = ab 10 % bis 20 %,
- • • • = ab 20 % bis 30 %, • • • • = mehr als 30 %

Aufnahmekriterium für diese Liste:
Mehr als 50 % des Umsatzes resultieren aus Wirtschaftsprüfungs-, Steuerberatungs- und Rechtsberatungstätigkeiten.

4.2.3 Tätigkeitsaspekte bei mittelständischen oder großen Wirtschaftsprüfungsgesellschaften im Vergleich

Eine wichtige Entscheidung haben Berufseinsteiger zu treffen, wenn sie sich mit der Größe und Struktur des potenziellen Arbeitgebers auseinander setzen. Es gibt Sozietäten und Partnerschaftsgesellschaften in jeder Größe bis hin zu den Big Four.

Bei größeren Wirtschaftsprüfungsgesellschaften arbeiten Prüfer und Berater in der Regel getrennt in den Bereichen Audit, Tax und Advisory – deshalb sind auch die Aufgabenbereiche anders gefasst. Dafür hat man es aber mit vielfältigen Mandanten zu tun. „Große Unternehmen werden von großen Wirtschaftsprüfungsgesellschaften betreut, was die Chance bietet, weltweit tätige Großunternehmen kennen zu lernen, aber eine stärkere Spezialisierung mit sich bringt", sagt Manfred Hamannt, Vorstandsmitglied des Instituts des Wirtschaftsprüfer (IDW), das die Interessen der Branche vertritt. Bei der Wirtschaftsprüfung sehr gut organisierter Großunternehmen lernt der Berufseinsteiger beispielsweise viel über Risikomanagementsysteme und interne Kontrollsysteme. Dieses Wissen kann er bei anderen Unternehmen nutzen. Lerneffekte entstehen aus der Vielfalt der geprüften Unternehmen. Mit der Zeit entwickelt sich dabei ein Gespür des Wirtschaftsprüfers für die Lage des Unternehmens und die Qualität des Managements.

In kleineren und mittelgroßen Prüfungsgesellschaften arbeitet man eher als Generalist. Im Mittelstand sind auch die Mandanten eher mittelständisch. Manchmal betreut daher nur ein einziger Wirtschaftsprüfer das gesamte Unternehmen. „Der Mittelständler will den persönlichen Berater", sagt Manfred Hamannt. „Deshalb ist man dort mit einer größeren Breite an Themen konfrontiert und muss sich in allen Gebieten gut auskennen."

> **TIPP** Bei mittelständischen Prüfungsgesellschaften wird im Vergleich zu den „Big Four" zwischen Prüfung und Steuerberatung nicht strikt getrennt. Das hat zur Folge, dass das Aufgabenspektrum eines mittelständischen Wirtschaftsprüfers ggf. deutlich breiter ist als das eines „Big Four-Prüfers". Dementsprechend kann auch der Tätigkeitsbereich eines Prüfungsassistenten abwechslungsreicher sein. Insbesondere kann er in seinen ersten Berufsjahren auch seine steuerrechtlichen Kenntnisse ausbauen und vertiefen. Der Prüfungsassistent einer mittelständischen Prüfungsgesellschaft kann dadurch bei dem ersten Meilenstein „Steuerberaterexamen" einen Vorteil gegenüber seinen Kollegen bei den großen Prüfungsgesellschaften haben.

4.2.4 Netzwerke

Auf dem Wirtschaftsprüfer-Markt in Deutschland spielen daneben noch große Netzwerke als Zusammenschlüsse mittelständischer WP-Gesellschaften eine Rolle. Die Lünendonk-Liste nennt die zehn umsatzstärksten Netzwerke in Deutschland:

Top-10-Ranking der in Deutschland tätigen Netzwerke mit unabhängigen Mitgliedergesellschaften

	Unternehmen	Inlandsumsatz 2009 in Mio. €	Inlandsumsatz 2008 in Mio. €	Mitarbeiter in D 2009
1	Nexia International, Bonn	167,0	159,0	1.495
2	Grant Thornton GmbH, Hamburg	134,3	129,1	1.287
3	Moore Stephens Deutschland AG, Berlin	122,6	130,0	1.342
4	RSM Deutschland GmbH, Berlin	112,1	110,7	1.096
5	PKF Deutschland GmbH, Hamburg	100,8	101,9	1.000
6	Baker Tilly Deutschland GmbH, Frankfurt*)	97,9	76,7	662
7	HLB Deutschland GmbH, Düsseldorf	83,7	76,8	958
8	Praxity, Bremen*)	82,3	87,5	863
9	Polaris International, Köln*)	78,6	48,0	662
10	DFK Germany, München*)	65,0	53,4	500

Quelle: Lünendonk GmbH, Kaufbeuren 2010 - Stand 29.09.2010 (Keine Gewähr auf Firmenangaben)

* Daten teilweise geschätzt

Aufnahmekriterien für diese Liste:
1. Mehr als 50 % des Umsatzes resultieren aus Wirtschaftsprüfungs-, Steuerberatungs- und Rechtsberatungstätigkeiten.
2. Nur selbstständig organisierte Wirtschaftsprüfungsgesellschaften (keine Netzwerkgesellschaften) in der Haupttabelle.

Die Rangfolge der Übersicht basiert auf kontrollierten Selbstauskünften der Unternehmen und Schätzungen der Lünendonk GmbH über in Deutschland bzw. von Deutschland aus bilanzierte/erwirtschaftete Umsätze.

4.2.5 Interview mit WP/StB Franz-Josef Hans, Vorstand der ATCon AG, Frankfurt/Main

WP/StB Franz-Josef Hans ist Vorstand der ATCon AG Wirtschaftsprüfungsgesellschaft in Frankfurt/Main.

Sie sind Vorstand einer kleineren Wirtschaftsprüfungsgesellschaft. Wie war Ihr Weg dorthin?

Wesentliche Grundlage war das Studium an der Fachhochschule des Landes Rheinland-Pfalz in Worms im Bereich Steuerwesen. Anschließend war ich zehn Jahre lang bei einer der „Big Four" Wirtschaftsprüfungsgesellschaften tätig. Der große Vorteil war zu dieser Zeit, dass ich sowohl auf dem Gebiet des Steuerrechts als auch im Rahmen von freiwilligen und gesetzlichen Jahresabschlussprüfungen praktische Erfahrungen sammeln konnte. Anschließend war ich bis zum Jahr 2000 in einer kleineren Steuerberatungs- und Wirtschaftsprüfungsgesellschaft mit einer anspruchsvollen Mandantschaft in Frankfurt am Main tätig.

Mit Wirkung zum 1. März 2000 habe ich mit zwei weiteren Kollegen die ATCon AG Wirtschaftsprüfungsgesellschaft gegründet und einen MBO[1] durchgeführt.

Was hat Sie so erfolgreich gemacht?

Ob man erfolgreich ist, das sollten andere entscheiden.

Was ist Ihnen heute dabei wichtig?

Die wichtigste Voraussetzung für den Erfolg im Beruf ist sicherlich das Fachwissen sowie die Identifikation der einem übertragenen Aufgaben. Ein weiteres Kriterium ist zweifelsohne die unbedingte Diskretion der im Rahmen des Auftragsverhältnisses mit dem Mandanten erlangten Kenntnisse und Sachverhalte.

Gerade in der heutigen Zeit, in der der monetäre Aspekt meines Erachtens ausufernd geworden ist, ist für mich sowohl die Ethik als auch die Unbestechlichkeit von wesentlicher Bedeutung.

Wie unterscheidet sich Ihre Gesellschaft von anderen, insbesondere von den Big Four?

Um den Bedürfnissen unserer Mandanten gerecht zu werden, ist es erforderlich, nicht nur Spezialist in einem Teilgebiet eines Rechtsgebietes zu sein, sondern wie ich es auch intern kommuniziere – man muss hier in die Rolle eines „Hausarztes" schlüpfen.

---

1 Management-Buy-Out

Können Sie uns ein Beispiel geben?

Unsere Mandanten erwarten nicht nur, dass wir sie auf dem Gebiet der Ertragsteuern betreuen, sondern auch über den „Tellerrand" hinausschauen und ihnen aufzeigen, welche Möglichkeiten zum Beispiel im Rahmen der vorweggenommenen Erbfolge von Privat- und/oder Betriebsvermögen bestehen.

Von Vorteil ist hierbei sicherlich, dass wir bestimmte Vorgänge auch in eigener Sache praktiziert haben und den Mandanten somit nicht nur die fachliche Seite, sondern auch psychische Aspekte aufzeigen, wenn man sich von Vermögen trennt.

Hierbei ist es erforderlich, dass komplizierte Zusammenhänge einfach erklärt werden und diese Beratung aus einer „Hand" kommt.

Was bedeutet das für Ihre praktische Arbeit?

Dies möchte ich Ihnen am Beispiel des von uns durchgeführten MBOs aufzeigen.

Zu Beginn des Erwerbs eines Unternehmens stellte sich für uns die Frage, ob wir einen Asset- oder Share-Deal durchführen sollten.

Diese Prüfung haben wir anschließend unter steuerlichen, handelsrechtlichen und gesellschaftsrechtlichen Aspekten sowohl unter dem Gesichtspunkt des Veräußerers als auch des Erwerbers vorgenommen. Als Ergebnis haben wir den Asset-Deal präferiert.

Im nächsten Schritt haben wir unseren Aufsichtsrat über das Ergebnis unserer Prüfung informiert und ihm dabei die Vor- und Nachteile sowohl nach steuer-, handels- und gesellschaftsrechtlichen Gesichtspunkten aufgezeigt.

In der anschließenden Diskussion mit dem Aufsichtsrat konnten wir diesen von unserer Lösung überzeugen.

Diese Erfahrungswerte, die wir hier in eigener Angelegenheit gemacht haben, können wir im Tagesgeschäft zu Gunsten unserer Mandanten einbringen.

Welche Vorteile hat der Einstieg in einer kleinen Gesellschaft?

Unseres Erachtens liegt der Vorteil in der praktischen Tätigkeit sowie in der fachlichen Betreuung.

Das heißt konkret?

Unsere jungen Berufsanfänger erlangen nicht nur praktische Erfahrungen auf dem Gebiet des Steuerrechts oder von betriebswirtschaftlichen Prüfungen, sondern werden auf beiden Gebieten eingesetzt. Dies bedeutet, im ersten Halbjahr liegt der Schwerpunkt der Tätigkeit auf freiwilligen oder gesetzlichen Jahresabschlussprüfungen verschiedener Rechtsformen der Gesellschaften und Branchen.

Im zweiten Halbjahr liegt der Fokus auf der Erstellung von Jahresabschlüssen und der dazugehörigen Steuererklärungen der Gesellschaften bzw. auch der Gesellschafter.

Unseres Erachtens ist es für die fachliche und persönliche Entwicklung unserer jungen Kollegen auch wichtig, dass wir diese an den Mandantengesprächen teilhaben lassen. Dies führt auch zur Aufwertung des jungen Kollegen im Mandatsverhältnis.

Neben der praktischen Ausbildung nehmen die Kollegen an externen Fortbildungsveranstaltungen teil.

Was erwarten Sie fachlich und persönlich von Ihren jungen Mitarbeitern?

Ein Einstellungskriterium ist u.a., dass die Berufsanfänger eine praktische kaufmännische Ausbildung, vorzugsweise auf dem Gebiet des Steuerrechts oder als Bankkaufmann abgeschlossen haben.

Daneben ist uns wichtig, dass die Kandidaten über einwandfreie Charakterzüge verfügen.

Genauer bitte ...

Die Erfahrung, die ich in all den Jahren leider habe machen müssen ist, dass wir einen Werteverfall in unserer Gesellschaft haben, der sich durch alle Gruppierungen der Gesellschaft zieht.

Aus diesem Grund achten wir besonders auf Tugenden wie Ehrlichkeit, Aufrichtigkeit, Gewissenhaftigkeit und Engagement. Diese Tugenden erwarten auch unsere Mandanten von uns.

Wo ziehen Sie die Grenze?

Für mich sind Lügen und Verstöße gegen die Ethik absolute K.O.-Kriterien.

Welchen Rat geben Sie Berufseinsteigern mit auf dem Weg?

Meine Empfehlung an jeden Berufseinsteiger ist, dass er sich nicht schon zu Beginn seiner beruflichen Laufbahn einengen sollte. Die Erfahrung zeigt, dass eine zu frühe Spezialisierung, zum Beispiel auf ein Rechtsgebiet oder eine Branche, seine spätere Flexibilität erheblich einschränkt.

Ferner sollte zumindest ein Berufsexamen angestrebt werden, unabhängig davon, ob man in der Branche bleiben will oder einen anderen Weg anstrebt.

4.2.6 Perspektiven

Es gibt wenige Berufsziele für Hochschul- bzw. Fachhochschulabsolventen, die perspektivisch so viel versprechend sind wie das des Wirtschaftsprüfers.

Der Bedarf an Nachwuchs in diesem – auch finanziell durchaus lukrativen - Beruf steigt stetig. Schon um die Einführung der neuen internationalen Rechnungslegungsvorschriften zu bewältigen, wird mit einem zusätzlichen Personalbedarf gerechnet. Auch bei Fusionen und Unternehmensverkäufen wird immer öfter der Rat des Wirtschaftsprüfers eingeholt. Denn die Verfahren zur Due Diligence, die sorgfältige Untersuchung und Analyse eines Zielunternehmens im Rahmen einer Unternehmenstransaktion, werden immer komplexer.

Die großen Wirtschaftsprüfungsgesellschaften suchen jährlich viele neue Mitarbeiter. Wie sich die in Teilen überstandene Finanzkrise langfristig noch auswirkt, bleibt abzuwarten. „Die Auswirkungen der Krise sind insgesamt noch nicht überschaubar. Deshalb ist es verständlich, dass man sich zur Einstellungspolitik zurückhaltend äußert", sagt IDW-Vorstand Hamannt. „Mittelfristig sehe ich auch eine gegenläufige Tendenz: Die Krise wird begleitet von einem verstärkten Beratungsbedarf der Unternehmen." Das könne die Zurückhaltung der Prüfungsunternehmen mindern. Außerdem sei ein Drittel aller aktiven Prüfer über 55 Jahre alt. „Es wird also in jedem Fall auch weiterhin einen Bedarf an jungen Nachwuchskräften geben."

Wer den Beruf des Wirtschaftsprüfers ergreift, muss nicht ein Leben lang Jahresabschlüsse testieren: Wirtschaftsprüfer können auch Spitzenpositionen in der Industrie bekleiden, etwa als Leiter des Finanz- und Rechnungswesens, im Beteiligungscontrolling oder in der Internen Revision. Den Titel „Wirtschaftsprüfer" dürfen Angestellte eines Unternehmens allerdings nicht mehr führen, da eine weisungsgebundene Angestelltentätigkeit mit dem unabhängigen Berufsbild des Wirtschaftsprüfers nicht vereinbar ist.

Ein abgeschlossenes Studium, gute EDV-Kenntnisse, die Fähigkeit zu analytischem Denken und Führungs- und Kommunikationsstärke sind gute Voraussetzungen für führende Tätigkeiten in Controlling und Management. Auch wer das WP-Examen vielleicht nicht bestanden hat, hat mit den erworbenen Qualifikationen gute Chancen, einen attraktiven Arbeitsplatz in der Welt der Wirtschaft zu finden.

4.2.7 Interview mit RA Manfred Hamannt, Institut der Wirtschaftsprüfer in Deutschland e.V. (IDW), Düsseldorf

Manfred Hamannt ist Mitglied des geschäftsführenden Vorstands des Instituts der Wirtschaftsprüfer in Deutschland e.V. (IDW).

Welche Themen beschäftigen die Wirtschaftsprüfer aktuell?

Im Mai 2009 wurde das Gesetz zur Modernisierung des Bilanzrechts verabschiedet, das die Aussagekraft der handelsrechtlichen Rechnungslegung steigern soll. Unternehmen, die sich an das gute alte HGB gewöhnt haben, müssen sich auf die neuen Vorschriften einstellen. Bei der Bewältigung des Umstellungsprozesses auf das modernisierte HGB stehen Wirtschaftsprüfer den Unternehmen mit Rat und Tat zur Seite. Als Prüfer der nach handelsrechtlichen Grundsätzen erstellten Abschlüsse hat sich der Berufsstand der Wirtschaftsprüfer bereits frühzeitig mit den vorgesehenen Änderungen befasst. Die Wirtschaftsprüfer sind daher bestens gerüstet, die Unternehmen bei der praktischen Umsetzung der Neuerungen zu unterstützen und passende Antworten auf offene Fragen zu finden.

Außerdem sind die International Financial Reporting Standards (IFRS) weiter auf dem Vormarsch – und sie betreffen längst nicht mehr nur die Global Player. Auch für den Mittelstand hat die Bedeutung der internationalen Rechnungslegung in den letzten Jahren ständig zugenommen. Eine kontinuierliche Weiterbildung in nationaler und internationaler Rechnungslegung gehört daher zum Pflichtprogramm für alle Wirtschaftsprüfer.

Wie sind die Karriereperspektiven für junge Wirtschaftsprüfer in Zeiten einer Wirtschafts- und Finanzkrise?

Die Verlässlichkeit der externen Rechnungslegung der Unternehmen ist auch in Zeiten einer Wirtschafts- und Finanzkrise wichtig. Die Abschlussprüfung trägt zu dieser Verlässlichkeit wesentlich bei. Daher sind die Job- und Karriereperspektiven für junge Wirtschaftsprüfer auch bei einer schwächeren Wirtschaftsentwicklung durchaus gegeben. Insgesamt bietet der Markt für die Wirtschaftsprüfung ein expandierendes Aufgabenfeld. Die Expansion verlangt qualifizierte Mitarbeiter. Der Wirtschaftsprüfer ist auch in schwierigen wirtschaftlichen Zeiten ein Top-Job mit Zukunft.

5 AUSBILDUNGSWEGE ZUM WIRTSCHAFTSPRÜFER

von RAin Susanne Löffelholz

5.1 Der Weg zum Wirtschaftsprüfer

Zum Beruf des Wirtschaftsprüfers führen verschiedene Wege.

- Der typische Werdegang führt über ein – meist betriebswirtschaftliches - Hochschulstudium und eine mindestens dreijährige Berufspraxis, die sich bei einer Regelstudienzeit von weniger als acht Semestern auf vier Jahre verlängert.
- Praktiker ohne Hochschulstudium können nach einer mindestens zehnjährigen Tätigkeit in der Wirtschaftsprüfung bzw. nach einer mindestens fünfjährigen Tätigkeit als Steuerberater oder vereidigter Buchprüfer die Prüfung als Wirtschaftsprüfer ablegen. Dies kommt in der Praxis inzwischen nur noch sehr selten vor.
- Abschlussprüfer aus EU/EWR-Staaten oder der Schweiz können eine Eignungsprüfung ablegen, wenn sie eine Zulassung zur Durchführung von Abschlussprüfungen von Jahresabschlüssen und konsolidierten Abschlüssen (Richtlinie 2006/43/EG) besitzen.

Ausbildungswege zum Wirtschaftsprüfer

Quelle: Institut der Wirtschaftsprüfer in Deutschland e.V.: Der Wirtschaftsprüfer – Wege zum Beruf, Düsseldorf 2007

Vorbildung	Anzahl	%	Anzahl weiblich	Anzahl männlich
Hochschulstudium				
Betriebwirtschaftliches Studium	11.081	79,2	1.516	9.565
Volkswirtschaftliches Studium	669	4,8	94	575
Rechtswissenschaftliches Studium	777	5,6	44	733
Technisches Studium	43	0,3	5	38
Landwirtschaftliches Studium	43	0,3	7	36
anderer Studiengang	637	4,6	159	478
ohne Hochschulstudium	726	5,2	125	601
Gesamt	13.976	100,00	1.950	12.026

Quelle: Wirtschaftsprüferkammer, Stand: 1.7.2010

5.1.1 Der klassische Weg: das Hochschulstudium

Das Studium der Betriebswirtschaftslehre ist in der Praxis nach wie vor die typische Vorbildung, da der Beruf des Wirtschaftsprüfers ein umfassendes und breit angelegtes betriebswirtschaftliches Wissen voraussetzt. Viele Hochschulen bieten im Rahmen eines betriebswirtschaftlichen Studiums berufsspezifische Schwerpunkte an. Zu empfehlen sind die Studienschwerpunkte „Treuhand- und Revisionswesen" sowie „Betriebliche Steuerlehre" bzw. „Steuerrecht".

> **TIPP** Der Studienführer „Wirtschaftliches Prüfungs- und Treuhandwesen" der Wirtschaftsprüferkammer (www.wpk.de/studienfuehrer) gibt einen guten Überblick über das Lehrangebot von Universitäten, Fachhochschulen im Gebiet des Wirtschaftlichen Prüfungswesens. Er erscheint zu jedem Semester aktualisiert.

5.1.2 Interview mit WP/StB Thomas M. Orth, Partner bei Deloitte, Düsseldorf

WP/StB Thomas M. Orth ist Partner bei Deloitte, Düsseldorf, und Vertreter der Wirtschaftsprüferkammer zur Akkreditierung nach § 8a WPO gem. § 5 Abs. 2 WPAnrV)

Das BWL-Studium mit berufsspezifischen Schwerpunkten ist die typische Vorbildung für den Beruf des Wirtschaftsprüfers. Was ändert sich durch die Umstellung auf Bachelor- und Masterstudiengänge?

Durch den Wegfall der Diplomstudienordnung sind die Inhalte, die an den einzelnen Hochschulen gelehrt werden, nicht mehr ohne weiteres miteinander vergleichbar. Hinzu kommt die politisch gewollte Beschränkung der Studienzeit von bisher 8 bis 9 Semester auf 6 Semester. Es handelt sich dabei um eine Reduktion der Studiendauer für den ersten berufsqualifizierenden Abschluss von immerhin 25 Prozent, die auch die WP-Gesellschaften entsprechend berücksichtigen müssen. Mit Sorge erfüllt mich dabei der Umstand, dass durch das straffe Curriculum der wichtige Praxisbezug des Studiums verloren geht. Das Studium ist viel stärker verschult als bisher mit der Folge, dass die Zeit für Praktika einfach fehlt.

Ungewiss ist bisher auch, wie viele Bachelor- Absolventen ein Master-Studium anschließen werden. Es ist zwar eine Tendenz zum Master-Studium erkennbar. Ob es aber in der derzeitigen wirtschaftlichen Situation bei der politisch gewollten Übergangsquote von 25 Prozent bleibt oder diese weiter ansteigt, ist derzeit nicht vorhersehbar. Auch darauf müssen sich die WP- Gesellschaften als Arbeitgeber einstellen.

Was sollten Studenten mit dem Berufsziel Wirtschaftsprüfer bei der Wahl ihres Studienganges beachten?

Sinnvoll ist, sich ein breites betriebswirtschaftliches Wissen anzueignen. Auch Inhalte, die auf den ersten Blick nicht berufsspezifisch sind, können Wirtschaftsprüfern später sehr nützlich sein. Studenten sollten sich daher nicht zu früh spezialisieren, sondern vielmehr bei der Wahl ihrer Studieninhalte „breit aufgestellt" sein.

Während des Studiums sollten sie sich nicht nur mit Einzelfalllösungen beschäftigen, sondern auch üben, wissenschaftlich zu arbeiten. Das heißt, sie sollen in der Lage sein, Probleme zu erkennen und selbstständig Lösungen zu entwickeln. Sie verschaffen sich damit ein wichtiges Rüstzeug für das spätere Berufsleben.

Welche Rolle spielt die Auswahl der Hochschule?

Bei der Wahl der Hochschule sollte man gezielt danach schauen, ob die Möglichkeit der Anrechnung von Studienleistungen nach § 13 b WPO oder eine Akkreditierung nach § 8a

WPO besteht. Außerdem sollte man beachten, dass zwischen den einzelnen Hochschulen große qualitative Unterschiede bestehen können. Es kann aus dem Blickwinkel des künftigen Arbeitgebers bei Bewerbern mit gleicher Abschlussnote einen möglicherweise entscheidenden Bonus bringen, wenn der Titel von einer angesehenen Hochschule stammt. Es lohnt sich also auf jeden Fall, Rankings bei der Wahl der Hochschule zu berücksichtigen.

Wie stellen sich die Hochschulen und die großen WP-Gesellschaften auf die neue Situation ein?

Die Hochschulen werden ihre Curricula den veränderten Rahmenbedingungen anpassen und die angebotenen Studiengänge nach § 8a WPO akkreditieren lassen bzw. einzelne Prüfungsleistungen gem § 13b WPO für das WP-Examen anrechenbar machen. Die großen WP-Gesellschaften haben sich auf Bachelor als Berufseinsteiger vorbereitet. In internen Weiterbildungsprogrammen werden die Inhalte vermittelt, die in dem um ein Jahr verkürzten Studium fehlen. Darüber hinaus eröffnen die vier weltweit führenden Wirtschaftsprüfungsgesellschaften Deloitte, Ernst & Young, KPMG und PricewaterhouseCoopers gemeinsam mit dem Institut der Wirtschaftsprüfer als Vertreter des Mittelstands angehenden Wirtschaftsprüfern eine weitere attraktive Ausbildungsperspektive. Ab 2012 wird der Berufsstand an fünf Standorten in Zusammenarbeit mit sieben Hochschulen eine berufsbegleitende Vorbereitung auf das WP-Examen in Deutschland anbieten. Dieser soll die eigenen Ausbildungsprogramme der Gesellschaften ergänzen. Studierende sollen nicht nur vom hohen Qualitätsstandard des Masterstudiengangs profitieren, sondern auch von einer Anrechnung ihrer Studienleistungen auf das Wirtschaftsprüfer-Examen. Ein wesentliches Merkmal des Programms ist die optimale Verzahnung von Studium und Beruf. Das Studium selbst folgt einem Blockmodell, in dem Studien- und Praxisphasen alternieren. Damit ist die optimale Einbindung der Studierenden ins Unternehmen gewährleistet. Gleichzeitig ist sichergestellt, dass hinreichend Studienzeit zur Verfügung steht.

5.1.3 Praktische Tätigkeit in der Wirtschaftsprüfung

Anknüpfend an die Regelstudienzeit verlangt die WPO eine mindestens dreijährige Prüfungstätigkeit in der Wirtschaftsprüfung. Beträgt die Regelstudienzeit weniger als 8 Semester (wie zum Beispiel bei FH-Absolventen), verlängert sich die praktische Tätigkeit auf vier Jahre. Der Prüfungskandidat muss dabei mindestens zwei Jahre bei einem WP, einer WPG, einem vBP, einer BPG oder einer der in § 9 Abs. 3 WPO genannten Prüfungseinrichtungen überwiegend an Abschlussprüfungen teilgenommen und bei der Abfassung von Prüfungsberichten mitgewirkt haben. Der Nachweis der Prüfungstätigkeit muss mindestens 53 Wochen umfassen.

Die praktische Tätigkeit kann auch in Teilzeit ausgeübt werden. Zu berücksichtigen ist allerdings, dass Teilzeitbeschäftigungen nur in dem Umfang als Tätigkeit und Prüfungstätigkeit angerechnet werden, der dem Verhältnis zwischen der Teilzeitbeschäftigung und einer Vollzeittätigkeit entspricht.

Wirtschaftsprüfer – Der klassische Werdegang

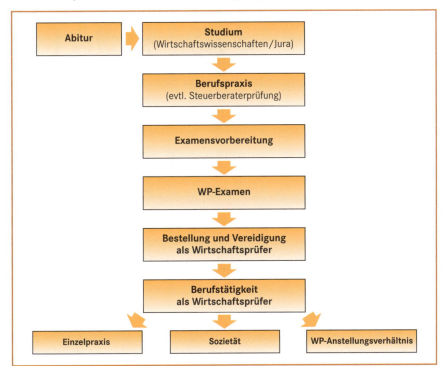

Quelle: Institut der Wirtschaftsprüfer in Deutschland e.V.: Der Wirtschaftsprüfer – Wege zum Beruf, Düsseldorf 2007

5.1.4 Der neue Weg: Masterstudiengang nach § 8a WPO

Bisher gab es in Deutschland kein Hochschulstudium, das die Studenten zielgerichtet auf die Tätigkeit als Wirtschaftsprüfer ausbildete. Durch das Wirtschaftsprüfungsexamens-Reformgesetz wurden nun erstmals die Voraussetzungen für die Einrichtung eines Studiengangs zur Ausbildung von Wirtschaftsprüfern geschaffen. Dieser Studiengang unterliegt einer besonderen Akkreditierung, d. h. einem besonderen Verfahren zur Sicherung des Qualitätsstandards.

Ein Masterstudiengang, der nach § 8a WPO akkreditiert ist, bildet zielgerichtet auf eine Tätigkeit als Wirtschaftsprüfer aus. Zugangsvoraussetzungen sind

- ein erster berufsqualifizierender Hochschulabschluss, idealerweise ein Bachelor-Abschluss der Betriebswirtschaftslehre,
- eine mindestens einjährige Berufspraxis in der Wirtschaftsprüfung und
- das Bestehen einer Zugangsprüfung

Überblick zu den gesetzlichen Regelungen

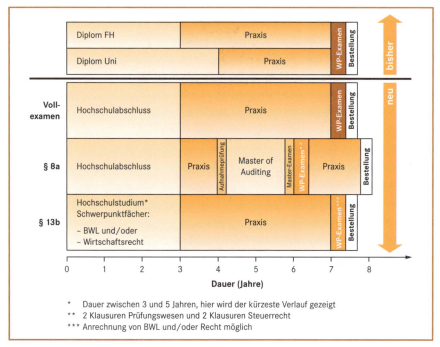

* Dauer zwischen 3 und 5 Jahren, hier wird der kürzeste Verlauf gezeigt
** 2 Klausuren Prüfungswesen und 2 Klausuren Steuerrecht
*** Anrechnung von BWL und/oder Recht möglich

Quelle: Thomas M. Orth, Deloitte

Das zweijährige Masterstudium ist sehr praxisorientiert. Die Lehrinhalte sind darauf ausgerichtet, die Studenten auf die wirtschaftsprüfende Tätigkeit und das Berufsexamen vorzubereiten. Der erfolgreiche Abschluss des Masterstudiums berechtigt zur Teilnahme am Wirtschaftsprüfungsexamen. Unter Verzicht auf die sonst vorgeschriebene dreijährige Prüfungstätigkeit kann das Examen bereits unmittelbar nach dem Masterstudium absolviert werden. Leistungen aus dem Masterstudium ersetzen in den Prüfungsgebieten „Angewandte Betriebswirtschaftslehre, Volkswirtschaftslehre" und „Wirtschaftsrecht" die entsprechenden Prüfungen des Wirtschaftsprüfungsexamens, so dass Absolventen dieses Studiengangs das Wirtschaftsprüfungsexamen in verkürzter Form ablegen können.

> **! ACHTUNG** Informieren Sie sich sehr genau, ob der von Ihnen in Betracht gezogene Studiengang tatsächlich nach § 8a WPO akkreditiert ist. Formulierungen in Internetauftritten einiger FH oder Universitäten wie zum Beispiel „Studienleistungen können bei Akkreditierung angerechnet werden" bedeuten nicht, dass dies tatsächlich der Fall ist.

DEUTSCHE AKADEMIE FÜR STEUERN, RECHT & WIRTSCHAFT

Berufsziel WP?
Starten Sie jetzt. Mit uns!

- **Informieren Sie sich**
  mit unseren ausführlichen Unterlagen zur optimalen Vorbereitung auf Ihr WP-Examen.

- **Überzeugen Sie sich**
  von der Qualität unseres Lehrwerks mit einer probeweisen Freischaltung zu unserem WP-Online.

- **Besuchen Sie uns**
  als Gasthörer in unseren Präsenzveranstaltungen in Frankfurt, Hamburg, Köln, München oder Stuttgart.

Wir freuen uns auf Sie!

Wir erstellen für Sie ein individuelles Konzept zur Examensvorbereitung!

Postfach 10 36 64 ▪ 50476 Köln ▪ Telefon: 02 21/4 20 56 16 bis 18 ▪ Telefax: 02 21/4 20 56 11
www.aks-online.de ▪ info@aks-online.de

Internationales Steuerwissen verständlich erklärt

↗

WWW.GABLER.DE

Gernot Brähler
Internationales Steuerrecht
Grundlagen für Studium und
Steuerberaterprüfung
6., vollst. überarb. Aufl. 2010. XXX, 581 S. Br.
EUR 37,95
ISBN 978-3-8349-2194-9

Dieses fundierte Lehrbuch führt verständlich und umfassend in die komplizierte Materie des Internationalen Steuerrechts ein. Der Autor berücksichtigt in kompakter Form alle relevanten Problemkreise. Zahlreiche Beispiele mit Lösungen sowie prägnante Merksätze fördern das Verständnis. „Internationales Steuerrecht" befindet sich mit der sechsten Auflage wieder auf dem aktuellen Rechtsstand. Insbesondere wurden das Jahressteuergesetz 2009, das Wachstumsbeschleunigungsgesetz, das Steuerhinterziehungsbekämpfungsgesetz, die Auswirkungen der Konjunkturpakete sowie die aktuelle EuGH-Rechtsprechung aufgenommen.

Der Inhalt
- Grundzüge des Internationalen Steuerrechts
- Funktionsweise von Doppelbesteuerungsabkommen
- Steuerliche Behandlung von Direktinvestitionen
- Internationale Steuerplanung mit Holdinggesellschaften
- Verrechnungspreise im Internationalen Steuerrecht
- Außensteuergesetz
- Diskussion der wichtigsten EuGH-Urteile

Der Autor
Univ.-Prof. Dr. habil. Gernot Brähler, Steuerberater, ist Fachgebietsleiter des Lehrstuhls für Allgemeine Betriebswirtschaftslehre, insbesondere Steuerlehre/Prüfungswesen, am Institut für Betriebswirtschaftslehre der Technischen Universität Ilmenau.

Einfach bestellen: buch@gabler.de   Telefon +49(0)611. 7878-626

KOMPETENZ IN SACHEN WIRTSCHAFT

Folgende Master-Studiengänge sind nach § 8a WPO akkreditiert, also zur Ausbildung von Wirtschaftsprüfern als besonders geeignet anerkannt:

Audit & Tax
Hochschule Fresenius
Standort Köln
Im MediaPark 4c
50670 Köln
Telefon: 0221/973199-10
Telefax: 0221/973199-86
E-Mail: koeln@hs-fresenius.de
Internet: www.hs-fresenius.de

Auditing, Finance and Taxation
Fachhochschule Münster/Fachhochschule Osnabrück
Caprivistraße 30a
49076 Osnabrück
Telefon: 0541/ 969-3783
Telefax: 0541/969-3785
E-Mail: info@maft.de
Internet: www.maft.de

Auditing and Taxation
Hochschule Pforzheim
Graduate School
Tiefenbronner Str. 65
Telefon: 07231/28-6167
E-Mail: mat@hs-pforzheim.de
Internet: www.pforzheim-graduate-school.de

Mannheim Master of Accounting & Taxation
Mannheim Business School gGmbH
L 5, 6
68131 Mannheim
Telefon: 0621/181 2002
Telefax: 0621/181 1278
E-Mail: info@mannheim-accounting-taxation.com
Internet: www.mannheim-accounting-taxation.com

Fachhochschule Mainz
Lucy-Hillebrand-Straße 2
55128 Mainz
Telefon: 06131/628-3427
E-Mail: auditing@fh-mainz.de
Internet: http://auditing.fh-mainz.de

5.1.5 Interview mit Professor Dr. Andreas Dinkelbach, Hochschule Fresenius, Köln

Professor Dr. rer. pol. Andreas Dinkelbach ist Studiendekan an der Hochschule Fresenius in Köln.

Sie betreuen als Studiendekan den Masterstudiengang Audit & Tax an der Hochschule Fresenius in Köln und bereiten die Studenten auf das WP-Examen vor. Wie war Ihr persönlicher Werdegang?

Aufgewachsen bin ich in der Konditorei meiner Eltern, was frühzeitig nicht nur ein Interesse für herausragende Speisen, sondern auch für betriebswirtschaftliche Zusammenhänge geweckt hat. Nach dem Abitur habe ich zunächst eine Ausbildung zum Bankkaufmann absolviert. Meine Erwartung einer guten Grundlage für das spätere Studium wurde dabei nicht nur voll erfüllt, ich konnte hier auch eine sehr prägende Erfahrung machen. Als mir im zweiten Lehrjahr vertretungsweise der Buchführungsunterricht meiner jüngeren Kollegen anvertraut wurde, entdeckte ich meine Freude an der Wissensvermittlung. Bereits während meines betriebswirtschaftlichen Studiums an der Universität zu Köln konnte ich die Lehrtätigkeit mit der Leitung spezieller Übungen des Akademischen Auslandsamtes für ausländische Studierende in Mathematik, BWL und VWL fortsetzen.

Im Studium haben sich als favorisierte Spezialgebiete schnell die Bereiche Steuerlehre und Rechnungslegung herausgestellt. Dabei habe ich die wissenschaftliche Auseinandersetzung und Forschung für mich entdeckt. Damit war dann mein weiterer Weg vorgezeichnet, der über die Tätigkeit als wissenschaftlicher Assistent, die Promotion an der Universität zu Köln und anschließende praktische Tätigkeiten zum Steuerberater-Examen führte. Mit 37 Jahren bin ich dann von der Hochschule Fresenius zum Professor für Betriebswirtschaftliche Steuerlehre und Rechnungslegung berufen worden.

Der Master-Studiengang Audit & Tax läuft seit dem Sommersemester 2010. Welche Zugangsvoraussetzungen muss der Studienbewerber erfüllen?

Unser Master-Studiengang Audit & Tax ist speziell auf die Ausbildung in den Berufsfeldern Wirtschaftsprüfung, Steuerberatung, Rechnungslegung, Wirtschaftsrecht und angewandte Betriebswirtschaft ausgerichtet. Die hohen Anforderungen des Berufsstandes bedingen spezielle Zugangsvoraussetzungen. Zudem unterliegt unser Master-Studiengang, der von der Wirtschaftsprüferkammer (WPK) nach § 8a WPO als zur Ausbildung von Wirtschaftsprüfern besonders geeignet anerkannt ist und so das anschließende WP-Examen von 7 auf 4 Prüfungsleistungen verkürzt, entsprechenden Vorgaben der WPK.

Als weiterbildender Studiengang erfordert der Master Audit & Tax, dass die Interessenten nach einem abgeschlossenen ersten grundständigen Studium (z.B. Bachelor, Diplom,

Staatsexamen) eine mindestens einjährige berufspraktische Tätigkeit in der Wirtschaftsprüfung nachweisen können (§ 9 WPO). Hinsichtlich der Fachrichtung des Erststudiums gibt es keine Beschränkung, wie ja auch in der Wirtschaftsprüfung sog. Quereinsteiger, z.B. Naturwissenschaftlicher, keine Seltenheit sind. Damit aber alle mit einem vergleichbaren theoretischen Fundament in das Masterstudium starten, müssen die Kandidaten in einer schriftlichen Zugangsprüfung unter Beweis stellen, dass sie über die Kenntnisse eines wirtschaftswissenschaftlichen Bachelors verfügen. Zugangsprüfungen, Orientierungs- und Schnuppertage finden mehrmals jährlich statt. Die Prüfung konzentriert sich auf wirtschaftsprüfungsrelevante Inhalte, deckt aber das gesamte Spektrum eines BWL-Bachelors ab. Geprüft werden Kenntnisse u.a. in Kosten- und Leistungsrechnung, Investition und Finanzierung, Rechnungslegung, Wirtschaftsrecht, Steuern, Statistik, VWL und auch EDV. Es ist sozusagen von allem etwas dabei, allerdings in unterschiedlichen Anforderungsstufen. Zudem müssen die Teilnehmer über hinreichende Kenntnisse der deutschen und der englischen Sprache verfügen. Schließlich machen wir uns als private Hochschule noch gerne persönlich ein Bild unserer Studierenden und stellen uns umgekehrt gerne persönlich vor.

Welche Vorteile bringt der neue Masterstudiengang im Hinblick auf das WP-Examen?
Konkret und unmittelbar für das WP-Examen bedeutet das abgeschlossene Masterstudium Audit & Tax an der Hochschule Fresenius eine Anrechnung der Klausuren in den Prüfungsgebieten Wirtschaftsrecht und Angewandte BWL/VWL. Für unsere Studenten verkürzt sich das WP-Examen somit von sieben auf nur noch vier Klausuren. Nach Abschluss des Studiums verbleiben je zwei Klausuren im Prüfungsgebiet Wirtschaftliches Prüfungswesen (einschließlich Rechnungslegung), Unternehmensbewertung und Berufsrecht und im Prüfungsgebiet Steuerrecht. Die Anrechnung der Klausuren folgt aus der Anerkennung/Akkreditierung unseres Masters als Studiengang nach § 8a WPO durch die Wirtschaftsprüferkammer. Über eine § 8a WPO-Akkreditierung verfügen bisher in Deutschland nur 5 Hochschulen, von denen Fresenius die einzige echte private Hochschule ist. Wir sind sehr stolz auf diese Anerkennung, der eine anspruchsvolle Qualitätsprüfung der Hochschule und des Studiengangs vorangeht, und die Ausdruck des Vertrauens in uns ist, dass wir unsere Studenten zugleich praxisnah und wissenschaftsorientiert auf ihr späteres Berufsleben und das WP-Examen vorbereiten.

Der § 8a WPO-Master bietet die Möglichkeit, unmittelbar nach dem Masterabschluss in das WP-Examen zu gehen. Nach dem bestandenen WP-Examen muss der Kandidat dann nur noch insgesamt 3 Jahre Berufspraxis vervollständigen, bis er sich zum WP bestellen lassen kann. Die Zeit bis zum WP verkürzt sich gegenüber dem bisherigen Weg über den Zwischenschritt Steuerberater enorm. Derzeit vollzieht sich ein Umbruch in der Ausbildung zum WP. Insbesondere die großen WP-Gesellschaften fördern ab 2012 speziell diesen Bildungsweg zum WP-Examen.

Das von uns eingeführte Konzept eines 6-semestrigen Studiengangs im Blockmodell ist dabei als zukunftsweisendes Vorbild identifiziert worden. Inwieweit dies auch für unsere inhaltliche Konzentration auf die Vermittlung praxisnützlichen Wissens und die Examensvorbereitung gilt, ist derzeit noch nicht abzusehen. An der Hochschule Fresenius studieren die angehenden WP in den Monaten April bis Oktober Vollzeit und können sich so vollständig auf das Studium konzentrieren. In den Monaten November bis April findet kein Studienbetrieb statt, so dass die Studenten ihren Arbeitgebern in der Busy-Season uneingeschränkt zur Verfügung stehen. Dabei können sie ihre hinzuerworbenen theoretischen Kenntnisse gleich in der Praxis nutzen und kehren so mit neuen Anregungen wieder in den Studienbetrieb zurück. Dieser Wechsel schafft beste Voraussetzungen für den Erwerb und die Vertiefung anwendungsorientierter und zugleich wissenschaftlich basierter Kompetenzen. Die zwischenzeitlichen Praxisphasen verkürzen zudem die bis zur Bestellung zum WP erforderliche Praxiszeit.

Wie hoch sind die Studiengebühren? Was zeichnet die Hochschule Fresenius gegenüber staatlichen Universitäten aus?

Die Studiengebühren betragen aktuell 435 € pro Monat. Umgerechnet auf 36 Monate ergibt dies eine Summe von 15.660 €. Klassische Vorbereitungskurse auf das WP-Examen (Samstagunterricht, Lehrbriefe etc.) kosten mit z.B. 12.255 € nicht wesentlich weniger. In der Regel stellen WP-/StB-Gesellschaften ihren jungen Assistenten ein Budget zur Vorbereitung auf das Berufsexamen zur Verfügung, das diese flexibel nutzen können. Sie können sich beispielsweise freistellen lassen oder das Budget für die Bezahlung der Studiengebühren verwenden. Für unseren Studiengang sind Modelle denkbar, bei denen die Arbeitgeber z.B. über das ganze Jahr 60 oder 65 % der normalen Bezüge zahlen.

Als private Hochschule finanzieren wir uns nahezu ausschließlich aus Studiengebühren und sind von Spenden und sonstigen Beihilfen unabhängig. Quersubventionierungen im Sinne der Nutzung steuerfinanzierter Ressourcen für kostenpflichtige Master-Studiengänge sind damit bei uns schon prinzipiell ausgeschlossen. Wesentliche Vorteile unserer Hochschule sind die persönliche Betreuung, die Serviceorientierung, die kleinen Gruppen sowie unsere Zusatzangebote. Studierende und Dozenten entwickeln (z. B. Studierendenservice täglich von 8 bis 19 Uhr) bei uns ein persönliches Verhältnis und niemand geht in einer anonymen Masse unter. Dieser Luxus, der ein ganz anderes Arbeiten als Dozent ermöglicht als im Massenbetrieb, muss allerdings finanziert werden und modernste Ausstattung und attraktive Standorte sind nicht billig. Ein beachtlicher Anteil der Studiengebühren fließt in die Infrastruktur. Wer allerdings durch gute Studienbedingungen kürzer studiert, kann in der ersparten (Arbeits-)Zeit sein Studium leicht refinanzieren.

Die Hochschule Fresenius bietet neben persönlicher Betreuung und modernster Ausstattung eine hohe Anwendungsorientierung, engagierte und anspruchsvolle Dozenten, namhafte Kooperations- und Praxispartner, ein Auslandsreferat, das den akademischen und praktischen Austausch ebenso koordiniert wie gezielte Sprachförderung in Spanisch, Chinesisch etc., ein Placement Office und vieles mehr. Mit unseren verschiedenen Standorten können Studenten bei uns auch ein Semester in Köln, das nächste in Hamburg, das dritte in München und das vierte im Ausland studieren, ohne Anrechnungsprobleme ihrer Studienleistungen zu haben.

Der Master Audit & Tax verfügt darüber hinaus über weitere Mehrwerte. Der wesentlichste Mehrwert ist indes unsere tägliche Arbeit, von der sich jeder Interessent als Gasthörer überzeugen kann. Unser Dozententeam lehrt mit Leidenschaft und dem strikten Ziel der Wissens- und Kompetenzerweiterung unserer Teilnehmer. Wir verknüpfen mit der Praktikerexzellenz unserer Dozenten vielmehr bereits während des Studiums eine effiziente Vorbereitung auf die Prüfung zum Wirtschaftsprüfer mit dem Erwerb von exzellentem Praxis-Know-how. Die Lehre erfolgt dabei – auf profunder wissenschaftlicher Basis – nicht nur höchst anwendungsorientiert, sondern auch höchstpersönlich, d.h. Dauervertretungen durch Assistenten finden ebenso wenig statt wie sog. Orchideenveranstaltungen ohne Praxisbezug.

Ein prägnantes Beispiel für diese konzentrierte Orientierung ist eine auch den Teilnehmern zur Verfügung gestellte selbstentwickelte Prüfungsdatenbank, um einhergehend mit der Vermittlung der Fachinhalte unsere Studenten auch optimal auf die Klausuren und die Klausurentechnik im Master-Studium und im – restlichen – WP-Examen vorzubereiten. Zudem wacht ein mit Partnern aus Praxis und Wissenschaft besetzter Beirat über die Qualität des Studiengangs und der Lehre einschließlich des hohen Anspruchsniveaus in den Klausuren. Darüber hinaus bestehende Zusatzangebote, wie z.B. die optionalen Sprachkurse, werden von den Teilnehmern ebenso sehr geschätzt, wenngleich sich in der täglichen Arbeit zeigt, dass unseren Studenten für diese Angebote neben der Facharbeit in den Kernfächern nur sehr begrenzt weitere Zeit zur Verfügung steht.

Welche Tipps geben Sie Ihren Studenten?

Das kommt darauf an, in welcher Phase sich die Studenten befinden. Interessenten unseres Master-Studiengangs kann ich nur empfehlen, als Gasthörer aus erster Hand das Studium an der Hochschule Fresenius kennen zu lernen und sich mit aktiven Studenten auszutauschen.

Bei frischen Bachelor-Studenten ist die Situation anders. Die wenigsten Studenten beginnen ihr Studium mit dem Ziel, Karriere im Rechnungswesen, in der Wirtschaftsprüfung oder in der Steuerberatung zu machen. Allerdings entdecken nicht wenige in den ersten Bilanzierungsveranstaltungen ihr Interesse an unserer Branche. Diese Studenten ermutige ich dann zu einem Praktikum bei einem unserer Kooperationspartner wie z.B. BDO, Deloitte, KPMG, PwC, RölfsPartner etc., damit sie frühzeitig Erfahrungen sammeln und prüfen können, ob die Berufsrichtung die richtige für sie ist. Als Student muss man – wie sonst auch im Leben – schlicht herausfinden, was einem Spaß macht. Ein Berufsleben ohne Freude an der Arbeit ist nicht erstrebenswert. Mit dem Spaß stellt sich dann auch der Erfolg von selbst ein. Das erlebe ich, wenn die Studenten aus ihrem Praktikum hochmotiviert zurückkommen, weil es ihnen große Freude gemacht hat und sie gesehen haben, dass sie ihr im Studium erworbenes Wissen sinnvoll anwenden können. Nach dem ersten Praktikum werden die meisten unserer Studenten von unseren Kooperationspartner gleich für das nächste Praktikum verpflichtet, teilweise auch mit Auslandseinsatz. Das ist zwar eine große Ehre, nicht zuletzt auch für uns als Hochschule, jedoch empfehle ich unseren Studenten das zweite Praktikum zumindest in einem anderen Bereich zu machen, also nach Wirtschaftsprüfung dann Steuerberatung. Sich ein anderes Unternehmen anzusehen, ist sicherlich auch nicht verkehrt.

Dies gilt auch mit Blick auf die Zeit nach dem Studium. Da das Gras auf der anderen Seite schon mal grüner zu sein scheint, sollte man ebenso testen, welches Unternehmen zu einem passt und ob man sich in einer großen oder eher in einer kleineren Gesellschaft wohlfühlt. Nicht zu vergessen ist auch, dass man – insbesondere im Rahmen eines Praktikums – regelmäßig nur mit einigen wenigen Mitarbeitern zu tun hat, z.B. einem eingefahrenen Prüfungsteam. Die Studenten müssen sich vergegenwärtigen, dass diese Mitarbeiter nicht mit dem ganzen Unternehmen gleichzusetzen sind. Vielleicht stellt sich ja auch bei dem einen oder anderen heraus, dass er gerne unterrichtet – dann könnte er auch bei uns als Dozent anfangen...

5.1.6 Erfahrungsbericht: Neue Wege zum WP

von Katja Hägele, Ernst & Young GmbH Wirtschaftsprüfungsgesellschaft

Katja Hägele ist Senior Assistant International Audit & Advisory Services bei der Ernst & Young GmbH Wirtschaftsprüfungsgesellschaft. Sie gehört zum ersten Jahrgang des Studiengangs Mannheim Master of Accounting & Taxation, der im Mai 2008 an der Universität Mannheim/Mannheim Business School gestartet ist.

Das in Teilzeit organisierte und auf rund zwei Jahre angelegte Master-Studium wendet sich an Teilnehmer mit einem ersten Studienabschluss, die sich berufsbegleitend auf eine Tätigkeit als Steuerberater oder Wirtschaftsprüfer vorbereiten wollen. Sie können zwischen fachspezifischen Tracks in Accounting oder Taxation wählen. Der Studiengang, der mit dem durch die Universität Mannheim verliehenen akademischen Grad des Master of Science abschließt, ist das Ergebnis einer engen Kooperation mit den „Big Four" der Branche – Deloitte, Ernst & Young, KPMG und PricewaterhouseCoopers. Über einen Lenkungsausschuss stellen diese gemeinsam mit Vertretern der Universität Mannheim Qualität und Praxisbezug der Ausbildung sicher. Seit November 2010 ist die Universität Mannheim/Mannheim Business School mit dem Accounting Track des Mannheim Master of Accounting & Taxation zudem offizielle Partnerhochschule im Rahmen der Audit Xellence Initiative der „Big Four".

Die Entscheidung für den Beruf des Wirtschaftsprüfers habe ich bereits früh gefasst. Mit dem Einstieg bei der Ernst & Young AG im September 2005, einer der führenden Wirtschaftsprüfungsgesellschaften, stand für mich auch das Ziel fest, das Berufsexamen schnellstmöglich nach Erreichung der benötigten Praxiszeit abzulegen.

Das Steuerberaterexamen hatte ich für den Oktober 2008 geplant und darauf aufbauend das WP-Examen für August 2010. Im September 2007 wurden „Neue Wege zum WP" angekündigt und damit verbunden die Möglichkeit, einen Masterstudiengang in Kombination mit einem nach § 8 a WPO verkürzten WP-Examen abzulegen. Das hat mich sofort angesprochen.

Die Universität Mannheim gilt als führende deutsche Ausbildungsstätte für den Wirtschaftsprüfernachwuchs und im Mai 2008 ist hier als Reaktion auf diese Novelle der WPO der Mannheim Master of Accouting & Taxation an den Start gegangen.

Dieser erste Jahrgang, dem auch ich angehöre, besteht aus 38 Teilnehmern, alles Mitarbeiter der führenden Wirtschaftsprüfungsunternehmen. Die Kursgröße ist angenehm, wobei viele Leistungen auch in Kleingruppen erarbeitet und präsentiert werden, was den Unterricht sehr abwechslungsreich und interessant gestaltet. Der Unterricht erfolgt überwiegend in Dreimonatsblöcken: es wird im Wechsel jeweils eine Woche in Mannheim in Form von Präsenzeinheiten absolviert, danach ist eine Woche Selbststudium zur Nach- und Vorbereitung vorgesehen. Die Dozenten kommen aus der Wissenschaft, der Finanzverwaltung und aus der Praxis, d.h. aus verschiedenen Unternehmen, vom IDW oder der WPK, über die interessante und später hilfreiche Netzwerke geknüpft werden können.

Durch die Kombination von Praxis und Studium kann ich die erlernte Theorie in der folgenden Prüfungssaison direkt anwenden und festigen. Das Programm wurde direkt auf die Wirtschaftsprüfung zugeschnitten und ermöglicht mir weiterhin die Teilnahme an der Abschlussprüfung der Hauptmandanten im Winter. Damit bleibt der Kontakt zum Mandanten, dem Prüfungsteam sowie zu den aktuellen Prüfungsthemen bestehen.

Auch die internationale Ausrichtung des Studiums, etwa durch Lehrveranstaltungen in englischer Sprache, ist für mich interessant, da ich bereits die Hälfte meines Erststudiums in Dublin absolviert habe und ich in internationalen Prüfungsteams arbeite, in denen die gesamte Kommunikation auf Englisch erfolgt. Darüber hinaus gehören zum Studienprogramm auch Kommunikations- und Verhandlungstrainings – Inhalte, die auf dem klassischen Weg zum Berufsexamen nicht angeboten werden.

Natürlich sehe ich dem Berufsexamen weiterhin mit Spannung entgegen. Aber die Vorteile, die mir das Studium des Mannheim Master of Accounting & Taxation bietet, haben mich davon überzeugt, die Herausforderung anzunehmen, die Chancen der Reform zu nutzen und einen neuen Weg zum Wirtschaftsprüfer zu gehen.

5.1.7 Erfahrungsbericht:
Mein Weg zur Wirtschaftsprüfungsassistentin

von Franziska Grabenkamp, Warth & Klein Grant Thornton AG, Düsseldorf

Franziska Grabenkamp ist Prüfungsassistentin bei der Warth & Klein Grant Thornton AG, Düsseldorf

Nach meinem Abitur habe ich ein duales Studium zum Bachelor of Arts in Betriebswirtschaftlehre bei einer großen Privatbank begonnen. Die Ausbildung bestand aus einem praktischen und einem theoretischen Teil, sodass ich jeweils drei Monate in verschiedenen Bereichen der Bank arbeitete und drei Monate an der Berufsakademie in Hameln studierte. Sowohl die praktische Ausbildung in der Bank, während der ich vorwiegend im Firmenkundengeschäft arbeitete, als auch die theoretischen Studieninhalte zeigten mir, dass meine Interessen und somit wahrscheinlich auch meine berufliche Zukunft im Bereich der Rechnungslegung liegen sollten. Zum Ende meines Studiums fing ich daher an, mich mit dem Berufsbild des Wirtschaftsprüfers zu beschäftigen. Reizvoll fand ich an diesem Beruf besonders die abwechslungsreiche Tätigkeit: regelmäßig neue Unternehmen kennen zu lernen, stets auf dem neuesten Stand bezüglich der relevanten gesetzlichen Regelungen zu sein und viel zu reisen passte genau zu meinen Vorstellungen meines späteren Berufs.

Da ich mein Studium mit dem Abschluss Bachelor of Arts abgeschlossen hatte und gern durch einen Masterabschluss erweitern wollte, stellte sich die Frage, ob ich zunächst ein Vollstudium zum Master absolvieren, ein duales Masterstudium beginnen oder direkt ins Berufsleben einsteigen sollte. Ich habe mich daher über die verschiedenen Zugangsmöglichkeiten zum Beruf des Wirtschaftsprüfers erkundigt und bin dabei sehr schnell auf den durch das Wirtschaftsprüfungsexamens-Reformgesetz seit 2004 möglichen Zugangsweg nach § 8a WPO aufmerksam geworden. § 8a WPO eröffnet die Möglichkeit, Masterstudiengänge einzurichten, die gezielt auf den Beruf des Wirtschaftsprüfers hinführen. Durch Internetrecherche bin ich auf die Fachhochschulen Münster/Osnabrück gestoßen, die einen solchen Studiengang als erste Hochschule in Deutschland angeboten haben. Da ich meinen Bachelor-Abschluss durch ein Master-Studium erweitern wollte und der Beruf des Wirtschaftsprüfers als langfristiges Ziel feststand, passte dieser Zugangsweg genau zu meinen Vorstellungen.

Da für die Zulassung zum Masterstudiengang nach § 8a WPO eine mindestens einjährige Praxiszeit Voraussetzung ist, habe ich mich bei der Warth & Klein Grant

Thornton AG beworben, einer mittelständischen Wirtschaftsprüfungsgesellschaft in Düsseldorf, die mit den Fachhochschulen Münster/Osnabrück kooperiert. Im August 2008 bin ich daraufhin bei bei der Warth & Klein Grant Thornton AG als Wirtschaftsprüfungsassistentin eingestiegen.

Die ersten Wochen bei bei der Warth & Klein Grant Thornton AG waren zugegebenermaßen nicht einfach, da ich keine praktischen und nur wenige theoretische Kenntnisse im Prüfungswesen mitbrachte. Obwohl ich im Team sehr gut aufgenommen wurde, war die fachliche Arbeit daher zunächst eine echte Herausforderung, nicht zuletzt, weil ich direkt „ins kalte Wasser geschmissen" wurde und an wichtigen Prüfungen mitwirken durfte.

Heute, fast ein Jahr nach meinem Einstieg bei der Warth & Klein Grant Thornton AG, kann ich sagen, dass zwar der Anspruch der Tätigkeit und damit die Herausforderung geblieben ist, ich aber wesentlich sicherer an sie heran gehen kann. Die Arbeit als Wirtschaftsprüfungsassistentin ist sehr spannend und abwechslungsreich, man ist viel unterwegs und hat ständigen Kontakt zum Personal des Mandanten. Was mir persönlich am Besten gefällt, ist die Tatsache, dass man im Laufe der Abschlussprüfung ein vorher völlig unbekanntes Unternehmen intensiv kennen lernt, indem man das Geschäftsmodell, die wirtschaftlichen Zusammenhänge und die branchenspezifischen Gegebenheiten nach und nach besser versteht. Die Arbeit in einer mittelständischen Gesellschaft ist darüber hinaus sehr vielfältig, da man sich nicht auf ein Themengebiet spezialisiert, sondern eher generalistisch tätig ist. So betreuen wir kleinere und große Gesellschaften aus verschiedensten Branchen, wodurch man stets mit neuen Sachverhalten in Berührung kommt. In Verbindung mit dem Masterstudium nach § 8a WPO, das von der Warth & Klein Grant Thornton AG unterstützt wird, ist meine Tätigkeit daher zielführend für den Beruf des Wirtschaftsprüfers.

Die Arbeit als Wirtschaftsprüfungsassistentin beinhaltet jedoch auch die Bereitschaft, ständig Neues dazu zu lernen oder bereits erarbeitetes Wissen evtl. zu korrigieren. Oftmals wird man mit unbekannten Sachverhalten konfrontiert und muss sich – insbesondere als Berufseinsteiger – bestimmtes Wissen eigenständig durch das Studium von Fachliteratur aneignen. Umso schöner ist es, eine Herausforderung gemeistert zu haben und die eigenen Fortschritte wahrzunehmen.

Wer Interesse an Rechnungslegung und wirtschaftlichen Zusammenhängen hat, gern gewissenhaft und sorgfältig arbeitet und sich nicht scheut, unbekannte Sachverhalte anzupacken, der sollte sich über die verschiedenen Zugangsmöglichkeiten zum Beruf des Wirtschaftsprüfers informieren und der Herausforderung begegnen.

5.2 Meilenstein: Das Wirtschaftsprüfungsexamen

Die Bestellung als Wirtschaftsprüfer setzt den Nachweis der persönlichen und fachlichen Eignung in einem Zulassungs- und in einem Prüfungsverfahren voraus.

Das Verfahren und der Ablauf der Prüfung sind in der **Wirtschaftsprüferprüfungsverordnung (WiPrPrüfV)** geregelt.

> **Web-Link** Ein Merkblatt für die Prüfung als Wirtschaftsprüfer ist als Download auf der Internetseite der WPK (www.wpk.de) abrufbar.

Die Wirtschaftsprüferkammer hat eine „Prüfungsstelle für das Wirtschaftsprüfungsexamen bei der Wirtschaftsprüferkammer" (Prüfungsstelle) eingerichtet, die bundesweit für das Zulassungs- und Prüfungsverfahren zuständig ist. Die Prüfungsstelle ist eine selbständige Verwaltungseinheit bei der Kammer und bezieht in die Durchführung ihrer Aufgabe die Landesgeschäftsstellen der Wirtschaftsprüferkammer ein.

Die Prüfung als Wirtschaftsprüfer wird zweimal im Jahr durchgeführt. Die schriftlichen und mündlichen Prüfungen finden in der Regel am Sitz der Landesgeschäftsstellen der Wirtschaftsprüferkammern statt. An die Landesgeschäftsstellen sind in der Regel auch die Anträge auf Zulassung zur Prüfung zu stellen.

> **PRÜFUNGSSTELLE UND LANDESGESCHÄFTSSTELLEN DER WIRTSCHAFTSPRÜFERKAMMERN**
>
> **Prüfungsstelle**
> Rauchstraße 26, 10787 Berlin
> Tel. 030/726161 – 0, Fax: 030/726161 – 260
> E-Mail: pruefungsstelle@wpk.de
>
> **Landesgeschäftsstelle Baden-Württemberg**
> Calwer Straße 11, 70173 Stuttgart
> Tel. 0711/23977 – 10, Fax: 0711/23977 – 12
> E-Mail: lgs-stuttgart@wpk.de
>
> **Landesgeschäftsstelle Bayern**
> Marienstraße 14/16, 80331 München
> Tel.: 089/ 544616 -10, Fax 089/544616-12
> E-Mail: lgs-muenchen@wpk.de
>
> **Landesgeschäftsstelle Berlin, Brandenburg, Sachsen und Sachsen-Anhalt**
> Rauchstraße 26, 10787 Berlin
> Tel.: 030/726161-191, Fax 030/726161-199
> E-Mail: lgs-berlin@wpk.de
>
> **Landesgeschäftsstelle Bremen, Hamburg, Mecklenburg-Vorpommern, Niedersachsen und Schleswig-Holstein**
> Ferdinandstraße 12, 20095 Hamburg
> Tel.: 040/8080343 – 0, Fax 040/8080 343 – 12
> E-Mail: lgs-hamburg@wpk.de

Landesgeschäftsstelle Hessen, Rheinland-Pfalz, Saarland und Thüringen
Sternstraße 8, 60318 Frankfurt/Main
Tel.: 069/3650626-30, Fax 069/3650626-32
E-Mail: lgs-frankfurt@wpk.de

Landesgeschäftsstelle Nordrhein-Westfalen
Tersteegenstraße 14, 40474 Düsseldorf
Tel.: 0211/4561-225, Fax: 0211/4561 – 193
E-Mail: lgs-duesseldorf@wpk.de

> **TIPP** Falls Sie nicht zielgerichtet eine Tätigkeit als Prüfer anstreben, ist zu überlegen, zuerst das Steuerberaterexamen abzulegen und erst dann das Wirtschaftsprüfungsexamen. Da der Steuerteil beim Wirtschaftsprüfungsexamen wegfällt, ist nur eine verkürzte WP-Prüfung abzulegen. Außerdem haben Sie mit dem Steuerberaterexamen schon etwas „in der Hand". Lassen Sie sich insbesondere nicht von der Vorstellung verführen, durch das Überspringen des Steuerberaterexamens Zeit und Geld (nicht nur ihres Arbeitgebers) zu sparen.

5.2.1 Zulassungsvoraussetzungen

Die WPO verlangt für die Zulassung zur Prüfung grundsätzlich ein abgeschlossenes Hochschulstudium sowie den Nachweis über bestimmte berufliche Tätigkeiten (siehe Kapitel 3.3.1 Berufsbild und Aufgaben).

Zulassungsantrag

Der Antrag auf Zulassung zur WP-Prüfung ist schriftlich, ansonsten formlos, an die Landesgeschäftsstelle der Wirtschaftsprüferkammer zu richten, in deren Zuständigkeitsbereich der Bewerber wohnt. Der Antrag ist

- für die Prüfung im ersten Halbjahr bis zum 31. Juli des Vorjahres
- für die Prüfung im zweiten Halbjahr bis zum vorangehenden 28. Februar bzw. 29. Februar zu stellen.

Folgende Unterlagen und Erklärungen sind nach § 1 WiPrPrüfV dem Antrag auf Zulassung zur Prüfung beizufügen:

- ein – bei wiederholtem Antrag aktualisierter – tabellarischer Lebenslauf, der genaue Angaben über die Vorbildung und den beruflichen Werdegang enthält; der Lebenslauf muss insbesondere genaue Angaben zu Art und Dauer der Beschäftigungsverhältnisse und zu etwaigen Unterbrechungen der praktischen Tätigkeit durch ganztägige Vorbereitungskurse, Sonder- oder Erziehungsurlaub oder längere Krankheitszeiten enthalten. Wenn die berufliche Tätigkeit in Teilzeit ausgeübt worden ist, ist der Umfang der Teilzeitbeschäftigung anzugeben. Der Lebenslauf muss unterschrieben sein;

- Zeugnisse und Urkunden über Hochschulprüfungen, andere einschlägige Prüfungen und die berufliche Tätigkeit, insbesondere mit Angaben über Art und Umfang der Prüfungstätigkeit. Angaben über Art und Umfang der Prüfungstätigkeit entfallen für Bewerber, die seit mindestens 15 Jahren den Beruf als Steuerberater oder als vereidigter Buchprüfer ausgeübt haben; dabei sind bis zu zehn Jahre Berufstätigkeit als Steuerbevollmächtigter anzurechnen;
- Eine Erklärung darüber, ob und bei welcher Stelle bereits früher ein Antrag auf Zulassung zur Prüfung eingereicht wurde
- Ein Nachweis der Regelstudienzeit der absolvierten Hochschulausbildung (zum Beispiel durch eine Bescheinigung der Hochschule oder durch Vorlage der für das Studium maßgeblichen Studien- und Prüfungsordnung); der Nachweis muss sich auf den Zeitraum beziehen, in dem das Studium absolviert worden ist.

ACHTUNG Zulassungsanträge müssen eindeutig und vollständig einschließlich der beizufügenden Unterlagen sein. Zulassungsanträge, die diese Voraussetzungen nicht erfüllen, werden kostenpflichtig zurückgewiesen.

Mit der Antragstellung hat der Prüfungsbewerber eine Zulassungsgebühr von 500 € sowie eine Prüfungsgebühr von 1.500 € an die WPK zu zahlen

5.2.2 Das Wirtschaftsprüfungsexamen

Das Wirtschaftsprüfungsexamen wird bundeseinheitlich durchgeführt. Unabhängig von dem Ort, an dem die Prüfung abgelegt wird, sind dieselben Aufsichtsarbeiten zu bearbeiten. Über die Auswahl der einheitlichen Klausurthemen entscheidet die Aufgabenkommission. Diese Kommission ist unter dem Vorsitz eines Vertreters eines Landeswirtschaftsministeriums mit dem Leiter der Prüfungsstelle, einem Vertreter der Wirtschaft, einem Mitglied mit Befähigung zum Richteramt, zwei Hochschullehrern für Betriebswirtschaftslehre, zwei Wirtschaftsprüfern und einem Vertreter der Finanzverwaltung besetzt.

Das Examen besteht aus einem schriftlichen und einem mündlichen Teil. Es sind sieben Klausuren zu schreiben, die jeweils vier bis sechs Stunden dauern.

a) Schriftliche Prüfung

Die Prüfungsgebiete sind in § 4 WiPrPrüfV festgelegt.

- Wirtschaftliches Prüfungswesen, Unternehmensbewertung und Berufsrecht (2 Klausuren)
- Angewandte Betriebswirtschaftslehre, Volkswirtschaftslehre (2 Klausuren)
- Wirtschaftsrecht (1 Klausur)
- Steuerrecht (2 Klausuren)

> **Web-Link** Eine Sammlung der Klausurthemen finden Sie unter www.wpk.de/examen/klausuren.asp.

b) Mündliche Prüfung

Die Prüfung dauert bis zu zwei Stunden je Bewerber.

Sie beginnt mit einem kurzen, ca. 10 Minuten dauernden Vortrag, auf den sich der Bewerber 30 Minuten vorbereiten kann. Dann folgen fünf Prüfungsabschnitte (Wirtschaftliches Prüfungswesen (2x), BWL/VWL, Wirtschaftsrecht und Steuerrecht).

Die Prüfung ist bestanden, wenn auf jedem Prüfungsgebiet mindestens die Note 4,0 erreicht worden ist. Hat der Prüfling diese Note auf einem oder mehreren Gebieten nicht erreicht, ist eine **Ergänzungsprüfung** abzulegen. Zu dieser Prüfung muss man sich innerhalb eines Jahres nach der Mitteilung des Prüfungsergebnisses anmelden.

Ist die Prüfung insgesamt nicht bestanden, kann sie zweimal wiederholt werden.

> **ACHTUNG** Tritt der Prüfling **ohne triftigen Grund** von der Prüfung zurück, hat er die Prüfung nicht bestanden. Der triftige Grund muss der Prüfungsstelle unverzüglich mitgeteilt und nachgewiesen werden. Im Falle einer Krankheit kann die Vorlage eines amtsärztlichen Attests verlangt werden. Wer also zweimal ohne triftigen Grund zurückgetreten ist und beim dritten Versuch erfolglos war, hat keine weitere Möglichkeit mehr, das Examen abzulegen.

5.2.3 Interview mit StB Brigitte Rothkegel-Hoffmeister, Institut der Wirtschaftsprüfer in Deutschland e.V., Düsseldorf

StB Brigitte Rothkegel-Hoffmeister ist Fachreferentin für Aus- und Fortbildung am Institut der Wirtschaftsprüfer in Deutschland e.V. (IDW)

Welche grundlegenden Unterschiede bestehen zwischen der Steuerberaterprüfung und dem Wirtschaftsprüfungsexamen?

Grundlegende Unterschiede bestehen zunächst in der Breite der Prüfungsthemen, aber auch im Prüfungsverfahren. Ein dreimonatiger Intensivkurs mag im Einzelfall zum Bestehen des Steuerberaterexamens ausreichen. Das Wirtschaftsprüfungsexamen verlangt dagegen nicht nur eine längere Vorbereitung, sondern auch deren sorgfältige Planung.

Die einmal jährlich stattfindende Steuerberaterprüfung besteht aus drei Klausuren und einer mündlichen Prüfung. Gegenstand der schriftlichen Prüfung sind regelmäßig Aufgaben aus dem Steuerrecht. Die übrigen Prüfungsgebiete – Recht einschl. Berufsrecht, BWL und VWL sind erst in der mündlichen Prüfung relevant. Das Prüfungsergebnis lautet bestanden oder nicht bestanden. Die Prüfung kann zweimal wiederholt werden. Ein Rücktritt von der Prüfung ist bis zum Ende der letzten Klausur zulässig, in diesem Fall gilt die Prüfung als nicht abgelegt. Ein Blick in die Statistik offenbart, dass in den vergangenen 10 Jahren zwischen 20 und 30 Prozent der zur Prüfung zugelassenen Kandidaten vor oder während der schriftlichen Prüfung zurückgetreten sind. Der Grund für den Rücktritt dürfte in einer nicht ausreichenden Vorbereitung liegen.

Das Wirtschaftsprüfungsexamen, das zweimal jährlich stattfindet, ist mit sieben Klausuren in vier Prüfungsgebieten wesentlich breiter aufgestellt. Während die Steuerberaterklausuren von der Finanzverwaltung gestellt werden, sind in der Aufgabenkommission für das Wirtschaftsprüfungsexamen unterschiedliche Berufsgruppen vertreten: Wirtschaftsprüfer, Universitätsprofessoren der BWL, Juristen sowie ein Vertreter der Industrie und der Finanzverwaltung. Hieraus resultieren nicht nur heterogene Themenstellungen, sondern auch unterschiedliche Anforderungen an die Lösungen. Gutes Fachwissen garantiert noch nicht den Klausurerfolg. Die Lösung der wirtschaftsrechtlichen Klausuren setzt die Technik des Gutachtenstils voraus, die in juristischen Klausuren angewendet wird - für Wirtschaftswissenschaftler oft Neuland. Dem Prüfungsgebiet Wirtschaftliches Prüfungswesen, Unternehmensbewertung und Berufsrecht kommt angesichts der Vorbehaltsaufgabe, die der Gesetzgeber dem Berufsstand übertragen hat, höheres Gewicht zu.

Anders als im Steuerberaterexamen verpflichtet bereits die Zulassung zur Teilnahme am Wirtschaftsprüfungsexamen. Bei einem Rücktritt ohne triftigen Grund gilt die gesamte Prüfung als nicht bestanden.

Eine wesentliche Erleichterung besteht in der Möglichkeit, eine Ergänzungsprüfung abzulegen, wenn in einem oder mehreren Gebieten die zum Bestehen erforderliche Note von 4,0 nicht erreicht wurde. Die Anmeldung zur Ergänzungsprüfung muss aber innerhalb eines Jahres nach der Mitteilung des Prüfungsergebnisses erfolgen. Die Ergänzungsprüfung führt insgesamt zu deutlich höheren Bestehensquoten.

Welche Serviceleistungen bietet das IDW den Examenskandidaten?

Das IDW unterstützt den Berufsnachwuchs bei der Vorbereitung auf das Wirtschaftsprüfungsexamen mit verschiedenen Serviceleistungen. Examenskandidaten können kostenfrei an den Fortbildungsveranstaltungen der IDW Landesgruppen teilnehmen und erhalten die IDW Fachnachrichten, das monatlich erscheinende Mitteilungsblatt des IDW für seine Mitglieder. Darin werden IDW Verlautbarungen sowie alle für die Berufsausübung notwendigen Informationen publiziert. Die Prüfungskandidaten haben so die Möglichkeit, sich über die aktuellen Entwicklungen zu informieren. Weiterhin steht die Präsenzbibliothek mit über 45.000 Publikationen und 150 in- und ausländische Fachzeitschriften und einem Rechercheangebot zur Verfügung. Sonderkonditionen bestehen für den Bezug der vom IDW Verlag herausgegebenen Fachzeitschrift „Die Wirtschaftsprüfung".

Das IDW bereitet seit 1966 erfolgreich auf das Wirtschaftsprüfungsexamen vor und führt jährlich im Herbst einen elfwöchigen Lehrgang durch. Der Lehrgangsteil „Wirtschaftliches Prüfungswesen, Unternehmensbewertung und Berufsrecht" wird aufgrund der großen Nachfrage im Frühjahr wiederholt. Jede Lehrgangswoche ist einzeln belegbar. Wir eröffnen damit die Möglichkeit, einzelne Themengebiete zu vertiefen und sich dadurch gezielt vorzubereiten.

Das Programm der Berufsbegleitenden Ausbildung bietet dem Nachwuchs bereits in den ersten Jahren seiner beruflichen Tätigkeit eine fundierte praxisorientierte Ausbildung. Die Inhalte konzentrieren sich auf die wesentlichen Tätigkeitsgebiete des Wirtschaftsprüfers: Prüfungswesen, Steuern, Unternehmensbewertung und Recht. Alle 12 Unterrichtswochen sind in sich geschlossen und einzeln belegbar. Die Berufsbegleitende Ausbildung dient zwar nicht unmittelbar der Vorbereitung auf das Wirtschaftsprüfungsexamen, vermittelt aber ein fundiertes Wissen, an das die Examensvorbereitungen anknüpfen können.

5.2.4 Verkürztes Examen

Wer im Studium – in einem anderen als nach § 8a WPO anerkannten Studiengang – Prüfungsleistungen erbracht hat, die hinsichtlich ihres Inhaltes, ihrer Form und ihres Umfanges den Anforderungen der Prüfungsgebiete „Angewandte Betriebswirtschaftslehre, Volkswirtschaftslehre" oder „Wirtschaftsrecht" im Wirtschaftsprüfungsexamen gleichwertig sind, kann das Examen um die Prüfungen auf diesen Gebieten verkürzt ablegen. Dies ist in § 13b WPO geregelt. Maßstab für die Anerkennung von Studiengängen als zur Ausbildung von Wirtschaftsprüfern besonders geeignet und für die Feststellung der Gleichwertigkeit von Hochschulprüfungsleistungen ist ein Referenzrahmen, den das Bundesministerium für Wirtschaft und Technologie am 30.3.2006 für verbindlich erklärt hat. Auf den Internetseiten der WPK ist ein „Merkblatt zur Anrechnung von Prüfungsleistungen nach § 13b WPO" veröffentlicht (www.wpk.de, dort unter „Examen"). Es informiert über die Anrechnung und enthält Links zu allen in diesem Zusammenhang wichtigen rechtlichen Vorschriften und zu dem Referenzrahmen. Hochschulen, die im Rahmen ihres Studienangebotes Prüfungen durchführen, die denen des Wirtschaftsprüfungsexamens gleichwertig sind, sind

- die Frankfurt School of Finance & Management,
- die Universität Ulm,
- Mercator School of Management, Duisburg und
- Hochschule Aschaffenburg.
- Freie Universität Berlin

Verschiedene Hochschulen bereiten entsprechende Studiengänge vor. Die Prüfungsstelle gibt Auskunft.

5.2.5 Die Bestellung zum Wirtschaftsprüfer

Nach der erfolgreich bestandenen Prüfung leistet der Bewerber vor der Wirtschaftsprüferkammer den **Berufseid** gemäß § 17 WPO:

> „Ich schwöre, dass ich die Pflichten eines Wirtschaftsprüfers verantwortungsbewusst und sorgfältig erfüllen, insbesondere Verschwiegenheit bewahren und Prüfungsberichte und Gutachten gewissenhaft und unparteiisch erstatten werde, so wahr mir Gott helfe."

Der Eid kann auch ohne religiöse Beteuerung geleistet werden.

Anschließend wird er durch die Aushändigung einer Urkunde zum Wirtschaftsprüfer bestellt.

Kompakte und verständliche Darstellung der Ertragsteuern

↗

WWW.GABLER.DE

Andreas Dinkelbach
Ertragsteuern
Einkommensteuer, Körperschaftsteuer, Gewerbesteuer

4., überarb. Aufl. 2010. XXIV, 451 S. Br.
EUR 44,95
ISBN 978-3-8349-2294-6

Dieses Lehrbuch ermöglicht es, sich in kurzer Zeit einen fundierten Einblick in die Besteuerung des Einkommens von natürlichen Personen, Personengesellschaften und Kapitalgesellschaften zu verschaffen. Die wesentlichen Prinzipien der Besteuerung werden anschaulich erläutert und mit zahlreichen Abbildungen illustriert. Das Buch befindet sich mit der 4. Auflage auf dem Rechtsstand 2010 und berücksichtigt Rechtsänderungen bis zum EU-Vorgaben-Umsetzungsgesetz.

Der Inhalt
- Einkommensteuer
- Körperschaftsteuer
- Gewerbesteuer

Der Autor
Prof. Dr. Andreas Dinkelbach ist Steuerberater und Professor für Betriebswirtschaftliche Steuerlehre und Rechnungslegung an der Hochschule Fresenius in Köln.

www.wirtschaftslexikon.gabler.de
Jetzt online, frei verfügbar!
↗

Einfach bestellen: buch@gabler.de   Telefon +49(0)611. 7878-626

KOMPETENZ IN SACHEN WIRTSCHAFT

PRÜFUNGSVORBEREITUNG
von RAin Susanne Löffelholz

6.1 Examensergebnisse

Die Ergebnisse der Steuerberaterprüfungen und der Wirtschaftsprüfungsexamina der letzten Jahre bestätigen den hohen Schwierigkeitsgrad der Prüfungen. Die Prüfungsvorbereitung sollte daher sorgfältig geplant und durchgeführt werden.

Die Ergebnisse der Steuerberaterprüfungen von 2003 bis 2009

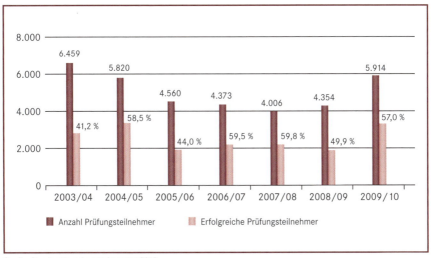

Quelle: Bundessteuerberaterkammer 2010

Tabelle: Ergebnisse der Steuerberater-Prüfung 2009/2010

Steuerberaterkammer bzw. Bundesland	zur Prüfung zugelassen	vor oder während der schriftlichen Prüfung zurückgetreten	schriftliche Prüfung abgelegt	davon nicht bestanden	an der mündlichen Prüfung teilgenommen
Berlin	287	59	229[1]	108	121
Brandenburg	60	19	41	21	21[2]
Bremen	71	13	58	23	35
Düsseldorf	741	117	624	224	400
Hamburg	369	62	307	95	212
Hessen	563	74	489	191	298
Köln	423	77	346	119	227
Mecklenburg-Vorpommern	59	8	51	12	39
München	827	162	665	192	473
Niedersachsen	350	53	297	97	200
Nordbaden	198	34	164	51	113
Nürnberg	301	70	231	63	168
Rheinland-Pfalz	166	24	142	53	89
Saarland	54	14	40	17	23
Sachsen	196	31	165	62	103
Sachsen-Anhalt	46	8	38	11	27
Schleswig-Holstein	116	21	95	32	63
Stuttgart	511	92	419	147	272
Südbaden	122	27	95	32	63
Thüringen	52	5	47	16	31
Westphalen-Lippe	402	70	332	105	227
Insgesamt	**5.914**	**1.040**	**4.875**[1]	**1.671**	**3.205**[2]

Quelle: Bundessteuerberaterkammer

Steuerberaterkammer bzw. Bundesland	vor oder während der mündlichen Prüfung zurückgetreten	davon nicht bestanden	bestanden	davon bis 31.5.2010 zum Steuerberater bestellt	Durchfallquote
Berlin	0	14	107	88	53,3 %
Brandenburg	0	4	17	17	58,5 %
Bremen	0	6	29	28	50,0 %
Düsseldorf	1	55	344	326	44,9 %
Hamburg	0	30	182	158	40,7 %
Hessen	1	16	281	224	42,5 %
Köln	2	42	183	142	47,1 %
Mecklenburg-Vorpommern	1	2	36	32	29,4 %
München	1	88	384	203	42,3 %
Niedersachsen	0	21	179	158	39,7 %
Nordbaden	0	10	103	84	37,2 %
Nürnberg	0	23	145	133	37,2 %
Rheinland-Pfalz	0	4	85	61	40,1 %
Saarland	0	1	22	18	45,0 %
Sachsen	0	21	82	78	50,3 %
Sachsen-Anhalt	0	3	24	22	36,8 %
Schleswig-Holstein	0	5	58	51	38,9 %
Stuttgart	0	15	257	195	38,7 %
Südbaden	0	13	50	46	47,4 %
Thüringen	0	4	27	26	42,6 %
Westphalen-Lippe	0	43	184	163	44,6 %
Insgesamt	**6**	**420**	**2.779**	**2.253**	**43,0 %**

Quelle: Bundessteuerberaterkammer

6. PRÜFUNGSVORBEREITUNG

Ergebnisse der WP-Prüfungen seit 2004

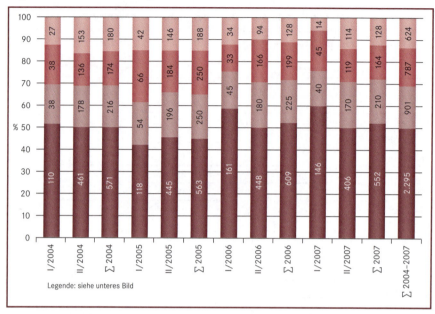

Quelle: Wirtschaftsprüferkammer www.wpk.de/examen/ergebnisse.asp

Ergebnisse der WP-Prüfungen seit 2008

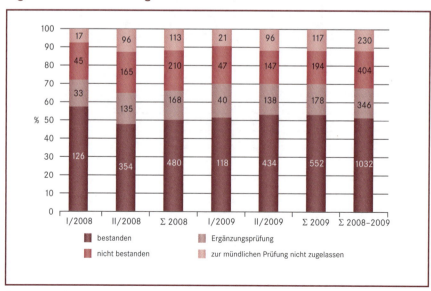

Quelle: Wirtschaftsprüferkammer www.wpk.de/examen/ergebnisse.asp

6.2 Die Vorbereitung auf das Steuerberaterexamen

von **RAin/Dipl.-Finw. (FH) Nora Schmidt-Keßeler**, Hauptgeschäftsführerin der Bundessteuerberaterkammer und Geschäftsführerin des DWS-Instituts

6.2.1 Einführung: Informationen zum Berufsstand

In Deutschland gibt es heute rund 88.000 Steuerberater und Steuerberatungsgesellschaften, die von Unternehmen, Organisationen und Privatleuten zu steuerlichen und betriebswirtschaftlichen Entscheidungen hinzugezogen werden. Die Berufsaussichten für Steuerberater sind trotz zunehmender Konkurrenz und steigendem Wettbewerb nach wie vor sehr gut.

6.2.2 Steuerberater – ein gesellschaftlich anerkannter und leistungsorientierter Beruf

Der hohe Schwierigkeitsgrad der Prüfung entspricht den täglichen beruflichen Herausforderungen. Nicht zuletzt aufgrund der strengen Anforderungen an die Zulassung als Steuerberater genießt der Berufsstand des Steuerberaters in der Bevölkerung hohes Ansehen.

Steuerberater ist ein Beruf, in dem sich Leistung auszahlt. Die Verdienstmöglichkeiten angestellter Steuerberater sind gut. Bei Selbstständigen ist die Bandbreite groß, da der Verdienst von vielfältigen Kriterien wie Kanzleistrategie, Mandantenstruktur sowie der allgemeinen wirtschaftlichen Entwicklung abhängt.

6.2.3 Steuerberaterexamen – Gesetzliche Grundlagen

Der Titel „Steuerberater/-in" ist in Deutschland gesetzlich geschützt. Die Steuerberaterkammern bestellen ausschließlich Personen zum Steuerberater, die zum einen die Steuerberaterprüfung erfolgreich bestanden haben (oder aus bestimmten Gründen von dieser Prüfung befreit wurden) und zum anderen persönlich in der Lage sind, den Beruf des Steuerberaters auszuüben.

Die Steuerberaterprüfung ist eine staatliche Prüfung. Für die Zulassung und die organisatorische Durchführung der Prüfung sind die Steuerberaterkammern zuständig, für die Abnahme der Prüfung der Prüfungsausschuss. Dieser wird bei der für die Finanzverwaltung zuständigen obersten Landesbehörde gebildet.

6.2.4 Erfolgsquote beim Steuerberaterexamen

Die Steuerberaterprüfung besitzt unumstritten einen äußerst hohen Schwierigkeitsgrad. Dies ist allein durch die Durchfallquoten der letzten Jahre belegt. Im Prüfungsdurchgang

2009/2010 lag die Durchfallquote bei 43,0 Prozent. Ein ähnliches Bild ergab sich im Vorjahresturnus 2008/2009 bei einer Quote von 40,7 Prozent.

Das Steuerberaterexamen kann zweimal wiederholt werden.

6.2.5 Prüfungsvorbereitung

Bei der Prüfungsvorbereitung spielen im Wesentlichen zwei grundlegende Fragen eine tragende Rolle:

- Mit welcher Vorlaufzeit sollte der Examenskandidat im Rahmen der Vorbereitung rechnen?
- Welche Vorbereitungsstrategien gibt es, um die Erfolgschancen zum Bestehen der Steuerberaterprüfung zu verbessern?

Ein erfolgreiches Absolvieren der Steuerberater-Prüfung basiert auf zahlreichen richtigen Entscheidungen, die von einem Examenskandidaten im Vorfeld getroffen werden müssen.

a) Vorbereitung auf die schriftliche/mündliche Prüfung

Die Steuerberaterprüfung besteht aus einem schriftlichen und einem mündlichen Teil, die jeweils gleich gewichtet sind. Die Prüfung ist bestanden, wenn der Durchschnitt der Gesamtnoten für den schriftlichen und mündlichen Prüfungsteil die Zahl 4,15 nicht übersteigt. Die Gesamtnoten errechnen sich aus der Summe der einzelnen Noten, geteilt durch deren Zahl. Während die schriftliche Prüfung im Oktober stattfindet, schließt sich die mündliche Prüfung zwischen Ende Januar und Ende April des folgenden Jahres an.

Die schriftliche Steuerberaterprüfung erfolgt regelmäßig an drei Klausurtagen. Die Bearbeitungszeit für die drei schriftlichen Klausuren soll für jede Arbeit mindestens vier Stunden betragen, in der Regel beträgt sie aber jeweils sechs Stunden.

- 1. Tag: Verfahrensrecht und andere Steuerrechtsgebiete, z. B. Umsatzsteuer, Erbschaft- und Schenkungsteuer, Bewertungsrecht u. a.
- 2. Tag: Ertragsteuern
- 3. Tag: Buchführung und Bilanzwesen

Die Klausuren können sich daneben jeweils auch auf andere Prüfungsgebiete erstrecken, etwa auf das Internationale Steuerrecht.

Da der Prüfungsstoff sehr umfangreich ist, muss mit der Vorbereitung auf die schriftliche Prüfung rechtzeitig begonnen werden. Dabei ist ein breit angelegtes Fachwissen wichtig. Die zielgerichtete Erarbeitung der Lösung ist hierbei entscheidender als das Beherrschen von Einzelproblemen. Die wesentlichen Problemfelder der schriftlichen Prüfung sollten bereits weit vor dem Prüfungstermin beherrscht werden. Es ist zu empfehlen, auch eine Zeitspanne für das Trainieren von Klausuren unter Examensbedingungen und eine kurze Wiederholungsphase vor dem schriftlichen Examen einzuplanen.

Ist der erste Teil des Steuerberaterexamens, die schriftlichen Klausuren, geschafft, kann die Vorbereitung auf die mündliche Prüfung beginnen. Diese besteht aus einem Kurzvortrag sowie sich anschließenden Fragerunden, in denen regelmäßig vier bis fünf Kandidaten von der Prüfungskommission gleichzeitig geprüft werden.

Bei der Vorbereitung auf die mündliche Prüfung sollten neben dem Schwerpunkt Steuerrecht solide Grundlagen auf den Gebieten des Zivil- und Handelsrechts sowie der Betriebswirtschafts- und Volkswirtschaftslehre geschaffen werden. Weiterhin muss sich der Kandidat mit Grundzügen des Berufsrechts und der Gebührenordnung der Steuerberater auskennen, die regelmäßig im Rahmen der mündlichen Prüfung abgefragt werden.

Neben der Vorbereitung auf den benannten Gebieten ist eine Fortbildung anhand geeigneter Fachliteratur empfehlenswert. BMF-Schreiben, BFH-Urteile, aktuelle steuerliche Überlegungen (Reformvorschläge, Gutachten etc.) sowie das wirtschaftliche Tagesgeschehen sollten unbedingt bis zum Tag der mündlichen Prüfung kontinuierlich verfolgt werden. Nicht selten werden aktuelle Wirtschaftsgeschehnisse als Einstieg in die mündliche Prüfung genutzt, um im späteren Prüfungsverlauf steuerrechtliche Themen zu problematisieren.

b) Auswahl der Kurse/gewerblichen Anbieter

Die Vorlaufzeit zur Prüfung hängt weitestgehend von der Auswahl des Vorbereitungstyps ab. Unabhängig vom Kurstypus muss jedoch mit einer Vorbereitungszeit von mehr als einem Jahr gerechnet werden.

Bei der Auswahl aus einem in den letzten zehn Jahren zunehmend vielfältigeren Angebot an Lehrgängen zur Prüfungsvorbereitung kommt es nicht nur darauf an, einen geeigneten Anbieter zu finden. Genauso wichtig ist es, individuell eine Art der Vorbereitung in Form eines Kurstypus zu eruieren, der dem eigenen Lernverhalten entspricht und mit den beruflichen und privaten Rahmenbedingungen vereinbar ist.

Dabei weist jede Kursart Vor- und Nachteile auf, die jeder für sich sorgfältig abwägen sollte. Inhaltlich unterscheiden sich die Kursangebote in aller Regel nicht, da sich die Lerninhalte am prüfungsrelevanten Lehrstoff orientieren. Das Angebot der einzelnen Anbieter reicht von Drei-Monats-Vollzeitlehrgängen, Samstagslehrgängen, Fern- und Klausurenkursen bis hin zu Intensivkursen kurz vor dem schriftlichen Examen. Für die gezielte Vorbereitung auf die mündliche Prüfung werden ebenfalls Präsenzkurse angeboten, in denen vor allen Dingen der Kurzvortrag unter realistischen Prüfungsbedingungen eingeübt wird. Drei wesentliche Kurstypen sind nachfolgend skizziert:

- Präsenzkurse

  Präsenzkurse finden in der Regel mindestens an einem Abend in der Woche sowie am Samstag statt. Der Vorteil liegt darin, dass die Kandidaten mehr oder weniger gezwungen sind, an den Vortragsveranstaltungen teilzunehmen und die Möglichkeit gegeben ist, die Inhalte über einen längeren Zeitraum nachzuarbeiten. Ein Nachteil besteht in der wenig individuellen Betreuung der Kandidaten aufgrund der oftmals hohen Teilnehmerzahl.

- **Fernkurse**

  Ein wesentliches Merkmal beruht in der individuellen Gestaltungsfreiheit, die den Kandidaten zur Prüfungsvorbereitung gegeben wird. Der Vorteil besteht vor allem in der Zeitersparnis, da den Teilnehmern die Unterlagen auf postalischem oder elektronischem Weg übermittelt werden und die Vorbereitung von zu Hause erfolgen kann. Je nach Wissenstand im Steuerrecht können einzelne Inhalte schwerpunktmäßig behandelt und unnötige Wiederholungen in den Samstagskursen umgangen werden. Ein Nachteil liegt darin, dass der Teilnehmer die Schwerpunkte im Rahmen der Vorbereitung selbst setzen muss und nicht von der Hilfestellung prüfungserfahrener Referenten sowie vom Austausch mit anderen Kandidaten profitieren kann. Hierbei ist ein erhebliches Maß an Selbstdisziplin erforderlich.

- **Klausurenkurse**

  Eines der wichtigsten Elemente zur Vorbereitung auf die schriftliche Prüfung ist das regelmäßige Trainieren der sogenannten Klausurentechnik. Hierzu empfiehlt sich ein Klausurenkurs, der als Klausurenpräsenzkurs oder Fernkurs frequentiert werden kann. Die Klausuren bewegen sich von Beginn an auf Examensniveau. Das Simulieren der Prüfung unter Realbedingungen ist notwendig, um später die erforderliche Routine in der Klausurenbearbeitung zu bekommen. Im Vorfeld sollten möglichst viele Klausuren geschrieben werden, um in der schriftlichen Prüfung dem Zeit- und Prüfungsdruck gewachsen zu sein.

Grundsätzlich sollte jeder Kandidat aus den verschiedenen Lehrgangsformen einen für sich geeigneten Kurs auswählen, da eine erfolgreiche Prüfungsvorbereitung ohne eine entsprechende Kursteilnahme nur schwer möglich ist. Die Kosten für die Vorbereitungskurse liegen je nach Kursart und Anbieter in der Regel zwischen 2.000 und 5.000 Euro, wobei es bei einer Kombination verschiedener Kurse auch schnell zu erheblich höheren Beträgen kommen kann. Zusätzlich müssen Bewerber Gebühren einkalkulieren, die für die Antragsbearbeitung und die Prüfungsdurchführung gemäß § 39 StBerG anfallen. Für die Bearbeitung des Antrags auf Zulassung zur Prüfung wird eine Gebühr in Höhe von 200 Euro erhoben, für die Teilnahme an der Prüfung fällt eine Gebühr von 1.000 Euro an. Zudem können weitere Kosten unter anderem für Fachliteratur, Unterkunft etc. anfallen.

6.2.6 Chancen und Ausblick

Ein erfolgreiches Bestehen des Steuerberaterexamens setzt Fleiß, Ausdauer und eine rechtzeitige Vorbereitung voraus. Hierzu wird von den meisten Absolventen ein Vorbereitungskurs als hilfreich erachtet. Insbesondere gilt es, die wesentlichen steuerrechtlichen Problemfelder anhand von Übungsklausuren unter Examensbedingungen zu trainieren.

Nur durch intensives Training ist ein erfolgreiches Ablegen der Steuerberaterprüfung möglich. Es gibt viele Wege, um die Prüfungsvorbereitung optimal zu gestalten. Letztendlich muss jedoch jeder angehende Steuerberater die für sich bestmögliche Strategie entwickeln. Maßgeblich hierfür sind v. a. das individuelle Lernverhalten und der Wissenstand.

Auch nach dem Examen haben Steuerberater viele Möglichkeiten, sich weiterzuentwickeln, Zusatzqualifikationen zu erwerben oder sich zu spezialisieren. Die Bereitschaft zum lebenslangen Lernen bildet eine grundlegende Voraussetzung, denn der Berufsstand bewegt sich in einem Umfeld, das sich permanent verändert. Steuerberater müssen fachlich auf dem Laufenden bleiben und in der Lage sein, Entwicklungen in der Steuergesetzgebung abzuschätzen und in eine vorausschauende Beratung einfließen zulassen. Aber gerade das macht die Attraktivität des steuerberatenden Berufs letztendlich aus: ein anspruchsvolles und facettenreiches Umfeld, das keinen Stillstand kennt.

6.3 Erfahrungsbericht: Examensvorbereitung

von Katja Mayer, Ernst & Young GmbH Wirtschaftsprüfungsgesellschaft

Mein Name ist Katja Mayer. Seit September 2007 arbeite ich bei der Ernst & Young GmbH Wirtschaftsprüfungsgesellschaft in Stuttgart im Bereich Wirtschaftsprüfung.

Bereits während meines Studiums der Betriebswirtschaftslehre an der Universität Tübingen habe ich durch Praktika und einer Werkstudententätigkeit erste Kontakte zu E&Y geknüpft. Aufgrund der positiven Erfahrungen im Praktikum war E&Y für mich meine erste (und zum Glück auch einzige) Wahl als Arbeitgeber, als es an die Bewerbungsphase für eine Festanstellung ging. Mein Praktikum und die Werkstudententätigkeit haben sicherlich einiges dazu beigetragen, dass ich anschließend einen Arbeitsvertrag bei meinem Wunscharbeitgeber unterschreiben konnte.

Ab September 2007 ging es also los mit dem „Ernst des Lebens". Ziel in der Wirtschaftsprüfung ist sicherlich für jeden das Wirtschaftsprüferexamen, denn wenn man seine Zukunft in dieser Branche sieht, will man auch mal selber seine Arbeit, sprich die Testate unterschreiben.

Ernst & Young bietet seinen Mitarbeitern mehrere Möglichkeiten, dieses Ziel zu erreichen: Es besteht zum Beispiel die Möglichkeit, direkt den Voll-WP zu schreiben. Eine andere Alternative besteht darin, ein Masterstudium zu absolvieren, durch welches bestimmte Prüfungsleistungen der WP-Prüfung bereits abgegolten sind. Auch hier fördert E&Y besonders leistungsfähige Mitarbeiter. Ein anderer Weg zum WP-Examen besteht darin, sich zuerst steuerlichen Fragestellungen zu widmen und die Steuerberaterprüfung zu absolvieren. Auch hierdurch werden uns „Prüfern" beim anschließenden WP-Examen Prüfungsleistungen anerkannt. Ich habe mich für den letzteren Weg entschieden und werde im kommenden Oktober das Steuerberaterexamen schreiben.

Ungefähr ein Jahr vorher stellt sich für jeden Examenskandidaten die Frage nach der richtigen Vorbereitung auf dieses Examen. Bekanntlich führen viele Wege nach Rom und genauso zum erfolgreichen Bestehen des Examens. Es gibt unzählig viele Anbieter, die ebensoviele unterschiedliche Kurse anbieten. Ich habe mich mit vielen Kollegen unterhalten, die sich unterschiedlich vorbereitet haben und der Konsens von allen war: Jeder muss für sich selbst entscheiden, mit welcher Art von Vorbereitung er oder sie am besten klar kommt. Manche brauchen einen Tutor, der ihnen den Stoff beibringt. Dies bedeutet allerdings meistens, dass man seine Wochenenden dafür „opfert" und sich für Präsenzkurse anmeldet. Jedoch sollte gesagt werden, dass der Besuch eines Präsenzkurses allein sicherlich nicht ausreichen wird. Jeder sollte auch genügend Zeit zur Vor- und Nachbereitung einkalkulieren.

Ich habe mich für Lehrbriefe entschieden. Auch hier gibt es diverse Anbieter. Jeder Anbieter versendet gerne Probelehrbriefe. Ich rate dazu, sich diese zu bestellen und mal hineinzuschauen. Man wird sicherlich schnell merken, ob man mit dem einen oder anderen Lehrbrief besser zurecht kommt. Hat man sich dafür entschieden, bekommt man ca. für ein Jahr wöchentlich Post mit neuen Lehrbriefen, mit Hilfe deren man sich den notwendigen Stoff für die Prüfung selber aneignen kann. Zudem sind meistens Aufgaben enthalten, die es zu lösen gilt und anschließend vom Anbieter korrigiert werden. Vorteil hierbei ist, dass man sich die Vorbereitung selber einteilen kann. Ich kann entscheiden, wann ich den Lehrbrief zur Hand nehme. Wenn jemand lieber nachts lernt, kann er das mit Lehrbriefen tun, bei Präsenzkursen sind die Zeiten dagegen vorgeschrieben. Allerdings erfordern Lehrbriefe auch eine gewisse Selbstdisziplin, denn durcharbeiten sollte man sie schon. Aufschieben bringt dabei leider nichts, der Stapel wird bekanntlich immer größer!

Leider kostet ein solches Examen eine ganze Menge Geld. Schon allein die Anmeldegebühr beträgt derzeit in Baden Württemberg 200 € und die Prüfungsgebühr 1.000 €. Auch die Kurse sind nicht gerade billig. Dafür bietet E&Y den Examenskandidaten jedoch eine finanzielle Förderung in Form eines Darlehens, welches sich anschließend ratierlich abbaut.

Weiterhin fördert E&Y dieses Examen dadurch, dass es seine Mitarbeiter bei vollem Gehalt für eine gewisse Zeit vor dem Examen freistellt, damit man sich ausschließlich auf die Vorbereitung konzentrieren kann. Dabei gewährt E&Y bezahlte Freistellungstage, und die restliche Zeit wird durch Bonusumwandlung finanziert.

Seit Juni dieses Jahres bin ich freigestellt und verbringe meine Tage damit, Probeklausuren zu lösen, um die notwendige Routine fürs Examen zu bekommen. Wenn man mit ehemaligen Examenskandidaten spricht, sind sie sich alle einig, dass in der Freistellungszeit die Vorbereitung anhand von alten Klausuren das Wichtigste ist. Aus diesem Grund werde ich zudem einen Examenskurs besuchen, bei welchem unter Klausurbedingungen Klausuren geschrieben und besprochen werden.

> Noch ist Zeit bis zur Prüfung, aber sie rinnt unaufhaltsam davon. Inzwischen kann ich mich den Kollegen anschließen: Jeder muss für sich selbst entscheiden, ob er einen Präsenzkurs belegen will, oder sich mit Lehrbriefen besser vorbereiten kann, ob er fürs Lernen in die Bibliothek umzieht, oder sich am heimischen Schreibtisch einrichtet. Es hilft, sich mit Kollegen oder Freunden auszutauschen, die das Examen schon hinter sich haben, aber man sollte auch in sich selber hinein hören, welcher Lerntyp man ist. Wie schon gesagt, es gibt viele Wege zum Ziel.

6.4 Die Prüfungsvorbereitung – das beinahe sichere System in 12 Leitsätzen

von Alexander R. Hüsch

Dieses System entstand aus den persönlichen Erfahrungen inzwischen zahlreicher Kandidaten in der Vorbereitung auf die Berufsexamina zum Steuerberater und Wirtschaftsprüfer. Die Regeln sind dabei als Best Practice anzusehen. Individuelle Anpassungen mögen im Einzelfall sinnvoll sein, um beispielsweise besonderen Umständen im verfügbaren Zeitbudget oder der Vorbildung Rechnung zu tragen. Im Allgemeinen unterscheiden sich Examenskandidaten im Hinblick auf eine optimale Vorbereitung aber weitaus weniger, als sie selbst meinen!

Die allermeisten Kandidaten bereiten sich zwar (mehr oder weniger) intensiv auf die eigentliche Prüfung vor, schenken dem Thema, wie genau diese Vorbereitung idealerweise ablaufen sollte, aber wenig Beachtung. Dabei liegt gerade hierin die Chance, durch eine gute Vorbereitungstechnik den entscheidenden Vorteil gegenüber den anderen Kandidaten zu erreichen.

Warum das ganze nur beinahe sicher ist? Zum Einen kann auch bei bester Vorbereitung noch etwas schief gehen (wenngleich das unwahrscheinlich ist). Zum Anderen ist es leider kein ganz leichtes System. Im Vordergrund steht die Erfolgsaussicht im Hinblick auf Ihr Examen.

6.4.1 Konsequent Prioritäten setzen!

Es muss klar sein, dass es dieser eine Versuch sein soll und sich diesem Ziel für ein gutes Jahr alles nicht Essenzielle unterzuordnen hat.

Hierin liegt für viele bereits die Hauptursache für das Scheitern am Ende. Da die Examina zum WP und StB de facto relative Prüfungen sind, in denen in etwa die jeweils bessere Hälfte besteht, können Sie sich in der Vorbereitung keine gravierende Schwäche leisten. Eine Vorbereitung, welche von Anfang an nur auf 80 Prozent Ihrer Leistungsfähigkeit ausgerichtet ist, ist viel zu häufig nicht erfolgreich – schade um die hierfür gleichwohl eingesetzte Zeit.

Freitagabende, die beim Geburtstag eines Freundes verbracht werden, Hobbys, Freunde, Familienfeiern etc. kosten im Ergebnis eine Menge Vorbereitungszeit. Hier gilt es, hart zu sich selbst und seiner Umwelt zu sein. Insbesondere muss mit Ihrem Umfeld (zuallererst dem Partner/der Partnerin) eine klare Lösung gefunden werden, in der bereits im Vorfeld ausgemacht wird, dass zwei Abende in der Woche, der Samstag und dreiviertel vom Sonntag für das Lernen reserviert sind. In der Freistellungsphase kommt zusätzlich die reguläre Arbeitszeit dazu.

Hieraus ergeben sich insgesamt ca. **1.800 Stunden fachlicher Vorbereitung** auf das Examen:

- Ein Jahr Vorbereitung bis zur Freistellung: 52 Wochen * 20 h/Woche   = 1.040 h
- Drei Monate Freistellung: 12 Wochen * 60 h/Woche   =   720 h

6.4.2 Besuch eines Langzeitpräsenzkurses

Dieser bietet die Gelegenheit, den Stoff tatsächlich ins Langzeitgedächtnis zu lernen.

Dies ist eine These, bei der Viele zunächst antworten werden, dass es doch sehr auf den Lerntyp ankommt, welche Kursform (Fernkurs/Präsenzkurs) und welcher zeitliche Ablauf (Langzeitkurs/Crash-Kurs) für einen die passendste Vorbereitung darstellt. Einschlägige Diskussionsforen im Internet sind voll von solchen Aussagen. Die Bestehensstatistiken und die lerntheoretischen und -psychologischen Grundlagen (dazu mehr im 3. Leitsatz) sprechen aber eine deutliche Sprache.

a) **Langzeit- vs. Crash-Vorbereitung**

Das Lernen ins Langzeitgedächtnis ist die Grundlage für eine inhaltliche Anwendung des (umfangreichen) Stoffes auf Klausuren. Lernen ins Langzeitgedächtnis ist nichts Geheimnisvolles, sondern benötigt (passende) Wiederholungszeiten für den Stoff. Gleichzeitig wird Zeit benötigt, um nicht verstandenen Stoff, komplizierte Sachverhalte und Themen nachzuarbeiten, mit denen man nie Berührung hatte, ohne zeitgleich mit neuem Stoff konfrontiert zu werden. Beide Argumente sprechen gegen einen Crash-Kurs und für eine langfristige Vorbereitung. Beide Berufsexamina zeichnen sich zwar durch einen hohen, aber keinen zu hohen fachlichen Schwierigkeitsgrad aus. Primär liegt die Schwierigkeit also darin, den gesamten relevanten Stoff auf einen einzigen Prüfungstermin hin abrufbar zu haben.

b) **Präsenzkurs vs. Fernkurs**

Sehen, Hören, Anwenden sind die Elemente, die einen dauerhaften Lernerfolg sicherstellen. Die ersten beiden finden zwangsweise in einem Präsenzkurs statt, während beim Durcharbeiten eines Skriptes zumindest das zweite Element zwangsweise entfällt. Sie können einfache Tests darüber machen, ob Sie eher der Audio- oder der visuelle Lerntyp sind.

In beiden Fällen werden Sie aber in der Kombination des audio-visuellen Lernens den jeweils höheren Lernerfolg haben. Der ständige Methodenmix (Zuhören, Mitlesen, Beispiele, Diskussionen mit anderen Kandidaten, Beantworten von Fragen) in einem Kurs fordert das Gehirn vielseitiger und erhöht damit die Lernintensität. Sollten Sie sich in der Schule/ im Studium in Vorlesungen immer gelangweilt haben, so ist anzumerken, dass das Tempo der Vorbereitungskurse wesentlich höher liegt und die Kurse damit deutlich fordernder sind.

Wie schon geschrieben ist die Stofffülle in beiden Examen sehr hoch (beim WP allerdings nochmal um den Faktor 1,5 bis 2 höher als beim StB). Fernkurse haben hier den prinzipiellen Nachteil, dass sie den Stoff wesentlich erschöpfender darstellen müssen, als ein Dozent dies im Rahmen einer Präsenzkursveranstaltung tun muss. Ein guter Dozent weiß, an welchen Stellen er mit einem spezifischen Kurs schneller oder langsamer vorgehen kann. Auch kann ein guter Dozent halbwegs abschätzen, welche Themen zum konkreten Prüfungstermin eine höhere Relevanz haben, um darauf verstärkt einzugehen und unwichtigere Dinge etwas zu verkürzen. Im Ergebnis reduziert sich dadurch der Stoffumfang ein gutes Stück, während die durchschnittliche Relevanz des Lernstoffes ansteigt. Gleichzeitig ist das direkte Feedback über den eigenen Stand im Vergleich zu den Konkurrenten ein wesentlicher Gradmesser für den zu erwartenden Erfolg.

Wer denkt, dass ein Fernkurs einem wesentlich mehr Flexibilität beim Lernen gibt oder gar Zeit spart, der irrt sich. Wer die Lehrbriefe vernünftig durcharbeiten (ungleich „lesen") möchte, braucht dafür ebenfalls sehr viel Zeit. Soll dies unter lerntheoretisch sinnvollen Bedingungen stattfinden, ist eine feste Zeiteinteilung ohnehin notwendig. Und für Berufstätige wird diese Zeitplanung auch immer einen Großteil des Wochenendes mit einbeziehen müssen. Die Flexibilität ist also ohnehin nur eine vermeintliche, wenn man auch den 1. Leitsatz beachtet und das Lernen nicht immer zugunsten anderer Dinge hinten anstellt.

6.4.3 Regelmäßige Wiederholung und Aufarbeitung des Stoffs in lerntheoretisch sinnvollen Abständen

Formel: Ein Tag, eine Woche, ein Monat

Es gibt verschiedene lerntheoretische Ansätze, die sich in Details durchaus unterscheiden. Als halbwegs gesichert sind die Ansätze dazu, wie man Wissen im Langzeitgedächtnis abgespeichert und anwendbar präsent hält. Als Faustformel dient hierbei, den Stoff jeweils innerhalb von einem Tag, einer Woche und einem Monat zu wiederholen.

Für das **typische Wochenende in der Examensvorbereitung** bedeutet dies:

1. Samstags nach dem Kurs eine ordentliche Zusammenfassung im Computer mit starker Strukturierung und Systematisierung des Stoffs schreiben.

    Der Stoff sollte dabei auf Basis der eigenen Notizen (und der Skripte) systematisch erfasst, vor allem aber komprimiert werden (ca. 5 bis 6 Din-A4-Seiten pro Kurstermin). Gerade durch den Zwang zur Komprimierung wird der gesamte Tagesstoff noch einmal durchgearbeitet und gedanklich nach Wichtigkeit sortiert. Zur Systematisierung sollten Farben (zum Beispiel Paragraphen in Blau, Ja/Nein-Verzweigungen in Rot/Grün) und auch Grafiken verwendet werden. Der Zeitaufwand für eine solche Zusammenfassung liegt bei ca. 2 bis 3 Stunden. Anschließend empfiehlt es sich, pünktlich ins Bett gehen. Nach dem langen Lernprogramm (Kurs, Zusammenfassung schreiben) braucht das Hirn die Ruhezeit, um den Stoff zu sortieren und abzulegen.

Eine solche Zusammenfassung könnte im Fach Abgabenordnung beispielsweise so aussehen:

Schema „Der Einspruch"

A. Zulässigkeit
  I. Statthaftigkeit § 347 AO
  - Tatbestandsmerkmal: Verwaltungsakt § 118 AO (Klausur: in der Regel nicht zu prüfen)
  - aber: BP-Bericht ist kein Verwaltungsakt, da keine unmittelbare Rechtswirkung

  II. Form des Einspruchs § 357 AO
  - schriftlich oder zur Niederschrift
  - auch ohne Unterschrift
  - falsche Bezeichnung schadet nicht § 357 I S. 4 AO
  - aber: wenn Steuerberater Antrag stellt kann dies nicht als Einspruch interpretiert werden

  III. Beschwer § 350 AO
  - Merke für Klausur: „... ist der Steuerpflichtige beschwert, denn die festgestellte Steuer in Höhe von X.XXX € (höher als 0 €) macht eine Rechtsverletzung möglich."
  - Nur die Möglichkeit ist zu bejahen.
  - Beim Feststellungsbescheid ist Beschwer grundsätzlich ohne festgesetzte Steuer möglich.

  IV. Frist §§ 355 I, 122 II, 108 I AO; §§ 187, 188 BGB

B. Begründetheit
FA hat im Einspruchsverfahren „... in vollem Umfang" zu überprüfen. (§ 367 II S.1 AO)
Zu prüfen ist, ob der **Verwaltungsakt rechtmäßig** ist. Zum Beispiel:
- Festsetzungsfrist abgelaufen?
- Dürfte ein Haftungsbescheid ergehen?
- Dürfte der Steuerbescheid berichtigt werden?
- Ist der Bescheid wirksam geworden? (Bekanntgabe fehlt AEAO zu § 122)

Einspruch ist		
Begründet Abhilfebescheid	teilweise begründet Einspruchsentscheid § 376 II AO	unbegründet Einspruchsentscheid § 376 II AO

2. Diese Zusammenfassung am Sonntagmorgen nochmals durcharbeiten. Sind alle Punkte noch bekannt – könnten Sie den Stoff passend darstellen/präsentieren (z.B im Niveau eines Kurzvortrages wie in einer mündlichen Prüfung)? Falls nicht: Nacharbeiten. Typischer Zeitaufwand: 1,5 Stunden.

3. Ebenfalls am Sonntagmorgen sollte die Zusammenfassung von der letzten Woche und von vor vier Wochen nochmals durchgearbeitet werden. Methode wie unter 2., Zeitaufwand ebenfalls jeweils 1,5 Stunden.

4. Um den Lernstoff zu festigen empfiehlt es sich, in den Zeiten am Wochenende, in denen man nicht lernt, etwas vollkommen Anderes zu machen – die Tätigkeiten sollten möglichst weit vom Lernen entfernt sein, da sonst ein „Verdrängungswettbewerb" im Hirn stattfindet. Prima sind Sport, Aufräumen, Staubsaugen und ähnliche Tätigkeiten, die man ohne großen geistigen Einsatz hinbekommt. Vermieden werden sollte insbesondere Lesen und Fernsehen, da beides automatisch weiteren Stoff ins Gehirn einlagert. Mit Haushaltsarbeit entschädigt man gegebenenfalls auch seine Partnerin/seinen Partner für die schwere Zeit der Examensvorbereitung (siehe 1. Leitsatz).

6.4.4 Frühzeitig Paragraphen lernen

Die Gesetzestexte stellen für beide Examen die elementare Grundlage dar. Darüber hinaus sollte man sie auch für den beruflichen Alltag ohnehin beherrschen. Wer sucht unter Anwesenheit des Mandanten schon gerne im HGB herum, bis er die Rückstellungen endlich im Paragraphen 249 gefunden hat? Es gibt verschiedene Lernmethoden, um sowohl die wichtigen Einzelvorschriften als auch bestimmte Paragraphenketten für Klausuraufgaben zu lernen. So bietet zum Beispiel die Loci-Technik gute Möglichkeiten zum Lernen von Paragraphenketten. Es lohnt sich, sich mit entsprechenden Lerntechniken auseinander zu setzen. Einen Einstieg in die Thematik finden Sie zum Beispiel unter www.diedenker.de.

Gut systematisierter Stoff (zum Beispiel die wöchentlichen Zusammenfassungen oder auch Textbausteine, Paragraphenketten etc., die für Klausuren immer wieder verwendet werden) lässt sich auch hervorragend während Spaziergängen/Jogging/Laufen beiläufig mitlernen. Dazu werden die Texte einfach über ein Mikrophon am PC aufgenommen und als MP3 codiert. Anschließend lassen sich die Dateien dann beim Laufen (oder auch zwischendurch) immer wieder mal hören. Als Software bietet sich zum Beispiel „Audiorecorder for Free" an www.audio-tool.net/audio_recorder_for_free.html .

Die Aussage für die Paragraphen gilt im WP-Examen analog für die Verlautbarungen des IDW. Es bietet sich hier ebenfalls an, alle wichtigen IDW-Standards als MP3 aufzubereiten. Die Standards sind dabei zwischen 7 und 15 Minuten lang. Die Lerntage in der Freistellung beginnen dann morgens immer mit ein bis zwei gehörten Standards. Wenn man soweit ist, dass man die Texte mitsprechen kann, bekommt man sie auch in der Klausur auf's Papier.

Wer gerne mit Karteikarten lernt, kann für verschiedene Rechtsgebiete auch auf schon vernünftig erstellte Karteikarten (zum Beispiel bei www.hemmer-shop.de) zurückgreifen. Das Selbsterstellen von Karteikarten kostet normalerweise zu viel Lernzeit und sollte daher höchstens selektiv eingesetzt werden.

6.4.5 Speedreading lernen und anwenden

Die Vorbereitungskurse mögen noch so gut sein – trotz allem wird ein erheblicher Teil des Examenswissens durch Lesen und Merken von Skripten, Artikeln, Zusammenfassungen, Büchern erworben. Schnell und zielgerichtet zu lesen und dabei die wichtigen Inhalte möglichst weitgehend abzuspeichern ist daher einleuchtenderweise eine gute Grundlage für den Lernerfolg.

Eine Speedreading-Technik bietet sich daher als sinnvolle Ergänzung an. Beim Speadreading geht es vereinfacht gesagt darum, direkt mehrere Wörter als Einheit zu lesen, statt diese einzeln nacheinander wahrzunehmen.

> **Web-Link** Ein gelungenes PDF von gut 100 Seiten zum Thema „Speed Reading für Steuerberater" erhalten Sie als Leser dieses Buches exklusiv unter www.gabler-steuern.de/about/downloads .

Da Speedreading eine Technik ist, die erlernt werden muss, empfiehlt es sich, hiermit bereits im Vorfeld der Examensvorbereitung anzufangen. Das Schöne daran ist, dass diese Fähigkeit nicht nur für eine konkrete Examensvorbereitung Vorteile bringt.

6.4.6 Vorbereitet in den Kurs gehen

Eigentlich eine absolute Selbstverständlichkeit – aber wohl einer der am schwierigsten einzuhaltenden Punkte. Seien Sie extrem konsequent im Umgang mit der Vorbereitung des Kurstermins. Führen Sie eine ToDo-Liste mit den Vorbereitungsaufgaben für die anstehenden Kurstermine.

Zu einer gelungenen Vorbereitung gehören insbesondere:

- Übungsaufgaben/Hausaufgaben tatsächlich machen (nicht bloß angucken)
- Übungsklausuren tatsächlich lösen (später ggf. nicht mehr voll ausformuliert, aber in allen wesentlichen inhaltlichen Schritten schriftlich)
- Unterlagen der letzten beiden Fachtermine nochmals vor dem Kurs (also spätestens Freitags Abends durchlesen), Lücken schließen. Hierzu bieten sich natürlich die selbstgeschriebenen Zusammenfassungen besonders an.
- Das Skript des kommenden Kurstages (soweit schon vorhanden) zumindest querlesen, um zu wissen, welche Themen anstehen. Ob es sinnvoll ist, das Skript vorher tiefer durchzuarbeiten, hängt im Wesentlichen davon ab, wie groß die fachlichen Lücken im entsprechenden Bereich sind. Wenn Sie merken, dass Sie in den Kurstagen vom neuen Stoff „überrollt" werden, dann kann ein intensiveres Vorarbeiten des jeweiligen Kursta-

ges dabei helfen, die Menge an neuem Stoff in der Vorlesung zu reduzieren. Im Normalfall sollte eine solch tiefe Vorbereitung nicht notwendig sein (es sei denn, Ihr Dozent erwartet das Skriptlesen als Hausaufgabe und setzt den Skriptstoff als halbwegs bekannt voraus).

6.4.7 Aktive Teilnahme am Unterricht

„Da zahlt man eine Menge Geld für die Kurstermine und so mancher sitzt dort herum, als würde ihn dies alles nichts angehen", beschreibt die Situation vieler Kursteilnehmer recht gut. Machen Sie sich (im Zweifelsfall jedesmal aufs Neue) klar, dass Sie freiwillig in Ihrem Kurs sitzen, weil Sie sich das Ziel des bestandenen Examens vorgenommen haben und dieses Ziel erreichen wollen. Es ist Ihre bewusste Entscheidung, diesen Kurs zu besuchen – nutzen Sie ihn also auch optimal.

Hierzu gehören ein paar einfache Grundprinzipien:

- nicht berieseln lassen, keine Nebengespräche führen
- vorne Sitzen
- Fragen stellen
- Fragen des Dozenten und anderer Kursteilnehmer beantworten
- Mittags nicht zu schwer essen – Stichwort Mittagsmüdigkeit

Ihre Zielsetzung muss sein, zu den besten 20 Prozent Ihres Kurses zu gehören.

6.4.8 In einer passenden kleinen Lerngruppe zusammenarbeiten

Eine Lerngruppe bietet die Möglichkeit, Wissenslücken zu schließen, und den eigenen Wissensstand erfolgreich in der Anwendung zu testen. Wie sollen Sie einen Klausurfall lösen können, wenn Sie regelmäßig die Frage des Lerngruppenmitglieds nicht beantworten können? Eine regelmäßige Lerngruppe ist also zweifelsohne eine gute Sache. Wie aber finden Sie die für Sie ideale Lerngruppe?

- **Maximal 4 Teilnehmer**

  Zu viele Köche verderben eindeutig den Brei – es geht darum, sich aktiv auszutauschen. Gerade beim Beantworten von Fragen stellt man ideal fest, ob der Stoff schon sitzt. Der eigene Anteil an der Lerngruppe sinkt aber bei zu vielen Teilnehmern ab.

- **Nicht nach Sympathie, sondern nach Erfolgsaussichten aussuchen**

  Es ist häufig so, dass Lerngruppen entweder insgesamt bestehen oder insgesamt durchfallen. Das Niveau in einer Lerngruppe ist stark mitentscheidend für das Vorbereitungsniveau, mit dem man in die Prüfungen geht. Die Lerngruppe ist keine Freizeitveranstaltung und man sollte sich vor Mitgliedern hüten, die dies anders sehen. Der 1. Leitsatz „Konsequent Prioritäten setzen!" gilt auch für die Auswahl der Lerngruppenmitglieder. Sollten Sie also die passenden Kandidaten nicht ohnehin dabei haben (ein guter Freund gibt häufig einen schlechten Lerngruppenpartner ab), dann ist Umschauen im Kurs angesagt (ruhig mal die ersten 2 bis 3 Kurstermine abwarten). Welches sind die Kandidaten, die ehrgeizig und fleißig sind? Von wem gewinnen Sie den Eindruck, dass er/sie das Examen bestimmt bestehen wird? Orientieren Sie sich an diesen Personen und gewinnen Sie sie für Ihre Lerngemeinschaft.

- **Regelmäßige Termine**

  Der Sonntag Nachmittag oder ein Abend in der Woche (Donnerstag oder Mittwoch) bieten sich an. Inhalte: Zusammenfassung der letzten Arbeitsgemeinschaft – letzter Kurstermin – Vorbereitung kommender Kurstermin.

- **Keine Freizeitstimmung aufkommen lassen**

  Auch wenn Pizza, Knabbereien oder gar ein Bierchen sicherlich eine feine Sache sind, lenken sie doch die Aufmerksamkeit von dem ab, wofür Sie sich treffen. Es geht darum, sich optimal auf eine Prüfung vorzubereiten und nicht darum, einen netten Abend zu haben! Lassen Sie es gar nicht erst einreißen! Treffen im Büro oder in einem anderen öffentlichen Raum (zum Beispiel Uni oder beim Lehrgangsanbieter) können da hilfreich sein. Dass die Kosten solcher Lerngemeinschaften steuerlich absetzbar sind (Fahrtkosten/Verpflegungsmehraufwendungen) versüßt den Aufwand ein wenig. Als Bescheinigung dient eine von allen Teilnehmern unterschriebene Aufstellung der einzelnen Termine (inklusive Zeiten, Themen und jeweiligen Entfernungen zum Treffpunkt).

6.4.9 Schnell auf Examensniveau kommen und viele Übungsklausuren lösen

Die Vorbereitung auf die Tage der Examensklausuren ist ein langfristiger Prozess – natürlich kann das eigene Wissen nur schwerlich über einen Zeitraum von einem bis eineinhalb Jahren auf absolutem Toplevel gehalten werden. Gleichwohl fallen in Gesprächen mit Personen, die durchgefallen sind, immer wieder drei Aussagen, aus denen sich im Umkehrschluss die These oben ergibt:

1. „Die Examensklausuren waren viel zu schwer."

2. „Ich bin zeitlich nicht mit der Klausur fertig geworden – viel zu viel Stoff."

3. „Ich wusste das alles, konnte es aber nicht aufs Papier bringen."

Alle drei Aussagen deuten auf eine falsche Vorbereitung hin.

Während der erste und zweite Satz von falschen Vorstellungen hinsichtlich der Qualität und Quantität des Examens geprägt sind, scheiterte es bei der dritten Aussage primär daran, dass im Examen kein Buchwissen verlangt wird, sondern dem Grunde nach eine Fallbearbeitung vorgesehen ist.

Um das erste Problemfeld zu erledigen ist es wichtig, dass Sie schnell Aufgaben auf realem Examensniveau lösen. Es bringt nichts, wenn man sich Frust erspart und gut in viel zu einfachen Übungsaufgaben abschneidet, um dann im Examen zu scheitern. Spätestens ein Dreivierteljahr vor dem Examen sollten die Fälle zu bereits gelerntem Stoff sich am

Optimal mit Klausuren vorbereiten und hoch punkten

WWW.GABLER.DE

Michael Wolf / Karlheinz Gerhold / Karin Thomas / Klaus Hattenhauer / Johannes Koehne / Gerhard Sievert / Horst Haar / Helga Lange

Klausurenbuch Laufbahnprüfung/ Steuerberaterprüfung
Originale Übungsklausuren zu AO, ESt, USt, KStG, BilStR, BewR, BestG

2009. 248 S. Br. EUR 39,95
ISBN 978-3-8349-0578-9

Die vorliegenden Klausuren trainieren den Finanzanwärter im Hauptstudium auf die Laufbahnprüfung für den gehobenen Steuerverwaltungsdienst. Sie sind gleichfalls für angehende Steuerberater und Steuerfachwirte geeignet, die sich auf die Abschlussprüfung vorbereiten. Die Bearbeitungszeit der einzelnen Klausuren beträgt jeweils fünf Zeitstunden. Das Buch beinhaltet zu jedem Rechtsgebiet jeweils zwei aktualisierte Originalklausuren nebst ausführlichen Lösungen sowie Zeitvorgaben aus den Prüfungsfächern Abgabenrecht, Steuern vom Einkommen und Ertrag, Umsatzsteuer, Bilanzsteuerrecht einschl. betriebliches Rechnungswesen, Außenprüfung und Besteuerung der Gesellschaften.

Der Inhalt
- Abgabenrecht
- Steuern vom Einkommen und Ertrag
- Umsatzsteuer
- Bilanzsteuerrecht, betriebliches Rechnungswesen und Außenprüfung
- Besteuerung der Gesellschaften

Die Autoren
Alle Autoren sind Fachlehrer der Landesfinanzschule Bremen und langjährige Dozenten der Hochschule für Finanzen Hamburg als auch der Hochschule für Öffentliche Verwaltung in Bremen.

www.wirtschaftslexikon.gabler.de
Jetzt online, frei verfügbar!

Einfach bestellen: buch@gabler.de   Telefon +49(0)611. 7878-626

KOMPETENZ IN SACHEN WIRTSCHAFT

Durch das Trainieren der Prüfungssituation mit originalen Prüfungsinhalten zum Erfolg

WWW.GABLER.D

Michael Wolf / Karlheinz Gerhold / Karin Thomas / Klaus Hattenhauer / Gerhard Sievert / Horst Haar

Klausurenbuch Zwischenprüfung Finanzanwärter

Mit originalen Übungsklausuren – auch für die Steuerfachwirtprüfung

2008. 220 S. Br. EUR 34,95
ISBN 978-3-8349-0577-2

Die vorliegenden Klausuren trainieren den im Grundstudium befindlichen Anwärter des gehobenen Steuerverwaltungsdienstes auf die Zwischenprüfung. Hinsichtlich des fachlichen Anforderungsprofils sind sie gleichfalls bestens als Vorbereitungsmaterial für angehende Steuerfachwirte geeignet. Studenten an Universitäten oder Berufsakademien können sie als Musterbeispiele für aktuelle Steuerrechtsklausuren dienen. Das Buch enthält zu jedem Rechtsgebiet zwei aktualisierte dreistündige Originalklausuren nebst ausführlichen Lösungen sowie Punkt- und Zeitvorgaben aus den Prüfungsfächern Abgabenordnung, Steuern vom Einkommen und Ertrag, Umsatzsteuer, Bilanzsteuerrecht, Bewertungsrecht, Privatrecht und Öffentliches Recht. Ergänzt werden diese durch Fallbeispiele zur Gewerbesteuer und Körperschaftsteuer.

Der Inhalt

Neben der Vertiefung des Fachwissens erarbeiten Sie sich eine bessere Klausurtechnik und entwickeln ein Gefühl für folgende Fragen:
- Wie ist eine systematische Lösung aufzubauen?
- Was wird bepunktet?
- Wie ist die vorgegebene Bearbeitungszeit sinnvoll einzuteilen?

Die Autoren

Alle Autoren sind Fachlehrer der Landesfinanzschule Bremen und langjährige Dozenten der Hochschule für Finanzen Hamburg als auch der Hochschule für Öffentliche Verwaltung in Bremen.

Einfach bestellen: buch@gabler.de   Telefon +49(0)611. 7878-626

KOMPETENZ IN SACHEN WIRTSCHAFT

Schwierigkeitsgrad des tatsächlichen Examens orientieren. Nicht zuletzt, damit Sie ein Gefühl dafür entwickeln. Gewöhnen Sie sich an den Gedanken, dass es normal ist, dass mehr als die Hälfte der Klausuren in Ihrem Kurs mit „nicht bestanden" enden. Selbst auf vollem Vorbereitungsniveau fällt in den realen Examensklausuren in etwa die Hälfte der Teilnehmer durch.

Die Problemfelder 2. und 3. sind durch schlichtes Üben zu erledigen. Die ersten (schweren) Übungsklausuren innerhalb der vorgegebenen Zeit zu Papier zu bringen ist unrealistisch. Ihnen fehlt die Routine, die nur durch viele Klausuren zu erzielen ist. Das Gefühl dafür, welcher Satz geschrieben werden muss, wo kürzer oder länger zu formulieren ist, wie man im Gesamtzeitplan liegt und manche Formulierung, die in Fleisch und Blut übergeht, erlernt man nur durch das Üben am Examensobjekt (der Klausur). Nicht zuletzt entwickelt sich auch die Schreibgeschwindigkeit gravierend weiter – daher sollten die Klausuren auch nicht unbedingt mit dem Computer geschrieben werden.

Realistischerweise sollten je Examen 35 bis 45 Übungsklausuren geschrieben werden, die sich halbwegs gleichmäßig auf die unterschiedlichen Fächer verteilen.

Alte Steuerberaterklausuren sind im Internet auf den Homepages verschiedener Kursanbieter (teils inklusive Musterlösungen) verfügbar. Zu beachten ist, dass diese Klausuren auf einem anderen Rechtstand basieren und angesichts der Schnelllebigkeit im Bereich Steuern nicht immer aktuell genauso gelöst würden.

Buchtipp:
Zusätzliche (aktuelle) Übungsklausuren auf Examensniveau inklusive Musterlösungen bietet beispielsweise der Titel
Wolf, Michael u. a.: *Klausurenbuch Laufbahnprüfung/Steuerberaterprüfung*, Gabler-Verlag, Wiesbaden 2009, ISBN 978-3-8349-0578-9.

> **Web-Link** Für das WP-Examen stehen die Übungsklausuren der Vorjahre auf der Homepage der Wirtschaftsprüferkammer zum Download zur Verfügung (www.wpk.de/examen/klausuren.asp).

Meist kursieren für den WP auch Musterlösungen bei den Kursanbietern und im Internet. Rechtstandänderungen wirken sich hier im Allgemeinen geringer aus als im StB-Examen.

Fast noch wichtiger als das Schreiben ist das Auswerten der geschriebenen Klausuren – insofern sind Übungsklausurbesprechungen und Klausurbewertungen bzw. Lösungsschemata eine ganz wichtige Quelle für Ihre Vorbereitung. Die meisten Kursanbieter geben Punkteschemata zur Selbstkorrektur heraus. Bepunkten Sie sich selbst auf Basis dieser Vorgabe (realistisch streng sein und schreiben Sie jeweils auch die theoretisch erzielbaren Punkte daneben).

Schauen Sie dann noch einmal über die Klausur drüber. Wenn Sie 25 Seiten geschrieben haben und insgesamt 50 Punkte (= 50 Prozent) zum Bestehen holen müssen, bedeutet dies, dass Sie pro geschriebener Seite mindestens zwei Punkte tatsächlich erzielen und erreichbare vier Punkte abarbeiten sollten. Wo haben Sie zu lange geschrieben (Zeit verschwendet)?

Markieren Sie sich im Lösungsschema die „Gummipunkte" (wie Standardsätze, regelmäßig auftauchende Definitionen, Paragraphenketten etc.). Diese Formulierungen lassen sich hervorragend auswendig lernen und sind in der Klausur dann schnell hingeschrieben. Sie erreichen so je eingesetzte Zeiteinheit mehr (recht sichere) Punkte als bei der Lösung der komplizierten Highlights der Klausur. Nahezu sämtliche Examensklausuren in StB und WP waren in den letzten Jahren durch das konsequente Sammeln von Gummipunkten zu bestehen (d. h. ca. 45 bis 55 Gummipunkte auf eine 100-Punkte-Klausur). Zielgröße: mindestens 80 Prozent der Gummipunkte müssen Sie treffen. Für Standardsätze (z. B. die Definition der vGA im StB-Examen oder die Kernsätze der IDW PS im WP-Examen) bietet sich das oben erwähnte Lernen über Ablaufschemata und MP3-Files an.

6.4.10 Für die Freistellung einen exakten Zeitplan aufstellen und diesen einhalten

Hier gilt es realistisch zu planen.

Beispiel StB, 3 Monate Freistellung: Legen Sie eine Sechs-Tage-Woche zugrunde. Ein Tag bleibt frei und wird unbedingt zur Erholung genutzt (Sport, Schwimmbad, Wellness, ...). Für fünf Tage der Woche wird eine exakte Planung gemacht. Danach folgt ein Tag zur Wiederholung/Vertiefung des Stoffs bzw. als Reserve, damit sicher gestellt ist, dass der Zeitplan insgesamt zu halten ist. Lernen Sie in die komplette Breite des Stoffes und vermeiden Sie den Fehler, sich nur auf Schwerpunktthemen zu stürzen. Ihr Lernplan sollte den gesamten relevanten Stoff abdecken

Grundsätzlich sollte der Lernschwerpunkt während der Freistellung in der praktischen Anwendung des Wissens auf Fälle und Übungsklausuren liegen. Zur Wiederholung der theoretischen Grundlagen bieten sich insbesondere die geschriebenen Zusammenfassungen (vgl. 3. Leitsatz) aus den einzelnen Kursterminen an. Sofern diese nach den dort dargestellten Regeln gelernt wurden, ist ein Großteil des Stoffs ohnehin schon im Langzeitgedächtnis hängen geblieben. Suchen Sie sich die Fälle aus dem Kurs zu den jeweiligen Themen nochmal raus – sie müssten nun in der Lage sein, diese selbständig zu lösen.

Spätestens einen Monat (besser noch zwei Wochen früher) vor den Prüfungsterminen muss die Wiederholung des Theorieteils abgeschlossen sein. Ab diesem Zeitpunkt gilt es, sich rein auf Klausuren zu beschränken (auch vorher sind Klausuren natürlich schon wesentlicher Teil der Vorbereitung). Die erste halbe Stunde morgens sollten Sie aber durchaus dazu nutzen, nochmals durch die Zusammenfassungen der Kurstermine zu blättern bzw. sich die dazugehörenden Audiofiles anzuhören.

Der Tag sieht dann in etwa wie folgt aus:

08:00 – 08:30 Uhr:	Zusammenfassung Kurstermine (1-2 Stück) nochmals lesen/hören
08.30 – 09:00 Uhr:	Vorbereiten Klausur
09:00 – 15:00 Uhr:	Klausur schreiben
15:00 – 16:00 Uhr:	Pause – Essen – Ausruhen
16:00 – 18:00 Uhr:	Nachbereiten der eigenen Klausur (vgl. 9. Leitsatz)
18:00 – 18:30 Uhr:	Pause
18:30 – 20:00 Uhr:	Stofflücken schließen. Alternativ: Nachbereiten einer alten Klausur, die zum Beispiel im Rahmen des Kurses geschrieben wurde

Sollte Ihnen eine längere Freistellungsphase zur Verfügung stehen, so empfiehlt es sich, die Klausurphase am Ende der Vorbereitung auszudehnen. Sollte Ihre Freistellung kürzer sein, so ist die Wiederholungsphase zu straffen (und soweit möglich Teile der Wiederholung in die Zeit vor der Freistellung zu verlagern), um die Anzahl der geschriebenen Übungs-Klausuren auf einem vernünftigen Niveau zu halten.

6.4.11 Guten Klausurenkurs ans Ende der Freistellung legen (für den letzten Schliff)

Beim Fußball liegt die Wahrheit bekanntlich auf dem Platz. Im Examen liegt die Wahrheit in den Klausuren. Insoweit bietet es sich an, die Klausurlernphase in der Freistellung (s. unter 10.) durch einen Klausurenkurs zu ergänzen. Ideal ist ein Klausurenkurs, der in den Räumlichkeiten des Anbieters (= unter Examensbedingungen) geschrieben wird und bei dem die Besprechung der Klausur direkt im Anschluss (nach einer Mittagspause) erfolgt. Das direkte Feedback in Verbindung mit der Möglichkeit, Unklarheiten zeitnah auszuräumen ist sehr wertvoll. Ein weiterer Vorteil kommt dazu: Der Kurs wird von den Dozenten in etwa zu dem Zeitpunkt konzipiert, in dem auch die tatsächlichen Examensklausuren erstellt werden. Gute Dozenten können an der Stelle halbwegs zuverlässig antizipieren, welche Themen im Examen dran kommen könnten und somit passende Schwerpunkte setzen. Die Ausführungen zum 6., 7. und 9. Leitsatz gelten hier natürlich auch.

6.4.12 Selbstbewusst in die Prüfung

Mit dem guten und ruhigen Gewissen, besser als 98 Prozent der Teilnehmer vorbereitet zu sein, ins Examen gehen!

Wer sich an die vorgeschlagenen Prinzipien und Grundsätze während seiner Examensvorbereitung hält, ist wesentlich besser vorbereitet, als die allermeisten anderen Kandidaten. Dies führt zu einer hohen Sicherheit in der Bearbeitung, einem guten Zeitmanagement im Examen, einem sehr geringen Risiko von bösen Überraschungen und damit letztlich zu einem beinahe sicheren Bestehen des Examens.

Aus dieser Sicherheit heraus werden die letzten Tage vor der Prüfung, aber auch die Prüfungstage selber für Sie ein gutes Stück lockerer sein, als für die meisten Mitstreiter (die das schlechte Gefühl plagt, eben doch nicht optimal vorbereitet zu sein).

Und nun: Viel Erfolg!

Fazit: Das (beinahe) sichere Lernsystem in 12 Leitsätzen

(zum Kopieren für den Schreibtisch)

1. Konsequent Prioritäten setzen!	7. Aktive Teilnahme am Unterricht
2. Besuch eines Langzeitpräsenzkurses	8. In einer passenden kleinen Lerngruppe zusammenarbeiten
3. Regelmäßige Wiederholung: Ein Tag, eine Woche, ein Monat	9. Schnell auf Examensniveau kommen und viele Übungsklausuren lösen
4. Frühzeitig Paragraphen lernen	10. Für die Freistellung einen exakten Zeitplan aufstellen und diesen einhalten
5. Speedreading lernen und anwenden	11. Guten Klausurenkurs ans Ende der Freistellung legen (für den letzten Schliff)
6. Vorbereitet in den Kurs gehen	12. Selbstbewusst in die Prüfung: Mit dem guten und ruhigen Gewissen, besser als 98 Prozent der Teilnehmer vorbereitet zu sein, ins Examen gehen

6.4.13 Literaturempfehlungen aus dem Hause Gabler

Bornhofen, Manfred/Bornhofen, Martin C.: *Steuerlehre 2 Rechtslage 2010. Einkommensteuer, Körperschaftsteuer, Gewerbesteuer, Bewertungsgesetz und Erbschaftsteuer.* 31. Aufl. Wiesbaden 2011, Br., XX, 491 S., 19,95 €, ISBN 978-3-8349-2776-7
(Begleitend zum Lehrbuch ist auch ein Lösungsbuch mit weiteren Aufgaben und Lösungen erhältlich, ISBN 978-3-8349-2777-4)

Bornhofen, Manfred/Bornhofen, Martin C.: *Steuerlehre 1 Rechtslage 2010. Allgemeines Steuerrecht, Abgabenordnung, Umsatzsteuer.* 31. Aufl. Wiesbaden 2010, Br., XVIII, 428 S., 19,90 €, ISBN 978-3-8349-1932-8
(Begleitend zum Lehrbuch ist auch ein Lösungsbuch mit weiteren Aufgaben und Lösungen erhältlich, ISBN 978-3-8349-1933-5)

Brähler, Gernot/Friedrich, Theresa: *Internationales Steuerrecht. Grundlagen für Studium und Steuerberaterprüfung,* 6. Aufl. Wiesbaden 2010, Br., XXX, 582 S., 37,95 €, ISBN 978-3-8349-2194-9

Braun, Sven/Stenger, Christiane/Ritter, Jonas: *Keine Panik vor der Steuerberaterprüfung. Wie Sie das Steuerberaterexamen zielsicher bestehen,* 5. Aufl. Wiesbaden 2011, Br., ca. 150 S., ISBN 978-3-8349-2726-2

Dinkelbach, Andreas: *Ertragsteuern. Einkommensteuer, Körperschaftsteuer, Gewerbesteuer,* 4. Aufl. Wiesbaden 2010, XXIV, Br., 451 S., 44,95 €, ISBN 978-3-8349-2294-6

Dumser, Klaus/Ban, Blazenka: *Steuerberaterprüfung – Schwerpunkt „Recht". Gezielt lernen, was in der Prüfung verlangt wird,* Wiesbaden 2010, Br., 276 S., 39,95 €, ISBN 978-3-8349-1783-6

Hanisch, Horst: *Kanzlei-Knigge. Taktvoll, sicher und gewandt im Umgang mit Partnern und Mandanten,* Wiesbaden 2011, Br., 220 S., 29,95 €, ISBN 978-3-8349-2340-0

Herrmann, Frank: *Kurzvorträge BWL/VWL,* Wiesbaden 2010, Br., 248 S., 34,95 €, ISBN 978-3-8349-2264-9

Mortan, Gaby/Mortan, Florian: *Bestanden wird im Kopf! Von Spitzensportlern lernen und jede Prüfung erfolgreich bestehen,* Wiesbaden 2009, Br., 184 S., 19,90 €, ISBN 978-3-8349-1579-5

Philipps, Holger: *Rechnungslegung nach BilMoG. Kurzkommentar zum Jahresabschluss und Lagebericht nach neuem Bilanzrecht.* Wiesbaden 2010, Br., ca. 396 S., 59,90 €, ISBN 978-3-8349-1539-9

Wolf, Michael u. a.: *Klausurenbuch Zwischenprüfung Finanzanwärter. Mit originalen Übungsklausuren – auch für die Steuerfachwirtprüfung.* Wiesbaden 2008, Br., 220 S., 34,95 €, ISBN 978-3-8349-0577-2

Wolf, Michael u. a.: *Klausurenbuch Laufbahnprüfung/Steuerberaterprüfung. Originale Übungsklausuren zu AO, ESt, USt, KStG, BilStR, BewR, BestG.* Wiesbaden 2009. Br., 248 S., 39,90 €, ISBN 978-3-8349-0578-9

Wünsche, Manfred: *Prüfungsvorbereitung Bilanzbuchhalter. Gezielt das lernen, was in den IHK-Prüfungen verlangt wird,* 5. Aufl. Wiesbaden 2009. Br., 541 S., 44,90 €, ISBN 978-3-8349-1657-0

6.5 Anbieter von Vorbereitungslehrgängen

Es gibt unzählige Vorbereitungslehrgänge für die Steuerberaterprüfung. Neben den Steuerberaterverbänden bieten viele private Anbieter Kurse in ganz Deutschland an. Die nachfolgende Übersicht erhebt keinen Anspruch auf Vollständigkeit und ist nicht mit einer Wertung der der Qualität oder Seriosität der Anbieter verbunden. Die Lehrgangsanbieter für das Wirtschaftsprüfungsexamen sind jeweils besonders gekennzeichnet. Beachten Sie bitte auch, dass viele Anbieter nicht nur an ihrem Hauptsitz, sondern bundesweit Lehrgänge anbieten. Nähere Informationen finden Sie auf den Homepages der Anbieter.

> **TIPP** Um den für Sie richtigen Vorbereitungskurs zu finden, sollten Sie sich die Zeit nehmen, bei verschiedenen Anbietern Probestunden anzuhören und die Skripten anzusehen. Sprechen Sie auch mit den Teilnehmern oder Berufsträgern über deren Erfahrungen.

Die folgende Liste mit Anbieteradressen erhebt trotz sorgfältiger Recherche keinen Anspruch auf Vollständigkeit.

Postleitzahlbezirk 0...

ABC-Steuerfachschule
Heubnerstraße 1
086523 Plauen
Telefon 03741/228022
www.abc-steuer.de

Private Steuerakademie Müller & Co. GmbH
Haydnstraße 9
01920 Kamenz
Telefon 03578/374130
www.private-steuerakademie-mueller.de

Postleitzahlbezirk 1...

**Steuerlehrgänge Dr. Bannas GmbH
Berliner Seminar für Steuerrecht, Prüfungs- und Treuhandwesen**
Hessische Straße 10
10115 Berlin
Telefon 030/26189-32
www.steuerlehrgaenge.com
Lehrgangsorte: Berlin und Köln

GFS – Gesellschaft zur Fortbildung im Steuerrecht mbH
Ansbacher Straße 16
10787 Berlin
Telefon 030/23634999
www.gfs-berlin.de
Lehrgangsorte Berlin und Hamburg

Postleitzahlbezirk 2...

Norddeutsches Seminar für Prüfungswesen und Steuerrecht (WP-Examen)
Ferdinandstraße 12
20095 Hamburg
Telefon 040/30 39 24-07
www.norddeutschesseminar.de

Steuerseminar Dr. Huttegger & Partner
Osterberg 17
24113 Kiel-Molfsee
Telefon 0431/650184
www.hutteger.de

Fachinstitut für Steuerrecht
Pickhuben 6
20457 Hamburg
Telefon 040/457359
www.fis-hamburg.de

Oldenburger Steuerrechtsinstitut GmbH
Haseler Weg 36
26125 Oldenburg
Telefon 0441/33114
www.osi-ol.de

**Steuerakademie Bremen
Privates Lehrinstitut für Steuer- und Wirtschaftsrecht**
Wachtstraße 24 (Baumwollbörse)
28195 Bremen
Telefon 0421/3399545
www.steuerakademie-bremen.de

WP-Kurs Dr. Schmitz und Partner GbR
Buchtallee 4d
21465 Reinbek
Telefon 040/72 73 04 14
www.wpkurs.de

Postleitzahlbezirk 3...

**Akademie für Steuerrecht und Wirtschaftsprüfung (WP-Examen)
Lehrgangswerk Haas**
Jägerallee 26
31832 Springe
Telefon 05041/9424-0
www.lwhaas.de
Lehrgangsorte: Raum Hannover und Berlin

6.5 ANBIETER VON VORBEREITUNGSLEHRGÄNGEN

Friedrichsdorfer Steuerfachschule GmbH
Frankfurter Straße 295
34134 Kassel
Telefon 0561/94270-0
www.frdsfs.de

Postleitzahlbezirk 4...

Institut der Wirtschaftsprüfer in Deutschland e.V. (IDW) (WP-Examen)
Tersteegenstraße 14
40474 Düsseldorf
Telefon 0211/4561-0
www.idw.de

Lambert Repetitorien (WP-Examen)
Bendemannstraße 11
40210 Düsseldorf
Telefon 0211/83081-50
www.lambert-steuerkurse.de

Steuerberaterverband Düsseldorf e.V.
Grafenberger Allee 98
40237 Düsseldorf
Telefon 0211/66906-0
www.stbverband-duesseldorf.de

Akademie Steuern und Wirtschaft mbH
Maassenstraße 79
46514 Schermbeck
Telefon 02853/8613-0
www.aka-schermbeck.de

Studienwerk der Steuerberater in NRW e.V.
Geschäftsstelle Münster
Hüfferstraße 73–75
48149 Münster
Telefon 0251/98 164-3
www.studienwerk.de

Akademie für Steuerrecht und Wirtschaft des Steuerberaterverbandes Westfalen-Lippe e.V. – ASW
Grasselstiege 33
48159 Münster
Telefon 0251/53586-20
www.asw-stbv.de

IFM Institut für Managementlehre GmbH
Rotthauser Straße 83
45884 Gelsenkirchen
Telefon 0209 177435-0
www.ifm-net.de

Postleitzahlbezirk 5...

Steuerfachschule Dr. Endriss
Lichtstraße 45–49
50825 Köln
Telefon 0221/936 442-799
www.steuerfachschule.de

Abels-Kallwass-Stitz (WP-Examen)
Deutsche Akademie für Steuern, Recht & Wirtschaft
Aduchtstraße 7
50668 Köln
Telefon 0221/42056-16
www.aks-online.de

Juristisches Repetitorium JURIQ (WP-Examen)
Bachemer Straße 33
50931 Köln
Telefon 0221/788 718-0
www.juriq.de

Akademie für Steuer- und Wirtschaftsrecht des Steuerberaterverbandes Köln GmbH
Von der Wettern-Str. 17
51149 Köln
Telefon 02203/9932-0
www.akademie-stuw.de

Studienwerk der Steuerberater in NRW e.V.
Geschäftsstelle Köln
Oberländer Ufer 180-182
50968 Köln
Telefon 0221/973123-0
www.studienwerk.de

Steuerlehrgänge Dr. Stitz
Deutsche Akademie für Recht, Steuern und Wirtschaft
Postfach 103665
50476 Köln (Tagungsorte in Düsseldorf)
Telefon 0221/42056-20
www.stitz.de

Steuerlehrgänge Dr. Bannas GmbH
Hack 9
51503 Rösrath
Telefon 02205/911575
www.steuerlehrgaenge.com

Akademie Deutscher Genossenschaften ADG
Schloß Montabaur
56410 Montabaur
Telefon 02602/14-156
www.adgonline.de

Dr. jur. Wolf Bongartz & Partner
Kaiser-Friedrich-Allee 37
52074 Aachen
Telefon 0241/1605500
www.dr-bongartz.com

Steuerfachschule Tillmann und Partner GmbH
Hauptstraße 184
59846 Sundern
Telefon 02933/789601
www.steuerfachschule.tillmann.de

Postleitzahlbezirk 6…

Hemmer/ECONECT GmbH (WP-Examen)
Rödelheimer Straße 47
60487 Frankfurt am Main
Telefon 069/970970-0
www.econect.com

AWS – Arbeitskreis für Wirtschafts- und Steuerrecht
Adenauerallee 32
61440 Oberursel
Telefon 06171/6996-0
www.aws-online.de

Postleitzahlbezirk 7…

Akademie Henssler (WP-Examen)
Waldseestraße 29
76332 Bad Herrenalb
Telefon 07083/92 54-0
www.akademie-henssler.de

Anwaltskanzlei Schmidt (WP-Examen)
(Einzelunterricht im Wirtschaftsrecht)
Lorettostraße 29
79100 Freiburg
Telefon: 0761/27 553

FBD Bildungspark
Katharinenstraße 18
70182 Stuttgart
Telefon 0711/2158-0

FBD Bildungspark
Marstall-Center M 10-12
71634 Ludwigsburg
Telefon 07141/95069-0

Verwaltungs- und Wirtschaftsakademie(VWA) Baden in Karlsruhe
Kaiserallee 12e
76133 Karlsruhe
Telefon 0721/98550-0
www.vwa-baden.de

6.5 ANBIETER VON VORBEREITUNGSLEHRGÄNGEN

Neufang GmbH
Akademie für Deutsche Steuerberater
Leipnizstraße 5
75365 Calw
Telefon 07051/93 116-0
www.neufang.org

Maiss Seminarakademie
Schlossvorstadt 4
73479 Ellwangen
Telefon 07961/5694-70
www.maiss.biz

IWS Institut für Wirtschaft und Steuer
GmbH
Ziegelsteige 1
74821 Mosbach
Telefon 06261/18941
www.iws-institut.de

Postleitzahlbezirk 8...

ABC-Steuerfachschule
Wilhelm-Tell-Straße 4
81677 München
Telefon 089/47 087 744
www.abc-steuer.de

EXAMINA e.V.
Gemeinnütziger Fortbildungsverein für
Angehörige der steuerberaternden und
wirtschaftsprüfenden Berufe
Veit-Stoß-Straße 42
80687 München
Telefon 089/561537
www.examina-ev.de

Lindner Seminar
Edelweißstraße 70
82024 Taufkirchen
Telefon 089/61 49 293
www.lindner-seminare.de

Steuerrechtsinstitut Knoll GmbH
Adelsbergstraße 10a
82024 München
Telefon 089/891144-0
www.knoll-steuer.com

Dipl.-Kfm. Peter Uhl
Buchenstraße 34
82131 Gauting
Telefon 089/8507240
www.peter-uhl.de

Steuerseminar Bähr
Carossastraße 4
81245 München
Telefon 089/880160
www.steuermonitor.de

Postleitzahlbezirk 9...

WLW- Würzburger Lehrgangswerk
Würzburgerstraße 59
96049 Bamberg
Telefon 0951/70066-0
www.wlw-bamberg.de

Web-Link Anbieter von Lehrgängen zur Vorbereitung auf die Prüfung als Wirtschaftsprüfer finden Sie auch auf der Internetseite der Wirtschaftsprüferkammer unter www.wpk.de/examen/anbieter.asp. Die Liste wird ständig aktualisiert.

Von Spitzensportlern lernen und jede Prüfung erfolgreich bestehen

↗

WWW.GABLER.DE

Mortan, Gaby / Mortan, Florian
Bestanden wird im Kopf!
Von Spitzensportlern lernen und jede Prüfung erfolgreich bestehen
2009. 184 S.
Br. EUR 19,90
ISBN 978-3-8349-1579-5

Am Beispiel der sieben Sportlegenden Muhammad Ali, Steffi Graf, Hermann Maier, Jürgen Klinsmann, Franziska van Almsick, Boris Becker und Michael Schumacher lernt der Leser sieben Strategien für die erfolgreiche Prüfung kennen. Sie sind einfach umsetzbar und stehen zugleich für hocheffizientes Herausforderungsmanagement. Das Buch besticht durch seine Kürze und Übersichtlichkeit. Mit zehn Arbeitsbögen und echten Praxisbeispielen. Effizienz garantiert!

Der Inhalt

- Eine Prüfung ist nicht nur ein Test
- Sieben Spitzensportler - sieben Vorbilder
- Strategie I: Die Erkenntnis - Körper und Geist
- Strategie II: Die Zielarbeit - Das Ziel genau beschreiben
- Strategie III: Das Erfolgsbewusstsein - Die Basis Ihres Erfolgs
- Strategie IV: Die Fehleranalyse - Optimal aus Fehlern lernen
- Strategie V: Der Lerntrainingsplan - Das Unternehmen Prüfung
- Strategie VI: Die Hindernisse - Mit künftigen Problemen umgehen
- Strategie VII: Das Ziel - Die Prüfung erfolgreich bestehen
- Die besten Entspannungstechniken
- Arbeitsbögen
- Literaturverzeichnis

Einfach bestellen: buch@gabler.de Telefon +49(0)611. 7878-626

KOMPETENZ IN SACHEN WIRTSCHAFT

7

BERUFLICHE ZUSATZQUALIFIKATIONEN

von RAin Susanne Löffelholz

Der Beruf des Steuerberaters kennt keinen Stillstand. Eine permanente Fortbildung ist daher Pflicht, um eine kompetente Steuerberatung gewährleisten zu können. Um weitere Beratungsbedürfnisse der Mandanten, zum Beispiel im Bereich der vereinbaren Tätigkeiten, befriedigen zu können, stehen Fortbildungsangebote verschiedener Fortbildungsinstitutionen, zum Beispiel des DStV, zur Wahl. Interessante Gebiete sind zum Beispiel Unternehmensnachfolgeberatung, Testamentsvollstreckung oder Mediation.

Darüber hinaus gibt es verschiedene Möglichkeiten, sich nach dem Steuerberaterexamen weiter zu qualifizieren oder zu spezialisieren, sei es durch den Erwerb einer weiteren Berufsqualifikation oder durch die Branchenspezialisierung, zum Beispiel durch den Erwerb eines Fachberatertitels.

Etwa ein Viertel der deutschen Steuerberater ist mehrfach qualifiziert. In Betracht kommt insbesondere der Abschluss als Wirtschaftsprüfer/in. Die Doppelqualifikation als Steuerberater und Wirtschaftsprüfer hat den Vorteil, dass man unterschiedliche Leistungen, zum Beispiel steuerliche Beratung und Prüfung, selbst erbringen kann. Nach bestandener Steuerberaterprüfung ist zudem ein verkürztes Wirtschaftsprüfungsexamen abzulegen.

7.1 Qualifikation als Fachberater/in

Um sich am Markt zu profilieren, können Steuerberater bei der Steuerberaterkammer die Verleihung einer Fachberaterbezeichnung beantragen, die zusätzlich zur Berufsbezeichnung geführt werden darf. Die Bezeichnung als „Fachberater" wird von den Steuerberaterkammern auf den Gebieten **Internationales Steuerrecht** und **Zölle und Verbrauchssteuern** verliehen (vgl. S. 169 f.). Die Fachberaterbezeichnung gewährleistet, dass der Steuerberater im betreffenden Bereich überdurchschnittliche theoretische und praktische Kenntnisse besitzt. Laut Auskunft der Bundessteuerberaterkammer gab es am 1.1.2010 bereits 436 amtlich bestellte Fachberater in Deutschland.

Voraussetzungen für die Verleihung sind im Einzelnen in der **Fachberaterordnung (FBO)** geregelt, die am 1.8.2007 in Kraft getreten ist.

7. BERUFLICHE ZUSATZQUALIFIKATIONEN

>< **Web-Link** Die Fachberaterordnung und weitere Informationen zur Erlangung der Fachberaterbezeichnung sind unter www.bstbk.de abrufbar.

Zertifizierte Fachberaterlehrgänge bietet die Bundessteuerberaterkammer durch ihr fachwissenschaftliches Institut, das **Deutsche Wissenschaftliche Institut der Steuerberater e.V. (DWS – Institut)**, an.

>< **Web-Link** Informationen zu den Lehrgangskonzepten und Terminen finden Sie unter www.dws-institut.de.

>< **ANSPRECHPARTNERIN FÜR DIE FACHBERATERLEHRGÄNGE:**

Frau Dipl. Kfm. Bettina Bethge
DWS-Institut
Neue Promenade 4, 10178 Berlin
Postfach 022409, 10126 Berlin
Telefon: 030 246250-25
Telefax: 030 246250-50
E-Mail: seminare@dws-institut.de

7.1.1 Interview mit RAin/Dipl.-Finw. (FH) Nora Schmidt-Keßeler

RAin/Dipl.-Finw. (FH) Nora Schmidt-Keßeler ist Hauptgeschäftsführerin der Bundessteuerberaterkammer, Berlin, und Geschäftsführerin des DWS-Instituts, Berlin.

Welche Vorteile bringt der Fachberatertitel einem Steuerberater?

Eine Strategie, um sich in einem zunehmend stärkeren Wettbewerb zu behaupten – das hat sich in der Vergangenheit schon deutlich bei Rechtsanwälten und Ärzten gezeigt – ist die Spezialisierung und vor allem der Erwerb eines Fortbildungszertifikats. Während es bei Ärzten den Facharzt und bei Anwälten den Fachanwalt gibt, bieten die neuen Fachberater-Titel für „Internationales Steuerrecht" und „Zölle und Verbrauchsteuern" Steuerberatern eine Möglichkeit, ihre Kenntnisse und ihr Leistungsangebot auf steuerrechtlichen Spezialgebieten gegenüber Mandanten und potenziellen Mandanten deutlich darzustellen. Denn die grenzüberschreitenden Aktivitäten von Unternehmen nehmen ständig zu, hier gibt es einen größeren Beratungsbedarf.

Mit der Einführung des Fachberaters hat die Bundessteuerberaterkammer auf den wachsenden Bedarf der Mandanten nach Beratung auf derartigen Spezialgebieten reagiert. Dies soll die Wettbewerbsposition des Berufsstands insgesamt stärken und für den Einzelnen zusätzliche Möglichkeiten eröffnen, sich am Markt zu profilieren. Der Fachberater stellt somit ein hervorragendes Marketinginstrument zur Vermarktung von Spezialwissen nach außen dar.

Es gibt verschiedene Lehrgangsanbieter. Worauf ist bei der Auswahl zu achten?

Es gibt im Steuerrecht auf dem Gebiet der Vorbehaltsaufgaben bislang zwei amtliche Fachberatertitel, den Fachberater für „Internationales Steuerrecht" sowie den Fachberater für „Zölle und Verbrauchsteuern". Die entsprechenden Lehrgänge werden von verschiedenen Anbietern durchgeführt. Bei der Auswahl ist unbedingt darauf zu achten, dass eine Zertifizierung des Lehrgangs durch die zuständige Steuerberaterkammer vorliegt. Dies ist ein entscheidendes Qualitätsmerkmal.

Zudem sollte natürlich eine Auseinandersetzung mit dem konkreten Programm, den Dozenten und dem angebotenen Praxisbezug der Lehrgänge erfolgen. Fachberaterlehrgänge gibt es sowohl als Wochenendlehrgänge über einen längeren Zeitraum als auch als Blockveranstaltungen. Das Deutsche Wissenschaftliche Institut der Steuerberater e. V. (DWS-Institut) beispielsweise bietet zertifizierte Fachberaterlehrgänge in beiden Varianten an. Außerdem gibt es zur Zeit einen Veranstalter, der auch Fernlehrgänge anbietet.

Die Auswahl hängt vom Lerntyp ab und davon, wie viel Zeit zur Verfügung steht. Für Teilnehmer, die einen intensiven Austausch mit Fachkollegen und Dozenten suchen, ist ein Lehrgang mit Seminarcharakter sicher von Vorteil.

Wie hoch ist der zeitliche und finanzielle Aufwand?

Die Anforderungen ergeben sich aus der Fachberaterordnung. Das Führen der Fachberaterbezeichnungen setzt voraus, dass der Steuerberater zum Zeitpunkt der Verleihung der Fachberaterbezeichnung seit mindestens drei Jahren als Steuerberater bestellt ist und im jeweiligen Fachgebiet besondere theoretische Kenntnisse und praktische Erfahrungen vorliegen. Außerdem muss einmal im Jahr eine Fortbildung absolviert werden.

Angehende Fachberater müssen ihre besonderen theoretischen Kenntnisse durch den Besuch eines mindestens 120 Zeitstunden umfassenden Fachlehrgangs und ihre besonderen praktischen Erfahrungen durch mindestens 30 Fälle in ihrem Spezialgebiet nachweisen. Am Ende stehen eine schriftliche Leistungskontrolle sowie gegebenenfalls ein Fachgespräch bei der Steuerberaterkammer.

Wie viel Vorbereitungszeit für die schriftliche und gegebenenfalls mündliche Prüfung erforderlich ist, hängt von den individuellen Vorkenntnissen und Erfahrungen in den jeweiligen Bereichen ab. Fix ist der Lehrgang mit den vorgegebenen Zeitstunden sowie der Nachweis der Fälle.

Bei den Fachberaterlehrgängen gibt es geringfügige Preisunterschiede, die sich alle in einem überschaubaren Rahmen halten. Die Kosten für einen Lehrgang sowie für die Leistungskontrollen liegen beim DWS-Institut bei rund 4.000 Euro. Dafür bietet es eine intensive Betreuung der Teilnehmer in kleinen Gruppen an. Wer rechtzeitig bucht, kann einen Frühbucherrabatt erhalten.

Der angehende Fachberater muss mindestens 30 einschlägige Praxisfälle nachweisen. Was sollte er dabei unbedingt beachten?

Die Fallliste, die bei der Steuerberaterkammer einzureichen ist, muss Angaben über Gegenstand, Zeitraum, Art und Umfang der Tätigkeit sowie Stand der Beratungsangelegenheit enthalten.

Ein „Fall" liegt vor, wenn es sich um eine Mandatsbearbeitung mittlerer Bedeutung, mittleren Umfangs und mittleren Schwierigkeitsgrads handelt. Wichtig ist, dass gegebenenfalls eine geringere Gewichtung geboten ist, wenn der Steuerberater wiederholt oder für verschiedene Mandanten eine weitgehend gleich gelagerte Tätigkeit wahrzunehmen hatte.

Es ist daher zu empfehlen, mit dem Antrag auf Verleihung der Fachberaterbezeichnung möglichst mehr als genau 30 Fälle einzureichen. Die Fälle sollten auch so ausgewählt werden, dass inhaltlich möglichst die gesamte Bandbreite der in der Fachberaterordnung genannten Themenbereiche, in denen besondere Kenntnisse nachzuweisen sind, abgedeckt ist.

> **TIPP** Falls Sie die internationale Besteuerung zu ihrem Spezialgebiet gemacht haben, besteht auch die Möglichkeit, den einjährigen **Studiengang Master of International Taxation der Universität Hamburg** zu absolvieren. Der Studiengang ist vollständig auf die internationale Besteuerung ausgerichtet. Er ist von der Steuerberaterkammer Hamburg als vorbereitender beraterspezifischer Lehrgang für die Berufsbezeichnung „Fachberater/in für Internationales Steuerrecht i.s. der Fachberaterordung einschließlich der Klausuren akkreditiert worden. Mit der Absolvierung des Studiengangs erwerben die Teilnehmer daher nicht nur den akademischen Titel „Master of International Taxation", sondern können durch ihn auch den „Erwerb besonderer Kenntnisse" nach § 4 Abs. 1 der Fachberaterordnung und die schriftlichen Leistungskontrollen nach § 6 Fachberaterordnung nachweisen.

7.1.2   Fachberater für vereinbare Tätigkeiten

Über den amtlich von der Steuerberaterkammer verliehenen Fachberatertitel hinaus bieten für den Bereich der vereinbaren Tätigkeiten auch privatrechtlich organisierte Anbieter Fachberaterlehrgänge an. Der Deutsche Steuerberaterverband e.V. bietet Lehrgänge an zur Qualifizierung zum Fachberater für

- Controlling und Finanzwirtschaft (DStV e.V.),
- Rating (DStV e.V.),
- Unternehmensnachfolge (DStV e.V.),
- Sanierung und Insolvenzverwaltung (DStV e.V.),
- Testamentsvollstreckung und Nachlassverwaltung (DStV e.V.),
- Internationale Rechnungslegung (DStV e.V.),
- Wirtschaftsmediation (DStV e.V.),
- Vermögens- und Finanzplanung (DStV e.V.).

Zu beachten ist dabei, dass diese Fachberaterbezeichnungen nicht als Zusatz zur Berufsbezeichnung „Steuerberater" geführt werden darf. Um eine Verwechslung mit dem amtlich verliehenen Fachberatertitel auszuschließen, ist außerdem die Fachberaterbezeichnung um den Zusatz „DStV e.V." zu ergänzen, so dass dieser „Fachberater für ... (DStV e.V.)" lautet. Näheres siehe Seite 169 ff.

7.2   Certified Public Accountant (CPA) und Chartered Accountant

Für Steuerberater und Wirtschaftsprüfer, die sich international ausrichten möchten, kann auch die Qualifikation als „Certified Public Accountant" (CPA) oder als „Chartered Accountant" interessant sein. CPA ist die allgemeine amerikanische Berufsbezeichnung für Fachleute im Rechnungswesen. Lizensierte CPA dürfen sich als „Public Accountant" bezeichnen und repräsentieren den US-amerikanischen WP. Der „Chartered Accountant" ist das Pendant im angelsächsischen Raum. Chartered Accountants können sowohl Aufgaben im Prüfungssektor als auch in Industrie, Handel und dem öffentlichen Sektor wahrnehmen. Träger der Berufsbezeichnung Chartered Accountant sind erst durch die Bestellung zum Registered Auditor berechtigt, selbstständig gesetzliche Abschlussprüfungen durchzuführen oder einen Bestätigungsvermerk zu erteilen. Der Registered Auditor ist am ehesten mit dem WP in Deutschland zu vergleichen.

Interessant sind diese Qualifikationen, weil die Internationalisierung der Kapitalmärkte, der Rechnungslegung und der Wirtschaftsprüfung immer weiter zunimmt.

Die Rechnungslegung orientiert sich international an den

- US-GAAP (US-Generally Accepted Accounting Principles),
- den US-GAAS (US-Generally Accepted Auditing Standards),
- den IAS/IFRS (International Accounting/Financial Reporting Standards und
- den ISA (International Standards of Auditing).

Insbesondere auch die EU-weite Umstellung der Rechnungslegung börsenorientierter Unternehmen auf die an die US-GAAP angelehnten IFRS seit dem 1.1.2005 hat die Bedeutung des CPA erhöht. Auch nicht börsennotierte Unternehmen können Konzern- und Einzelabschlüsse zukünftig wahlweise nach IAS/IFRS erstellen. Zahlreiche (auch mittelständische) Tochtergesellschaften ausländischer Unternehmen erstellen bereits heute ihre Abschlüsse nach internationalen Standards, um an ihre Mutterunternehmen zu berichten. Schließlich erfordern Außenhandel und globale Märkte von den meisten Unternehmen einen aktiven Umgang mit ausländischen Geschäftspartnern oder Investoren.

Typische Tätigkeiten eines CPA in Deutschland sind zum Beispiel die Erstellung und Prüfung von Jahresabschlüssen nach US-GAAP und IAS/IFRS, die Unterstützung deutscher Unternehmen bei der Expansion in den angelsächsischen Raum, die Betreuung von Tochtergesellschaften internationaler Konzerne in Deutschland sowie die gutachterliche Tätigkeit in Fragen des Finanz- und Rechnungswesens.

Die Qualifikation als CPA wird von europäischen Steuerberatern und Wirtschaftsprüfern meist als Zusatzbezeichnung, teilweise auch als eigenständige Berufsbezeichnung geführt. In Deutschland gibt es derzeit ca. 1000 CPAs, weltweit mehr als 500.000.

Die Karrierechancen für CPAs und Chartered Accountants in Deutschland sind gut. Alle großen Wirtschaftsprüfungsgesellschaften, viele internationale Großkonzerne und in zunehmendem Maße auch kleine und mittelgroße Beratungs- und Prüfungsgesellschaften und Unternehmen im gehobenen Mittelstand suchen ständig Know-how im Bereich der internationalen Rechnungslegung. Die internationalen Qualifikationen gelten gegenwärtig als anerkannte Befähigungsnachweise für Fachkenntnisse in Accounting.

INTERESSENVERTRETUNG DER CPAs IN DEUTSCHLAND:

GCPAS – German CPA Society –
Verband der Certified Public Accountants in Deutschland e.V.
Rotebühlplatz 23
70178 Stuttgart
Tel. 0711 6200749-0; Fax 0711 6200749-99
E-Mail kontakt@gcpas.org; www.GCPAS.org

Eine weitere für Wirtschaftsprüfer interessante Qualifikation bietet der **Information Systems Auditor (CISA).**

Web-Link Informationen erhalten Sie unter: www.isaca.de

8

PROFESSIONALITÄT BEWEISEN – FORTBILDUNG IM STEUERBERATENDEN BERUF

von RA/FAStR Prof. Dr. Axel Pestke

RA/FAStR Prof. Dr. Axel Pestke ist Hauptgeschäftsführer des Deutschen Steuerberaterverbandes, Berlin, und Direktor des Deutschen Steuerberaterinstitutes, Berlin

Der steuerberatende Beruf ist ohne ständige Fortbildung nicht denkbar. Fortbildung ist ein immer währendes Thema dieser Berufsgruppe.[1] Untersuchungen besagen, dass sich Steuerberater heute durchschnittlich 27 Stunden im Jahr fortbilden, manche auch wesentlich mehr.[2]

8.1 Notwendigkeit der Fortbildung

Die *tatsächliche* Notwendigkeit zur ständigen Fortbildung ergibt sich aus dem komplizierten und sich ständig ändernden Steuerrecht[3], darüber hinaus aber auch aus einem zunehmenden Beratungsbedarf der Mandanten auf betriebswirtschaftlichem Gebiet. Letzteres betrifft zum Beispiel Fragen der Unternehmensführung, der Finanzierung oder des Controllings. Des Weiteren geht es darum, die Praxen der Steuerberater durch verbesserte Kanzleiorganisation den sich ständig wandelnden Erfordernissen anzupassen.

---

1   Carstens, Fortbildung ist die wichtigste Investition des Steuerberaters, Stbg. 1988, 196 ff.; Sommer, Fortbildung des Steuerberaters - Bürde oder Anspruch?, DSWR 4/1993, S. 83 ff.; Batke-Spitzer, Ohne aktuelles Wissen geht nichts, SteuerConsultant 7-8/2004, S. 20 ff.; Grürmann/Wanager, Die gesetzliche Pflicht zur Fortbildung für Steuerberater und die Fortbildungsempfehlungen der Bundessteuerberaterkammer, DHR 2010, 1400–1403.
2   Herzig, Analyse der Steuerberateraus- und -fortbildung in Deutschland, Köln, 2008, S. 185.
3   Zur Änderungshäufigkeit vgl. BStBK (Hrsg.), Leitfaden Fortbildung, Steuerberater-Perspektiven (Broschüren), Bd. 1, S. 7 f.: Danach ist zum Beispiel allein das Einkommensteuergesetz zwischen 1998 und 2006 67 mal geändert worden, die Abgabenordnung 39 mal, das Körperschaftsteuergesetz 27 mal, das Umsatzsteuergesetz 26 mal, das Gewerbesteuergesetz 21 mal – von anderen Steuergesetzen, untergesetzlichen steuerlichen Rechtsnormen, Verwaltungsvorschriften und höchstrichterlichen Urteilen einmal abgesehen. Seither dürfte die Zahl und Intensität der Änderungen eher zugenommen haben, DB 34/2009, S. XIV.

Der Steuerberater ist auch *rechtlich* verpflichtet, sich fortzubilden. Dies wurde schon lange aus dem Berufsgrundsatz der Gewissenhaftigkeit (§ 57 Abs. 1 StBerG) hergeleitet[4], ergibt sich darüber hinaus aus § 4 Abs. 3 BOStB und ist seit dem 8. Steuerberatungsänderungsgesetz aus dem Jahre 2008 auch ausdrücklich im Gesetz in § 57 Abs. 2a StBerG festgehalten worden.

§ 57 Abs. 2a StBerG lautet: ... „Steuerberater und Steuerbevollmächtigte sind verpflichtet, sich fortzubilden."

§ 4 Abs. 3 BOStB lautet: ... „Steuerberater sind verpflichtet, sich in dem Umfange fortzubilden, wie dies zur Sicherung und Weiterentwicklung der für ihre berufliche Tätigkeit erforderlichen Sachkunde notwendig ist."

Selbst wenn die Pflicht zur ständigen Fortbildung bis heute *berufsrechtlich* nicht konkretisiert wird (keine über § 4 Abs. 3 BOStB hinausgehenden Konkretisierungen zum Inhalt oder zum Umfang der erforderlichen Fortbildung, allenfalls Empfehlungen vgl. § 86 Abs. 2 Nr. 7, 2. Halbsatz StBerG; keine routinemäßigen, flächendeckenden Kontrollen, keine Nachweispflichten, keine besonders geregelten Sanktionen)[5], ergibt sich aus einer ständig strenger werdenden Haftungsrechtsprechung[6], dass sich der Steuerberater *nach zivilrechtlichen Grundsätzen* permanent fortzubilden hat.

Begeht der Steuerberater einen Fehler, so haftet er auf der Grundlage des Mandatsvertrages wegen Schlechterfüllung, §§ 280 ff. BGB. Haftungsvoraussetzungen sind

- Vertrag
- Pflichtverletzung
- Verschulden
- Schaden
- Haftungsbegründende und haftungsausfüllende Kausalität.

Dabei bürdet die Rechtsprechung dem Steuerberater strenge Sorgfaltspflichten auf:

- Ordnungsgemäße, insbesondere vollständige Sachverhaltsermittlung
- Ordnungsgemäße, insbesondere zum richtigen Ergebnis führende Rechtsprüfung
- Optimale Beratung und Vertretung unter Einhaltung des sichersten Weges
- bei Dauermandaten darüber hinaus auch Verhütung von außerhalb des beauftragten Gegenstandes dem Mandanten drohenden Schäden.

---

4 BVerwG v. 24.09.1981, 5 C 53/79, NJW 1982, 1298.
5 Siehe aber das gesetzliche Meinungsbild auf dem Deutschen Juristentag 2010, http://www.djt.de/djtmedia/files/68_djt_beschluesse.pdf, S. 22 These 20.
6 Alvermann/Wollweber, Die Ausferung der Beraterhaftung – Risiken und Verteidigungsstrategien, Stbg. 2008, 356; Späth, Der Steuerberater und die Pflicht zur Fortbildung, Berücksichtigung der Entwicklung der Gesetzgebung und Rechtsprechung, Stbg. 2000, 519 ff.

Im Einzelnen wird der Steuerberater von der Rechtsprechung als verpflichtet angesehen, alle Steuergesetze, alle Verordnungen und alle Erlasse inkl. ihrer Änderungen zu kennen; das umfasst grundsätzlich auch abgelegene Rechtsmaterien.[7] Darüber hinaus soll er alle veröffentlichten Urteile und Beschlüsse des BFH kennen[8], die der Untergerichte, wenn sich noch keine höchstrichterliche Rechtsprechung herausgebildet hat.[9]

Zum Teil wird angenommen, der Steuerberater müsse jene FG-Urteile kennen, die im DStR veröffentlicht sind[10] oder zumindest diejenigen FG-Urteile, die in dem für den Steuerpflichtigen maßgeblichen Bezirk[11] ergangen sind.

Dabei werden dem Steuerberater nur kurze Karenzzeiten von 4 Wochen, mitunter 6 Wochen nach Veröffentlichung einer Entscheidung gewährt.[12] Nach einer in der Literatur vertretenen Auffassung verkürzt sich der Zeitraum allerdings noch, wenn eine Rechtsmittel- bzw. eine Rechtsbehelfsfrist läuft.[13]

Auch eine ständige Verwaltungspraxis hat der Steuerberater zu kennen.[14]

Standardkommentare[15] und Literaturmeinungen[16] hat der Steuerberater zu berücksichtigen, wenn eine höchstrichterliche Rechtsprechung noch fehlt.

Steuerberater dürfen nur so lange auf die Verfassungsmäßigkeit eines Steuergesetzes vertrauen, wie noch keine Vorlage an das BVerfG erfolgt oder eine Verfassungsbeschwerde eingelegt worden ist.[17]

---

7 BGH v. 15.07.2004, IX ZR 472/00, NJW 2004, 3487; OLG Köln v. 10.04.2003, 8 U 75/02, GI 2004, 20 ff.; LG Stuttgart v. 22.06.1993, 26 O 545/92, DStR 1994, 151; LG Köln v. 07.02.1990, 28 O 500/89, Stbg. 1990, 247; LG Rottweil v. 18.08.1986, 2 O 370/85, Stbg. 1987, 69; vgl. allerdings auch Zugehör, Schwerpunkte der zivilrechtlichen Steuerberaterhaftung, DStR 2001, 1613.
8 BGH v. 28.09.2000, IX ZR 6/99, DStR 2000, 2051.
9 OLG Düsseldorf v. 08.07.2005, I-23 U 17/05, GI 2006, 12.
10 OLG Hamm v. 24.02.1999, 25 U 131/98, GI 2000, 193; einschränkend LG Frankfurt am Main v. 02.02.2005, 2-23 O 294/04, GI 2006, 62; einschränkend jetzt auch OLG Stuttgart v. 15.12.2009, 12 U 110/09, DStR 2010, S. 407
11 LG Hamburg v. 05.12.1985, 12 O 406/85, GI 1986, 23, 24.
12 BGH v. 16.04.1964, VII ZR 221/62, NJW 1964, 2059; OLG Köln v. 04.09.1998, 6 U 82/89, INF 1999, 95; noch strenger OLG Hamm v. 24.02.1999, 25 U 131/98, GI 2000, 193. Anders jetzt für FG- O 26 Stuttgart, a.a.O., S. 407: 3 Monate.
13 Lange, Schadensersatzanspruch gegen Steuerberater bei Nichtkenntnis der BFH-Rspr., DB 2003, 869 ff.
14 BGH v. 28.09.1995, IX 158/94, DStR 1997, 134.
15 BGH v. 22.04.1986, IV ZB 3/86, VersR 1986, 82; OLG Düsseldorf v. 08.07.2005, I-23 U 17/05, GI 2006, 12
16 OLG Düsseldorf, v. 20.01.2004, 23 U 28/03, GI 2005, 92.
17 BGH v. 06.11.2008, IX ZR 140/07, DStR 2009, 451 mit Anmerkung von Mutschler; OLG Köln v. 13.09.2007, 8 U 19/07, DStR 2008, 474; OLG Köln v. 12.07.2007, 8 U 6/07, DB 32/2007, 1749 ff.; OLG Köln v. 22.05.2007, 8 W 10/07, GI 3/2008, 94 ff.; LG Frankenthal v. 08.03.2005, 4 O 374/04, GI 2005, 133.

Sie sind zur ständigen Auswertung bestimmter Veröffentlichungsblätter verpflichtet:

Zur Pflichtlektüre hat die Rechtsprechung neben dem Bundessteuerblatt Teil II (BFH-Entscheidungen) die Zeitschrift „Deutsches Steuerrecht" gezählt[18], andere Zeitschriften/Zeitungen hingegen nicht.[19]

Auch eine Pflicht zur Konsultation des Internets wird zum Teil schon bejaht.[20]

Darüber hinaus wird in schwierigen Fällen eine Pflicht zur Einholung einer verbindlichen Auskunft, in der Regel nach Einholung eines entsprechenden Auftrags des Mandanten, angenommen.[21]

Gibt es bereits hinreichend deutliche Anzeichen für eine bevorstehende höchstrichterliche Rechtsprechung, hat der Steuerberater seinen Mandanten darauf hinzuweisen.[22]

Der Steuerberater hat sich über Gesetzesvorhaben zu informieren,[23] auch über noch nicht beschlossene.[24]

All diese Pflichten hat der Steuerberater einzuhalten, auch wenn der Mandant im Einzelfall über steuerliche Kenntnisse verfügt.[25]

Um diesen hohen Anforderungen gerecht zu werden, bieten sich den Beratern außer dem Selbststudium anhand von rd. 50 Fachzeitschriften etc. zahlreiche Möglichkeiten der Fortbildung.

---

18 OLG Stuttgart v. 29.06.1987, 7 U 243/86, Stbg. 1987, 347, *für BStBl.* II; OLG Düsseldorf v. 18.08.2006, I-23 U 42/06, GI 2007, 20; OLG Hamm v. 24.02.1999, 25 U 131/98, GI 2000, 193; LG Frankfurt am Main v. 02.02.2005, 2-23 O 294/04, GI 2006, 62, LG Hamburg v. 26.05.1993, 328 O 559/92, GI 1996, 15 *für DStR.*

19 *„Capital",* BGH v. 29.03.2007, IX ZR 102/06, DB 2007, 1400; *Beilage des BStBl zu den beim BFH anhängigen Revisionsverfahren,* LG Frankenthal v. 08.03.2005, 4 O 374/04, GI 2005, 133; *Bundesgesetzblatt Teil I,* LG Köln v. 07.02.1990, 28 O 500/89, Stbg. 1990, 247; *Neue Wirtschaftsbriefe,* LG Köln v. 31.05.1979, 6 O 57/79, GI 1981, 8; *Finanz-Rundschau,* LG Frankfurt am Main v. 02.02.2005, 2-23 O 294/04, GI 2006, 62; KG Berlin v. 08.09.2006, 4 U 119/05, GI 2006, 62; *„Wistra",* LG Hamburg v. 05.12.1985, 12 O 406/85, GI 1986, 23; *IStR bei inländischen Mandanten,* LG Tübingen v. 26.09.1997, 2 O 57/97, GI 1998, 227; *WM,* OLG Köln v. 04.09.1998, 6 U 82/96, INF 1999 mit Anmerkung von Späth, 95; *EFG,* KG Berlin v. 08.09.2006, 4 U 119/05, DStR 2007, 410; *Versicherungswirtschaft,* KG Berlin v. 08.09.2006, 4 U 119/05, DStR 2007, 410. Zu allem auch Gemmer, Umfang der Pflichtlektüre des Steuerberaters, KP 8/2007, 140f.; Gilgan, Was zählt zur Standardlektüre eines Steuerberaters?, Stbg. 2001, 626 ff.

20 BStBK (Hrsg.) Leitfaden Fortbildung, Steuerberater-Perspektiven, Bd. 1, S. 12.

21 BGH v. 08.02.2007, IX ZR 188/05, DStR 2007, 1098 mit Anmerkung Ruppert; OLG Düsseldorf v. 20.01.2004, 23 U 28/03, GI 2005, 92.

22 BGH v. 20.10.2005, IX ZR 127/04, NJW-RR 2006, 273.

23 OLG Düsseldorf v. 18.08.2006, I 23 U 42/06, DStR 2007, 923.

24 BGH v. 15.07.2004, IX ZR 472/00, NJW 2004, 3487; OLG Karlsruhe v. 02.07.2003, 1 U 233/01, BRAK-Mitt. 2004, 74; nicht mehr ganz verlässlich deshalb LG Rottweil v. 18.08.1986, 2 O 370/85, Stbg. 1987, 69, wo eine Pflicht zur Konsultation von Bundestags- und Bundesratsdrucksachen noch verneint wurde.

25 OLG Düsseldorf v. 18.08.2006, I-23 U 42/06, DStR 2007, 923.

8.2 Möglichkeiten der Fortbildung

Die Verbände sind die traditionellen Fortbilder der steuerberatenden Berufe.[26] Seit über 50 Jahren bieten sie mit ihren Steuerberaterakademien ein umfassendes Angebot an Fortbildung auf steuerlichem und betriebswirtschaftlichem Gebiet. Die Zahl der Fortbildungsteilnehmer bei den Verbänden betrug zum Beispiel im Jahr 2004 rund 250.000 (Berufsträger und Mitarbeiter).[27] Die Verbände haben diese Fortbildungskompetenz zu der Marke „BeraterRat Fortbildung" verdichtet.[28] Fortbildungspässe stellen sie seit 1996 aus.[29] Vorteile der Fortbildung bei Verbänden: Die Fortbildung ist preiswert, sie bewegt sich auf hohem fachlichen Niveau, ist ortsnah, es gibt kurze Wege.[30]

Höhepunkt des Fortbildungsangebots der Verbände ist der alljährlich an wechselnden Orten stattfindende Deutsche Steuerberatertag.[31]

Auch die Kammern, die Datev, private Fortbildungsinstitute und Verlage bieten Präsenzseminare zu steuerlichen und betriebswirtschaftlichen Themen und zum Teil Kongresse (Deutscher Steuerberaterkongress der BStBK, Datev-Messe) an.

Darüber hinaus spielt seit einigen Jahren die multimediale Fortbildung eine Rolle, wie sie zum Beispiel von TeleTax, DWS-Online und einzelnen Verlagen angeboten wird.[32]

- TeleTax ist eine gemeinsame Fortbildungseinrichtung des DStV und der in ihm zusammengeschlossenen Verbände sowie der Datev.[33]

- DWS-Online ist eine Fortbildungseinrichtung, die mit Unterstützung der Kammern vom DWS-Verlag getragen wird.[34]

Fachkundige Berater bedürfen der Unterstützung durch fachkundige Mitarbeiter.[35] Steuerberater haften ggf. auch für von ihnen übersehene Fehler ihrer Mitarbeiter (§ 278 BGB). Dies gilt jedenfalls im Bereich der vertraglichen Haftung. Hier besteht keine Exkulpations-

---

26 Deselaers, 25 Jahre Deutscher Steuerberaterverband e. V. (DStV) – eine Verbandsgeschichte, 2000, S. 34.
27 Pestke, Ausbau der Kammeraufgaben in den Bereichen Fortbildung und Qualitätssicherung – sinnvoll und zulässig?, Stbg. 2005, 264, 274.
28 www.steuerberater-gut-beraten.de/fortbildung.html
29 Stbg. 1997, 94f.
30 Koslowski, Fortbildung – ein Schwerpunkt im Aufgabenkonzept des Verbands, SteuerConsultant 4/2009, S. 52, 53.
31 Im Jahre 2011 findet der Dt. Steuerberatertag z. B. vom 17. bis zum 18.10. in Düsseldorf statt, vgl. www.dstv.de.
32 Allgemein zur multimedialen Fortbildung: Pestke, Virtuelle Seminarräume für Steuerberater – Eine Realität mit Dialogseminaren online von TeleTax, Stbg 2003, 494 ff.; Sommer, E-Learning in der Steuerberatung, DStR 2002, 41 ff.
33 www.teletax.de
34 www.dws-online.de
35 Merz/Greck, Berufliche Weiterbildung der Mitarbeiter, SteuerberaterMagazin 8/2008, S. 42 ff.; Deussen, Aus- und Fortbildung der Mitarbeiter zur Sicherung der Qualität der beruflichen Arbeit, BBKM 10/2006, S. 250 ff.

möglichkeit wie nach § 831 BGB. Auch für Mitarbeiter wird deshalb viel an Fortbildung geboten.[36]

Größere Kanzleien beschreiben auch den Weg der Inhouse-Fortbildung, indem sie eigene Fortbildungsprogramme entwickeln.[37]

Fortbildung kann auch in der Weise betrieben werden, dass man selbst Vorträge hält.[38]

Mit Fortbildung darf auch geworben werden, weil sie keine Selbstverständlichkeit ist.[39]

8.3 Themenschwerpunkte

8.3.1 Überblick

Noch immer steht das Steuerrecht mit über 90 Prozent der Fortbildungsstunden im Zentrum der Steuerberater-Fortbildung.[40]

Daneben gibt es aber einen Trend, dass betriebswirtschaftliche Themen im Sinne der Unternehmensberatung an Bedeutung gewinnen.[41]

Angesichts der Notwendigkeit, die Wettbewerbsfähigkeit von Kanzleien auch durch organisatorische Maßnahmen zu sichern, gewinnen auch Seminare zum Qualitäts- und Kanzleimanagement an Bedeutung.[42]

8.3.2 Vermittlung unterschiedlicher Kompetenzen

Je nach Lerntechnik nehmen Menschen unterschiedliche Mengen an Informationen auf, und zwar

- 10 Prozent durch Lesen (zum Beispiel Fachzeitschrift),
- 20 Prozent durch Hören (zum Beispiel Vortrag),
- 30 Prozent durch Sehen (zum Beispiel Folien, Bilder)
- 80 Prozent durch eigenes Formulieren (zum Beispiel eigene Referate) und
- 90 Prozent durch praktische Übungen (zum Beispiel Workshops mit Eigenbeteiligung).[43]

---

36 Uhe, Wissen schafft Vorsprung, SteuerConsultant 6/2009, S. 44 ff.
37 Hoffmann, Die Organisationen der Aus- und Fortbildung in einer mittelständischen WP-Gesellschaft, WPK Magazin 2/2004, S. 46 ff.
38 BStBK (Hrsg.) Leitfaden Fortbildung, Steuerberater-Perspektiven, Bd. 1, S. 21.
39 BVerfG v. 12.09.2001, 1 BvR 2265/00, NJW 2001, 3324, zum anwaltlichen Werberecht als Ausdruck der Berufsfreiheit.
40 Herzig, FBn. 2, S. 204; so auch Gattermann, Die Qualität der Seminare spielt heute eine entscheidende Rolle, SteuerConsultant 5/2008, S. 56.
41 Herzig, vgl. FBn. 2, S. 189.
42 Knorr, Für die Fortbildung spielt die Verbandsgröße keine Rolle, SteuerConsultant 6/2009, S. 52, 53.
43 Hoffmann, Für eine Verbesserung der Didaktik in der Aus-und Fortbildung (angehender) Wirtschaftsprüfer, WPK-Mitteilungen 1/2003, S. 6 ff.

Im Rahmen der angebotenen Fortbildungsmaßnahmen werden unterschiedliche Kenntnisse und Fertigkeiten vermittelt, zum Beispiel

- Aufgabenbezogenes Fachwissen (ESt, KSt, GewSt, Finanzierung),
- Aufgabenübergreifendes Fachwissen (Projektmanagement, Kanzleimanagement/ QM),
- Methodenkompetenz (Verhandlungsführung, Moderations- und Präsentationstechniken, Selbstmanagement, EDV-Kenntnisse, Sprachkenntnisse),
- Sozialkompetenz (Mitarbeiterführung).[44]

Eine andere Einteilung unterscheidet die vermittelten Erkenntnisse und Fähigkeiten wie folgt:

- Fachwissen (Steuern, BWL, EDV),
- Instrumentale Kompetenzen (Anwendungskompetenz),
- Systemische Kompetenzen (Lernkompetenz),
- Kommunikative Kompetenzen (Fähigkeit, sich verständlich zu äußern; Moderations- und Präsentationstechniken),
- Soziale Kompetenzen (Teamfähigkeit etc.).

Ziel der Steuerberaterfortbildung ist es, all diesen Aspekten Rechnung zu tragen.

8.4 Neu: Fachberater

Eine neue Entwicklung stellt es dar, dass Steuerberater-Seminare mit anerkannten Fortbildungsabschlüssen angeboten werden, so genannte Fachberaterlehrgänge.[45]

Die entsprechenden Fachberaterbezeichnungen beruhen auf

- Lehrgängen von 120 Stunden,
- Klausuren, welche bestanden und
- praktischen Erfahrungen, die nachgewiesen werden müssen.

Darüber hinaus besteht das Erfordernis einer Mindestfortbildung (siehe unten).

8.4.1 Vorbehaltsaufgaben

Zwei Fachberaterbezeichnungen beziehen sich auf Vorbehaltsaufgaben des Steuerberaters (§ 33 StBerG): „Internationales Steuerrecht", außerdem „Zölle und Verbrauchsteuern". Sie stehen nur Steuerberatern offen. Hierzu haben die Kammern ein Konzept entwickelt.[46]

---

44 Sommer, Systematische Fortbildung im Rahmen des Qualitätsmanagements von Steuerberatern und Wirtschaftsprüfern, DStR 2004, 745 ff.
45 Pestke, Die Fachberaterkonzepte des DStV und der BStBk – Neue Spezialisierungen für Steuerberater, 2009.
46 Schmidt-Keßeler, Spezialisierung für Steuerberater: Fachberatertitel auf dem Gebiet der Vorbehaltsaufgaben, DStR 2007, 825 ff.

a) Internationales Steuerrecht

In den betreffenden Lehrgängen wird unter anderem auf das nationale Außensteuerrecht, das Recht der Doppelbesteuerung und die internationalen Bezüge des Umwandlungssteuerrechts eingegangen. Grundstrukturen ausländischer Steuerrechtsordnungen sowie Grundsätze der internationalen Zuordnung von Einkünften gehören ebenfalls zu dem betreffenden Themenkatalog. Die Besteuerung von Steuerausländern in Deutschland und die Besteuerung inländischer Steuerpflichtiger im Ausland werden insbesondere im Hinblick auf die Strukturierung von Auslandsinvestitionen behandelt. Die grenzüberschreitende Arbeitnehmerbesteuerung, Steuerplanungstechniken, internationales Erbschaftsteuerrecht und ggf. Vermögensteuerrecht, Verrechnungspreise einschließlich der dazugehörigen Dokumentationspflichten sind weitere Lehrgangsinhalte, ebenso verfahrensrechtliche Besonderheiten bei grenzüberschreitenden Sachverhalten. Darüber hinaus spielen die steuerrechtlichen Bezüge des Europarechts eine Rolle.

b) Zölle und Verbrauchsteuern

In den betreffenden Lehrgängen werden Kenntnisse des Zolltarifrechts, des Warenursprungs- und Präferenzrechts sowie des Zollverfahrens vermittelt, aber auch Kenntnisse über das Wesen der Verbrauchsteuern und der formellen Besonderheiten (zum Beispiel in Bezug auf Buchführungs- und Anmeldepflichten).

8.4.2 Vereinbare Tätigkeiten

Acht Fachberaterbezeichnungen gibt es gegenwärtig auf dem Gebiet der vereinbaren Tätigkeiten des Steuerberaters (§ 57 Abs. 3 StBerG). Diese stehen allen natürlichen Personen offen, die zur unbeschränkten Hilfeleistung in Steuersachen nach § 3 StBerG befugt sind, also zum Beispiel auch Rechtsanwälten und Wirtschaftsprüfern. Hierum haben sich die DStV-Verbände gekümmert. Ihr Konzept ist inzwischen sowohl vom Bundesfinanzhof[47] als auch vom Bundesverfassungsgericht[48] akzeptiert worden; es ist lediglich klargestellt worden, was auch Auffassung der Berufsorganisation war, dass die privaten Fachberaterbezeichnungen in der Werbung von der Berufsbezeichnung abzusetzen sind.

a) Controlling und Finanzwirtschaft

In den entsprechenden Lehrgängen werden Kenntnisse der strategischen und operativen Unternehmensführung sowie des operativen Controllings vermittelt. Des Weiteren werden Investitionsentscheidungen besprochen und es werden Finanzierungsvorgänge und -entscheidungen, Unternehmensrisiken sowie arbeitsrechtliche Aspekte der Unternehmensführung behandelt. Forderungsmanagement und die Gestaltung von Beratungsverträgen gehören ebenfalls zu den darzustellenden Fachgebieten.

---

47 BFH v. 23.2.2010, VII R24/09, DStR 2010, 895–896.
48 BVerfG v. 9.6.2010, 1 BVR 1198/10, AnwBl. 2010, 621–624.

b) Rating

Die betreffenden Kurse müssen sich nach den DStV-Fachberaterrichtlinien unter anderem befassen mit Basel II und Rating, Bilanzierung und Bilanzanalyse, externen Ratingsystemen, qualitativen Kriterien, Ratingverfahren der Bankengruppen sowie rechtlichen Aspekten der Rating-Analyse. Außerdem muss ein Vorgehensmodell zur Strategieentwicklung im Mittelstand dargestellt und es müssen die Grundlagen der Finanzierung behandelt werden.

c) Unternehmensnachfolge

Zu den typischen Nachfolgemodellen gehören der Verbleib in der Familie sowie die unentgeltliche und die entgeltliche Veräußerung. Zu den vorgeschriebenen Inhalten der Kurse zum Fachberater für Unternehmensnachfolge gehören demgemäß typische Nachfolgeprobleme und die typischen Nachfolgemodelle, der Nachfolgeprozess sowie die zivil- und steuerrechtlichen Aspekte der Unternehmensnachfolge, außerdem die Unternehmensbewertung, Finanzierungsfragen im Rahmen der Unternehmensnachfolge und Besonderheiten der internationalen Unternehmensnachfolge.

d) Sanierung und Insolvenzverwaltung

In den dieses Fachgebiet betreffenden Lehrgängen werden Kenntnisse vermittelt unter anderem über das materielle Insolvenzrecht, das Insolvenzverfahrensrecht sowie über die betriebswirtschaftlichen Grundlagen der Sanierungs- bzw. Insolvenzverwaltungstätigkeit. Zu dem Gebiet des materiellen Insolvenzrechts werden hier zum Beispiel die Insolvenzantragsgründe, die Wirkungen der Verfahrenseröffnung, das Amt des vorläufigen und endgültigen Insolvenzverwalters, Aspekte der Sicherung und Verwaltung der Masse, der Aussonderung, Absonderung und Aufrechnung im Insolvenzverfahren gerechnet. An verfahrensrechtlichen Gesichtspunkten werden unter anderem das Insolvenzeröffnungsverfahren, das Regelverfahren, das Planverfahren, die Verbraucherinsolvenz, das Restschuldbefreiungsverfahren und Sonderinsolvenzen behandelt. Im Bereich der betriebswirtschaftlichen Grundlagen werden unter anderem betriebswirtschaftliche Fragen des Insolvenzplans, der übertragenden Sanierung und der Liquidation dargestellt.

e) Testamentsvollstreckung und Nachlassverwaltung

Außer Kenntnissen der Testamentsvollstreckung und der Nachlassverwaltung werden solche über das Amt des Testamentsvollstreckers, die Beendigung der Testamentsvollstreckung, über den Gebrauch von Vollmachten sowie über die Testamentsvollstreckung im Unternehmensbereich vermittelt, über die Haftung und Vergütung des Testamentsvollstreckers, über besondere Aspekte der Nacherbschaft sowie allgemein über berufs-, haftungs- und versicherungsrechtliche Aspekte der betreffenden Tätigkeit.

f) Internationale Rechnungslegung

In den entsprechenden Lehrgängen werden Kenntnisse über die Ursachen der Internationalisierung, ihre Vor- und Nachteile aus Unternehmersicht, über die Quellen und Organe der internationalen Rechnungslegung und die rechtlichen Rahmenbedingungen der Anwendung internationaler Standards in Deutschland vermittelt. Weitere vorgeschriebene Themen sind die Bilanzierung und Bewertung im Einzelabschluss nach IAS/IFRS, die Besonderheiten einer Gewinn- und Verlustrechnung nach IAS/IFRS, die Erstellung eines Anhangs nach IAS/IFRS, einer Kapitalflussrechnung und eines Konzernabschlusses nach den genannten Vorschriften, außerdem Grundkenntnisse der US-GAAP und der DRS sowie Kenntnisse über die Durchführung von Umstellungsprojekten.

g) Wirtschaftsmediation

Vorgeschriebene Inhalte des betreffenden Lehrgangs sind unter anderem die Grundlagen der Wirtschaftsmediation, die Darstellung der Mediation als kommunikative Aufgabe (Gesprächsführung und Kommunikationstechniken), das Verfahren der Wirtschaftsmediation, rechtliche Bedingungen der Mediation, Selbstverständnis des Mediators und Marketing für Mediation.

h) Vermögens- und Finanzplanung

Neben Kenntnissen im Bereich der finanz- und erfolgswirtschaflichen Analyse werden die Grundlagen der Finanzierungs- und Vermögensberatung, insbesondere die Themen der privaten Finanz- und Vorsorgeplanung behandelt. Außerdem geht es um Investitionsstrategien sowie Anlageanalysen. Darüber hinaus werden die Grundlagen des Bank- und Kapitalanlagerechts dargestellt.

8.4.3 Voraussetzungen für das Führen von Fachberaterbezeichnungen

Voraussetzung für das Führen einer Fachberaterbezeichnung ist es nach der Fachberaterordnung der BStBK und nach den entsprechenden Richtlinien des DStV, dass der Bewerber über besondere und nachgewiesene theoretische Kenntnisse und praktische Erfahrungen in dem Fachgebiet verfügt und sich kontinuierlich fortbildet.[49]

a) Theoretische Kenntnisse

(1) Lehrgang

Erforderlich für das Führen einer DStV-Fachberaterbezeichnung sind besondere theoretische Kenntnisse.[50] Solche liegen vor, wenn sie auf dem betreffenden Fachgebiet erheblich das Maß dessen übersteigen, das üblicherweise durch die berufliche Ausbildung und

---

49 Fachberaterordnung, §§ 2 ff.; DStV-Fachberaterrichtlinien, § 1 ff. Dies wird im folgenden am Beispiel der DStV-Fachberaterbezeichnungen näher ausgeführt. Die Regelungen in der Fachberaterordnung sind nicht identisch, aber ähnlich, vgl. Pestke, Die Fachberaterkonzepte ..., Fßn. 44, S. 35 f.

50 § 1 Abs. 3 Nr. 1 DStV-Fachberaterrichtlinien.

praktische Erfahrung im Beruf vermittelt wird.[51] Der Nachweis der besonderen theoretischen Kenntnisse auf dem jeweiligen Fachgebiet wird durch die erfolgreiche Teilnahme an einem Fachlehrgang erbracht, der bestimmte Voraussetzungen erfüllt.[52] Der Fachlehrgang muss - ohne Berücksichtigung der Leistungskontrollen - eine Mindestdauer von 120 Zeitstunden in allen relevanten Bereichen des Fachgebiets umfassen. Bestimmte Lehrgangsinhalte sind vorgeschrieben.[53]

(2) Klausuren

Die Befugnis zum Führen der Bezeichnung eines „Fachberaters (DStV e. V.)" setzt weiterhin voraus, dass die erfolgreiche Teilnahme an dem beschriebenen Fachlehrgang durch mindestens zwei unter Aufsicht angefertigte schriftliche Klausurarbeiten, die sämtlich bestanden sind, mit einer Gesamtbearbeitungszeit von mindestens 270 Minuten nachgewiesen wird.[54]

Die Prüfungsaufgaben werden von dem jeweiligen Veranstalter gestellt; Voraussetzung für die Anerkennung der Prüfungsaufgaben ist aber, dass eine Hochschule im Sinne des Hochschulrahmengesetzes dem DStV vorab bestätigt, dass zur Lösung der Prüfungsaufgaben besondere theoretische Kenntnisse im Sinne der DStV-Fachberaterrichtlinien erforderlich sind.[55] Die Bewertung der Arbeiten wird unter der verantwortlichen Leitung der Hochschule und unter der Beteiligung des Veranstalters durchgeführt.[56]

b) Praktische Erfahrungen

(1) Tätigkeit in einem Beruf nach § 3 StBerG

Der Antragsteller muss bereits eine gewisse Zeit in seinem Beruf tätig sein. Darüber hinaus hat er Fälle nachzuweisen, die er persönlich in dem jeweiligen Fachgebiet bearbeitet hat.[57]

(2) Fälle

Die Zahl der nachzuweisenden Fälle variiert:

Nachzuweisen sind **zwei Fälle**, die der Antragsteller persönlich in dem jeweiligen Fachgebiet bearbeitet hat, wenn der Antragsteller vor der Antragstellung durchgängig mindestens drei Jahre lang eine Tätigkeit als Person nach § 3 StBerG ausgeübt hat oder **fünf Fälle**, die der Antragsteller als Person nach § 3 StBerG persönlich in dem jeweiligen Fachgebiet bearbeitet hat, wenn der Antragsteller vor der Antragstellung nicht durchgängig mindestens drei Jahre lang eine Tätigkeit als Person nach § 3 StBerG ausgeübt hat.

---

51 § 2 Abs. 1 Satz 2 DStV-Fachberaterrichtlinien.
52 § 2 Abs. 1 Satz 1 DStV-Fachberaterrichtlinien.
53 § 2 Abs. 3 DStV-Fachberaterrichtlinien.
54 § 2 Abs. 4 DStV-Fachberaterrichtlinien.
55 § 2 Abs. 6 Sätze 1 und 2 DStV-Fachberaterrichtlinien.
56 § 2 Abs. 6 Satz 3 DStV-Fachberaterrichtlinien.
57 § 3 Abs. 1 Satz 1 DStV-Fachberaterrichtlinien.

Was unter einem „Fall" im Sinne der DStV-Fachberaterrichtlinien zu verstehen ist, ergibt sich aus der die jeweilige Fachberaterbezeichnung regelnden Anlage; dies können zum Beispiel eine Beratung, eine Gutachtertätigkeit oder eine sonstige Tätigkeit auf dem jeweiligen Fachgebiet sein. Unter einem Fall ist ein einheitlicher Lebenssachverhalt einigen Umfangs zu verstehen. Der Begriff geht damit über das hinaus, was zum Beispiel die anwaltliche Praxis und Rechtsprechung als „Fall" definieren.

Als eine **persönliche** Bearbeitung ist es anzusehen, wenn der Bewerber als Angehöriger eines Berufs nach § 3 StBerG eigenverantwortlich, gleich ob als Angestellter oder Selbstständiger, und überwiegend (gemessen am Anteil der zu erbringenden Leistungen) mit einer Sache befasst war, der eigenständiges Gewicht zukommt.

Ob die in den DStV-Fachberaterrichtlinien genannten Voraussetzungen vorliegen, darüber im Einzelfall zu entscheiden, ist Sache des nunmehr näher darzustellenden DStV-Fachausschusses.

c) Bestätigung durch ein objektives Beurteilungsverfahren

(1) Materielle Voraussetzungen

Anträge auf Anerkennung als Fachberater (DStV e.V.) sind beim DStV einzureichen.[58] Hierfür gibt es ein besonderes Formular im Internet unter www.dstv.de. Es sind aussagefähige Unterlagen beizufügen.

Inzwischen ist auch eine Online-Antragstellung mit eingescannten Unterlagen möglich, also eine elektronische Abwicklung.

Der Antragsteller muss die Richtigkeit und Vollständigkeit seiner Angaben an Eides statt versichern.[59]

(2) Formelle Voraussetzungen

Über die Anerkennung als Fachberater (DStV e. V.) entscheidet ein vom Vorstand des Deutschen Steuerberaterverbandes berufener Fachausschuss[60]

Zum Nachweis der besonderen theoretischen Kenntnisse oder der praktischen Erfahrungen führt der Fachausschuss ein mindestens dreiviertelstündiges, höchstens einstündiges **Fachgespräch** mit dem Antragsteller.[61] Auf das Gespräch kann verzichtet werden, wenn die Kenntnisse und Erfahrungen bereits nach dem Gesamteindruck der vorgelegten Zeugnisse und Unterlagen festgestellt werden können. Jedem Antragsteller dürfen höchstens zwei Fachberaterbezeichnungen des DStV verliehen werden.[62]

---

58 § 4 Abs. 1 Satz 1 DStV-Fachberaterrichtlinien.
59 § 3 Abs. 2 Satz 4 DStV-Fachberaterrichtlinien.
60 § 4 Abs. 1 Satz 2 DStV-Fachberaterrichtlinien.
61 § 4 Abs. 2 DStV-Fachberaterrichtlinien.
62 § 4 Abs. 4 DStV-Fachberaterrichtlinien.

d) Mindestfortbildung

Wer eine Fachberaterbezeichnung behalten will, muss eine ständige Mindestfortbildung (10 Stunden oder mehr) nachweisen, und zwar sowohl bei der Kammer[63] als auch beim Verband.[64]

Wer das DStV-Qualitätssiegel über gute Kanzleiorganisation führen möchte, muss Fortbildung im Umfang von 40 Stunden jährlich nachweisen.[65]

Inzwischen gibt es ca. 450 Fachberater der Kammern (Stand Oktober 2010) und 900 der DStV-Verbände (Stand Dezember 2010).

8.5 Organisation des Fortbildungsprozesses

8.5.1 Berufsträger

Kaum ein Berater kann es sich leisten, sich Fachwissen sozusagen „auf Vorrat" anzueignen. Es kommt immer auf die konkrete berufliche Situation an (vgl. auch § 4 Abs. 3 BOStB). Oft spielt auch die Ausrichtung der Kanzlei eine Rolle, wenn nach neuen Marktchancen gesucht werden muss (Dienstleistungspolitik, Mandatspolitik).

Eine von der BStBK entwickelte Checkliste dient dazu, den Status der systematischen Fortbildung in der eigenen Kanzlei zu analysieren und Verbesserungsmöglichkeiten zu erkennen.[66]

8.5.2 Mitarbeiter

Der Kanzleiprozess der Mitarbeiter-Fortbildung ist im Qualitätshandbuch von BStBK, DStV und DATEV beschrieben als Unter-Prozess „Organisation der Aus- und Weiterbildung" im Prozess „Personal managen" des QM-Handbuches: Planung des Besuchs oder der Durchführung von Fortbildungsmaßnahmen, Besuch, Berichterstattung und Bewertung der Fortbildungsmaßnahmen spielen hier eine Rolle.[67]

8.6 Fortbildungskosten

Die Fortbildungskosten machen durchschnittlich ca. 3 Prozent der Praxiskosten aus.[68] Das kann aber je nach Kanzlei sehr unterschiedlich sein.

Werden angestellte Steuerberater auf Kosten ihres Dienstherrn fortgebildet, werden mitunter so genannte Rückzahlungsvereinbarungen abgeschlossen, die den Angestellten ver-

---

63 § 9 Fachberaterordnung.
64 § 5 DStV-Fachberaterrichtlinien.
65 Punkt 5.1 der DStV-Qualitätssiegelanforderungen, vgl. www.dstv.de
66 Broschüre der BStBK, FBn. 3, S. 16 ff.
67 Zu Seminarbewertungen bei Rechtsanwälten Schwede: Was bringt das Seminar?, Die Kanzlei 1/2003, 26 ff.
68 Vgl. DStV-Praxenvergleich 2010 sowie Pestke/Krumbiegel, Der DStV-Praxenvergleich 2006, Stbg. 2007, 93, 95.

pflichten, dem Dienstherrn Fortbildungsaufwendungen zu erstatten, falls sie das Arbeitsverhältnis durch Eigenkündigung beenden.[69]

Vielfach bezahlen die Dienstherren dem angestellten Steuerberater auch eine Verbandsmitgliedschaft, um ihn in den Stand zu versetzen, günstig an Fortbildungsveranstaltungen teilzunehmen. Die Mitgliedschaft in den Steuerberaterverbänden ist bekanntlich freiwillig.[70]

8.7 Schlussbetrachtung

Lebenslanges Lernen gehört zum Leitbild des steuerberatenden Berufs. Konsequente Fortbildung beweist die Professionalität der Berufsgruppe und bildet auch für den einzelnen berufliche Perspektiven, ggf. auch für eine modifzierte Tätigkeit wie die des Syndikus-Steuerberaters.[71]

Wissen ist darüber hinaus ein entscheidender Wettbewerbsfaktor – für die eigene Kanzlei und für die eigene Person. Der eigenen Fortbildung sollte deshalb immer ein spezielles Augenmerk gewidmet und sie sollte mit Bedacht betrieben werden. Dies ist ein besonderes Gebot der Eigenverantwortlichkeit des Steuerberaters. Wer als Steuerberater die Verpflichtung zur permanenten Fortbildung nicht ernst nimmt, verspielt das Vertrauen, auf dem der Beruf basiert und beraubt sich eigener Zukunftschancen.

---

69 Zu den rechtlichen Anforderungen an solche Vereinbarungen vgl. Singer, Rückzahlung von Aus- und Fortbildungskosten durch Arbeitnehmer, INF 9/2004, 357 ff.
70 Allgemein zum Leistungsangebot der Steuerberaterverbände vgl. www.steuerberater-gut-beraten.de
71 Pestke, Der Syndikus-Steuerberater – Grundlagen und Perspektiven, in: Carstens/Flick/von Loeper (Hrsg.), StB-Handbuch, Die Praxis des Steuerberaters, Loseblatt, Fach 296.

SPECIAL: KARRIERE IN DER UNTERNEHMENSBERATUNG

von Elke Pohl

Vor allem große Beratungsunternehmen wie KPMG, die in Deutschland an über 20 Standorten mit mehr als 8.500 Mitarbeitern agieren, betreiben neben Wirtschaftsprüfung und Steuerberatung auch Unternehmensberatung als weiteres Standbein. Doch nicht nur große, auch viele kleinere Unternehmen haben sich breit aufgestellt. Die Geschäftsfelder ergänzen sich hervorragend, da sie alle auf einer sehr genauen Kenntnis der Zahlen und Prozesse innerhalb eines Unternehmens beruhen. Dadurch und durch die konsequente Branchenspezialisierung können selbst bei sehr komplexen und vielschichtigen Fragen kompetente Antworten gegeben und Strategien auf mehreren Ebenen entwickelt werden. Ein Blick auf den Beratermarkt ist daher lohnend.

Die wirtschaftliche Unternehmensberatung existiert bereits seit mehr als 100 Jahren. Als eines der ersten nennenswerten Werke erschien im Jahre 1911 das Buch *Die Grundsätze wissenschaftlicher Betriebsführung*. Damals schon betrachteten die Berater die wirtschaftliche Rentabilität von Betrieben und die Arbeitsverhältnisse der Arbeiter in den Betrieben. Stand zunächst die Arbeitskraft des Menschen im Mittelpunkt der Betrachtungen, gelangte man später zunehmend dazu, sie als funktionierendes Element im betrieblichen System zu erkennen. Als Gründungsjahr der professionellen Unternehmensberatung gelten heute die zwanziger Jahre des letzten Jahrhunderts – Berater diskutierten Fragen der Betriebsorganisation sowie Kostenrechnung und Kostenplanung. Erst später beschäftigte man sich stärker mit unternehmerischen Erfolgsfaktoren oder etwa der Motivation des Personals. Seit mehr als 60 Jahren ist in Deutschland die Beratungsnachfrage kontinuierlich gestiegen. Heute gehört die Branche der Unternehmensberatung zu den bedeutendsten wirtschaftlichen Wachstumssparten.

1. Die Branche

Die Consulting-Branche ist, was die Anzahl der Unternehmen betrifft, klein- und mittelständisch geprägt. Von den insgesamt am Markt operierenden 13.300 Unternehmen erzielten 2009 11.250 einen Jahresumsatz bis zu einer Million €, allein 7.500 davon kamen auf maximal 250.000 €. Damit erreichten diese Unternehmen einen Marktanteil von gut 20 Prozent des Gesamtumsatzes. Der größte Teil – mehr als 45 Prozent – entfällt dagegen auf die 60 Großunternehmen, die jeweils mehr als 45 Millionen Umsatz einbringen. In diesen Unternehmen sind fast 37.000 Mitarbeiter beschäftigt, darunter 28.000 Berater. In den Unternehmen bis zu einer Million € Umsatz fanden 2009 fast 40.000 Menschen Arbeit, darunter gut 28.000 Berater. Es sind also nicht nur die Top-Unternehmen, die sich als Arbeitgeber für künftige Berater anbieten, sondern ebenso die vielen kleinen und mittelständisch geprägten Beratungsgesellschaften. Im Jahr 2009 nahm die Mitarbeiterzahl über alle Unternehmen allerdings um 2,5 Prozent ab. Gesucht werden dennoch weiterhin sowohl berufserfahrene Seiteneinsteiger, die eine starke Beziehung zur Beratertätigkeit haben, als auch besonders gut qualifizierte Hochschulabsolventen.

TOP 10 der Managementberatungs-Unternehmen in Deutschland 2009

	Unternehmen	Schwerpunkt Stategieberatung	Umsatz in Deutschland in Mio. Euro	Umsatz in Deutschland in Mio. Euro	Mitarbeiterzahl in Deutschland	Mitarbeiterzahl in Deutschland
			2009	2008	2009	2008
1	McKinsey & Company Inc. Deutschland*	x	>500,0[1]	645,0	2.300	2.300
2	The Boston Consulting Group GmbH, Düsseldorf/München*	x	418,0	406,0	1.540	1.510
3	Roland Berger Strategy Consultants GmbH München*	x	390,0	398,0	800	840
4	Booz & Company GmbH, Düsseldorf*,[2]	x	260,0	262,0	595	600
5	Deloitte Consulting GmbH, Hannover		253,0	286,0	1.108	1.156
6	Steria Mummert Consulting AG Hamburg		234,0	239,0	1.655	1.651
7	Oliver Wyman Group, München*	x	232,0	228,0	600	600
8	Capgemini Consulting, Berlin[2]		202,0	231,0	845	903
9	BearingPoint GmbH, Frankfurt am Main*		196,0	246,0	1.288	1.381
9	A.T. Kearney GmbH, Düsseldorf	x	196,0	209,0	554	574

Quelle: Lünendonk GmbH, Stand 20.05.2010

*) Umsatz- und/oder Mitarbeiterzahlen teilweise geschätzt

1) keine Angabe zum Umsatz durch das Unternehmen; Schätzung

2) bis 05/2008 Booz Allen Hamilton GmbH; Veränderung durch Split des Unternehmens beeinflusst

Sie lieben komplexe Aufgaben?
Und knacken die härteste Nuss?

Dann sind Sie bei uns richtig: Denn wir suchen Kollegen mit Biss.
Sie stehen noch mitten im Studium, befinden sich kurz vor dem Abschluss oder verfügen schon über erste Berufserfahrung? Sie haben bereits viel gelernt und hart an Ihrer Entwicklung gearbeitet? Wenn Sie Herausforderungen suchen und Verantwortung in engagierten Teams übernehmen möchten, dann freuen wir uns, gemeinsam mit Ihnen in unseren Bereichen Wirtschaftsprüfung, Steuerberatung, Consulting und Corporate Finance die beste Lösung für jede noch so anspruchsvolle Aufgabe zu finden.
Es ist Ihre Zukunft. Wie weit wollen Sie kommen?

Entdecken Sie mehr Möglichkeiten unter www.deloitte.com/careers

Deloitte bezieht sich auf Deloitte Touche Tohmatsu Limited, eine „private company limited by guarantee" (Gesellschaft mit beschränkter Haftung nach britischem Recht), und/oder ihr Netzwerk von Mitgliedsunternehmen. Jedes dieser Mitgliedsunternehmen ist rechtlich selbstständig und unabhängig. Eine detaillierte Beschreibung der rechtlichen Struktur von Deloitte Touche Tohmatsu Limited und ihrer Mitgliedsunternehmen finden Sie auf www.deloitte.com/de/UeberUns.
© 2010 Deloitte & Touche GmbH Wirtschaftsprüfungsgesellschaft

2. Erfahrungsbericht: Einstieg ins Beraterleben

von Viola Skepeneit, Deloitte, Frankfurt/Main

Viola Skepeneit, 29, arbeitet seit 2009 als Senior Consultant für Human Capital Advisory Services in Deutschland und engagiert sich in den Bereichen Organization Design und Change Management. Doch sie ist schon seit 2005 mit Deloitte Consulting verbunden.

Einmal um die ganze Welt gereist, in fünf Ländern gelebt, mit sieben unterschiedlichen Kulturen zusammengearbeitet – da gab es eigentlich nur eine berufliche Option: Den Einstieg ins abwechslungsreiche Beraterleben.

Wenn man Abwechslung und Herausforderung liebt, Bahnhöfe und Flughäfen zu seinen Wohnzimmern macht und Spaß daran hat, das Handgepäck so zu packen, dass es für zwei Wochen reicht, dann ist man in der Beratung genau richtig.

Angefangen hat alles 2004. Nachdem ich, frisch eingeflogen aus Deutschland, zum Masterstudium in New York an der Columbia University angekommen war und gleich nach einem Monat auf einer Career Fair Deloitte Consulting kennen lernte, wurde mir schnell klar: Deloitte kann mir einen internationalen Karriereweg bieten, in welchem ich mein Psychologiestudium zur Bearbeitung und Lösung spannender Businessthemen zielgerichtet einsetzen kann.

2005 absolvierte ich ein achtwöchiges Praktikum bei Deloitte in New York, in welchem ich an der Reorganisation eines großen Unternehmens mitarbeiten konnte. Meine Aufgaben beinhalteten die Ausarbeitung von Service Level Agreements, das sind Verträge zwischen der Organisation und seinen Subunternehmern, Vorteilsanalysen der neuen Organisationsstruktur und viele Power-Point-Präsentationen, welche dem Kunden regelmäßig Einblick in unsere Arbeitsresultate ermöglichten. Im Anschluss an das Praktikum und unsere Projektpräsentationen kam dann das ersehnte Angebot von Deloitte Consulting: Eine Festanstellung für 2006 in New York, nach erfolgreichem Abschluss meines Masterstudiums.

Seit meinem Einstieg habe ich an Umstrukturierungen, Softwareeinführungen und Personalstrategien mitgearbeitet, Konzepte erstellt und umgesetzt und besonders im Bereich Change Management, Organisation Design und Talent Strategies Erfahrungen gesammelt. Durch die Projekte habe ich nicht nur unterschiedliche Themengebiete, Methoden und Werkzeuge von Deloitte kennen gelernt, sondern immer wieder in neuen interdisziplinären Teams und unterschiedlichen Teamstrukturen gearbeitet sowie verschiedenste Führungsstile kennen gelernt – meine Lernkurve ist dabei unglaublich schnell gestiegen. 2009 hat es mich wieder nach Deutschland ins Frankfurter Büro verschlagen, wo ich nun verstärkt Themen zu Organisation Design verfolge.

Ich bin sehr gespannt, welche nächsten Projekte meinen Erfahrungsschatz noch erweitern werden und freue mich auf weitere spannende Jahre mit Deloitte Consulting.

Führende deutsche mittelständische Managementberatungs-Unternehmen

	Unternehmen	Umsatz in Deutschland in Mio. Euro	Umsatz in Deutschland in Mio. Euro	Mitarbeiterzahl in Deutschland	Mitarbeiterzahl in Deutschland
		2009	2008	2009	2008
1	Droege International Group AG, Düsseldorf*, 1	190,0	122,0	170	240
2	Zeb/Rolfes.Schierenbeck.Associates GmbH, Münster	84,6	79,3	595	605
3	Simon, Kucher & Partners GmbH, Bonn*	68,7	80,7	270	290
4	Horváth & Partners-Gruppe), Stuttgart	58,0	83,1	255	267
5	Management Engineers GmbH & Co. KG Düsseldorf*	70,0	77,0	130	140
6	Kienbaum Management Consultants GmbH, Gummersbach*	56,0	57,0	245	250
7	d-fine GmbH, Frankfurt am Main	47,0	48,2	245	235
8	ESPRIT Consulting AG, München	27,0	30,3	149	156
9	KPS AG, München	38,5	35,4	146	155
10	Kerkhoff Consulting GmbH, Düsseldorf	17,3	14,1	104	108

Quelle: Lünendonk GmbH, Stand 30.06.2010
*) Umsatz- und/oder Mitarbeiterzahlen teilweise geschätzt
1)inkl. Erfolgshonoraransprüche

Auch die Beraterbranche konnte sich dem gesamtwirtschaftlichen Negativtrend nicht entziehen. Nach zweistelligen Wachstumsraten in den vergangenen Jahren ging der Umsatz branchenweit um 3,1 Prozent auf 17,6 Milliarden € zurück (2008: 18,2 Milliarden €). Die Firmen in Industrie und Wirtschaft zeigten sich von den heftigen Begleiterscheinungen der Krise so überrascht, dass teilweise eine „Schockstarre" festzustellen war, wie der Bundesverband Deutscher Unternehmensberater (BDU) in seiner aktuellen Studie *Facts & Figures zum Beratermarkt 2009/2010* berichtet. Allerdings entwickelten sich nicht alle Beratungsunternehmen gleich. Das Wachstum hat sich 2009 eher von den großen zu den kleineren Firmen hin verlagert. In den Boomjahren von 2005 bis 2008 hatten diese regelmäßig unterhalb des Branchenwachstums gelegen. So konnten die kleinen Unternehmen mit weniger als 250.000 € Umsatz im letzten Jahr sogar ein leichtes Wachstum von einem Prozent erzielen, die mit einem Umsatz von 500.000 bis zu einer Million € konnten ihn zumindest stabil halten. Dagegen mussten die Big Player einen Einbruch von fünf Prozent hinnehmen. Die größere Flexibilität kleinerer Unternehmen, die zum Beispiel häufig mit freien Beratern arbeiten, hat sich in der Krise eindeutig ausgezahlt. Auch der Mittelstand hat sich 2009 relativ gut geschlagen. „Die so genannten ‚Top 10 Mittelstand' erwirtschafteten in 2009 zusammen 768 Millionen € Gesamtumsatz, wobei die Spannweite der jeweiligen Umsätze von 190 Millionen € bis 32 Millionen € reicht", sagt der Inhaber der Lünendonk GmbH, Thomas Lünendonk.

3. Entwicklungstrends

Die Unternehmensberater sehen trotz der angespannten weltweiten Konjunkturlage optimistisch auf das Jahr 2010 und prognostizieren 5,5 Prozent Wachstum. Diese Prognose bedeutet zum Beispiel für Beratungsgesellschaften mit einer Umsatzgröße von ein bis zweieinhalb Millionen € immerhin ein durchschnittliches Wachstum der Unternehmen um 8 Prozent. Auch die großen Unternehmensberatungen (Umsatz: fünf bis 45 Millionen) blicken optimistisch auf das gesamte Geschäftsjahr 2010, allerdings etwas verhaltener (+7 Prozent). Skeptischer sind die ganz Großen (ab 45 Millionen € Umsatz). Sie erwarten nur ein Plus von 4 Prozent. In der BDU-Studie *Facts und Figures zum Beratermarkt 2009/2010* gehen drei Viertel der befragten Unternehmen von einem Aufwärtstrend aus, lediglich 9 Prozent sehen relativ schwarz. Betrachtet man die Ausrichtung der Unternehmen auf bestimmte Beratungsfelder, so blicken die Strategie- und Personalberater am optimistischsten in die Zukunft:

Unternehmen spazialisiert auf	Umsatzprognose
Strategieberatung	6,5 %
Organisations-/Prozessberatung	5,0 %
Human Ressources-Beratung	6,5 %
IT-Beratung	4,5 %

Quelle: BDU-Studie *Fact & Figures zum Beratermarkt 2009/2010*

Die deutlichsten Veränderungen wird es nach Angaben befragter Unternehmensberatungen bei den Auftraggebern geben. 2010 wird sich Wachstum in erster Linie aus der TIMES-Branche (TIMES steht für Telekommunikation, IT, Media, E-Business und Service Provider) ergeben, so der BDU in seiner Studie (+ 9,6 Prozent). Danach folgen Chemie und Pharma (+ 7,6 Prozent) und die Finanzdienstleistungsbranche (+ 6,3 Prozent). Nur wenige Impulse wird es nach Einschätzung der Befragten aus traditionellen Branchen wie Fahrzeug- und Maschinenbau geben, da hier die Konjunktur etwas länger auf sich warten lässt. Analog zur verbesserten Geschäftserwartung möchte die Mehrzahl der Consultingunternehmen entweder die Mitarbeiterzahl konstant halten oder sogar neue Personalberater einstellen. Besonders bei den Unternehmen mit einem Beratungsumsatz zwischen einer und 45 Millionen € werden Personaleinstellungen geplant. Mit dieser Sicht bleibt zu konstatieren, dass insbesondere die Unternehmen Personal einstellen, die für 2010 die höchsten Wachstumsprognosen abgeben. Mit anderen Worten: Besonders attraktive Arbeitgeber sind auch 2010 die mittleren Beratungsunternehmen.

Geplanter Stellenzu- und -abbau 2009

Jahresumsatz	Berater (inklusive Geschäftsführer / Inhaber / Partner)		
	Einstellen	Konstant bleiben	Abbauen
über € 45 Mio.	45 %	50 %	5 %
€ 5 bis € 45 Mio.	70 %	17 %	3 %
€ 2.5 bis € 5 Mio.	67 %	31 %	2 %
€ 1 bis € 2.5 Mio.	56 %	36 %	8 %
€ 500.000 bis 1 Mio.	38 %	53 %	9 %
€ 250.000 bis € 500.000	25 %	73 %	2 %
bis € 250.000	12 %	85 %	3 %

Quelle: BDU-Studie *Facts & Figures zum Beratermarkt 2009/2010*

ZITIERT:

Burkhard Wagner
Geschäftsführer der Kienbaum Management Consultants

Große und kleinere hoch spezialisierte Unternehmen sind klar im Vorteil. Mittelgroßen Generalisten stehen schwierige Zeiten bevor, da ihnen Positionierung und die Zugänge zu den Netzwerken fehlen. Der Beratermarkt wird um etwa 15 Prozent schrumpfen, wobei sich große Unternehmen stabilisieren und kleine fusionieren. Zudem wechseln Berater auf die Kundenseite und bringen ihre Kompetenzen in Projektverhandlungen ein. Consultants werden zunehmend für äußerst spezifisches Know-how benötigt. Nachgefragt werden auf reiferen Märkten wie etwa in Großbritannien zunehmend auch Freelancer-Konzepte mit hoher Beratungsqualität zu deutlich geringeren Kosten. Die Ausbildung von Junior-Beratern erfolgt nur noch punktuell, immer weniger wechseln im Gegensatz zu früher von den Hochschulen direkt in beratende Unternehmen. Aktuell sind erfahrene Beraterpersönlichkeiten gefragt, die Veränderungsprozesse leiten können. Die Marke des Beratungshauses tritt verstärkt zugunsten der Beraterpersönlichkeit in den Hintergrund. Wer als Absolvent einsteigen möchte, braucht unbedingt eine gute Vita – sehr gute Studienergebnisse, in- und ausländische Praktika und perfekte Kenntnisse in mindestens zwei Fremdsprachen.

4. Beratungsfelder und Klienten

Die rasant verlaufende Globalisierung verlangt internationale Entwicklung und Kooperation. Zu einem der bedeutendsten Märkte weltweit werden sich nach BDU-Einschätzungen mit hoher Wahrscheinlichkeit die sogenannten Emerging Markets entwickeln, dynamische, aufstrebende Länder. In den Schwellenländern China oder Indien zum Beispiel wird wie in Bulgarien oder Rumänien zunehmend erstklassiger Beratungsbedarf notwendig, der in der Industrie genauso wie im öffentlichen Sektor, in der Dienstleistungsbranche oder in der Telekommunikation und Informationstechnologie besteht. Insgesamt stellt sich der Marktanteil der vier Beratungsfelder Strategieberatung, Organisations- und Prozessberatung, IT-Beratung und Human-Resource-Beratung nach BDU-Studienergebnissen wie folgt dar:

Marktanteile nach Beratungsfeldern 2009/2010

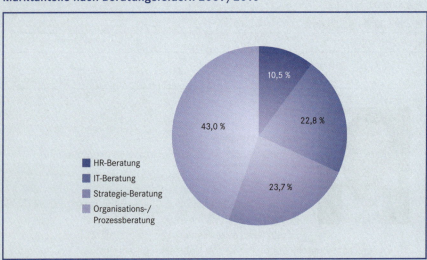

Quelle: BDU-Studie *Facts & Figures zum Beratermarkt 2009/2010*

Der BDU beobachtete, dass die wichtigsten Auftraggeber für die Unternehmensberater nach wie vor das verarbeitende Gewerbe und die Finanzdienstleister blieben, allerdings mit rückläufiger Tendenz. Im Kommen sind hingegen die IT-, die Chemie- und Pharmabranche. Dem BDU-Trendbarometer zufolge werden 2010 und darüber hinaus vor allem Dienstleistungen in den Themenfeldern Strategie- und Investitionsentscheidungen, effiziente Kostenstruktur und Erhalt der Liquidität nachgefragt. Für Schwung sorgen auch Fusionen und Unternehmenskäufe.

SPECIAL: KARRIERE IN DER UNTERNEHMENSBERATUNG

Beratungsfeld Strategieberatung (Gesamt-Anteil 23,7 Prozent)

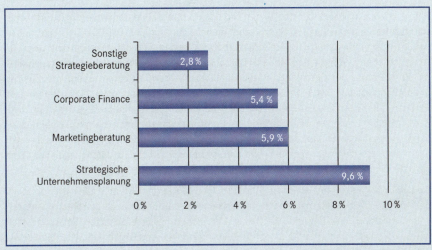

Quelle: BDU-Studie *Facts & Figures zum Beratermarkt 2009/2010*

Beratungsfeld Organisations- und Prozessberatung (Gesamt-Anteil 43 Prozent)

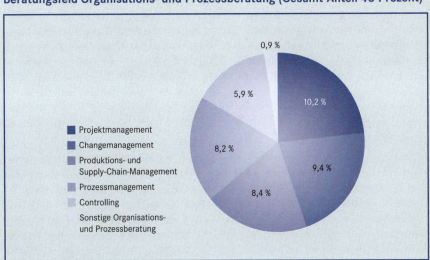

Quelle: BDU-Studie *Facts & Figures zum Beratermarkt 2009/2010*

5. Berufseinstieg

Ein gesetzlich fixiertes Berufsbild mit vorgeschriebenen Bildungswegen und förmlicher Berufszulassung existiert für die Unternehmensberatung nicht. Die BDU-Berufsgrundsätze für Unternehmensberater und Personalberater leisten eine berufsspezifische Orientierung. Daneben bedingt eine Reihe von Vorschriften aus unterschiedlichen Rechtsgebieten die Berufspraxis der Branche. Für Hochschulabsolventen mit einem überdurchschnittlichen Abschluss und ersten Praxiserfahrungen – gern im Ausland – bieten sich immer gute Ein- und Aufstiegschancen. Die gesuchten Studienrichtungen sind breit gestreut, je nachdem, welche Branchen das betreffende Beratungsunternehmen betreut. Neben wirtschaftswissenschaftlichen Abschlüssen, die in der Suche dominieren, haben daher vor allem auch Absolventen ingenieur- und naturwissenschaftlicher Studiengänge aller Arten gute Aussichten.

Beispiel McKinsey: Der weltweit führende Topmanagement-Berater zählt die Mehrzahl der 100 führenden Unternehmen zu seinen Kunden, berät aber auch den wachstumsstarken Mittelstand, viele führende Banken und Versicherungsgesellschaften, Regierungsstellen sowie private und öffentliche Institutionen. Strategie- und Organisationsstudien sowie die Themen Wachstum und Aufbau neuer Geschäfte machen rund die Hälfte der Arbeit aus. Weitere zentrale Arbeitsgebiete sind funktionsbezogene Projekte in Marketing und Vertrieb, Produktion und Logistik, Corporate Finance und Informationstechnologie. Für Bachelor-Absolventen bietet sich der Einstieg als Junior Fellow, der an konkreten Beratungsprojekten mitwirkt. Die weiteren Möglichkeiten sind lukrativ: Ein Junior Fellow arbeitet zunächst ein Jahr lang als Berater, das heißt als vollwertiges Teammitglied in einem Projekt bei Klienten im In- und Ausland. Danach hat man die Wahl: Entweder man kehrt an die Hochschule zurück und absolviert einen von McKinsey bezahlten Masterstudiengang, um danach als Fellow wieder einzusteigen. Oder man wechselt ins Fellowship-Programm und kann nach zwei weiteren Jahren als Berater einen MBA oder Doktorgrad erwerben – bei Fortzahlung des Gehalts für ein Jahr. Im Associate-Programm werden Hochschulabsolventen mit Promotion, MBA oder relevanter Berufserfahrung gezielt auf höhere Aufgaben vorbereitet. Schon nach kurzer Zeit besteht die Möglichkeit, Führungsverantwortung zu übernehmen.

Die Anforderungen an künftige Mitarbeiter sind hoch. Während eines Auswahltags werden die Kandidaten in Einzelinterviews gründlich getestet. Gute Karten hat, wer schon während des Studiums ein Praktikum absolviert hat. Praktikanten arbeiten acht bis zwölf Wochen in einem Beraterteam und sind dort für einen kleinen, klar abgegrenzten Teilaspekt eines Projekts verantwortlich. Jede Woche werden vier Tage vor Ort bei einem Klienten verbracht und ein Tag in dem McKinsey-Büro, für das man sich entschieden hat. Was die Studienrichtungen betrifft, ist McKinsey relativ offen. Etwa die Hälfte der Berater hat einen wirtschaftswissenschaftlichen Background, alle anderen kommen aus anderen Disziplinen. Wer keine wirtschaftswissenschaftliche Ausbildung hat – etwa Ingenieure oder Mediziner – erhält vorab ein sogenanntes Mini-MBA-Training. Der mehrwöchige Kurs vermittelt Grundlagen der Betriebswirtschaft und orientiert sich stark an den Lehrplänen der führenden Business Schools für MBAs. Daneben erhalten die Berater ohne wirtschaftswissenschaftlichen Background zusätzliche Trainings, die diese Kenntnisse weiter vertiefen.

> **Web-Link**
> Weitere Infos erhalten Sie unter www.mckinsey.de/html/karriere/ihr_einstieg/ihr_einstieg.asp

Beispiel Droege & Comp.: Der erfolgreiche Mittelständler ist Spezialist für nachhaltige Restrukturierungs- und Wachstumsberatung vor allem für mittelständische und wissenschaftsorientierte Unternehmen. Persönliche Ausstrahlung, Souveränität, hohe Führungs- und Sozialkompetenz, Sensibilität im Umgang mit Menschen und Kreativität sind nach Aussage des Unternehmens wesentliche Voraussetzungen für eine erfolgreiche Beraterkarriere. Für einen Direkteinstieg als Berater kommt ein wirtschafts-, ingenieur- oder naturwissenschaftliches Studium mit Prädikatsexamen an einer renommierten Universität in Betracht, möglichst um eine Zusatzqualifikation (Promotion, MBA etc.) ergänzt. Erste Berufserfahrungen werden gern gesehen ebenso wie Auslandsaufenthalte, dank derer sich der Kandidat verhandlungssicher auf internationalem Parkett bewegt. Sehr gute Hochschulabsolventen haben die Möglichkeit, als Business Analyst einzutreten. Ansonsten steigen Hochschulabsolventen als Berater ein, die in die Projektarbeit beim Kunden vor Ort einbezogen sind. Die Auswahlgespräche laufen über zwei Runden: In der Ersten finden vier Einzelgespräche mit Bewerber-Kurzpräsentation, strukturierten Interviews und Case Studies statt. Danach folgt eine zweite Gesprächsrunde, die über eine Einstellung entscheidet. In beiden Runden wird geprüft, inwieweit der Bewerber analytisch denken, einem komplexen Problem strukturiert beggenen und Lösungsansätze systematisch entwickeln kann, ob er über ausreichend Kreativität und Kommunikationsfähigkeit verfügt. Hervorragenden Studenten, die sich im Haupt- oder Master-Studium befinden, wird ein Praktikum im Rahmen eines mindestens zweimonatigen Fellowship-Programms geboten. Der Einsatz erfolgt als festes Teammitglied direkt vor Ort beim Kunden. Der Auswahlprozess für Fellows beschränkt sich auf eine Interviewrunde mit insgesamt zwei Gesprächen.

> **Web-Link**
> Weitere Infos erhalten Sie unter www.droege-international.com/de/karriere-alumni/karriere/

Beispiel Roland Berger Strategy Consultants: Die Stärken des Strategieberaters aus München sind Geschäftsanalysen in der individuellen Wettbewerbssituation des Kunden. Er nennt das Beratungsgespräch nicht Handwerk, sondern Kunst. Daraus leiten sich die hohen Ansprüche ab, die an die Berater gestellt werden. Sachlich korrekt, in höchstem Maße präzise und konsequent umgesetzt stellen die Beratungsdialoge höchste Anforderungen an die Mitarbeiter. Bei Roland Berger Strategy Consultants sind Hochschulabsolventen aller Fachrichtungen willkommen – Biologie, Informatik, Maschinenbau oder Wirtschaftswissenschaften. So verschieden der Studienabschluss sein kann, so kongruent ist, was das Unternehmen verlangt – Leidenschaft und betriebswirtschaftliche Neugier. Zugleich stellt es Fingerspitzengefühl für Alternativlösungen, viel Unternehmertum, reale betriebswirtschaftliche Sicht und gründliche Kreativität in den Vordergrund. Der Start in eine Beraterkarriere bei Roland Berger erfolgt nach sehr gut abgeschlossenem Master, Diplom, Staatsexamen oder Magister als Junior Consultant. Wer promoviert hat, steigt in der Regel direkt als Consultant ein. Für MBA-Absolventen besteht nach dem ersten Jahr die Möglichkeit, das zwei- bis dreimonatige Summer-Associate-Programm in einem der weltweiten Büros zu belegen. Die Besten erhalten vor Ort ein Angebot als Senior Consultant. Nach Auffassung von Roland Berger ist die Lernkurve der Berater genauso steil und schnell, wie die Karriere verläuft. Nach einem Jahr als Junior Consultant folgt in der Regel im zweiten Jahr der Consultant, im dritten und vierten Jahr der Senior Consultant mit dem Ziel, in weiteren Jahren als Project Manager und Principal nach acht, spätestens zehn Jahren eine Partnerschaft mit Roland Berger zu schließen. Die Beratertätigkeit wird von erstklassigen Weiterbildungsseminaren begleitet, die dem jeweiligen Ausbildungsstand angepasst sind. Daneben stehen spezielle Entwicklungs- und Förderprogramme für Master, Promotion oder das „Roland Berger Fellowship Program" für herausragende Senior Consultants an einer der weltweit führenden Universitäten auf dem Programm.

Web-Link
Weitere Infos erhalten Sie unter http://karriere.rolandberger.com/einstieg/

Beispiel Kienbaum Consultants International: Der Unternehmensberater im Search und Human Resources Management berät und begleitet Unternehmen aus bedeutenden Wirtschaftsbereichen. Er verbindet Kompetenzen in klassischer Managementberatung, Human Resources Beratung und Personalberatung mit ausgeprägtem Branchen-Know-how. Der Unternehmensberater sagt über sich selbst: „Employer Branding ist unsere Leidenschaft. Personalmarketing unser Herzstück. Communication und PR unsere Profession. Und Personalanzeigen-Management unser Meisterstück." Denn seit mehr als 45 Jahren entwickelt und realisiert Kienbaum maßgeschneiderte Lösungen für Kommunikation, PR und Personalmanagement. Die Karrieremöglichkeiten sind außergewöhnlich. Bei Kienbaum einzusteigen bedeutet, Verantwortung zu übernehmen, herausgefordert zu werden und praxisorientiert zu starten. Voraussetzungen für den Einstieg sind ein exzellent abgeschlossenes Universitätsstudium, vorzugsweise in Wirtschaftswissenschaften oder im Wirtschaftsingenieurwesen, plus erste Praxiserfahrungen, vorzugsweise aus der Managementberatung oder dem Personalmanagement. Der Start erfolgt dann als Juniorberater, das Ziel heißt Top-Researcher. Der vornehmlich leistungsabhängige Karriereweg ist von einer gezielten und transparenten Förderung geprägt, erstklassige Fort- und Weiterbildungsmöglichkeiten inklusive.

Web-Link
Weitere Infos erhalten Sie unter www.kienbaum.de

6. Interview mit Antonio Schnieder, Präsident des Bundesverbands Deutscher Unternehmensberater BDU e.V.

Der Bundesverband Deutscher Unternehmensberater BDU e.V. ist der weltweit größte Unternehmensberater-Verband. Er ist unter anderem Mitglied der weltweiten Vereinigung ICMCI (International Council of Management Consulting Institutes), deren Aufgabe es ist, die Qualität in der Unternehmensberatung zu sichern. Der Präsident des BDU, Antonio Schnieder, antwortete auf Fragen zur aktuellen Situation des Beratermarktes.

Die Wirtschaft ist in den vergangenen Monaten kräftig durchgeschüttelt worden. Wie beschreiben Sie, Herr Präsident, die derzeitige Gesamtsituation?

Nach der enorm kräftigen Rezession, die wir von Mitte 2008 bis Anfang 2010 weltweit erlebt haben, ist der wirtschaftliche Aufschwung deutlich schneller gekommen, als viele dies erwartet haben. Besonders hier bei uns verspürt die Wirtschaft und Industrie seit dem Frühjahr eine kräftige Nachfrageentwicklung. Das deutsche Modell des Kurzarbeitergeldes hat sehr dazu beigetragen, dass die Firmen jetzt, wo die Exportnachfrage in wichtigen Branchen wie dem Maschinen- oder im Automobilbau kräftig gestiegen ist, wieder gute Geschäfte machen. Allerdings bleibt die weltweite Gesamtsituation labil. Die nach wie vor schwache Konjunktur und hohe Arbeitslosenquote in den USA, anhaltende Risiken in den Bilanzen von Geldinstituten sowie ein Währungskonflikt mit globalen Ungleichgewichten werden absehbar die wirtschaftliche Entwicklung weiter negativ beeinflussen können.

Ein Blick voraus: Mit welchen Trends wird die Beraterbranche rechnen müssen und welche Reaktionen empfehlen Sie?

Der BDU-Geschäftsklima-Index, den der BDU alle drei Monate analog der IfO-Geschäftsklima-Befragung durchführt, ist nun seit dem Herbst 2009 vier Mal infolge gestiegen. Dies zeigt, dass die Unternehmensberater für die eigene Branche wieder deutlich optimistischer sind. Am Ende 2010 könnte ein Branchenplus in Höhe von drei bis fünf Prozent stehen. Insgesamt haben die Beratungsunternehmen bereits aus der letzten Krise in den Jahren 2002/2003 gelernt und danach ihre eigenen Strukturen wesentlich schneller und flexibler auf die neuen Gegebenheiten des Marktes eingestellt. Sie warteten nicht ab, sondern änderten relativ schnell ihre Einstellungspolitik und rekrutierten weniger neue Mitarbeiter. Parallel sourcte man vieles im Beratungsmanagement – Knowledge-Management, Research und Benchmarking - schnell und unbürokratisch nach Indien oder Osteuropa aus. Auf der anderen Seite bemüht man sich, Mitarbeiter so lange wie möglich im Unternehmen zu halten. Diese Vorgehensweise hat man in der jetzigen Krise nochmals verstärkt. Bei den Beratungsfeldern gibt es wieder Veränderungen. Kostenreduzierung oder auch das sogenannte Smart Spending reichen auf Dauer nicht aus. Neue Geschäftsfelder und Märkte werden wesentlich stärker priorisiert werden müssen. Die Schwerpunkte liegen in den Bereichen Mitarbeiter (kluge Köpfe), Innovation (neue Märkte) sowie Forschung und Entwicklung (neue Produkte). Noch deutlicher als bisher müssen mögliche Orientierungen des Marktes verfolgt werden. So ist zu vermuten, dass große Unternehmen kleinere und schwächere Mitbewerber „schlucken" und sich vermehrt zusammenschließen werden. Die bedeutet, dass M&A Themen und damit verbundene Beratungsaufgaben wieder sehr viel stärker in den Vordergrund rücken werden.

Welche Auswirkungen werden die wirtschaftlichen Entwicklungen auf die Ausbildung von künftigen Unternehmensberatern haben?

Durch die Globalisierung der Wirtschaft ist internationale Erfahrung sowie bereichsübergreifendes Denken und Handeln gefragt. Die Ausbildung muss daher in jedem Fall breiter erfolgen. Abgeschlossene Studien in den Richtungen Wirtschaftsingenieurwesen, Technik, Mathematik, Jura jeweils mit einem Aufbaustudium Wirtschaft sind sehr gefragt. Wer unmittelbar nach dem Studium mit der Beraterkarriere beginnt, sollte nach weiteren zwei bis vier Jahren ein MBA-Studium absolvieren. Ich empfehle, einschlägige Erfahrungen im Ausland zu sammeln, da die großen und viele mittelständige Unternehmensberatungen global aufgestellt sind.

Welche Anforderungen muss Ihrer Meinung nach ein Unternehmensberater von morgen erfüllen?

Berater sind sehr flexibel und gehen offen mit Veränderungen um. Sie können sich schnell umstellen und sind in der Lage, umzulernen und quer zu denken. Vorteilhaft ist, wenn der Strategieberater den Weg hin zur Prozessberatung mit neuen Themen und Themenfeldern geht und dabei auf ein fundiertes theoretisches Wissen vom Studium aus Technik, Industrie oder Wirtschaft einerseits und seine praktischen Erfahrungen in der Kundenberatung andererseits zurückgreifen kann.

Welche Einstiegsmöglichkeiten empfehlen Sie?

Die Beraterkarriere unmittelbar nach dem Studium zu machen! Wer gut ist, wird oft für das MBA-Studium freigestellt und erhält Zuschläge. Die besten Voraussetzungen haben diejenigen, die ein gutes Studium absolvieren und vielfältige Erfahrungen im Ausland sammeln. Sehr gute Möglichkeiten haben auch Quereinsteiger nach zwei bis vier Berufsjahren in der Industrie mit danach abgeschlossenen MBA Studium. Das ist fast eine Garantie für eine erfolgreiche Karriere unabhängig davon ob man eher ein großes oder mittleres Beratungsunternehmen bevorzugt.

Welche Karrierewege sind aus Ihrer Sicht realistisch?

Nach Studium und Praktika beginnen Sie etwa mit 26 Jahren. In der Regel arbeiten Berater fünf bis zehn Jahre in diesem Metier und gehen danach häufig in leitende Funktionen in die Industrie. Wer über diesen Zeitpunkt hinaus seine Beratertätigkeit ausübt, wechselt in der Regel nicht mehr und ist dann in den meisten Fällen auch Seniormanager oder Partner.

9
DIE BEWERBUNG – MARKETING IN EIGENER SACHE

von Dr. Ursula Ernst-Auch

Auch wenn Sie sich bereits für den Einstieg in die Steuerberatung oder Wirtschaftsprüfung entschieden haben, stehen Sie vor einem breiten Spektrum von Tätigkeiten in verschiedenen Berufsfeldern. Machen Sie sich klar, wo genau Sie tätig sein möchten, welche Aufgaben Sie am besten übernehmen können und welches Unternehmen Ihre Person und Fähigkeiten brauchen und zu Ihren Vorstellungen passen könnte.

9.1 Das passende Berufsfeld

Die folgenden Fragen sollen Ihnen bei dieser Zielfindung helfen. Es geht dabei um Wünsche, die Sie sowohl im beruflichen als auch im privaten Kontext verwirklichen wollen.

CHECKLISTE

Berufliche Ziele

- In welchem Berufsfeld wollen Sie arbeiten?
- Wie groß soll das Unternehmen sein?
- Möchten Sie in einer regional agierenden Steuerberaterkanzlei oder in einer international aufgestellten Wirtschaftsprüfungsgesellschaft arbeiten?
- Was war Ihnen in Ihrer bisherigen praktischen Tätigkeit besonders wichtig? Mögen Sie zum Beispiel den direkten Kontakt mit Mandanten?
- Bevorzugen Sie Teamarbeit oder arbeiten Sie lieber allein?
- Welche Position wollen Sie erreichen? – In welcher Zeit?
- Würden Sie gern geschäftlich reisen?
- Welche beruflichen Qualifikationen würden Sie gerne noch erwerben (Steuerberaterprüfung/Wirtschaftsprüferexamen)?
- Reizt Sie ein längerer Auslandsaufenthalt?

CHECKLISTE

Private Ziele

- Führen zahlreiche Geschäftsreisen zu Konflikten in Ihrem privaten Bereich?
- Wie wichtig sind Ihnen flexible Arbeitszeiten?
- Würden Sie auch eine Zeit lang auf Freizeit verzichten?
- Wenn Sie die entsprechenden Berufsexamina noch nicht abgelegt haben: Ist der dafür nötige hohe Zeitbedarf mit Ihren privaten Wünschen vereinbar?
- Welche Veränderungen planen Sie im privaten Bereich (zum Beispiel Familienplanung)?
- Wie hoch soll Ihr Gehalt sein?

9.2 Das richtige Timing

Die Devise heißt: Langfristig denken! Wenn Sie nach Abschluss des Studiums übergangslos ins Berufsleben einsteigen möchten, sollten Sie während des letzten Studienjahres anfangen, sich um die Bewerbungen zu kümmern. Holen Sie also rechtzeitig Informationen ein, denn manche Firmen stellen zu bestimmten Zeiten im Jahr schwerpunktmäßig ein.

9.3 Die Selbstanalyse – Wer bin ich?

Eine gewissenhaft ausgeführte Selbstanalyse gibt Ihnen die Möglichkeit, sich optimal auf eine Bewerbung vorzubereiten. Sie können sich auf Ihre Stärken konzentrieren und die Bewerbung individuell auf Ihre eigene Person zuschneiden. Außerdem hilft die Selbstanalyse, das Augenmerk auf die persönlichen Chancen im angestrebten beruflichen Bereich zu richten.

Nehmen Sie die Selbstanalyse deshalb sehr ernst. Die Durchführung soll sehr gründlich und sorgfältig sein. Bitten Sie Personen, die Sie gut kennen, ebenfalls um Ihre Meinung zu den einzelnen Fragen, denn Selbstbild und Fremdbild müssen sich nicht decken.

 TIPP Eine Marketingaktion ist nur dann erfolgreich, wenn die Stärken (und auch die Schwächen) des Produkts bekannt sind.

9.3.1 Persönliche Qualifikation

Bei der Analyse der persönlichen Qualifikation geht es um die persönlichen Eigenschaften. Oft kommt diesen Fähigkeiten eine Schlüsselfunktion zu, die über die Vergabe von Stellen entscheidet.

9.3 DIE SELBSTANALYSE – WER BIN ICH?

CHECKLISTE

Persönliche Eigenschaften

- Gehen Sie eher optimistisch oder pessimistisch durchs Leben?
- Arbeiten Sie am besten unter Stress oder erzielen Sie optimale Ergebnisse nur, wenn genügend Zeit vorhanden ist?
- Was würden Sie als Ihre positiven und negativen Eigenschaften einschätzen?
- Arbeiten Sie gerne frei und selbstständig, oder brauchen Sie eine gewisse Anleitung?
- Verdrängen Sie Probleme lieber oder versuchen Sie, sofort eine Lösung zu finden?
- Was kann man von Ihnen lernen? Wo sind Sie noch lernfähig?
- Sind Sie eher kontaktfreudig oder eher introvertiert?
- Arbeiten Sie lieber im Team oder alleine?
- Bleiben Sie lieber längere Zeit an einer Sache oder ist Ihnen Abwechslung wichtig?
- Können Sie andere Personen meist gut überzeugen?
- Möchten Sie gerne große Verantwortung tragen?

Versuchen Sie nun, sich selbst einzuschätzen. Es wird dabei zwischen sozialen Qualifikationen und den Fähigkeiten unterschieden, die die Leistungsbereitschaft anzeigen. Bewerten Sie jede aufgeführte Qualifikation mit einer Punktzahl von 1 bis 10, wobei 10 bedeutet, dass Sie dies sehr gut können. Erweitern Sie die Liste bei Bedarf mit Fähigkeiten und Eigenschaften, die Ihnen zusätzlich wichtig sind.

a) Soziale Qualifikationen

Qualifikationen	Einschätzung 1 – 10
Teamfähigkeit	
Kommunikation	
Anpassungsfähigkeit	
Begeisterungsfähigkeit	
Überzeugungsfähigkeit	
Kontaktfreude	
Toleranz	
Kompromissfähigkeit	
Hilfestellungen geben	
Freundlichkeit	
...	

b) Leistungsbereitschaft

Qualifikationen	Einschätzung 1 – 10
Durchsetzungsvermögen	
Durchhaltekraft	
Führungsfähigkeit	
Selbstständigkeit	
Eigeninitiative	
Stressbelastbarkeit	
Zielstrebigkeit	
Motivation	
...	

Nachdem Sie sich nun selbst besser kennengelernt haben, können Sie Ihre Erkenntnisse gezielt bei Ihrer Bewerbung einsetzen. Bedenken Sie jedoch, dass Sie bei Vorstellungsgesprächen womöglich mit Fragen wie: „Sie schreiben, Sie seien teamfähig. Wie können Sie das belegen?" konfrontiert werden. Überlegen Sie sich schon zu Beginn Beispielsituationen für alle Ihre Schlüsseleigenschaften. Je realistischer Sie die Situation schildern können, umso besser.

9.3.2 Fachliche Qualifikation

Der Weg in die steuerberatenden und wirtschaftsprüfenden Berufe ist durch gesetzlich geregelte Zugangsvoraussetzungen festgelegt. Den Abschluss bilden in jedem Fall die berufsständischen Examina (Steuerberater/Wirtschaftsprüfer). Um die Zugangsvoraussetzungen zu erfüllen, gibt es zwei mögliche Zugangswege: den akademischen – Hochschulstudium plus berufspraktische Tätigkeit – und den praktischen – kaufmännische Ausbildung plus zehn Jahre Tätigkeit im Steuerwesen.

60 Prozent der späteren Steuerberater wählen das Hochschulstudium. Je nachdem, an welchem Punkt Ihrer beruflichen Laufbahn Sie also stehen, haben Sie schon ein hohes Maß an fachlichen Qualifikationen erworben. Machen Sie sich klar, welche genau Sie bereits besitzen.

Mindestens genauso wichtig sind jedoch die Fähigkeiten, die Sie sich neben dem Studium oder der Berufsausbildung angeeignet haben. Da der Zugang zu den steuerberatenden Berufsfeldern stark normiert ist, wird hier oft der einzige Unterschied zwischen mehreren Bewerbern liegen. Ihre Zusatzqualifikationen sollten Sie also klar analysieren und diese auch deutlich in Ihrer Bewerbung darlegen.

CHECKLISTE

Fachliche Fähigkeiten

- Welche Fächer haben Sie im Hauptstudium belegt? Welche haben Sie selbst gewählt?
- Was war Ihr Studienschwerpunkt?
- Haben Sie Studienfächer abgebrochen, bevor Sie Ihr Studium beendet haben?
- Besitzen Sie einen zweiten, möglicherweise sogar internationalen Studienabschluss? Wenn ja, welchen?
- Welche Fächer haben sie gern belegt, zu welchen Vorlesungen sind Sie nur widerwillig gegangen?
- Welche besonderen Themen haben Sie in Ihrer Studienzeit behandelt?
- Was ist das Thema Ihrer Diplom- oder Abschlussarbeit?
- Welche Fähigkeiten haben Sie sich außerhalb des Studiums angeeignet?
- Haben Sie besondere EDV-Kenntnisse?
- Welche Fremdsprachen sprechen Sie?
- Haben Sie Zeiten an einer Hochschule im Ausland verbracht?
- Haben Sie freiwillig und zusätzlich außerhalb Ihres Studienschwerpunktes Vorlesungen besucht?

Die Analyse der fachlichen Qualifikationen ist eine Hilfestellung für die Frage, in welchen Bereichen sie später als Steuerberater tätig werden können. Die Kenntnisse, die Sie im Studium mit viel Freude erlangt haben, möchten Sie wahrscheinlich in Ihrem Berufsleben einbringen und erweitern.

9.3.3 Berufliche Qualifikation

Das während des Studiums erworbene Fachwissen soll später einmal in der Praxis angewendet werden und zum Beispiel bei Problemlösungen helfen. Die Unternehmen erwarten, dass mit Abschluss des Studiums schon Praxiserfahrungen in Form von Berufspraktika vorliegen – der Bewerber soll schon einmal seine Fähigkeiten im konkreten Berufsalltag getestet haben.

Wen Sie im nächsten Schritt Ihre beruflichen Qualifikationen analysieren und bewerten, sollten Sie all Ihre praktischen Erfahrungen zusammenstellen. Beachten Sie dabei nicht nur die Erfahrungen, die Sie in Form von Berufsausbildung, Praktika oder Berufstätigkeit erworben haben. Denken Sie auch an private Erfahrungen und Aushilfstätigkeiten sowie ehrenamtliche Tätigkeiten zum Beispiel in Vereinen oder an der Universität.

CHECKLISTE

Berufliche Qualifikationen

- Welche Aushilfstätigkeiten oder Ferienjobs haben Sie ausgeübt? Welche berufsrelevanten Fähigkeiten können Sie damit belegen?
- Haben Sie ehrenamtliche Aufgaben in Vereinen oder an der Hochschule wahrgenommen?
- Haben Sie in Lehre und Forschung Ihrer Universität mitgearbeitet? Was haben Sie dabei gelernt/erreicht?
- Haben Sie vor Ihrem Studium eine kaufmännische Berufsausbildung gemacht? Vielleicht sogar als Steuerfachangestellter?
- Welche Berufsfelder haben Sie durch Ihre Praktika kennengelernt?
- Was waren dabei Ihre Aufgaben?
- Können Sie für jedes Praktikum Zeugnisse vorweisen? Wenn nicht, können Sie diese noch nachträglich anfordern?
- In welchen Unternehmen waren Sie tätig? Wie groß waren diese Organisationen?
- Welche Unternehmensbereiche und -abteilungen haben Sie bereits kennengelernt?
- In welchen Projekten haben Sie mitgearbeitet? Was haben Sie dabei gelernt/erreicht?
- Haben Sie auch schon eigenständig gearbeitet und kleine Projekte alleine durchgeführt?
- Welche fachlichen Kenntnisse konnten Sie in der Praxis bereits einsetzen?
- Welche Probleme haben Sie gelöst?

Die Antworten sollten Sie immer im Hinblick auf die Relevanz für Ihre Bewerbung filtern und aussagekräftig – aus Sicht des Arbeitgebers – zusammenfassen. Damit haben Sie schon eine wichtige Basis für Ihre Bewerbungsaktivitäten und auch für Ihr berufliches Selbstbewusstsein erarbeitet.

9.3.4 Was können Sie besonders gut?

Im Anschluss sollten Sie sich auf die Dinge konzentrieren, in denen Sie überdurchschnittlich gut sind: Was können Sie möglicherweise besser als die meisten anderen Mitstreiter? Hier können Sie deutlich machen, was Sie von anderen Bewerbern unterscheidet und warum ein Unternehmen gerade Sie einstellen soll. Machen Sie Ihre besonderen Kenntnisse, Fähigkeiten und Erfolge in der Bewerbung deutlich.

9.3.5 Kompetent Probleme lösen

Als Steuerberater oder Wirtschaftsprüfer besteht Ihre Aufgabe grundsätzlich darin, die oft komplexen Probleme Ihrer Mandanten im Einklang mit den allgemeinen und den Steuergesetzen zu lösen. Erst in der Kombination von fachlicher und persönlicher Kompetenz wird ein konstruktiver Austausch mit Kollegen und Entscheidern beim Mandanten möglich.

Betrachten Sie also die drei bisher einzeln abgearbeiteten Kompetenzbereiche nun zusammen. Verbinden und ordnen Sie Ihre Fähigkeiten anhand der nun folgenden Checkliste, sodass Schwerpunkte und Knotenpunkte Ihrer Interessen und Qualifikationen sichtbar werden.

CHECKLISTE

Rangfolge der Qualifikationen

- Welche Schwerpunkte ergeben sich, wenn Sie alle Ihre Interessen und Fähigkeiten zusammennehmen?
- Was sind die Schwerpunkte Ihrer bisherigen beruflichen Erfahrungen? Haben Sie oft gleiche Aufgaben bearbeitet oder ähnliche Probleme gelöst?
- Liegen die Schwerpunkte Ihrer Fähigkeiten sowie Ihrer beruflichen Erfahrungen auf derselben Linie, oder gibt es Unterschiede?
- Ergeben sich Schwerpunkte bei Ihren Problemlösungsfähigkeiten?

Ist Ihnen die Selbstanalyse leicht gefallen und konnten Sie jede Frage klar beantworten? – Glückwunsch! Dann hatten Sie wahrscheinlich schon von vornherein genaue Vorstellungen von Ihrer beruflichen Zukunft.

Wenn Sie sich jedoch schwer getan und viele Fragen noch nicht klar und präzise beantwortet haben, sollten Sie die Selbstanalyse in zwei bis drei Wochen erneut durchführen. Nehmen Sie sich dafür viel Zeit, auch mehrere Tage, und beachten Sie folgende Hinweise:

- Beantworten Sie die Fragen noch einmal ganz neu.
- Erst wenn sie erneut alle Fragen durchgearbeitet haben, sollten Sie einen Vergleich mit Ihren ersten Antworten anstellen.
- Arbeiten Sie die Unterschiede zwischen beiden Fassungen heraus und überlegen Sie sich, wodurch sie zustande gekommen sind.
- Fragen Sie Familienmitglieder und Freunde nach deren Urteilen über Sie. Besondere Eigenschaften lassen sich von außen oft einfacher erkennen.
- Wenn Sie unsicher sind, holen Sie sich Rat bei Karriereberatern. Diese Spezialisten sind dafür da. Die Selbstanalyse ist ein wesentlicher Teil Ihrer Karriereplanung.

> **TIPP** Potenzialanalysen gibt es online wie Sand am Meer – fundiert sind aber nur wenige! Einen (kostenpflichtigen) Analyse-Service bietet beispielsweise das GEFA-Institut: www.geva-institut.de/privatkunden/fach_fuehr/index.htm

9.4 Recherche

Durch genaue Kenntnisse über die Arbeitswelt und die Unternehmen Ihrer Branche signalisieren Sie bereits in der Bewerbungsphase Engagement und Interesse. Es zeigt, dass Sie gewillt sind, sich einzusetzen. Wenn Sie sich genau mit dem Unternehmen auseinandergesetzt haben, können Sie im Vorstellungsgespräch Fragen wie: „Was glauben Sie, wie Sie unserem Unternehmen weiterhelfen können?" souverän beantworten.

9.4.1 Welche Informationen brauchen Sie?

Sobald Sie wissen, wo Sie sich engagieren wollen, sollten Sie sich über den betreffenden Bereich und die infrage kommenden Unternehmen so detailliert wie möglich informieren.

> **Web-Links** Sie kennen eigentlich nur die „Big Four"? – Kein Problem: Werfen Sie einen Blick auf die Lünendonk-Liste der großen Beratungsunternehmen und Netzwerke: www.luenendonk.de/Wirtschaftspruefung_Liste.php (vgl. S. 92)

CHECKLISTE

Unternehmensinformationen

- Welche Rechtsform hat das Unternehmen?
- Wer sind die Eigentümer beziehungsweise die Hauptaktionäre?
- Welche Tochtergesellschaften besitzt das Unternehmen?
- Wie ist die finanzielle Situation des Unternehmens, wie hat es sich in den letzten Jahren entwickelt?
- Wer sind Zielgruppen und Hauptkunden?
- Welche Dienstleistungen bietet das Unternehmen an?
- Wie wird das Unternehmen in der Bevölkerung und in der Arbeitswelt gesehen?
- Hat das Unternehmen eine bestimmte Philosophie?
- Wie viele Stellen sind im Unternehmen ausgeschrieben? In welchen Bereichen?
- Wie tritt das Unternehmen in der Öffentlichkeit durch zum Beispiel Werbung und Sponsorentätigkeiten auf?

CHECKLISTE

Das Tätigkeitsfeld

- Welche Rolle spielt Ihr gewünschtes Tätigkeitsfeld in der Branche?
- Gibt es momentan Probleme in diesem Bereich?
- Welche Innovationen, welche neuen Beratungsansätze gibt es?
- Wie sieht die Konkurrenzsituation auf diesem Gebiet aus?
- Gibt es öffentliche Diskussionen und Berichte in den Medien über diesen Bereich?

9.4.2 Informationsmöglichkeiten

Informationen sind meist im Überfluss vorhanden. Wichtig ist, sie richtig einzuordnen. Nutzen Sie so viele Möglichkeiten, wie Sie nur können, vielleicht kommen Sie auf ganz neue und überraschende Ergebnisse.

a) Printmedien

In **Tages- und Wochenzeitungen**, insbesondere der *F.A.Z.*, der *Süddeutschen Zeitung*, dem *Handelsblatt* und der *ZEIT* sowie in einer Vielzahl von **Fachzeitschriften** sind die aktuellsten Informationen zu finden. Die neuesten Nachrichten wie Fusionspläne oder Börsengänge werden hier nebst Hintergrundinformationen dargestellt.

> **Web-Links** Interessante Fachzeitschriften mit Links zur jeweiligen Homepage:
> - www.fachzeitschriften-portal.de/
> - www.fachzeitungen.de

b) Internet

Nahezu jedes Unternehmen präsentiert sich mittlerweile sehr aufwendig im Internet. Im Grunde kann man fast alle relevanten Informationen über die Homepages der Unternehmen abrufen. Sie bieten Informationen über das Unternehmen, dessen momentane Stellenangebote, Trainee-Programme und Aufstiegschancen. Sie können sich meist per E-Mail direkt bewerben.

c) Verbände und Organisationen

Die berufsständischen Kammern, Verbände und Behörden bieten ebenfalls die Möglichkeit, sich gezielt zu informieren. Die wichtigsten berufsständischen Organisationen werden in Kapitel 1.3 vorgestellt, ein Adressverzeichnis finden Sie im Anhang.

9.5 Was das Unternehmen von Ihnen erwartet

So, wie Sie Ihre Vorstellungen von einem idealen Arbeitsplatz haben, wünscht sich Ihr Arbeitgeber den idealen Bewerber für die offene Position. Deshalb werden Ihre Fähigkeiten analysiert und geprüft.

9.5.1 Hard Skills

Hard Skills bezeichnen die fachlichen und beruflichen Fähigkeiten. Hier zählen Studienverlauf, Studiendauer, zusätzliche Qualifikationen, die Abschlussnote sowie berufliche Erfahrungen. Diese Fähigkeiten sind sehr einfach nachzuprüfen. Es sind also die ersten Ausschlusskriterien im Bewerbungsprozess. Anhand Ihrer Bewerbungsunterlagen kann man genau sehen, ob Sie dem Anforderungsprofil entsprechen:

- Praxisorientiertes Studium
- Praktische Erfahrungen/Praktika
- Auslandserfahrungen
- Fremdsprachenkenntnisse, vor allem Englisch und Französisch
- EDV-Kenntnisse
- Schwerpunkt- oder Wahlpflichtfächer
- Thema der Abschlussarbeit (Diplom, Master)
- Studiendauer (nicht mehr als 10 Semester)
- Abschlussnote
- weitere, eventuell internationale Abschlüsse
- Lehre/Berufsausbildung
- Alter (maximal 30 Jahre)
- Sonstige Tätigkeiten
- Abiturnote
- Note des Vordiploms
- MBA oder Promotion

Praktische Erfahrung schon vor dem Berufsstart wird in den meisten Unternehmen immer wichtiger. Zusätzliche Abschlüsse wie MBA oder ein Doktortitel spielen beim Berufseinstieg erst einmal eine sekundäre Rolle für die Unternehmen. Sie kommen später zum Tragen. In vielen Unternehmen werden Positionen ab einer bestimmten Hierarchiestufe vornehmlich mit Titelträgern besetzt. Sie müssen sich also schon sehr früh überlegen, ob Sie sich vorstellen können, eine Position im mittleren oder Topmanagement anzustreben.

9.5.2 Soft Skills

Ihre persönlichen Fähigkeiten, die Soft Skills, wie Einsatzbereitschaft, Teamfähigkeit oder praxisorientiertes Denken sind schwer nachzuprüfen und können nur ansatzweise im Verlaufe eines Vorstellungsgesprächs erahnt werden.

Die Rangfolge der Soft Skills ist:

- analytisches Denkvermögen
- Verantwortungsbewusstsein
- Zuverlässigkeit
- selbstständiges Arbeiten
- Flexibilität
- unternehmerisches Denken
- Mobilität
- Auftreten, persönliches Erscheinungsbild
- Leistungsbereitschaft
- Einsatzwillen
- Kommunikationsfähigkeit
- Teamfähigkeit
- Aufnahmefähigkeit
- Problemlösungsvermögen
- Praxisorientiertes Denken
- Belastbarkeit
- Zielstrebigkeit

Über die Hälfte der Unternehmen stufen die fachlichen Qualifikationen höher ein als die persönlichen Fähigkeiten. Ungefähr ein Viertel der Unternehmen empfinden beide Qualifikationsbereiche als gleich wichtig. Doch wenn die fachlichen Voraussetzungen erfüllt sind, kommt die zwischenmenschliche Seite immer ins Spiel. Wenn Sie durch Ihr Auftreten **Sympathien** gewinnen können, haben Sie ganz gewiss einen großen Vorteil gegenüber anderen Bewerbern. Arbeitgeber-Sympathien gewinnen Sie durch:

- Identifikation mit dem Unternehmen
- Vertrauenswürdigkeit
- Anpassungsfähigkeit
- Gute Ausdrucksfähigkeit

9.5.3 Exkurs: Das Allgemeine Gleichbehandlungsgesetz

Seit September 2006 gilt das AGG, auch Antidiskriminierungsgesetz genannt. Es setzt Richtlinien der Europäischen Gemeinschaft um und soll verhindern, dass jemand benachteiligt wird aufgrund

- seiner Rasse,
- seiner ethnischen Herkunft,
- seines Geschlechts,
- seiner Religion oder Weltanschauung,
- seiner Behinderung,
- seines Alters oder
- seiner sexuellen Identität

Benachteiligungen aus einem der genannten Gründe sind unzulässig in Bezug auf:

1. die Bedingungen, einschließlich Auswahlkriterien und Einstellungsbedingungen, für den Zugang zu unselbstständiger und selbstständiger Erwerbstätigkeit, unabhängig von Tätigkeitsfeld und beruflicher Position, sowie für den beruflichen Aufstieg,
2. die Beschäftigungs- und Arbeitsbedingungen einschließlich Arbeitsentgelt und Entlassungsbedingungen, insbesondere in individual- und kollektivrechtlichen Vereinbarungen und Maßnahmen bei der Durchführung und Beendigung eines Beschäftigungsverhältnisses sowie beim beruflichen Aufstieg,
3. den Zugang zu allen Formen und allen Ebenen der Berufsberatung, der Berufsbildung einschließlich der Berufsausbildung, der beruflichen Weiterbildung und der Umschulung sowie der praktischen Berufserfahrung,
4. die Mitgliedschaft und Mitwirkung in einer Beschäftigten- oder Arbeitgebervereinigung oder einer Vereinigung, deren Mitglieder einer bestimmten Berufsgruppe angehören, einschließlich der Inanspruchnahme der Leistungen solcher Vereinigungen,
5. den Sozialschutz, einschließlich der sozialen Sicherheit und der Gesundheitsdienste,
6. die sozialen Vergünstigungen,
7. die Bildung,
8. den Zugang zu und die Versorgung mit Gütern und Dienstleistungen, die der Öffentlichkeit zur Verfügung stehen, einschließlich von Wohnraum.

Da es beim Recruiting immer um die Beurteilung von Kandidaten geht, hat dieses neue Gesetz Auswirkungen auf mehrere Aspekte im Bewerbungsverfahren.

a) Stellenanzeigen

Das AGG hat zunächst einmal zu professioneller formulierten Stellenanzeigen geführt: Alter, Geschlecht oder ethnische Herkunft in der Ansprache sind tabu. Den „dynamischen Young Professional, bis 35, Muttersprache deutsch" wird es so nicht mehr geben. Das ist einerseits erfreulich. Andererseits verlieren die Ausschreibungen damit an Aussagekraft.

> **TIPP** Wenn Sie nicht sicher sind, welches die tatsächlichen Kriterien des Unternehmens sind und ob es Zweck hat, sich zu bewerben, greifen Sie zum Telefon!

b) Bewerbungsunterlagen

Unterlagen ohne Angabe des Geschlechts und Alters, des Familienstands und Geburtsorts sowie ohne Foto – wie würden Sie selbst die Aussagekraft einer solchen Bewerbung einschätzen? Theoretisch ist eine solche Bewerbung vollständig. Wie Sie sich jedoch verhalten wollen, müssen Sie selbst überdenken: Die meisten persönlichen Daten werden sowieso aus Ihren Zeugnissen hervorgehen. In Deutschland wird auch immer noch ein Bewerbungsfoto – als freiwillige Anlage – in den Bewerbungsunterlagen erwartet.

c) Vorstellungsgespräch

Die Gespräche werden in der Regel von mindestens zwei Mitarbeitern des Unternehmens geführt und genau protokolliert werden, um späteren Beanstandungen entgegentreten zu können. Auch die Fragetechnik wird sich den veränderten Gegebenheiten anpassen. Dies betrifft besonders die Fragen zum persönlichen Hintergrund und zur Familienplanung. Und schließlich wird es für Bewerber schwieriger, ein ehrliches Feedback zu erhalten.

Um sich vor Schadensersatzansprüchen zu schützen, müssen Unternehmen das gesamte Bewerbungsverfahren gut dokumentieren und mindestens zwei Monate aufbewahren.

d) Können Sie sich wehren?

Wenn Sie sich aufgrund der genannten Kriterien diskriminiert fühlen, können Sie klagen. Der Nachweis, dass ein schuldhaftes oder fahrlässiges Verhalten des Unternehmens vorliegt, muss jedoch von Ihnen geführt werden. In der aktuellen Fassung des AGG ist der dabei mögliche Schadenersatz auf drei Monatsgehälter der zu besetzenden Stelle festgesetzt. Bislang ist die zunächst befürchtete Klagewelle allerdings ausgeblieben.

> **TIPP** Überlegen Sie, wo Ihre Energie gewinnbringender angelegt ist: vor Gericht oder bei der Jobsuche.

9.6 Bewerbungswege

9.6.1 Stellenangebote

Die Reaktion auf ein Stellenangebot ist der klassische Weg der Bewerbung. Etwa 40 Prozent aller offenen Positionen werden auf diese Weise vergeben. Nutzen Sie daher diese Möglichkeit auf jeden Fall.

Diese Methode hat aber auch eine Reihe von Nachteilen: Auf jede Stellenanzeige bewerben sich oft mehrere Hundert Personen. Sie müssen sich mit Ihrem Profil gegen eine riesige Konkurrenz durchsetzen. Die Erfolgsaussichten sind deshalb nicht die besten. Nutzen Sie also mehrere Bewerbungsoptionen.

Dennoch sollten Sie sich regelmäßig und über mehrere Wochen hinweg mit den Stellenanzeigen befassen. Auch wenn Sie sehr spezielle Wünsche haben, werden Sie dann irgendwann ein passendes Angebot finden.

9.6.2 Die Initiativbewerbung

Nicht alle offenen Stellen werden über das klassische Stellenangebot besetzt. Werden Sie selber mit einer Initiativbewerbung aktiv. Nutzen Sie die passenden Jobportale im Internet. Stellen Sie Ihr Profil Netzcommunities zur Verfügung. Je mehr Bewerbungswege Sie nutzen, umso größer sind Ihre Erfolgsaussichten. Und Sie signalisieren von vornherein Aktivität und Eigeninitiative.

Personalakquise ist für die Arbeitgeber teuer und zeitraubend. Ungefragt eingesandte Angebote werden mittlerweile von den meisten Unternehmen geschätzt. Viele Hochschulabsolventen halten die aktive Bewerbung für die beste Strategie, um den gewünschten Arbeitsplatz zu bekommen. Die Anzahl der Initiativbewerbungen steigt stetig.

Für eine Initiativbewerbung sollten Sie sich ein genaues Bild über Ihr Leistungsvermögen und die Anforderungen verschiedener Arbeitgeber machen. Überlegen Sie sich genau, wer genau das braucht, was Sie einbringen können.

Für eine Initiativbewerbung erstellen Sie Ihre Unterlagen genauso wie für eine klassische Bewerbung und schicken diese werden komplett an das Unternehmen.

Vorteil: Sie sind der einzige Bewerber. Sie müssen sich nicht wie bei der passiven Bewerbung gegen Hunderte von Mitstreitern durchsetzen. Sollte wirklich ein Bedarf vorliegen, so haben sie mit dieser Methode die besseren Chancen.

9.6.3 Die Kurzbewerbung

Sie bewerben sich ebenfalls aktiv, verschicken jedoch nicht Ihre sämtlichen Unterlagen. Sie verfassen nur ein Anschreiben, das nicht länger als eine DIN-A4-Seite sein sollte, oder eine E-Mail. Darin stellen Sie sich kurz vor und bitten um Rückantwort bei Interesse. Per

E-Mail sollten Sie sich sehr kurz an das Unternehmen wenden und als Anlagen das Bewerbungsanschreiben und den Lebenslauf mitschicken. Versenden Sie auf keinen Fall Serien-Mails!

Der Rücklauf liegt bei etwa 10 Prozent. Dann werden die kompletten Unterlagen angefordert, oder der Bewerber wird direkt zum Gespräch eingeladen. In diesen Fällen sind Sie fast immer der einzige Kandidat.

Diese Erfolgsquote ist sehr hoch, wenn man bedenkt, dass der Aufwand einer Kurzbewerbung um ein Vielfaches geringer ist als bei einer vollständigen Bewerbung. Viele Personalexperten empfehlen daher diesen Weg als „Königsweg" der Bewerbung.

CHECKLISTE

Kurzbewerbung

Folgende Punkte sollte Ihr Anschreiben enthalten:
- Eigene Anschrift und die des Unternehmens
- Betreff
- Persönliche Anrede an einen zuständigen Mitarbeiter des Unternehmens (vorher durch einen Telefonanruf erfragen)
- Für welche Position Sie sich bewerben und wie Sie dem Unternehmen helfen können
- Darstellung Ihrer persönlichen, fachlichen und beruflichen Qualitäten
- Wie man Sie kontaktieren kann

Noch mal: Achten Sie unbedingt darauf, dass Ihre Kurzbewerbung nicht den Anschein eines Serienbriefes hat. Sie sollten sich die Mühe machen, jedem Unternehmen ein Schreiben zu schicken, das deutlich zeigt, dass Sie sich intensiv mit der Firma beschäftigt haben.

9.6.4 Online bewerben

Das Internet bietet mehrere Bewerbungswege: gezielt verschickte E-Mails mit ausführlichen Anlagen, Kurzbewerbungen, die nur Anschreiben und Lebenslauf enthalten, oder die auf den Unternehmensseiten angebotenen Formulare, die für Initiativbewerbungen ebenso wie für Bewerbungen auf ausgeschriebenen Stellen gleichermaßen zur Verfügung stehen.

CHECKLISTE

Online-Bewerbung

- Formulieren Sie Ihre Mail kurz und knapp: Eine persönliche Vorstellung und die wesentliche Motivation für Ihre Bewerbung reichen aus.
- Führen Sie Ihre gesamten Qualifikationen übersichtlich an.
- Wenn Sie sich auf Verdacht bewerben, stellen Sie Ihre Fragen nach offenen Stellen nur knapp. Achten Sie darauf, dass Ihre Fragen im Schlussteil stehen, nachdem Sie sich vorgestellt haben.
- Adressieren Sie die Mail persönlich, zuständige Ansprechpartner sind meist auf den Homepages der Unternehmen angegeben.
- Lassen Sie Ihre E-Mail nicht wie einen Serienbrief wirken. Schicken sie jede Mail individuell, keine Kopien über die Felder „Cc" und „Bcc".
- Füllen Sie den Betreff unbedingt aussagekräftig aus.
- Ihre Mail sollte so klein wie möglich sein. Viele Firmennetzwerke filtern überlange Mails heraus.
- Sollten Sie Anlagen mitschicken, so tun Sie dies in einer Pdf-Datei, in der Sie all Ihre Dokumente in der richtigen Reihenfolge ablegen. So braucht der Empfänger nicht unzählige Einzeldateien zu öffnen.
- Auch Ihr Anschreiben gehört als Pdf-Dokument mit in diese Datei.
- Überprüfen Sie Ihre E-Mail-Adresse: „jacko.de" oder „mausi-girl" wirken wenig vertrauensbildend.
- Kontrollieren Sie täglich Ihre Mailbox. Es wäre doch ärgerlich, wenn Sie Rückantwort bekämen und diese nicht zeitnah sehen.
- Ein Hinweis auf eine eigene Homepage macht sich immer gut (auch bei einer klassischen Bewerbung). Natürlich muss diese Homepage nach Inhalt und Gestaltung dem Bewerbungszweck dienlich sein!

Eine Bewerbung über das Internet erfordert die gleiche Sorgfalt und den gleichen Zeitaufwand wie eine klassische schriftliche Bewerbung, das heißt, Sie müssen sich genauso gut über informieren und vorbereiten. Sie sollten sich auch nur per E-Mail bewerben, wenn dies vom Unternehmen ausdrücklich erwünscht ist.

Einige Unternehmen verlangen im Anschluss an eine Online-Kurzbewerbung noch die kompletten schriftlichen Unterlagen. Warten Sie mit der Versendung dieser Unterlagen, bis Sie dazu aufgefordert werden.

ACHTUNG Überlegen Sie sich gut, wo und wie Sie sich im Internet präsentieren. Auch Arbeitgeber recherchieren online!

Die Unternehmen bieten zunehmend Online-Formulare für Initiativbewerbungen an. Deren Auswertung erfolgt meist elektronisch, das heißt, Sie müssen dann gewisse Anforderungen einfach erfüllen, sonst fallen Sie schlicht durchs Raster. Hier ist Individualität ausnahmsweise nicht gefragt. Erst in den nächsten Schritten der Bewerbung gilt es dann, Kreativität zu zeigen.

ACHTUNG Falls das Unternehmen Ihrer Wahl ein solches Formular anbietet, müssen Sie es auch nutzen. Individuelle E-Mails werden möglicherweise nicht mehr berücksichtigt.

Eine relativ neue Entwicklung ist das **Online-Assessment.** Das Unternehmen sortiert zunächst die uninteressanten Bewerbungen aus. Die anderen Bewerber erhalten einen Link und ein Passwort für ein Online-Assessment-Programm. Meist geht es bei den Aufgaben um strukturiertes und logisches Denken unter Zeitdruck.

> **TIPP** Setzen Sie sich nach Erhalt so einer Mail nicht gleich spontan an Ihren Computer. Warten Sie ab, bis Sie wirklich ungestört sind und sich gut konzentrieren können. Erst dann loggen Sie sich ein und versuchen Ihr Glück!

> **Web-Links** Hier ein Beispiel für ein Online-Recruiting-Programm von Unilever:
> www.recrutainment.de/uniquest/simulation.html

a) Jobbörsen

Mithilfe von Jobbörsen können Sie sich schnell einen Gesamtüberblick über den Stellenmarkt verschaffen. Achten Sie jedoch auf Aktualität der Seiten. Manchmal versäumen die Betreiber solcher Börsen, veraltete Angebote rechtzeitig aus dem Verkehr zu ziehen.

> **Web-Links** Einen Überblick über Stellenangebote bei Jobbörsen verschaffen Sie sich am besten (und schnellsten) über **Crawler:** Eine Software klappert im Netz eine Vielzahl von Stellenbörsen für Sie ab:
> - www.kimeta.de – durchsucht Arbeitgeber-Karriereseiten
> - www.jobturbo.de – die Jobsuchmaschine der ZEIT.
> - www.jobrapido.de – Meta-Jobbörsenmaschine

Schnelle Resultate erzielen Sie beim **Crosswater Job-Guide.** Sie finden, gut gepflegt, die aktiven Jobbörsen und Crawler. Die Jobbörsen sind klassifiziert nach Zielgruppen, aber auch nach Anzahl der Stellenangebote oder Preis für die Schaltung einer Anzeige. Unter www.crosswater-systems.com filtern Sie schnell die Portale heraus, die Sie während Ihrer Stellensuche im Auge behalten müssen.

Eine relativ neue Form der Jobsuche läuft über die **Social Networks** im Internet. Das bekannteste Portal ist www.xing.com. Schon im Vorfeld sollten Sie sich hier ein Netz an

WIR FÜHREN ZUM ERFOLG

PRÜFUNG   BERATUNG   STRATEGIE

Seit über 100 Jahren prüft und berät der GVB die bayerischen Volksbanken und Raiffeisenbanken sowie über 800 weitere Unternehmen überwiegend in der Rechtsform der e.G. mit regionalem Schwerpunkt Bayern.

Starten Sie Ihre Karriere als

PRÜFUNGSASSISTENT/-IN

Das bringen Sie mit:

Sie haben Wirtschaftswissenschaften, insbesondere Betriebswirtschaft oder Jura studiert und möchten nun in den Bereich Audit einsteigen.

Besonderen Wert legen Sie auf einen umfassenden und breit gefächerten Prüfungsansatz.

Sie sind Bankkaufmann/Bankkauffrau (für die Sparte Bankenprüfung obligatorisch) und haben sich bereits während Ihres Studiums Kenntnisse im Prüfungs- und Bankwesen angeeignet. Ebenso kennen Sie sich mit Bilanzierungsstandards aus.

Sie arbeiten gerne verantwortungsbewusst und zielorientiert im Team. Außerdem streben Sie die Berufsexamina StB und WP an. Wir unterstützen Sie dabei tatkräftig.

Das bieten wir Ihnen:

Wir machen Sie zielgerichtet mit dem gesamten Prüfungsspektrum vertraut. Sie prüfen von Anfang an aktiv beim Mandanten vor Ort. Das nötige Fachwissen vermitteln wir Ihnen ergänzend in speziellen Fortbildungseinheiten.

Ihre Fragen beantwortet gerne Herr Roland Steininger, ☎ 089/2868-3210, personal@gv-bayern.de

Ihre Bewerbung schicken Sie bitte unter Angabe Ihrer Gehaltsvorstellungen und des frühestmöglichen Eintrittstermins an:

Genossenschaftsverband Bayern e. V.
Bereich Personal
80327 München

Detaillierte Informationen finden Sie unter
www.gv-bayern.de → Karriere.

Genossenschaftsverband Bayern

Richtig lernen – hoch punkten

↗

WWW.GABLER.DE

Klaus Dumser / Blazenka Ban
Steuerberaterprüfung – Schwerpunkt „Recht"
Gezielt das lernen, was in der Prüfung verlangt wird
2010. 276 S. Br. EUR 39,95
ISBN 978-3-8349-1783-6

Eines der Prüfungsgebiete in der mündlichen Steuerberaterprüfung ist der Bereich „Recht". Dieses Buch dient der gezielten Vorbereitung auf dieses Prüfungsgebiet. Es behandelt alle relevanten Rechtsgebiete und orientiert sich dabei an den Prüfungsschwerpunkten der vergangenen Jahre. Ergänzt wird die Darstellung des materiellen Rechts durch zahlreiche Lernhilfen, wie z.B. Wiederholungsfragen und kurze Beispiele, um für die mündliche Prüfung optimal vorbereitet zu sein.

Der Inhalt
- Ablauf der mündlichen Prüfung
- Die prüfungsrelevanten Grundzüge des Bürgerlichen Rechts
- Grundlagen des Arbeitsrechts
- Handels- und Gesellschaftsrecht
- Insolvenzrecht
- Europarecht
- Zahlreiche Beispiele
- Wiederholungsfragen zum Training der mündlichen Prüfung

Die Autoren
Rechtsanwalt, Steuerberater und Fachanwalt für Steuerrecht Dr. Klaus Dumser ist Dozent bei einem Steuerberaterlehrgangswerk und kennt die Anforderungen der Steuerberaterprüfung im Detail. Daneben ist er bei einer Big-4-Steuerberatungs- und Wirtschaftsprüfungsgesellschaft in der Rechts- und Steuerberatung tätig.

Diplom-Kauffrau Dr. Blazenka Ban ist Steuerberaterin bei einer Big-4-Steuerberatungs- und Wirtschaftsprüfungsgesellschaft und ebenfalls in der Aus- und Fortbildung von Steuerberatern tätig.

Einfach bestellen: buch@gabler.de   Telefon +49(0)611. 7878-626

KOMPETENZ IN SACHEN WIRTSCHAFT

GABLER

Personen und Firmen spinnen. Legen Sie sich ein Profil an, das erkennen lässt, dass Sie auf der Suche sind. Pflegen Sie Ihre Kontakte.

> **Web-Links** Übrigens betreibt die Arbeitsagentur unter http://jobboerse. arbeitsagentur.de den noch immer größten Online-Stellenmarkt in Deutschland.

b) Verbände und Organisationen

Die **regionalen Steuerberaterkammern** betreiben ebenfalls Jobvermittlung im Internet. Jede Region geht dabei ihre eigenen Wege. Sie können zwar meist unproblematisch ein Gesuch einstellen, aber um selber in den Angeboten recherchieren zu können, müssen Sie sich fast immer registrieren.

Die **Wirtschaftsprüferkammer** stellt die Stellenangebote und Gesuche des Stellenmarkts in der Kammerzeitschrift ins Netz. Allerdings sind die Online-Daten aktueller: www.wpk. de/anzeigen/anzeigen-stellengesuche.asp

c) Hochschulveranstaltungen

Die meisten großen Firmen betreiben aktives Marketing, um Hochschulabsolventen und Young Professionals für sich zu gewinnen. Sie führen deshalb häufig Veranstaltungen für Absolventen an Hochschulen durch. Mehrmals im Jahr gibt es Hochschulmessen, bei denen sich die Unternehmen präsentieren und Auskunft geben über Berufschancen und Arbeitsmöglichkeiten. Diese Veranstaltungen sind eine optimale Möglichkeit, gleich mehrere Fliegen mit einer Klappe zu schlagen. Mit etwas Glück können Sie nämlich bereits hier erste Kontakte zu Unternehmen knüpfen.

> **Web-Links** Damit Sie auch keinen Termin verpassen, hier zwei Links, die auf die Termine der Hochschulevents hinweisen:
> - www.karrierefuehrer.de/recruiting-messen/
> - www.staufenbiel.de/recruiting-events/eventkalender.html

d) Recruiting-Events

Seit einer Reihe von Jahren gibt es Veranstalter von Recruiting-Events. Hier ist die Idee, über einen Dienstleister die Unternehmen und die gesuchten High Potentials zusammen zu bringen. Für diese Recruiting-Workshops kann man sich bewerben. Meistens sind sie auf bestimmte Branchen zugeschnitten. Die Recruiting-Veranstalter verstehen sich als Partner der Unternehmen, für die diese Veranstaltungen kostenpflichtig sind, aber auch der Hochschulabsolventen, denen der Kontakt zu den „richtigen Gesprächspartnern" geboten werden soll.

Angebote für den Bereich Wirtschaft/Steuern/Finanzen finden sich im Internet insbesondere unter: www.access.de.

e) Personalberater und Headhunter

Auf zahlreichen Veranstaltungen sind nicht nur Unternehmen vertreten, sondern häufig auch eine Reihe von **Personalberatern**, die als selbstständige Dienstleister im Auftrag verschiedener Firmen **Nachwuchskräfte akquirieren**. Personalberater nutzen gerne Messen und Kongresse, um mit interessanten Bewerbern ins Gespräch zu kommen.

> **TIPP** Wenn Sie von Personalberatern angesprochen werden, verhalten Sie sich prinzipiell genauso, als wenn Sie sich mit Unternehmensvertretern unterhalten. Berater werden Ihnen zunächst eine Reihe von **Fragen** stellen, um abzuklären, ob Sie für eine bestimmte vakante Position in Frage kommen.

Nutzen Sie die Gelegenheit, um Ihrerseits **Fragen** zu **stellen** und etwas über das betreffende Unternehmen in Erfahrung zu bringen. Personalberater werden Ihnen beinahe jede Frage beantworten – nur nicht die Frage nach dem **Namen des Unternehmens**, von dem sie mit der Personalsuche beauftragt worden sind. Denn Unternehmen schalten häufig gerade Personalberater ein, um vorläufig anonym bleiben zu können, damit die Konkurrenz nichts von der zurzeit vakanten Position erfährt.

Sie können gegebenenfalls Ihre **Bewerbungsunterlagen** und Ihre **Kurzbewerbung** dem Personalberater mitgeben. Selbst wenn Sie im Augenblick nicht für eine Stelle in Frage kommen sollten, so haben jedoch gerade Personalberater immer einen großen Bedarf an Bewerbern, da sie ständig für viele Unternehmen Positionen besetzen müssen. Es kann also sein, dass Sie in die Kartei oder Datei des Beraters aufgenommen und bei nächster Gelegenheit wieder angesprochen werden.

Eine Variante der Personalberatung ist das Headhunting. **Headhunter** sind Personalberater, die im Auftrag von Unternehmen gezielt Mitarbeiter bei Konkurrenten abwerben. Als Berufsanfänger werden Sie jedoch weniger mit Headhuntern zu tun haben.

9.7 Die Bewerbungsunterlagen

Ihre Bewerbung soll den künftigen Arbeitgeber von Ihrer Qualifikation überzeugen. Mit Ihrer Bewerbung vermitteln Sie ihm einen ersten Eindruck von sich selbst. Achten Sie darauf, dass Ihre Bewerbung keine Rechtschreib- oder Grammatikfehler enthält. Zeigen Sie, dass Sie sorgfältig arbeiten können, dass Sie relevante Fakten erarbeiten und diese übersichtlich präsentieren können. Das Erstellen guter Bewerbungsunterlagen ist nicht einfach. Immer wieder klagen Personalchefs über schlampige oder fehlerhafte Bewerbungsmappen.

> **TIPP** Die Bewerbung ist ein Projekt. Dafür müssen mehrere Tage eingeplant werden. Zeigen Sie hier Professionalität und nehmen Sie Ihr Projekt ernst!

Die vollständigen Bewerbungsunterlagen bestehen aus dem Bewerbungsschreiben und der Bewerbungsmappe. Das Schreiben wird nicht in die Mappe eingeheftet und liegt lose oben auf. Die Bewerbungsmappe muss folgende Dinge enthalten:

- Deckblatt mit einem guten Foto (falls Sie sich gegen ein Deckblatt entscheiden, gehört das Foto auf den Lebenslauf)
- Lebenslauf
- Ausbildungszeugnisse, Praktikumsbescheinigungen und Arbeitszeugnisse
- Liste von Veröffentlichungen, sofern vorhanden

Dinge, die in der Stellenanzeige zusätzlich ausdrücklich verlangt werden, wie zum Beispiel ein polizeiliches Führungszeugnis oder Handschriftenproben, müssen natürlich auch beigefügt werden.

Am besten erstellen Sie von jeder Bewerbung zwei Exemplare; eins sollten Sie aufbewahren. Wenn dann Rückfragen bezüglich Ihrer Unterlagen kommen, können Sie immer gleich nachschauen. Außerdem wissen Sie dann, welchem Unternehmen Sie welche Unterlagen zugesendet haben.

9.7.1 Wer liest die Unterlagen?

Jede Marketingkampagne beginnt mit der Untersuchung der anvisierten Zielgruppe. Beim Marketing in eigener Sache ist dieser Aspekt fast noch wichtiger, er wird kurioserweise aber oft vernachlässigt. Mit hoher Wahrscheinlichkeit setzt sich die Leserzielgruppe Ihrer Bewerbung so zusammen:

- Wenn Sie sich bei einem größeren Unternehmen bewerben, ist der erste Leser Ihrer Bewerbung meist ein Sachbearbeiter in der Personalabteilung, der die Unterlagen in wenigen Sekunden überfliegt und sie anhand des Qualifikationsprofils filtert. Das heißt, dass die gewünschten Qualifikationen auch klar formuliert in Ihrem Anschreiben auftauchen müssen.

- Ihr zweiter Leser ist im Regelfall ein Wirtschaftsprüfer oder Partner der Gesellschaft, der die vorgefilterten Bewerbungen sichtet: Ihn müssen Sie in den wenigen Minuten, die er sich für jede Bewerbung nehmen kann, überzeugen. Der fachliche Teil ist hier besonders wichtig. Sein Hauptaugenmerk wird auf dem Anschreiben und dem Lebenslauf liegen. Ihn interessieren Ihre vorherigen Arbeitgeber, die Positionen und Verantwortungsbereiche, die Sie dort ausgefüllt haben.

- Bei positivem Eindruck wird Ihre Bewerbung an die Fachabteilung weitergeleitet. Ihr dritter Leser dürfte Ihr zukünftiger Chef sein, ein Fachmann also, der sich für Ihr Jobprofil und – falls vorhanden – Ihre Projektliste besonders interessieren wird. In Ihrem Lebenslauf wird er nach Angaben suchen, die mit den künftigen Aufgaben vergleichbar sind.

- Bei größeren Unternehmen mit einem Betriebsrat sieht auch dieser die Unterlagen ein.

Unterstützen Sie durch Aufbau und Inhalt Ihre unterschiedlichen Adressaten, damit diese in kürzester Zeit die relevanten Informationen finden. Denn wahrscheinlich kann niemand Ihre Bewerbung vollständig lesen. Jeder wird nur das für ihn Relevante herausgreifen. Scheuen Sie sich also nicht vor Doppelungen. Reichern Sie beispielsweise Ihren Lebenslauf schon mit sämtlichen Zeugnisnoten an.

9.7.2 Formalitäten

Es kommt darauf an, dass Ihre Bewerbung klar und übersichtlich ist und sich – dies ist der wichtigste Punkt – von anderen Bewerbungen unterscheidet und damit im Gedächtnis bleibt. Der verantwortliche Bearbeiter muss Freude am Lesen Ihrer Bewerbung haben.

ACHTUNG Wenn Sie schon im Berufsleben stehen und sich auf eine Chiffre-Anzeige bewerben, denken Sie an einen **Sperrvermerk**. Es wäre peinlich, wenn Sie sich unwissentlich bei Ihrem eigenen Arbeitgeber bewerben!

CHECKLISTE

Formalitäten

Halten Sie die folgenden Richtlinien unbedingt ein:
- Ihre Unterlagen müssen vollständig sein.
- Die richtige Reihenfolge: Bewerbungsanschreiben, evtl. ein Deckblatt, Lebenslauf mit Foto, dritte Seite als Motivationsseite oder Berufserfahrungsliste sowie Kopien Ihrer Zeugnisse.
- Korrekte Rechtschreibung (!)
- Unbedingt die Unterschrift unter das Bewerbungsschreiben setzen, auch Ihren Lebenslauf sollten Sie unterzeichnen und mit Ort und Datum versehen.
- Ihre Bewerbungsmappe sollte beim Lesen nicht sofort wieder zufallen. Die Blätter sollten sich leicht entnehmen lassen – manche Personalabteilungen kopieren einige Seiten. Verwenden Sie am besten eine Plastikmappe mit Befestigungsschiene oder eine dreiteilige aufklappbare Mappe.
- Die besten Farben für eine Bewerbungsmappe sind blau, grau und bordeauxrot. Vermeiden Sie auf jeden Fall sehr auffällige und schrille Farben, aber auch rot, braun und schwarz.
- Stecken Sie nicht jede einzelne Seite in eine Klarsichthülle.
- Die Unterlagen müssen unbedingt sauber und knitterfrei im Unternehmen eintreffen. Verwenden Sie zum Versenden der Unterlagen ein stabiles Kuvert, zum Beispiel aus Karton oder mit verstärktem Rücken.
- Das Kuvert sollte nach Möglichkeit mit gedruckten Adressetiketten beschriftet werden.
- Kontrollieren Sie die richtigen Angaben auf dem Briefumschlag.

9.7.3 Das Bewerbungsschreiben

Das Anschreiben ist neben dem Lebenslauf der wichtigste Bestandteil Ihrer Bewerbung. Sie müssen mit diesem Schreiben das Interesse für Ihre weiteren Unterlagen wecken.

Ungefähr ein Drittel der Bewerbungen werden sofort aussortiert, wenn das Bewerbungsschreiben den Ansprüchen des Unternehmens nicht genügt.

Achten Sie darauf, dass

- Daten und Ereignisse aus Ihrem Lebenslauf nicht im Anschreiben wiederholt werden.
- das Schreiben nicht wie ein Rechenschaftsbericht für Ihre Bewerbung klingt.
- die Übersichtlichkeit gewahrt bleibt. Verwenden Sie Absätze und eine nicht zu kleine Schrift.
- es einen Ansprechpartner gibt und Sie sich direkt an ihn wenden.
- Ihr Schreiben nicht mit einer Wiederholung des Anzeigentextes beginnt.
- die Formulierungen nicht aus Standardsätzen bestehen.

> **TIPP** Mit dem Bewerbungsschreiben wollen Sie Interesse wecken. Formulieren Sie anregend und begründen Sie kurz, warum Sie die geeignete Person für die ausgeschriebene Stelle sind. Die eigentlichen Fakten zu Ihrer Person sollten Sie hier nicht aufführen.

Zwar sollte das Anschreiben eine DIN-A4-Seite nicht überschreiten. Falls aber die Form darunter leidet, dürfen Sie eine zweite Seite verwenden.

a) Die inhaltliche Struktur

Ihr Anschreiben sollte folgende Elemente und Informationen enthalten:

- Begründung, warum Sie sich bewerben
- Wie Sie dem Unternehmen als Problemlöser helfen können
- Weshalb Sie gerade dieses Unternehmen für das richtige halten
- Ihre beruflichen Ziele und Wünsche
- Ihr frühester Eintrittstermin
- Gegebenenfalls Ihre Gehaltsvorstellung (aber nur, wenn in der Anzeige gefordert! Alternativ retten Sie sich etwa mit dem Satz: „Die Gehaltsvereinbarung ist für mich eine Angelegenheit des vertraulichen Gesprächs").

Beginnen sie Ihr Schreiben mit einem Aufhänger. Er sollte interessant sein und zum Weiterlesen ermutigen. Am besten ist es, wenn Sie sich auf ein vorangegangenes Telefonat beziehen, das Sie mit einer verantwortlichen Person geführt haben, aber es kann auch ein persönliches Motto oder ein passendes Zitat sein.

Die aufgezählten Informationen sollten im Mittelteil folgen. Beziehen Sie sich dabei auf das Anforderungsprofil des Unternehmens. Belegen Sie Ihre Fähigkeiten durch Beispiele.

Machen Sie abschließend Ihre Freude über ein fortsetzendes Gespräch deutlich. Formulieren Sie dabei selbstbewusst. Es macht einen besseren Eindruck, wenn Sie zum Beispiel „Ich freue mich auf ein weiterführendes Gespräch ..." oder „ Auf eine Einladung zu einem Gespräch ... freue ich mich." schreiben. Vermeiden Sie Konjunktive wie „Über ein Gespräch würde ich mich sehr freuen".

Als Grußformel sollten Sie am besten „Mit freundlichen Grüßen" verwenden. Sie können aber noch eine persönlichere Note hinzufügen, wenn Sie zum Beispiel „Mit freundlichen Grüßen aus dem hohen Norden" oder „Mit freundlichen Grüßen aus dem sonnigen München" schreiben.

Besonders clever ist es, dem Schreiben ein Postscriptum (PS) anzufügen. Sie erzielen dadurch besondere Aufmerksamkeit. Manchmal wird es sogar zuerst gelesen. Verweisen Sie zum Beispiel auf diese Weise auf eine weitere Schlüsselqualifikation.

> **TIPP** Ihre Anlagen, wie Lebenslauf und Zeugnisse, müssen unbedingt auf dem Anschreiben vermerkt sein. Wenn Sie ein Deckblatt verwenden, können diese Angaben auch dort Platz finden.

b) Die formale Struktur

Die Richtlinien für den strukturellen Aufbau machen Ihr Schreiben übersichtlich und sorgen so für einen guten Eindruck.

CHECKLISTE

Struktureller Aufbau

- Von der zweiten Zeile an sollte links Ihre Adresse stehen. Vergessen Sie nicht die Telefonnummer und gegebenenfalls E-Mail-Adresse und Angaben zu Ihrer Website.
- Verwenden Sie eigenes Briefpapier oder selbst gestaltete Briefköpfe.
- Oben rechts stehen Ort und Datum.
- Vier bis fünf Leerzeilen später folgt die Anschrift des Unternehmens. Nennen Sie zuerst den Namen der Firma und dann Ihren Ansprechpartner.
- Nach weiteren vier Zeilen folgt die Betreffzeile, fett gedruckt. Beziehen Sie sich hier auf die Anzeige und schreiben Sie zum Beispiel: „Ihre Anzeige vom 20.2.2009 im Handelsblatt". In einer Initiativ- oder Kurzbewerbung könnte stehen „Bewerbung als Assistent der Geschäftsleitung".
- Nach zwei bis drei Leerzeilen richten Sie sich in der Anrede direkt und persönlich an die verantwortliche Person.
- Nach der nächsten Leerzeile beginnt der eigentliche Text, gegliedert in Einleitung, Mittel- und Schlussteil. Trennen Sie jeden Teil durch eine Leerzeile.
- Etwa fünf Leerzeilen nach der Grußformel sollten Sie unterschreiben –leserlich, mit Vor- und Nachnamen.
- Am Ende stehen eventuell das Postskriptum und auf jeden Fall die Anlagen.

Formulieren Sie individuell auf die jeweilige Anzeige zugeschnitten und beziehen Sie sich auf die gestellten Anforderungen. Standardsätze und -formulierungen fallen sofort auf.

9.7.4 Der Lebenslauf

Viele Personalchefs gehen zuerst den Lebenslauf eines Bewerbers durch, ehe sie sich dem Schreiben widmen. Der Lebenslauf ist das Kernstück Ihrer Bewerbungsunterlagen. Er informiert über wichtigsten Qualifikationen sowie Lebensstationen einer Person.

Nicht jeder Lebenslauf muss gleich aussehen. Berufsanfänger werden sich anders darstellen (müssen) als ein Young Professionals oder erfahrene Führungskräfte. Stimmen Sie die Darstellung Ihrer Person und Ihrer Fähigkeiten auf das jeweilige Unternehmen oder die ausgeschriebene Stelle ab. Legen Sie die Schwerpunkte so, wie es für die jeweilige Bewerbung notwendig ist.

> **TIPP** Der Lebenslauf muss in jedem Fall lückenlos sein. Wenn sich nicht ihr ganzes Berufs- und Ausbildungsleben nachvollziehen lässt, wird unterstellt, dass Sie etwas zu verbergen haben.

Kleinere Lücken von zwei Monaten zum Beispiel nach dem Abitur lassen sich jedoch in einem thematisch gegliederten Lebenslauf verstecken. Auf längere Lücken sollten Sie offensiv hinweisen. Bleiben Sie auf jeden Fall bei der Wahrheit!

a) Darstellung

Sie können Ihren Werdegang unterschiedlich darstellen:

- Beim **chronologischen** Lebenslauf sind die Daten und Ereignisse der Reihe nach aufgeführt – entweder rückwärts, also zeitlich absteigend, dabei werden die jüngsten, meist wichtigeren Tätigkeiten zuerst aufgeführt, oder zeitlich ansteigend von der Schulausbildung an. Diese Form wird oft von Berufsanfängern genutzt, die noch nicht viele eigene Erfahrungen vorweisen können.
- Der **thematische** Lebenslauf ist nach einzelnen Bereichen gegliedert, zum Beispiel nach Schul- und Hochschulausbildung sowie praktischer Erfahrung.
- Bewährt hat sich eine Mischform, die **rückwärts chronologisch** aufgebaut ist, also die jetzige Situation des Bewerbers an den Anfang stellt, und systematische Blöcke bildet.

> **!**
> **ACHTUNG** Alle sachliche Kompetenz nützt nichts, wenn der Personaler nach Ihren Fähigkeiten suchen muss! – **Leserfreundlichkeit** ist hier das Zauberwort.

- Wählen Sie eine gut lesbare Schrifttype und -größe (11–12 pt)
- Nennen Sie zu jeder Station nicht nur das Jahr, sondern auch die Monate. Sonst könnte der Personaler berechtigt oder unberechtigt Fehlzeiten vermuten.
- Setzen Sie bei jedem Abschluss in Klammern Ihre Note hinzu. Das erspart umständliches Suchen in Ihren Unterlagen.

- Formulieren Sie kurz und knapp, aber nicht in Stichworten. Sagen Sie insbesondere zur aktuellen Situation und den Karriereschritten, die weniger als fünf Jahre zurückliegen, welches Ihre Aufgaben waren.
- Bei einem Berufsanfänger wird der Lebenslauf eine Seite kaum überschreiten. Sind Sie auf Ihrem Karriereweg jedoch schon weiter fortgeschritten, wird er sicher zwei Seiten einnehmen. – Füllt er mehr als zwei Seiten, sollten Sie überlegen, ob es nicht übersichtlicher wäre, einiges auszulagern, eventuell in Ihr Qualifikationsprofil.

Bewährt hat sich die Darstellung nach folgendem Muster:

- Überschrift: „Lebenslauf" oder „Curriculum Vitae"
- persönliche Daten
- professionelles Foto
- Berufserfahrung/Praktika
- Wehr- oder Zivildienst/Freiwilliges soziales Jahr
- Schule/Ausbildung/Studium
- Fort- und Weiterbildung
- Zusätzliche Qualifikationen
- Hobbys in Sonderfällen
- Ort, Datum und Unterschrift

b) Persönliche Daten

In diesen Teil gehören Ihr Name, ggf. der akademische Titel und Ihre Anschrift mit Telefonnummer und E-Mail-Adresse außerdem Ihr Geburtsort und -datum sowie Familienstand und Anzahl Ihrer Kinder und deren Alter.

c) Professionelles Foto

Aufgrund des Allgemeinen Gleichstellungsgesetzes (AGG) wird ein Foto heute nicht mehr verlangt. Doch ein gutes Foto wirkt als Blickfang und wertet den Lebenslauf auf. Es der erste persönliche Eindruck, mit dem Sie sich auf jeden Fall von Ihren Mitbewerbern unterscheiden. – Verwenden Sie unbedingt ein professionelles Foto, deutlich größer als ein Passfoto. Platzieren Sie es auf das Deckblatt, wenn Sie keins verwenden, gehört das Foto rechts oder links oben neben die persönlichen Daten auf den Lebenslauf.

d) Berufserfahrung/Praktika

Nennen Sie Ihren gegenwärtigen Arbeitgeber mit vollständiger Rechtsform des Unternehmens, Ihre Position im Unternehmen sowie eine kurze Beschreibung Ihres Aufgaben- und Verantwortungsbereichs. Nennen Sie dann rückwärts chronologisch Ihre weiteren beruflichen Stationen.

Berufseinsteiger nennen ihre Jobs und Praktika, ebenfalls mit Monat und Jahr. Betonen Sie Tätigkeiten, die für die künftige Stelle relevant sind.

e) Wehr- oder Zivildienst/Freiwilliges soziales Jahr

Falls Sie einen Dienst verrichtet haben, geben Sie an, wann und wo Sie tätig waren und welches Ihre Aufgaben waren.

f) Schule/Ausbildung/Studium

- Schulausbildung: Geben Sie die Jahreszahlen sowie Schulort und Schulart an. Wiederholte Klassen sollten Sie dezent übergehen. Zu Ihrem Abitur geben Sie die Note und das genaue Ausstellungsdatum an.
- Ausbildung: Zeitraum, Ausbildungsbetrieb und Abschlussnote notieren
- Studium: Nennen Sie die Studienorte, die Art der Hochschulen, die Studienfächer und Ihren höchsten universitären Abschluss. Als Berufsanfänger nennen Sie auch Zwischenprüfungen wie das Vordiplom, immer mit Monat und Jahr, außerdem Ihre Studienschwerpunkte sowie das Thema der Abschlussarbeit und die Abschlussnote.

g) Fort- und Weiterbildung

Führen Sie hier zusätzliche Kurse sowie Titel und Zertifikate an, die für Ihre künftige Tätigkeit von Belang sind. Ein Bootsführer- oder Segelschein, Tanzsportabzeichen oder Fotokurse etc. gehören unter Hobbys!

h) Zusätzliche Qualifikationen

Führen Sie Ihre besonderen Fähigkeiten wie Sprachkenntnisse, EDV-Fähigkeiten und Auslandsaufenthalte sowie andere zusätzliche Qualifikationen an. Diese sollten Sie auch möglichst realistisch bewerten. – Bei den Zusatzqualifikationen lohnt sich ein Blick zurück auf die Stellenbeschreibung.

i) Hobbys

Nennen Sie Aktivitäten im ehrenamtlichen Bereich oder in einem Bereich der Fähigkeiten trainiert, die von Ihrem Arbeitgeber gewünscht werden.

Die angegebenen Freizeitaktivitäten werden oft in den Vorstellungsgesprächen angesprochen. Geben Sie daher auf keinen Fall irgendwelche falschen Hobbys an, nur um einen guten Eindruck zu machen.

> **ACHTUNG** Nicht jedes Hobby ist erwähnenswert! Freizeitaktivitäten mit großem Zeitbedarf oder hohem Gefahrenpotenzial sollten Sie lieber nicht betonen.

j) Ort, Datum und Unterschrift

Mit Ort und Datum zeigen Sie, wie aktuell der Lebenslauf ist. Unterschreiben Sie mit Vor- und Zunamen. Die Unterschrift ist zwar kein Muss, macht aber einen besseren Eindruck.

k) Zeugnisse

Die Reihenfolge der Zeugnisse sollte Ihrer Gliederung im Lebenslauf entsprechen. Bei mehr als fünf Zeugnissen können Sie zusätzlich ein Inhaltsverzeichnis anfertigen. Erforderlich sind in jedem Fall:

- Abiturzeugnis
- Ausbildungszeugnis
- Hochschulabschlusszeugnis
- Zeugnisse weiterer berufsqualifizierender Examina (Steuerberater/Wirtschaftsprüfer)
- Zeugnisse von Praktika
- Andere Arbeitszeugnisse

Versenden Sie auf keinen Fall die Originale, sondern einfache Kopien. Beglaubigte Zeugniskopien müssen Sie nur verschicken, wenn dies ausdrücklich verlangt wird.

Lassen Sie sich im Bemühen, Ihre Chancen zu verbessern, aber auf keinen Fall dazu hinreißen, hier zu tricksen bzw. zu beschönigen. Veränderte Zeugnisse erfüllen den Straftatbestand der Urkundenfälschung. Damit können Sie sich Ihre gesamte berufliche Zukunft verbauen.

CHECKLISTE

10 Regeln für eine erfolgreiche schriftliche Bewerbung

- Individuell formulieren! Standardbausteine und Standardsätze vermeiden.
- Ihr Profil sollte sich weitgehend mit den Anforderungen des Unternehmens decken. Sie vermeiden damit Absagen und verschwendete Zeit.
- Stimmen Sie das Bewerbungsschreiben auf das Unternehmen und die angestrebte Position ab. Formulieren Sie kurz und treffend.
- Erläutern Sie im Anschreiben, wie Sie dem Unternehmen genau helfen können.
- Gliedern Sie den Lebenslauf klar und konsequent, am besten thematisch und rückwärts chronologisch. Die Unternehmen wollen meist wissen, was Sie zuletzt getan haben.
- Verwenden Sie ein professionell gemachtes Foto von hoher Qualität.
- Die Zeugnisse müssen vollständig sein. Ihre Reihenfolge soll mit dem Lebenslauf übereinstimmen.
- Zeigen Sie anhand von Qualifikationsprofil sowie Praktikums- und Arbeitszeugnissen, welche praktischen Erfahrungen Sie haben.
- Ihre Unterlagen sollten einfach zu handhaben und übersichtlich sein. Der Versandumschlag muss fehlerfrei beschriftet und ausreichend frankiert sein.
- Versenden Sie Ihre Bewerbung per E-Mail, so fassen Sie alle Dokumente inklusive Anschreiben in einer Pdf-Datei zusammen. Die wichtigsten Teile des Anschreibens sollten Sie dann noch einmal in die begleitende E-Mail aufnehmen.

ACHTUNG Sie sollten niemals erläutern, wie nützlich Sie sich das Unternehmen für Ihre Selbstverwirklichung oder Karriere vorstellen!

Für den Postversand können Sie pro Bewerbung zwischen 20 und 25 € rechnen (für Foto, Mappe, Umschlag, Porto, Kopien). Bei zehn Bewerbungen kommen daher über 200 € an Kosten auf Sie zu.

> **TIPP** Lassen Sie sich für alles, was Sie für die Bewerbung kaufen, Belege geben. Sie können nämlich Ihre Bewerbungskosten von der Steuer absetzen.

9.8 Souverän im Vorstellungsgespräch

Auf eine ausgeschriebene Stelle bewerben sich oft mehrere Hundert Interessenten. Es vergehen daher oft mehrere Wochen vom Versenden der Unterlagen bis zu einer Antwort oder sogar Einladung zu einem Vorstellungsgespräch. Normalerweise bestätigen die Unternehmen aber den Eingang der Unterlagen in den ersten zwei Wochen.

> **TIPP** Werden Sie nicht nervös. Nutzen Sie die Zeit, in der Ihre Unterlagen gesichtet werden, zur Vorbereitung auf ein eventuelles Gespräch. Und bleiben Sie erreichbar!

9.8.1 Das Telefoninterview

Viele große Unternehmen nutzen mittlerweile Telefoninterviews, um einen ersten Kontakt zu den Bewerbern herzustellen. Wenn Sie ausschließen wollen, dass man Sie per Handy an der Supermarktkasse überrascht, geben Sie besser Ihre Festnetznummer an. Üblicherweise wird jedoch für ein solches Telefonat mit Ihnen ein Termin vereinbart, damit Sie sich auf das Gespräch vorbereiten können.

Sie sollten dieses Telefonat ernst nehmen, auch wenn es sich angeblich nur um „eine kurze Nachfrage" handelt.

- Überprüfen Sie die Ansage auf Ihrem Anrufbeantworter. Den coolen Spruch für den Freundeskreis sollten Sie besser löschen und durch eine seriöse Ansage ersetzen.
- Legen Sie sich Ihre Bewerbungsunterlagen bereit, damit Sie sofort reagieren können, wenn Nachfragen zu einzelnen Punkten Ihrer Bewerbung kommen.
- Machen Sie sich ein Telefonskript mit den Punkten, die Sie gern bei einem Telefonat unterbringen möchten, und üben Sie die Situation.
- Halten Sie etwas zum Schreiben und auch Ihren Kalender griffbereit.
- Wenn Sie es noch nicht getan haben, informieren Sie sich spätestens jetzt gründlich über das Unternehmen.

- Sorgen Sie für eine Atmosphäre der Ruhe bei Ihrem Telefonat: kein Hundegebell, Radiogedudel oder Fernsehgeräusch im Hintergrund.

Auch persönlich sollten Sie sich vorbereiten. Wenn der erwartete Anruf kommt, bitten Sie noch um einen Augenblick Geduld, holen Sie die richtigen Unterlagen auf den Schreibtisch, setzen Sie sich aufrecht hin und atmen sie tief und entspannt durch.

> **TIPP** Wenn Sie beim Telefonieren lächeln, wirkt Ihre Stimme automatisch sympathischer!

In der Regel wird der Personalverantwortliche die Gesprächsführung übernehmen.

- Unterbrechen Sie ihn nicht – machen Sie sich lieber Notizen für spätere Rückfragen.
- Antworten Sie ruhig und sachlich. Wenn es sich ergibt, stellen Sie selber Fragen nach Informationen, die aus Ihren Informationsunterlagen so noch nicht hervorgegangen sind. So können Sie sich sogar noch einen Informationsvorsprung vor anderen Kandidaten verschaffen.
- Beenden Sie das Gespräch freundlich – ganz gleich, was für ein Gefühl Sie dabei hatten. So zeigen Sie Professionalität.
- Fragen Sie gegen Ende des Gesprächs nach dem weiteren Ablauf des Bewerbungsverfahrens.

Bedenken Sie, dass Sie den Personalchef überzeugen müssen, gerade Sie zum Vorstellungsgespräch einzuladen.

9.8.2 Gesprächsvorbereitung

Sie haben eine Einladung zu einem Vorstellungsgespräch erhalten. Darauf sollten Sie sich gründlich vorbereiten. Versetzen Sie sich in die Situation des Unternehmens. Es will mithilfe des Vorstellungsgesprächs folgende Fragen klären: „Warum sollten wir gerade Sie einstellen?" „Wie können gerade Sie uns besser helfen als alle anderen Bewerber?"

Im Vorstellungsgespräch geht es um Bestätigung der fachlichen Qualitäten – die aus den Unterlagen weitgehend bekannt sind – und vor allem um menschliches Überzeugen. 80 Prozent der Stellen werden aufgrund der Sympathien vergeben, die sich in einem Vorstellungsgespräch aufgebaut haben. Folgende Verhaltensgrundsätze können Ihnen dabei helfen:

- Sprechen Sie den Gesprächspartner direkt mit seinem Namen an.
- Signalisieren Sie durch Ihre Körpersprache Offenheit und Interesse. Verkrampfte Sitzhaltung, überkreuzte Arme und verkrampfte Gesichtszüge sind fehl am Platze. Entspannen Sie sich bewusst (vorher üben!). Lächeln Sie und schauen Sie Ihrem Gegenüber in die Augen.

9.8 SOUVERÄN IM VORSTELLUNGSGESPRÄCH

- Es ist normal, dass Sie nervös sind. Akzeptieren Sie es, ohne sich hineinzusteigern, denn es ist nicht weiter wichtig. Konzentrieren Sie sich lieber auf Ihre Umgebung und die Gesprächsinhalte. Dann wirken Sie automatisch gelassener und souveräner.
- Gehen Sie auf das Gesagte ein und sprechen Sie deutlich.
- Überlassen Sie die Gesprächsführung Ihrem Gegenüber. Lassen Sie ihn auf jeden Fall ausreden.

Im Vorstellungsgespräch überprüft das Unternehmen Ihre Soft Skills. Hier besteht die einzige Möglichkeit dazu. Besonders leicht zu prüfen in einem Gespräch und daher besonders wichtig sind:

- Anpassungsfähigkeit/Flexibilität
- Identifikation mit dem Unternehmen
- Leistungsbereitschaft und Motivation
- Auftreten

Die verantwortlichen Personalexperten, die die Vorstellungsgespräche führen, haben meist große Erfahrung. Sie besitzen Menschenkenntnis und sind deshalb in der Lage, Fassaden zu durchschauen. Geben Sie sich deshalb natürlich und versuchen Sie nicht, durch erzwungenes vermeintliches Wohlverhalten einen unzutreffenden Eindruck von sich zu vermitteln.

Mit den folgenden Aspekten sollten Sie sich vor dem Gespräch ausführlich beschäftigen:

- Detaillierte Erkenntnisse und positiv formulierte Selbstaussagen auf Basis Ihrer Selbstanalyse
- Informationen über das Unternehmen
- Rahmenbedingungen (Outfit, Anreise, Organisatorisches)
- Struktur und Ablauf von Vorstellungsgesprächen
- Grundsätze der Gesprächspsychologie
- Fragen, die Sie wahrscheinlich beantworten müssen
- Fragen, die Sie stellen können und wollen

> **TIPP** Übung macht den Meister! Spielen Sie vergleichbare Situationen mit Freunden durch und versuchen Sie, Schlagfertigkeit und Souveränität zu trainieren.

a) Selbstaussagen

Nach der Selbstanalyse sollten Sie Ihre Stärken und Schwächen gut kennen. Überlegen Sie selbstbewusst, welche Schwächen unter anderem Blickwinkel zu Stärken werden können, aber verwenden Sie nicht zu viel Zeit auf Schwächen. Arbeiten Sie stattdessen fundiert Ihre Stärken heraus – und betonen Sie diese Fähigkeiten im Hinblick auf die Anforderungen des Unternehmens. Sie wollen Ihren Gesprächspartner doch von der Tatsache überzeugen, dass sich Ihre Fähigkeiten mit seinem Anforderungsprofil decken.

b) Informationen über den Arbeitgeber

Die Bandbreite der möglichen Arbeitgeber im Steuerwesen ist groß. Natürlich liegen atmosphärisch gewisse Welten zwischen der Finanzabteilung eines Weltkonzerns und einer regional aufgestellten Steuerberaterkanzlei in ländlicher Umgebung. Doch Bewerbungsprozesse funktionieren in beiden Fällen nach denselben Prinzipien.

Um Ihr Interesse an der Mitarbeit im jeweiligen Unternehmen oder der jeweiligen Kanzlei zu belegen, sollten Sie sich gute Kenntnisse über die Firma angeeignet haben, und diese ins Vorstellungsgespräch einfließen lassen. Zeigen Sie, dass Sie sich mit dem Unternehmen beschäftigt haben. Aber passen Sie auf, wie Sie beispielsweise Presseberichte zitieren – treten Sie niemandem unsensibel auf die sprichwörtlichen Zehen. In puncto (Firmen-) Image sind Führungskräfte stets empfindlich.

CHECKLISTE

Informationen über den Arbeitgeber

- Grundinformationen, wie Stammsitz, Rechtsform und Tochtergesellschaften
- Welche Dienstleistungen bietet das Unternehmen an, in welchen Geschäftsbereichen?
- Wer sind die Wettbewerber? Versteht sich das Unternehmen als Marktführer?
- Wer sind die Hauptkunden und Hauptzielgruppen?
- Womit macht das Unternehmen sein Hauptgeschäft?
- Wie haben sich Umsatz und Gewinn entwickelt?
- Wie viele Mitarbeiter hat das Unternehmen? Wer ist in der Geschäftsleitung?
- Wie steht der Aktienkurs des Unternehmens, falls börsennotiert?
- Wie sieht die Geschichte des Unternehmens aus?
- Was ist das Image der Firma in der Bevölkerung?
- Wie sind Führungsstil und Unternehmensphilosophie?
- Welche Entwicklungsmöglichkeiten bietet Ihnen das Unternehmen?

CHECKLISTE

Informationsquellen

- Im Internet präsentiert sich fast jede große Firma sehr aufwendig.
- Bei PR- oder Presseabteilungen der Unternehmen können Sie Informationsmaterial und Broschüren anfordern.
- Bei kleineren Sozietäten sollten Sie zum Hörer greifen und im Sekretariat anrufen.
- In Bibliotheken finden Sie Bücher und Nachschlagewerke sowie Branchenpublikationen.
- Bei Verbänden und Kammern können Sie Grundinformationen zu Unternehmen erfragen.

9.8.3 Organisatorisches

Es gibt keine zweite Chance für den so wichtigen ersten Eindruck. Passende Kleidung und ein gepflegtes Erscheinungsbild sind die Voraussetzungen für eine positive Wirkung. Mit Nachlässigkeiten wie ungewaschenen Haaren, ungeputzten Schuhen oder Zigaretten- und Knoblauchduft, aber auch mit Übertreibungen wie allzu auffälligem Schmuck oder schreienden Farbtönen können sich Kandidaten trotz fachlicher Qualitäten um manches Angebot bringen.

a) Das richtige Outfit

Doch was ist das perfekte Outfit? Grundsätzlich gilt: Passen Sie sich den Gepflogenheiten des Unternehmens bzw. der Branche an. Sie wollen in einer Branche anheuern, deren wichtigstes Gut das Vertrauen ihrer Mandanten ist. Dieses Vertrauen wird gefördert durch Zurückhaltung und Höflichkeit. Und dies drückt sich auch in der adäquaten Kleidung aus.

Es mag sein, dass Sie die **Kleidung**, mit der Sie zum Vorstellungsgespräch erscheinen sollten, ungewohnt empfinden. Nicht jeder trägt täglich ein Kostüm mit Seidenbluse oder einen Blazer mit Hemd und Krawatte. Wichtig ist aber, dass Sie sich in Ihrer Kleidung wohlfühlen. Statten Sie sich am besten schon zu Beginn der Bewerbungsphase mit dem passenden Ensemble und den dazugehörigen Accessoires aus, damit Sie diese in Ruhe sowohl nach den Gepflogenheiten der Branche als auch Ihrem eigenen Geschmack zusammenstellen können. Lassen Sie sich Zeit dafür – dann können Sie bei offiziellen Anlässen auch künftig auf diese Errungenschaften zurückgreifen. Wenn Sie hektisch am Tag vor dem bewussten Gespräch durch die Bekleidungsläden hetzen, werden Sie kaum das Richtige finden.

Achten Sie darauf, dass das „gute Stück" nicht zu auffällig ist. Zwar ist jede Farbe zulässig, vorausgesetzt, sie ist blau, grau oder anthrazit. Schwarz gilt bei den Herren als „Anlassfarbe". Krawatten sind für Herren Pflicht! – Den Damen sind auch schwarze Kleidungsstücke erlaubt. Zu empfehlen sind Kostüm oder Hosenanzug mit einer passenden Bluse oder einem Top (ohne Aufdruck) in zurückhaltenden Farben. Bestrumpfte Beine sind dabei Pflicht, auch bei 30 Grad Celsius!

> **TIPP** Damen sollten immer passende Ersatzstrümpfe oder Feinstrumpfhosen mitnehmen, denn Laufmaschen wirken einfach nicht elegant.

Neben der Kleidung gehört die **Frisur** zu den wichtigsten Erscheinungsmerkmalen. Die Haare sollten gepflegt wirken. Herren sollten einen modischen Haarschnitt haben und gut rasiert sein beziehungsweise einen sehr gepflegten Bart vorweisen. Einsteiger und Young Professionals sollten möglichst auf einen Bart verzichten, denn damit werden sie leicht als Exzentriker eingestuft. – Frauen mit langen Haaren sollten darauf achten, dass ihr Gesicht nicht verdeckt ist. Ihr Gegenüber möchte auch Ihr Mimenspiel beobachten können.

Achten Sie darauf, dass Sie von einem angenehmen **Duft** umgeben sind. Verzichten Sie auf eine Beruhigungszigarette kurz dem Gespräch, denn der Rauch setzt sich in Haaren und Kleidung fest und wirkt auf Nichtraucher immer unangenehm – auch, wenn Sie selbst nichts davon wahrnehmen. Schweißgeruch, Mundgeruch, Zwiebel-, Knoblauch- oder gar Alkoholfahnen sind geradezu tödlich. Für dominante Parfums oder Aftershaves gilt dasselbe, manch ein Allergiker reagiert darauf auch deutlich. Wenn Sie leicht ins Schwitzen kommen, nehmen Sie eine Ersatzbluse oder ein Ersatzhemd mit. Fragen Sie notfalls nach, wo Sie sich kurz frisch machen dürfen – und planen Sie die Zeit dafür ein.

b) Dezentes Make-up für die Damen rundet das positive Erscheinungsbild ab.

ACHTUNG Experimentieren Sie niemals direkt vor einem wichtigen Termin mit neuen Make-up- oder Styling-Produkten, die Sie noch nicht ausprobiert haben! Halten Sie sich an Bewährtes.

Wenn Sie **Schmuck** tragen, achten Sie bitte darauf, dass Sie nicht zu viel anlegen (keine „Christbaumbehängung"). Auch Ohrringe bei Herren machen in der Bewerbungssituation keinen guten Eindruck. Auf keinen Fall sollten Sie billig wirkende Imitate von Uhren oder billigen Modeschmuck tragen.

c) Die Anreise

Zu Ihrem Vorstellungsgespräch sollten Sie **auf jeden Fall pünktlich** erscheinen. Es gilt daher, Ihre Anreise darauf abzustimmen und gut zu planen.

Wenn Sie mit dem **Auto** anreisen, sollten Sie sich mindestens 50 Prozent mehr Zeit nehmen, als normalerweise für die Strecke zu veranschlagen ist. Es können immer unvorhergesehene Dinge wie Staus, Parkplatzprobleme oder gar Pannen auftreten.

Bei der Anfahrt mit dem **Zug** sollten Sie unbedingt darauf achten, dass Sie auch noch mit der nachfolgenden Verbindung pünktlich erscheinen können – und auch dann nicht auf den letzten Drücker! Kümmern Sie sich rechtzeitig um die Fahrkarte und planen Sie mehr als genügend Zeit für die Anfahrt zum Bahnhof ein.

Wenn Sie einen weiten Anfahrtsweg haben und der Gesprächstermin am Vormittag liegt, sollten Sie am Abend davor anreisen und in einem Hotel übernachten. Die Stressreduktion ist es Wert. Oft sind die Unternehmen auch bereit, die Kosten dafür zu übernehmen.

> **TIPP** Erscheinen Sie pünktlich am Empfang, also fünf bis höchstens zehn Minuten vor dem vereinbarten Zeitpunkt. Warten Sie am Empfang, bis die vereinbarte Zeit erreicht ist. Erst dann sollten Sie sich anmelden lassen. Ein paar Minuten Ruhe vor dem Sturm wird Ihnen sicherlich auch gut tun.

Können Sie aus irgendeinem Grund nicht pünktlich erscheinen (zum Beispiel wegen einer Panne auf der Autobahn), so teilen Sie dies sofort dem Unternehmen mit. Es kann dann diskutiert werden, ob das Gespräch später stattfinden kann oder ob ein neuer Termin vereinbart werden muss. Das Gleiche gilt, wenn Sie den Termin zum Beispiel aufgrund von

Krankheit überhaupt nicht wahrnehmen können. Melden Sie sich in solchen Fällen auf jeden Fall so bald wie möglich beim Unternehmen, nicht erst fünf Minuten vor Gesprächsbeginn.

Es kann auch passieren und ist gar nicht so selten, dass man Sie trotz der Terminvereinbarung einige Zeit warten lässt. Diese **zusätzliche Wartezeit** ist zwar unangenehm, in der Regel aber schlicht unvorhergesehenen Ereignissen im Tagesgeschäft der Gesprächspartner geschuldet. Machen Sie weiterhin gute Miene, nutzen Sie die Zeit ggf. für unauffällige Entspannungstechniken und beziehen Sie diese Erfahrung vor allem nicht auf sich, interpretieren Sie nichts hinein. Wehren Sie der aufsteigenden Nervosität, indem Sie sich diese zugestehen, um sich dann auf etwas anderes zu konzentrieren. Natürlich steht Ihnen anschließend eine Entschuldigung zu, die Sie dann freundlich akzeptieren.

Bringen Sie zum Vorstellungsgespräch auf jeden Fall **Unterlagen** mit. Sonst scheint es, als hätten Sie sich nicht informiert oder kein wirkliches Interesse. Ihre Unterlagen sollten Informationen zur angestrebten Stelle und über das Unternehmen enthalten. Sie können auch ihre Bewerbung mitnehmen, um eventuelle Fragen direkt zu beantworten. Nehmen Sie auch eine Liste der Fragen mit, die Sie stellen möchten.

CHECKLISTE

Anreise

- Das Vorstellungsgespräch sollte Ihr einziger Termin an diesem Tag sein.
- Stellen Sie rechtzeitig – spätestens am Vortag – alle Unterlagen zusammen, die Sie benötigen.
- Planen Sie ebenso rechtzeitig die Anreise sehr detailliert und legen Sie Ihre Kleidung bereit. Sie ersparen sich damit Pannen und enormen Zeitdruck.
- Informieren Sie sich über den genauen Anfahrtsweg. Überlegen Sie, wo Sie (falls nötig) parken.
- Laden Sie sicherheitshalber Ihren Handy-Akku auf.
- Sollte dass Gespräch vormittags und weit entfernt stattfinden, reisen Sie am besten am Abend vorher an.
- Seien Sie pünktlich! Pünktlichkeit ist ein absolutes Muss.
- Schalten Sie unbedingt Ihr Handy vor Gesprächsbeginn aus.

d) Reisekosten

Wenn ein Unternehmen einen Bewerber auffordert, zu einem Gespräch zu erscheinen, ist es verpflichtet, die Reisekosten gegen Vorlage von Belegen zu übernehmen.

Der potenzielle Arbeitgeber kann jedoch von vornherein sagen, dass er bestimmte Kosten nicht erstattet. Wenn die Einladung zum Gespräch so formuliert ist, dass es Ihnen quasi frei steht zu kommen, ist die Erstattung der Fahrtkosten freiwillig.

Seien Sie vorsichtig! – Sollten Sie vor dem Gespräch nichts festgelegt haben, warten Sie während oder nach dem Gespräch auf Reaktionen des Unternehmens bezüglich der Fahrtkostenerstattung. Wird es Ihnen nicht angeboten, so sollten Sie das Thema auch nicht ansprechen und die Kosten selbst tragen, sofern Ihnen weiterhin an der Stelle liegt. Sollten die Kosten nicht übernommen werden, können Sie diese als Werbungskosten von der Steuer absetzen.

9.8.4 Der Ablauf des Gesprächs

Stellen Sie sich bei großen Unternehmen vor, werden Ihnen in der Regel mehrere Interviewpartner gegenübersitzen. Kein Grund zur Panik!

Alle Anwesenden sollten Ihnen mit Namen und Zuständigkeitsbereich vorgestellt werden. Oft sitzen neben Personalverantwortlichen noch mögliche spätere Kollegen und Vorgesetzte mit im Raum. Sollten Personen aus dem Fachbereich, für den Sie sich bewerben, anwesend sein, so müssen Sie mit detaillierten Fachfragen rechnen. Ihre Antworten sollten an alle Gesprächspartner gerichtet sein. Blicken Sie alle Anwesenden immer wieder abwechselnd an, wenn Sie sprechen, und konzentrieren Sie sich nicht nur auf eine der anwesenden Personen.

Während des Gesprächs sind Sie in einer defensiven Situation. Doch defensiv heißt nicht passiv. Sie sollten zwar nicht die Gesprächsführung an sich reißen, sollten aber lebendig und präsent wirken und auch aktiv fragen und sprechen, dabei jedoch nie Ihre Gesprächspartner unterbrechen. Wichtige Fragen sollten Sie jedoch erst am Schluss des Gesprächs stellen, oder wenn Sie direkt dazu aufgefordert werden.

Jeder Personalverantwortliche hat seinen eigenen Ablauf für ein Vorstellungsgespräch. Es gibt jedoch gemeinsame Elemente und Strukturen. Die einzelnen Phasen können aber in unterschiedlicher Reihenfolge auftreten:

- Begrüßung und Aufwärmphase
- Information über die Arbeitsbedingungen und das Unternehmen
- Fragen zu Ihren fachlichen Qualifikationen und Ihren praktischen Erfahrungen
- Fragen zu Ihrer Motivation und Eignung für die angestrebte Position
- Fragen, warum Sie sich beworben haben und welche Leistungsbereitschaft Sie mitbringen
- Fragen, die Ihren persönlichen Lebenslauf und Ihre Hintergründe betreffen
- Fragen des Bewerbers
- Abschluss und Zusammenfassung des Gesprächs

> **Web-Links**
> - Im Internet gibt es mehrfach Listen von Fragen, die im Vorstellungsgespräch gestellt werden könnten. Hier ein Beispiel unter vielen: http://karrierebibel.de/fragenkatalog
> - Möglicherweise werden Sie auch mit Brainteasern (kurzen Knobelaufgaben, die durch meist durch logisches Denken zu lösen sind) konfrontiert. Bewahren Sie Ruhe und gehen Sie spielerisch an die Aufgaben heran. www.focus.de/karriere/bewerbung/vorstellungsgespraech

a) Begrüßung

Diese erste Phase sollten Sie nicht unterschätzen. Gehen Sie auf Ihre oder Ihren Gesprächspartner zu und lächeln Sie dabei. Merken Sie sich unbedingt die Namen der Personen, die Ihnen vorgestellt werden. Wenn Sie ihn nicht genau hören, fragen Sie gleich nach. Sie können dann später die Personen namentlich ansprechen, was einen guten Eindruck macht.

Wird Ihnen die Hand gereicht, so sollten Sie einen festen Händedruck geben. Sie selbst sollten jedoch den Händedruck niemandem aufzwingen. Nehmen Sie Platz, wenn Sie dazu aufgefordert werden, und suchen Sie den Blickkontakt mit Ihren Gesprächspartnern.

Nach einer kurzen Aufwärmphase werden die unterschiedlichen Themenbereiche abgeschritten. Ihre Gesprächspartner wollen die Informationen aus Ihrer Bewerbung überprüfen: Eventuell müssen Sie einen Teil des Interviews in einer Fremdsprache führen. Im Wesentlichen geht es aber um Ihre Person. Seien Sie also authentisch und freundlich.

b) Unangenehme Fragen

Man wird Ihnen auch unangenehmen Fragen stellen, bei denen Sie erst einmal schlucken müssen. Fragen wie „Warum haben Sie eine schlechte Abschlussnote?", „Sie haben doch überhaupt nicht die Qualifikation für diesen Job!" oder „Warum sind Sie eigentlich mit 29 Jahren immer noch nicht verheiratet?" sollen Sie in eine Stresssituation versetzen. Man will sehen, wie Sie reagieren und wie Sie Stress verarbeiten. So können Sie solche Fragen geschickt parieren:

Machen Sie sich vorab klar, dass unangenehme Fragen absichtlich übertrieben sind und nicht auf Ihrem Erscheinungsbild basieren.

Freuen Sie sich, dass Sie diese Frage jetzt abarbeiten können, etwa so: „Ich bin froh, dass Sie diese Frage aufgegriffen haben. Es gibt mir die Möglichkeit Ihnen die Hintergründe zu erläutern. Meine Abschlussnote mag nicht die beste sein, dafür habe ich aber bereits in der Schlussphase meines Studiums viele interessante Tätigkeiten ausführen können. Ich habe meinen Schwerpunkt doch eher im praktischen Bereich gesehen."

Versuchen Sie abzulenken. „Das ist eine interessante Frage. Vorher würde ich aber gerne ein paar Dinge noch einmal ansprechen ..." Wenn Sie dies geschickt tun und einige Minuten reden, vergisst der Interviewer meist die eigentliche Frage. Das funktioniert aber höchstens mit einem Gesprächspartner. Bei mehreren Anwesenden wird man sich erinnern, dass Sie ausgewichen sind.

Wiederholen Sie die Frage. „Sie wollen also wissen, warum ...?" Ihr Gesprächspartner formuliert die Frage dann meist neu, sodass Sie „entschärft" oder einfacher zu beantworten ist. Zumindest gewinnen sie etwas Zeit, um über eine Antwort nachzudenken.

Versuchen Sie bei allen unangenehmen Fragen, die Antworten so auszurichten, dass Ihre starken Seiten und positiven Eigenschaften deutlich werden.

Generell gilt bei Fragen im Vorstellungsgespräch: Bereiten Sie sich ausführlich auf jede mögliche Frage vor. Legen Sie sich in Ihrem Kopf mögliche Antworten zurecht und üben Sie die Situationen mit Freunden und Bekannten. Verwenden Sie aber keine Standardantworten. Diese werden von geübten Interviewern sofort erkannt.

ACHTUNG Lassen Sie sich auf keinen Fall provozieren. Damit fallen Sie durch den Stresstest und mindern Ihre Erfolgschancen!

c) Fragen, die Sie nicht beantworten müssen

Im Vorstellungsgespräch dürfen nur Fragen gestellt werden, die direkt mit der Besetzung der jeweiligen Stelle zu tun haben. Dies wurde auch im Zusammenhang mit dem Allgemeinen Gleichbehandlungsgesetz (AGG) weiter präzisiert. Fragen, die stark in Ihren persönlichen Bereich zielen, müssen Sie gar nicht oder nicht wahrheitsgemäß beantworten.

Verboten sind beispielsweise Fragen nach Ihrer Religion oder politischem und gewerkschaftlichem Engagement, besonders, wenn dies nachteilig für Ihre Bewerbungschancen sein kann.

Auch Fragen nach Schwangerschaft und Familienplanung müssen nicht beantwortet werden. Wiegeln Sie ab: „Im Augenblick steht für mich mein Berufseinstieg im Vordergrund."

ACHTUNG Wenn Sie solche Fragen nicht wahrheitsgetreu beantworten, hat dies keinerlei Einfluss auf die Gültigkeit eines Arbeitsvertrags. Sie sollten sich dennoch fragen, ob Ihr zukünftiger Arbeitgeber und Sie wirklich zusammenpassen.

d) Bewerberfragen

Sie haben in einem Vorstellungsgespräch nicht nur die Möglichkeit, selbst Fragen zu stellen, Sie sollen es sogar dringend tun. Sie zeigen dadurch aktives Interesse an Unternehmen und Position. Spätestens gegen Ende des Gesprächs gibt Ihnen der Gesprächspartner die Möglichkeit, nach allem zu fragen, was Sie interessiert.

e) Beim ersten Gespräch sollten Sie keinesfalls fragen nach

- dem Arbeitsvertrag
- dem Gehalt
- der Anzahl der Urlaubstage
- freiwilligen sozialen Leistungen des Unternehmens
- der Beurteilung Ihrer Person (zum Beispiel: „Wie habe ich mich geschlagen?")
- Antworten, die im Gespräch bereits gegeben wurden.

Diese Fragen werden meist in einem zweiten Gespräch behandelt, wenn es um die Aushandlung des Arbeitsvertrages geht und Sie die Stelle schon fast sicher haben.

f) Abschluss des Gesprächs

Am Ende des Gesprächs wird noch einmal alles zusammengefasst. Sie werden eventuell mit einer Frage wie „Fassen Sie noch einmal das Gespräch knapp zusammen. Was spricht für und was gegen Sie?" konfrontiert.

Versuchen Sie, in die Zusammenfassung auch ein paar neue Aspekte mit einfließen zu lassen. Sie müssen natürlich schwerpunktmäßig Ihre Stärken noch einmal darlegen. Sprechen Sie auch Dinge an, die Ihr Gesprächspartner offensichtlich interessant und spannend fand.

Ganz zum Schluss werden normalerweise Vereinbarungen über das weitere Vorgehen getroffen. Entweder Ihr Gesprächspartner sagt Ihnen: „Nächste Woche melden wir uns dann telefonisch bei Ihnen". Alternativ können Sie fragen: „Wann höre ich von Ihnen?" oder „Wann darf ich mich bei Ihnen melden?"

Nach Beendigung des Gesprächs sollten Sie sich sehr zeitnah in einem **Gedächtnisprotokoll** alles notieren, was Ihnen im Verlauf des Gesprächs aufgefallen ist. Was war für Sie neu? Was war der Höhepunkt des Gesprächs? Wo haben Sie gut ausgesehen, wo eher nicht? Welche Fragen wurden gestellt?

Beschäftigen Sie sich mit dem Gespräch und überdenken Sie es noch einmal genau. Sie können so für Ihre nächsten Vorstellungsgespräche lernen und ähnliche Fehler vermeiden.

Es kann auch geschehen, besonders bei einer Initiativbewerbung, dass Sie um eine schriftliche Zusammenfassung des Gesprächs gebeten werden. Die Interviewpartner möchten damit herausfinden, was bei Ihnen an fachlich und atmosphärisch „angekommen" ist. Antworten Sie prompt! Dieses zugegeben knifflige Schreiben verdient Ihre ganze Aufmerksamkeit.

9.8.5 Besondere Auswahlverfahren

Da das Feld der steuerberatenden Berufe sehr weit gefasst ist, werden Sie insbesondere bei den großen Wirtschaftsprüfungsgesellschaften auf besondere Wege der Bewerbung stoßen. Im Rahmen des **Talent Scouting** pflegen diese Unternehmen Beziehungen zu ausgewählten Universitäten, um schon während des Studiums Kontakte zu ihren späteren Mitarbeitern aufzubauen.

Aber auch Berufseinsteiger und Young Professionals haben Chancen. Zur Bewerberauswahl werden **Auswahltagungen** mit Assessment-Center-Charakter genutzt. Hierbei geht es natürlich auch um alle Fähigkeiten und Fertigkeiten, die in einem klassischen Assessment Center geprüft werden. Der Schwerpunkt liegt jedoch eher auf der Bearbeitung von Fallstudien im Team.

> **Web-Links** Informieren Sie sich auf den Career Websites der ‚Big Four', wann welche Events stattfinden, und bewerben Sie sich:
> - http://careers.deloitte.com/glob/students/events.aspx
> - www.ey.com/DE/DE/Home
> - www.kpmg.de/careers/
> - www.pwc.de/portal/pub/karriere

Assessment Center

Hoch qualifizierte Stellen in Großunternehmen werden häufig über Assessment Center (AC) vergeben. Dies gilt im Übrigen auch für Trainee-Stellen für Hochschulabsolventen. Kleinere Unternehmen können sich ACs oftmals nicht leisten, da diese mit sehr hohen Kosten verbunden sind (Konzeption, Moderation, Übernachtungen, Verpflegung ...).

ACs finden meist am Wochenende statt. Es gilt dort, in einer Gruppe von Bewerbern verschiedene Tests zu bestehen. Dabei werden so gut wie alle Ihre Fähigkeiten auf die Probe gestellt: Teamfähigkeit, Stressresistenz, Belastbarkeit, Effizienz und Durchsetzungsfähigkeit, nur um einige zu nennen.

Geleitet werden ACs von ein oder zwei Moderatoren. Wichtiger sind jedoch die teilweise bis zu zehn Beobachter. Sie stammen aus der Personalabteilung des Unternehmens und oftmals sogar aus der Geschäftsleitung.

Für ACs sprechen aus Sicht der Unternehmen gute Gründe: Aus einer großen Anzahl von Bewerbern können in relativ kurzer Zeit die richtigen ausgewählt werden. Die Aufgabenstellungen gelten als realistisch. Man kann die Bewerber bei der Bewältigung der Praxis beobachten. Die Fähigkeiten, die am Arbeitsplatz benötigt werden, können getestet werden. Soziale Interaktion, Teamfähigkeit und Kommunikationsfähigkeit lassen sich im Zusammenspiel mit den anderen Bewerbern beobachten. Besondere Talente werden ersichtlich.

Auch der Kandidat selbst erhält einen Einblick in seine künftigen Aufgaben. Sollten sie ihm nicht gefallen, kann er sich gegen den Arbeitsplatz entscheiden. Durch das Feedback-Gespräch kann der Teilnehmer erfahren, wie er sich geschlagen hat, wo seine Stärken liegen und woran er noch arbeiten sollte.

ACs bedeuten für die Teilnehmer enormen Stress, das ist auch beabsichtigt. Viele unterschiedliche Aufgaben sollen in kurzer Zeit bewältigt werden. Natürlich kann man nicht jede Aufgabe gleich gut erfüllen. Es sind auch Aufgaben dabei, die kein Teilnehmer perfekt erfüllen kann. Wichtig ist: Treten Sie angemessen selbstbewusst auf.

Bestandteile eines ACs sind:

- Eröffnungsrunde
- Gruppendiskussion
- Rollenspiel
- Postkorbübung oder Ähnliches
- Präsentation oder Vortrag

- Fallstudien
- Interviewgespräche
- Leistungstests
- Abschlussrunde

Wenn Sie zu einem AC eingeladen werden, sollten Sie sofort mit der Vorbereitung beginnen, denn ACs lassen sich gut trainieren. Es gibt entsprechende Literatur und Trainingsseminare.

9.8.6 Die Entscheidung

Sollten Sie in die engere Wahl kommen, wird man Sie zu einem weiteren Gespräch einladen. Hier konkurrieren Sie meist nur noch mit zwei bis drei Personen.

Geld ist nicht alles!

Vertragsverhandlungen sind oft der wesentliche Schwerpunkt eines weiteren Gesprächs. Auch auf dieses Gespräch sollten sie sich gut vorbereiten: Überlegen Sie, welche Wünsche Sie hinsichtlich Gehalt, Arbeitszeit, Urlaub, Fortbildung und sozialer Leistungen haben. Legen Sie fest, was für Sie wirklich wichtig ist. Ist es tatsächlich die Höhe des Gehalts? – Oder sind es eher der Zuschnitt der Aufgabe, die Entwicklungsmöglichkeiten im Unternehmen und die Möglichkeit zur Weiterbildung?

Gehen Sie bei den Verhandlungen diplomatisch vor. Insbesondere in großen Unternehmen haben Ihre Gesprächspartner oft wenig Spielraum, um individuellen Wünschen bei der Vertragsgestaltung zu entsprechen.

In einem zweiten Vorstellungsgespräch sollten Sie nicht den Anschein erwecken, dass es Ihnen ausschließlich um die Finanzen geht. Laut vieler Studien sind für Ihre langfristige Arbeitszufriedenheit und Motivation Faktoren wie Arbeitsatmosphäre, Weiterbildungs- und Entwicklungsperspektiven und Eigenverantwortung viel wichtigere Größen. Zeigen Sie also, dass Sie sich auch mit den Rahmenbedingungen des Unternehmens identifizieren können. Denn wenn Ihre Gehaltsforderung zu hoch ausfällt und Sie keine Kompromisse zugestehen, wird wahrscheinlich von einem Angebot Abstand genommen. Jedes Unternehmen kalkuliert mit einem bestimmten Budget, das für die Stelle zur Verfügung steht. Allerdings sollten Sie sich auch nicht unter Wert vergeben. Ihre Arbeitskraft und Ihr Ideenreichtum sind die Pfunde, mit denen das Unternehmen wuchern will!

Sollten Sie in diesem Gespräch feststellen, dass Ihnen manche Aspekte hinsichtlich Aufgaben und Perspektiven doch nicht gefallen – zum Beispiel fehlende Weiterbildungsangebote – überlegen Sie noch einmal genau, ob Sie diesen Nachteil zugunsten von Berufserfahrung und Verdienst vielleicht für eine gewisse Zeit in Kauf nehmen. Wenn Sie zu diesem Zeitpunkt zurücktreten, ist diese Entscheidung irreversibel. Andererseits sollten Sie nur eine Stelle antreten, die Sie auch wirklich ausfüllen wollen, denn der Beruf wird Sie in jedem Fall fordern.

9.8.7 Am Ziel – die Zusage

Herzlichen Glückwunsch! Sie haben es geschafft, Ihre Bewerbung war überzeugend, Sie haben eine Zusage bzw. ein Angebot erhalten und können in den neuen Job durchstarten.

Üblicherweise wird Ihnen eine kurze Bedenkzeit eingeräumt, etwa eine Woche oder zumindest ein Wochenende. Besprechen Sie alles noch einmal mit Ihrer Familie. Dies ist besonders wichtig, wenn ein Wohnsitzwechsel mit dem Antritt der Stelle verbunden ist. Dehnen Sie die Bedenkzeit jedoch nicht aus, der Arbeitgeber denkt sonst, Sie haben noch andere Angebote und sind deshalb nicht wirklich interessiert.

Sollten Sie mehrere Zusagen erhalten haben, nehmen Sie sich die Zeit für eine freundliche und begründete Absage. Rufen Sie Ihren Gesprächspartner persönlich an und erklären Sie ihm die Situation. Hinterlassen Sie auch hier einen möglichst guten Eindruck, denn beim nächsten oder übernächsten Karriereschritt steht vielleicht die nächste Begegnung an. Und auch Personalverantwortliche können ein Unternehmen wechseln.

9.8.8 Eine Absage ist nicht das Ende!

Sollten Sie eine Absage bekommen, so ist dies natürlich immer eine Enttäuschung. Die ganze Energie, die Sie in das Projekt „Bewerbung" gesteckt haben, scheint umsonst. Doch so ist es nicht: Auch eine Absage birgt erhebliches Erfahrungspotenzial und ist damit wertvoll für die Zukunft. Nehmen Sie die Situation als Anlass, sich selbst und Ihr Vorgehen bei der Bewerbung noch einmal zu analysieren.

Überdenken Sie noch einmal alle Ereignisse der Bewerbung. Halten Sie Ihre Ergebnisse schriftlich fest. Wo waren Sie gut? Woran lag es, dass Sie eine Absage bekommen haben? Sie können das Unternehmen ruhig danach fragen.

Wenn alles andere stimmt, entscheidet die Chemie

So facettenreich das Thema Bewerbung auch ist, so wichtig und unerlässlich die fachliche Qualifikation, die Selbstanalyse, die konkreten Zielvorstellungen, die Vorbereitungen und die Arbeit am positiven persönlichen Gesamtbild sind – schlussendlich kommt es darauf an, dass die sogenannte Chemie zwischen Ihnen und Ihrem künftigen Arbeitgeber und beruflichen Umfeld stimmt. Für alles andere können und müssen Sie sorgen. Aber der menschliche Chemie-Faktor entzieht sich der bewussten Kontrolle.

9.9 Einstiegswege

Die Wahl des Einstiegs hängt von mehreren Faktoren ab: Haben Sie zum Beispiel schon ein Berufsexamen (Steuerberater oder Wirtschaftsprüfer) abgelegt? Möchten Sie direkt einzusteigen oder lieber ein Trainee-Programm durchlaufen? Stellen Sie sich eher eine Kanzlei oder ein großes Unternehmen als neuen Arbeitgeber vor?

9.9.1 Trainee-Programme

Trainee-Programme werden sowohl bei großen Unternehmen als auch bei Hochschulabsolventen immer beliebter. Dem Absolventen gibt das Training die Möglichkeit, das Unternehmen genau kennenzulernen. Außerdem bekommt der Trainee praktisch eine Zusatzausbildung: Er wird meist gezielt auf eine bestimmte Position oder Aufgabe hingeführt. Das Unternehmen kann in dieser Phase überprüfen, ob der Berufsanfänger wirklich gut zum Unternehmen passt und seinen Aufgaben gewachsen ist. Ein solches Training dauert meist 12 bis 18 Monate. In den meisten Firmen starten die Trainings nur ein- oder zweimal im Jahr. Also: bei Interesse rechtzeitig informieren.

Ein Training enthält immer Phasen „on-the-job" und „off-the-job". Es gliedert sich damit ähnlich wie eine Berufsausbildung in praktische und theoretische Abschnitte.

Die Unternehmen erwarten sehr viel von ihren Trainees. Sie stellen deshalb auch sehr hohe Anforderungen an die Bewerber. Auch der Konkurrenzdruck der Trainees untereinander ist hoch. Häufig werden Trainee-Stellen über Assessment Center besetzt.

9.9.2 Direkteinstieg

Der Direkteinstieg ist der klassische Weg in den Beruf oder eine neue Firma: Nachdem der Arbeitsvertrag unterzeichnet ist, beginnen Sie direkt mit der Arbeit.

Natürlich werden Sie zunächst eingearbeitet. Häufig steht Ihnen dafür sogar ein Mentor zur Verfügung, der Sie bei Fragen und Problemen unterstützt. Ihnen werden jedoch von Ihrem ersten Arbeitstag an verschiedene Aufgaben übertragen. Sie müssen sich die meisten Dinge selbst aneignen bzw. erfragen und die Verhältnisse und Arbeitsweisen im Unternehmen eigeninitiativ kennenlernen.

9.10 Der Arbeitsvertrag

Bevor Sie einen Vertrag unterzeichnen, sollten Sie sich vergewissern, dass alles im Vertrag richtig aufgenommen wurde. Achten Sie auch auf Zusätze, das sogenannte Kleingedruckte. Auch die Mitarbeiter in der Personalabteilung handeln unter Zeitdruck und machen manchmal unabsichtlich Fehler. Schauen Sie also genau hin – denn einen bereits unterzeichneten Vertrag nachträglich abändern zu wollen, macht immer einen schlechten Eindruck.

ACHTUNG Prüfen Sie Ihren Arbeitsvertrag genau. Durch die Unterschrift wird er rechtsgültig und für beide Vertragspartner bindend. Nachträgliche Änderungswünsche beschädigen Ihr Image in der neuen Firma!

CHECKLISTE

Der Arbeitsvertrag

- **Arbeitsaufnahmen, Probezeit und Befristungen**
  Die Dauer der Probezeit wird festgelegt. Die Probezeit darf nicht länger als sechs Monate sein. Sollte der Vertrag befristet sein, so wird diese Befristung festgelegt.
- **Arbeitsort, Tätigkeit, Aufgabengebiet**
  Laut Gesetz enthält der Arbeitsvertrag Regelungen zum Tätigkeitsfeld, zur Stellung in der betrieblichen Hierarchie und zum Arbeitsort. Standardverträge räumen Ihrem Arbeitgeber das Recht ein, Sie bei betrieblicher Notwendigkeit zu versetzen oder Ihnen bei dringendem Bedarf andere Aufgaben zu übertragen.
- **Gehalt**
  Informieren Sie sich über die möglichen Tarifgruppen oder und die außertarifliche Einstufung. Beides hat Vor- und Nachteile! Achten Sie außerdem auf flexible Gehaltsbestandteile wie Bonuszahlungen und zusätzliche Leistungen wie Urlaubsgeld und ein dreizehntes Monatsgehalt.
- **Soziale Leistungen**
  In welcher Höhe gewährt das Unternehmen vermögenswirksame Leistungen? Existiert eine zusätzliche betriebliche Altersvorsorge? Gibt es Beteiligungsmodelle für Mitarbeiter? Auch diese Fragen werden oft im Rahmen des Arbeitsvertrags geklärt.
- **Arbeitszeit**
  Die Anzahl der zu leistenden wöchentlichen Regelarbeitszeit wird ebenfalls im Vertrag festgehalten. Auch hier kann die Unterscheidung zwischen tariflicher und außertariflicher Zuordnung eine Rolle spielen.
- **Arbeitsverhinderung**
  Was passiert in Krankheitsfällen? Geregelt werden Dinge wie Entschuldigungspflicht und ab welchem Krankheitstag Sie ein ärztliches Attest vorweisen müssen.
- **Urlaub**
  Auch der Urlaubsanspruch wird im Arbeitsvertrag fixiert. In Deutschland müssen einem Arbeitnehmer mindestens 24 Werktage Urlaub pro Jahr zugestanden werden. Meist steigt der Anspruch mit zunehmendem Lebensalter auf bis zu 30 Tage.
- **Beendigung des Arbeitsverhältnisses**
  Eine Kündigungsfrist wird vereinbart, die im Falle einer Kündigung zum Schutz beider Seiten eingehalten werden muss.
- **Geheimhaltungspflicht**
  Interna dürfen selbstverständlich nicht nach außen getragen werden. Oftmals gibt es sogar eine Klausel, die Sie verpflichtet, die ersten sechs Monate nach dem Ausscheiden aus der Firma nicht bei einem Konkurrenten anzufangen. Solche Konkurrenzklauseln sind jedoch nur begrenzt zulässig, da sie den Wettbewerb einschränken.
- **Reisekosten**
  Festgelegt werden sollte, wie eventuelle Reisekosten mit dem Unternehmen abgerechnet werden und welche Kosten ersetzt werden. Meist existieren geregelte Spesensätze pro Tag.

9.11 Generationen im Wandel

von Steffen Laick

Steffen Laick ist Leiter Global Employer Branding & Recruitment, Ernst & Young Global Limited, London.

9.11.1 Wertvorstellungen, Ziele und Medienverhalten der Generation Y

Es sind drei völlig verschiedene Menschen: Mark Zuckerberg, der Gründer von Facebook, Jon Favreau, der Redenschreiber von Barack Obama, und Lena Meyer-Landrut, die Siegerin des European Song Contest 2010. Und doch haben sie eines gemeinsam: Sie sind alle nach 1980 geboren und gehören damit zur „Generation Y" – sind angeblich beweglich bis sprunghaft, weltoffen und multikulturell, experimentierfreudig, technikaffin und hochinformiert. Ihnen wird nachgesagt, sie wären bindungslos, würden virtuelles und mobiles Arbeiten zur Bedingung machen und eine ausgeglichene Work-Life-Balance ganz selbstverständlich einfordern.

Die Unternehmen stehen bei der Personalentwicklung zurzeit vor einer ganzen Reihe langfristiger Herausforderungen: Die Anzahl an Hochschulabsolventen wird geringer, die „Babyboomer" gehen in Rente. Und eine neue Generation tritt ins Arbeitsleben ein: die Generation Y. Wie bei jedem Generationenwechsel prallen auch jetzt wieder verschiedene Werte und Verhaltensweisen aufeinander. Vielfalt ist zukünftig stärker gefragt als bisher, und zwar in jeder Dimension: in Bezug auf Alter, Geschlecht, Herkunft, Ausbildung und Lebensstil. Daher werden Modelle für verschiedene Lebenszyklen benötigt.

Die Generation Y stellt die künftigen Mitarbeiter in den Unternehmen. Was charakterisiert diese zwischen 1980 und 2000 geborene Gruppe? Sie ist die erste Generation, die mit der neuen virtuellen Hightech-Welt aufgewachsen ist und sich deren Lebens- und Arbeitsrhythmus voll angepasst hat. Nachrichten werden gesimst, Namen gegoogelt, Informationen getwittert: Was für viele von uns neu, unbekannt und oft auch fremd ist, ist für die Generation Y völlig normal. Computer, Internet oder Handys sind fester Bestandteil ihres Lebens.

Die Generation Y ist in einer „kinderzentrierten" Gesellschaft groß geworden, wie es sie wohl bisher so nicht gegeben hat. Wahrscheinlich weil sie so viel Beachtung und auch hohe Erwartungen ihrer Eltern erfahren, zeigen diese jungen Menschen ein hohes Maß an Selbstbewusstsein bis hin zu Anflügen von Überheblichkeit.

Was können Unternehmen von Mitarbeitern aus der Generation Y erwarten? Sie sind typischerweise teamorientiert, beherrschen Multitasking und sind in der Lage, Sport, Ausbildung und soziale Interessen unter einen Hut zu bekommen. Sie respektieren Hierarchien, erwarten aber auch eine von Partizipation geprägte Unternehmenskultur, sie wollen Verantwortung übernehmen und sich selbst verwirklichen. Auf der einen Seite schätzen sie Struktur, Stabilität und einen sicheren Arbeitsplatz sehr, zugleich möchten sie aber auch interessante Herausforderungen meistern.

Somit haben sie ein gemeinsames Merkmal: Sie unterscheiden sich in ihren Werten, Bedürfnissen und Verhaltensweisen von den vorangegangenen Generationen und damit von den jetzigen Mitarbeitern in den Unternehmen.

9.11.2 Wonach strebt die neue Mitarbeitergeneration?

Bei einer Befragung von über 5.000 Studenten wollte Ernst & Young herausfinden, welche Faktoren im Hinblick auf die Wahl des zukünftigen Berufs am wichtigsten sind.

Wonach wählen die Studenten ihren Beruf aus? Was bestimmt ihre Entscheidung? Die Antworten zeigen: Studenten achten in erster Linie auf Arbeitsplatzsicherheit, sie ergreifen also bevorzugt Berufe, die eine langfristige Perspektive bieten, in Branchen und bei Unternehmen, wo das Risiko des Arbeitsplatzverlusts möglichst gering ist. Zudem ist ihnen wichtig, dass sie sich eigenverantwortlich und selbstständig entfalten können – im Privat- und Familien- wie im Berufsleben. Geld und Karriere sind zwar durchaus wichtige Faktoren, haben aber gegenüber den Themen Arbeitsplatzsicherheit und Familie eine nachrangige Bedeutung (siehe die Abbildung auf Seite 237).

Angesichts der klaren Präferenz der Studenten für einen Beruf, der Sicherheit, eigenverantwortliches Arbeiten und ausreichend Zeit für ein erfülltes Privat- und Familienleben bietet, ist es kaum verwunderlich, dass der erste Arbeitgeber genau nach diesen Kriterien ausgesucht wird. Die Antworten der Studenten zeigen hier das Bild selbstbewusster junger Menschen, für die die persönliche Entfaltung – auch außerhalb des Berufs – große Bedeutung hat. Die Frage, ob wir leben, um zu arbeiten, oder ob wir arbeiten, um zu leben, scheint für die Mehrheit beantwortet zu sein: Die Arbeit ist nur ein Bestandteil eines erfüllten Lebens.

Die typischen linearen Lebenspläne, beginnend mit Ausbildung/Studium, gefolgt von einer sehr langen Arbeitsphase und schließlich abgeschlossen von einer ebenfalls sehr langen Rentenphase scheinen aus der Mode zu sein. Sie werden von einer zunehmenden Zyklisierung über die gesamte Lebenszeit verdrängt. Es gibt mehrere verschiedene Perioden der Ausbildung, Arbeit und Erholung, die sich häufig überlappen.

So absolvieren die Vertreter der Generation Y beispielsweise ein Studium an der Berufsakademie, arbeiten und studieren also parallel. Nach ihrem Abschluss arbeiten sie dann ein paar Jahre bei ihrem Arbeitgeber, um anschließend berufsbegleitend noch einen Master draufzusetzen, in dessen Anschluss sie erst mal für ein halbes Jahr ins Sabbatical gehen, um danach etwas völlig anderes zu machen.

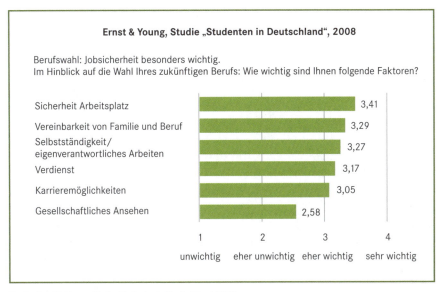

Quelle: Ernst & Young, Studie Studenten in Deutschland, 2008

Heute verlangen jüngere Mitarbeiter häufig mehr Freizeit, während Mitarbeiter im mittleren Alter sich selbst mittels Karriereveränderungen verjüngen und ältere Arbeitnehmer vermehrt nach Optionen suchen, um weiterhin noch aktiv im Arbeitsleben zu verbleiben. Alle zusammen streben nach einer besseren Work-Life-Balance. Darauf sollten Unternehmen und Arbeitgeber reagieren: Sie sollten die Arbeitsbedingungen, Weiterbildungsangebote sowie Vergütungen und Zusatzleistungen entsprechend adjustieren, um den neuen Lebensplänen der Belegschaft Rechnung zu tragen.

9.11.3 Medienverhalten der „Generation Y"

Von diesen allgemeinen Veränderungen ist auch das Medienverhalten von zukünftigen und potenziellen Mitarbeitern betroffen.

Das Internet mit seinen vielen Möglichkeiten ist für die Generation Y das Informations- und Kommunikationsmedium schlechthin. Es gibt kaum einen jungen Menschen, der nicht in einem oder mehreren der virtuellen Netzwerke wie Xing und Facebook, StudiVZ und Wer-kennt-wen zu Hause ist und neueste Nachrichten über das Microblogging (z. B. Twitter) erfährt oder weitergibt. Und bei Google kann er alles finden- und bei YouTube alles sehen. Auf diese neue Kommunikations- und Informationskultur muss sich jeder Arbeitgeber, der talentierten Nachwuchs sucht, einstellen.

Der Wandel im Medienverhalten ist sehr spannend, aber er birgt auch viele Gefahren: Gerade junge Menschen sind sich oft nicht bewusst, welche Folgen der allzu freizügige Umgang mit eigenen Daten, Informationen und Fotos für das spätere Berufsleben haben kann. Viele Personaler nutzen bei der Suche nach talentiertem Nachwuchs bereits die neuen Möglichkeiten des Internets, indem sie beispielsweise Bewerber googeln, d.h. Informationen über sie im Netz suchen. Gleichzeitig ist natürlich klar, dass auch Bewerber Ihre Arbeitgeber und neuen Chefs googeln. Viele Unternehmen haben noch immer große Bedenken, in dieser neuen Medienwelt aktiv mitzuspielen. Sie scheuen sich davor, in Blogs zu diskutieren oder sich in sozialen Netzwerken offiziell auszutauschen. Eines wird dabei meist nicht berücksichtigt: Dieser Informationsaustausch findet statt – ob mit oder ohne die Unternehmen.

9.11.4 Ein proaktiver Umgang mit dem Internet bringt Unternehmen Wettbewerbsvorteile

Die Wertvorstellungen und Lebensstile der Generation Y unterscheiden sich maßgeblich von denjenigen der Babyboomer und Generation X. Dies sollten die Unternehmen erkennen und entsprechende Arbeitsmodelle entwickeln, um sich langfristig Wettbewerbsvorteile zu sichern. Aufgrund der demografischen Effekte wird der „War for Talents" weitergehen. Weitblickende Unternehmer nutzen heute schon aktiv und innovativ sämtliche Möglichkeiten des Internets, da sich die Generation Y hier informiert. Und dies tut sie längst nicht mehr nur über die offizielle Unternehmenswebseite, sondern auch über Foren und Bewertungsplattformen, die ungeschönt über den zukünftigen Chef, die Kollegen und den Betriebsrat berichten.

Unverblümt, direkt und treffend – alle Tools für einen erfolgreichen, authentischen Karriereweg

WWW.GABLER.

Kaltenbach, Horst G.
Persönliches Karrieremanagement
Wie Karriere heute funktioniert - Einsichten und Tools vom Karriere-Doc

2009. 184 S.
Br. EUR 24,90
ISBN 978-3-8349-1113-1

Der engagierte Karriere-Coach Dr. Horst G. Kaltenbach vermittelt intime Einsichten in die tatsächlichen Karrieremechanismen. Er entlarvt gängige Missverständnisse zum Thema „beruflicher Erfolg" und sagt klipp und klar, worauf es in den typischen Stationen des Werdegangs wirklich ankommt. Konkrete Checklisten und griffige Tools befähigen zur eigenen Talent- und Standortbestimmung; anschauliche Beispiele und direkte Hinweisen führen den Leser auf einen authentischen, erfolgreichen Berufsweg.

Der Inhalt
- Roadmap für die Karriere
- Karriere - was ist das?
- Werde der, der du bist
- Die richtige Startposition
- Jobscouting - Jobhunting
- Karrierebeschleuniger
- Top-Management-Fähigkeiten
- Personality toppt
- Wie du Top bleibst
- Verändere dich, wenn es eng wird
- Tools zur Selbstfindung

Einfach bestellen: buch@gabler.de Telefon +49(0)611. 7878-626

KOMPETENZ IN SACHEN WIRTSCHAFT

10

DIE PROBEZEIT
von Dr. Ursula Ernst-Auch

Sie haben den begehrten Arbeitsplatz bekommen. Das Wichtigste ist, dass Sie sich jetzt gut ins Team einfügen, leistungsmäßig und sozial. Natürlich wird man auf Sie schauen – schließlich ist am Ende der Probezeit eine Beurteilung fällig. Doch keine Sorge – in der Regel wird die Probezeit bestanden, außerdem will das Unternehmen Sie behalten! Die Mitarbeitersuche kostet den Arbeitgeber erheblich Zeit und Geld, das er nicht doppelt investieren möchte. Das eigentliche Ziel der Probezeit ist daher, die getroffene Entscheidung zu bestätigen, und zwar auf beiden Seiten. Denn auch Sie lernen in dieser Phase den Alltag bei Ihrem neuen Arbeitgeber besser kennen und können im Extremfall noch die Notbremse ziehen.

10.1   Der erste Tag

Aufgeregt? Das ist normal. Freuen Sie sich auf einen neuen Lebensabschnitt und gehen Sie in diesem Bewusstsein an Ihrem ersten Tag zur Arbeit.

In der Regel werden Sie von Ihren neuen Kollegen freundlich empfangen. Jeder ist neugierig auf den oder die „Neue" und beobachtet genau. Außerdem verbindet man mit Ihrem Eintritt ins Team Hoffnungen auf Arbeitsentlastung, auf neue – bislang fehlende – Fähigkeiten und Kenntnisse.

Sollten Sie stattdessen auf Skepsis oder gar Ablehnung stoßen, bleiben Sie dennoch freundlich-kollegial und gelassen, auch, wenn's schwerfällt. Lassen Sie sich vor allem nicht ins Bockshorn jagen. Die Gründe für eine derartige Haltung haben meistens gar nichts mit Ihnen selbst zu tun. Wenn die Betreffenden im Lauf der Zeit merken, dass Sie kollegial sind und Ihre Arbeit gut machen, werden sie in der Regel „auftauen".

10.1.1   Die passende Kleidung

Richten Sie sich mit Ihrer Kleidung nach dem Stil des Unternehmens. Spätestens während des Vorstellungsgesprächs konnten Sie sich ein ungefähres Bild davon machen, was im Unternehmen getragen wird. Orientieren Sie sich dabei aber an Personen, die Ihrer hierarchischen Stellung im Unternehmen in etwa entsprechen: Was für eine Assistentin angemessen ist, muss für Sie nicht der Maßstab sein. Und das Business-Outfit des Geschäftsführers müssen Sie sich auch nicht unbedingt zu eigen machen. Im Zweifelsfall ziehen Sie sich lieber ein bisschen besser an, das lässt sich am nächsten Tag leichter auskorrigieren als auffallende Lässigkeit.

In der Regel steigen Sie als angehende Steuerberater und insbesondere Wirtschaftsprüfer nach einem Studium ohnehin in Positionen ein, in denen für Frauen Kostüm oder Hosenanzug und für Männer Anzug mit Krawatte zum Alltag gehören.

An Ihren ersten Tag sollten Sie

- eine Kleidung wählen, in der Sie sich für offizielle Anlässe richtig angezogen fühlen. Dies wird für Herren ein Anzug mit Krawatte, für Damen ein gut sitzendes Kostüm bzw. ein Hosenanzug in dezenter Farbe sein.
- Herren: dunkle (!) Socken und farblich passende Schuhe – kein Braun zu Schwarz.
- Damen: zum Kostüm unbedingt bestrumpfte Beine, auch bei 30° Celsius.
- Achten Sie darauf, dass Ihre Kleidung und Ihre Schuhe gepflegt sind.
- Wenn Sie sich unsicher sind, kleiden Sie sich lieber etwas besser.
- Vermeiden Sie auffällige Accessoires und verwenden Sie „Duftstoffe" wenn, dann nur ehr vorsichtig.
- Bedenken Sie, dass Ihre Kleidung Ihre positive Einstellung zu Ihrem neuen Job, Ihre Kompetenz und Leistungsbereitschaft unterstreichen soll.

Halten Sie sich anfangs an diese Regeln. Im Lauf der Zeit werden Sie mit Ihrer Umgebung vertrauter sein und mit zunehmender Selbstsicherheit Ihren eigenen Stil entwickeln. Ein persönlicher Stil, der im Rahmen bleibt, kommt immer gut an. Mehr zum Thema Kleidung erfahren Sie in Kapitel 12.4, Seite 266 ff.

10.1.2 Der Anfang

Für Ihren ersten Arbeitstag wurde sicher ein Datum vereinbart. Falls Zweifel auftreten, fragen Sie unbedingt im Unternehmen nach.

Seien Sie pünktlich! Kalkulieren Sie Ihre Ankunft mit so viel „Luft", dass Ihnen der Stau auf der Autobahn, der verspätete Nahverkehrszug oder der Unfall auf der Bundesstraße nichts anhaben können. Sind Sie dann doch zu früh an Ort und Stelle, bleibt Ihnen Zeit für einen Kaffee oder einen kurzen Spaziergang.

TIPP
Seien Sie pünktlich – immer!

Auch wenn im Arbeitsvertrag gleitende Arbeitszeiten vereinbart wurden, sollten Sie sich in den ersten Wochen an gewisse Zeiten halten. Es ist beispielsweise sinnvoll, zur gleichen Zeit zu erscheinen wie der Kollege, der für Ihre Einarbeitung zuständig ist.

10.1.3 Die Kollegen

Versuchen Sie, ein freundliches und entspanntes Verhältnis zu Ihren Kollegen und auch Vorgesetzten aufzubauen.

Verhalten Sie sich zunächst zurückhaltend und erzählen Sie nicht zu viel Privates über sich. Versuchen Sie keinesfalls, belanglose Gespräche zur Erheiterung der Anwesenden zu führen, lassen Sie sich aber auch von niemandem in irgendetwas „einweihen" oder gar in einem Kollegenstreit für eine Seite vereinnahmen. Wahren Sie freundlich Distanz. Erst langsam werden Sie herausfinden, wie die informellen Verbindungen und Hierarchien in Ihrem Arbeitsumfeld geknüpft sind.

Diese informellen sozialen und sogar Machtstrukturen in einem Abteilungs- oder Unternehmensgefüge sind immer ein Kosmos für sich, der sich keinesfalls am ersten Tag erschließt, der aber einen gewissen Sprengstoff in sich bergen kann, falls man jemandem unabsichtlich „auf die Füße" tritt. Die Funktionsbezeichnungen bilden nicht zwangsläufig die inneren sozialen Strukturen des Unternehmens nach.

Fragen stellen sollten Sie nur zu Ihren Aufgaben und zu Ihrer neuen Arbeitsumgebung. Vermeiden Sie unbedingt Fragen nach:

- dem Einkommen Ihrer Kollegen. Erzählen Sie auch nichts über Ihr Gehalt.
- dem Privatleben und den Vermögensverhältnissen der Kollegen.
- Karriereplänen.

CHECKLISTE

Der erste Tag

- Bleiben Sie gelassen!
- Zeigen Sie Interesse und Motivation.
- Fügen Sie sich ins Team ein.
- Lassen Sie sich helfen und seien Sie hilfsbereit.
- Verhalten Sie sich zurückhaltend und bescheiden, aber seien Sie nicht unterwürfig.
- Seien Sie pünktlich.
- Zeigen Sie Eigeninitiative.
- Begegnen Sie Ihren neuen Kollegen offen und freundlich.

10.2 So werden Ihre ersten 100 Tage zum Erfolg

10.2.1 Informationen beschaffen

Große Unternehmen bieten – oft von der Personalabteilung organisiert – spezielle **Einführungsveranstaltungen** für neue Mitarbeiter an. Üblicherweise werden Sie dazu eingeladen. Informieren Sie sich auf jeden Fall bei der Personalabteilung, Ihren neuen Kollegen oder am Schwarzen Brett. **Organisations- und Mitarbeiterhandbücher** sind ebenfalls eine gute Quelle, um sich schnell in das neue Gefüge einer Firma einzufinden. Oft erhalten Sie ein Info-Paket von der Personalabteilung, wenn nicht, können Sie dort danach fragen. Gibt es ein **firmeneigenes Intranet,** werden Sie dort vermutlich auch fündig.

Nicht nur die fachlichen Informationen, auch die sozialen Kontakte sind wichtig, damit Sie sich schnell zurechtfinden: Hören Sie zu, sammeln Sie Informationen und versuchen Sie, sie einzuordnen.

> **TIPP** Sperren Sie Ihre Ohren auf! Je schneller Sie ein tragfähiges Bild von Ihrem neuen Arbeitsplatz bekommen, umso schneller können Sie auch eigenständig agieren.

10.2.2 Einarbeitungspläne

In vielen Unternehmen sind Einarbeitungspläne gang und gäbe, in manchen sind sie graue Theorie, in anderen existieren sie nicht. Darin ist detailliert festgeschrieben, wer Sie wann in welche Arbeitsbereiche einführen soll, welche Fortbildungen Sie besuchen sollten, und an wen Sie sich in den unterschiedlichen Abteilungen wenden können. Einarbeitungspläne sind sehr hilfreich, um in das eigene Aufgabengebiet schnell hineinzuwachsen. Zudem lernen Sie so auch Kollegen in anderen Bereichen kennen – oft ein nicht zu unterschätzender Vorteil.

> **TIPP** Bleiben Sie am Ball! Einarbeitungspläne werden oft den betrieblichen Vorgängen geopfert, wenn der tägliche Arbeitsdruck zunimmt.

10.2.3 Erwartungen

Nicht nur Ihre Kollegen, insbesondere Ihr Vorgesetzter wird Sie mit seinen Erwartungen konfrontieren. So wie Probleme dazu da sind, gelöst zu werden, so sind Erwartungen dazu da, erfüllt zu werden. Zeigen Sie Optimismus! Sie werden den an Sie gestellten Erwartungen so viel besser entsprechen können, als wenn Sie mit einer zweiflerischen Einstellung an Sie herangehen.

> **TIPP** Setzen Sie sich nicht unnötig unter Druck. Mit einem aktiven „Schaun wir mal …" bekommen Sie die Dinge besser in den Griff als mit einem verkrampften „Ich muss doch …".

10.2.4 Kommunikation mit dem Vorgesetzten

Das Verhältnis zu Ihrem Vorgesetzten wird entscheidend für Ihre Entwicklung im Unternehmen sein. Er wird Sie der Organisation bekannt machen. Auf seine Vermittlung sind

Sie in der Anfangsphase angewiesen. Oft stehen Vorgesetzte aber unter einem so erheblichen Zeitdruck, dass sie glauben, für zielgerichtete Entwicklungsgespräche sei eigentlich keine Zeit.

Hinweise für die Kommunikation mit Vorgesetzten:

- Versuchen Sie, einen festen Termin, einen „Jour fixe" mit Ihrem Vorgesetzten zu vereinbaren.
- Gehen Sie in jedes Gespräch exzellent vorbereitet. Oft wird Ihr Chef keine Zeit gefunden haben, sich mit den Fragen, die Sie bewegen zu befassen. Nehmen Sie ihm diese Vorarbeit möglichst ab.
- Fertigen Sie ein kurzes Memo über jedes Gespräch an. Es erlaubt Ihnen, auch auf Details später noch einmal zurückzukommen.
- Warten Sie nicht bis zum Ende der Probezeit auf ein Feedback.
- Erkundigen Sie sich auch zwischenzeitlich immer wieder, ob Sie auf dem Weg sind, den das Unternehmen sich für die Inhaber dieser Stelle vorgestellt hat.
- Nehmen Sie Kritik nicht persönlich, sondern als Hinweis, etwas zu ändern.
- Überlegen Sie, welches Bild Ihr Vorgesetzteer von Ihnen gewonnen hat und wie Sie es noch verbessern können.
- Äußern Sie keinerlei negative Kritik an anderen Mitarbeitern.
- Seien Sie diplomatisch bei Verbesserungsvorschlägen.

10.2.5 Zielgerichtet handeln

Überlegen Sie sich, was Sie in den ersten 100 Tagen erreicht haben wollen, was und wen Sie kennengelernt haben wollen. Legen Sie sich dafür eine Handlungsstrategie zurecht, legen Sie Teilziele und Zeitpunkte fest, machen Sie sich so einen Plan – den Sie immer wieder an die Realität anpassen können und sollten.

10.2.6 Netzwerke

Welche Netzwerke gibt es im Unternehmen? Informelle Netzwerke sind – besonders für Newcomer – keinesfalls offenkundig und erschließen sich erst im Laufe der Zeit. Sie bestehen aus Mitarbeitern, den sich gut kennen und schätzen und sich Informationen auch über Abteilungsgrenzen hinweg weitergeben. Diese informellen Kommunikationsstrukturen machen es leichter, Ziele unbürokratisch und schnell zu erreichen.

> **TIPP** Engagieren Sie sich in den formellen Netzwerken und beobachten Sie die Strukturen aufmerksam. Bauen Sie sich ein eigenes informelles Netzwerk auf und pflegen Sie es.

10.2.7 Kontrollieren Sie Ihre Außenwirkung

Selbsteinschätzung und Fremdeinschätzung sind vielfach stark unterschiedlich. Sie wollen positiv als sympathischer Kollege wahrgenommen werden. Sie integrieren sich, Sie verhalten sich regelkonform, aber Sie sollten nie Zweifel daran aufkommen lassen, dass Sie auch angemessen ambitioniert sind.

Im Laufe der Wochen und Monate wird Ihre fachliche Aufgabe immer weiter in den Vordergrund rücken. Erste Arbeitsergebnisse werden vorliegen.

10.3 Die Probezeitbeurteilung

Am Ende der Probezeit stehen meist eine schriftliche Abschlussbeurteilung und ein persönliches Gespräch. Oft werden Ziele vereinbart. Neben den fachlichen Voraussetzungen entscheiden jetzt auch Fragen wie

- Stimmt die „Chemie"?
- Konnte sich der/die „Neue" in das Team integrieren?

Fällt die Antwort positiv aus – was die Regel ist – so haben Sie es verstanden, das Unternehmen von sich und Ihren Fähigkeiten zu überzeugen.

10.3.1 Wenn es doch nicht funktioniert hat ...

Der Sinn der Probezeit ist es, dass sich Arbeitgeber und (neue) Arbeitnehmer problemlos voneinander trennen können, wenn sich Ihre gegenseitigen Erwartungen nicht erfüllen. Die Trennungsquote liegt bei etwa 5 bis 10 Prozent und ist regelmäßig nicht nur für den Arbeitnehmer, sondern auch für den Arbeitgeber eine schlimme Erfahrung mit hohen Kosten.

Die Gründe für eine Trennung während der Probezeit liegen zu 81 Prozent in „enttäuschten Erwartungen". An zweiter Stelle rangieren mit 60 Prozent „fehlende Fachkompetenz", an dritter Stelle mit 50 Prozent „Konflikte im Team".

Wenn Ihnen in der Probezeit gekündigt wird, ist das äußerst schmerzlich. Versagensgefühle sowie Zukunftsängste können ausgelöst werden. Doch parallel werden Sie vermutlich selbst schon zu der Erkenntnis gekommen sein, dass die Aufgabe oder das Unternehmen nicht zu Ihnen passen.

Versuchen Sie, die Situation bestmöglich zu nutzen! Nur aus – wenn auch verständlichen – Befürchtungen an einem Job festzuhalten, wird Sie nicht glücklich und vor allem beruflich auch nicht erfolgreich machen. Versuchen Sie, aus der Erfahrung zu lernen und nutzen Sie das Gelernte bei einer neuen Chance.

11

EINSTIEG DURCH KAUF ODER NACHFOLGE

von Dr. Martin Schürmann

Dr. Martin Schürmann ist Geschäftsführender Gesellschafter, Glawe Unternehmensvermittlung, Köln – München – Berlin.

Für viele junge Steuerberater ist die Selbständigkeit mit eigener Steuerberaterkanzlei bzw. Beteiligung an einer Steuerberatergesellschaft oder Sozietät ein nach wie vor erstrebenswertes Karriereziel, vor allem, wenn neben der fachlichen Qualifikation ausreichend Unternehmerblut in den Adern fließt. Sich einen Briefkopf zu designen, ein entsprechendes Schild an die Haustür zu nageln, Anzeigen in der Zeitung zu schalten und dann abzuwarten, dass die Mandanten kommen, ist ein Weg, den Existenzgründer beschreiten können, freilich ein steiniger und oft wenig erfolgreicher. Eine echte Alternative dazu ist es, sich mit etwas Eigenkapital – unter bestimmten Umständen sogar ohne Eigenkapital – und einem (z. Zt. zinsgünstigen) Förderkredit in eine vorhandene Steuerberaterkanzlei als Partner „einzukaufen", ggf. nach einer Übergangszeit als angestellter oder freier Mitarbeiter (aber mit von vornherein klar definierter Beteiligungsoption). Für Existenzgründer, die schon Berufserfahrung haben, könnte sich auch die Vollübernahme einer Einzelsteuerberaterkanzlei anbieten. Beide Modelle funktionieren in der Praxis sehr gut, wenn einige Voraussetzungen beachtet werden, wie wir aus unserer 30jährigen Praxis als Kanzleivermittler wissen.

11.1 Die erfolgreiche Suche nach einer passenden Kanzlei oder Beteiligung

Die erfolgreiche Suche nach einer Kanzlei oder Beteiligung setzt zunächst voraus, dass der potenzielle Käufer sich nicht zu eng positioniert. Wer nur in einer begrenzten Region sucht, womöglich einer bestimmten Stadt, muss viel Geduld und Ausdauer mitbringen. Statistisch gesehen kommen auf einen abgebenden Kanzleiinhaber durchschnittlich 15 suchende Kollegen, d. h. auf dem Land und in Randlagen ist das Verhältnis eher 1:3-5, in der Stadt eher 1:20 (25 in Ballungsgebieten und Metropolen). Hier befinden sich die abgebenden Steuerberater in einer recht komfortablen Situation und können aus einer großen Zahl von Bewerbern genehme Kandidaten auswählen und zum Gespräch laden.

Das bedeutet für die Suchenden: Je flexibler sie in geographischer Hinsicht sind, umso eher finden sie die passende Kanzlei. Hier können Suchende von der Leistung eines Vermittlers profitieren, wenn dieser bundesweit abgebende Inhaber und Steuerberatergesellschaften betreut und damit einen großen Pool mit Angeboten unterschiedlichster Provenienz und Ausprägung hat. Eine gute Beratung kann dem suchenden Steuerberater auch helfen, seine „Bewerbungsunterlagen" zielgenau abzufassen, sich dadurch zu profilieren und größere Chancen auf ein Gespräch beim Abgebenden zu haben.

11.2 Die Ermittlung des Kaufpreises

Die Kaufpreise setzen sich bei allen Freiberuflerkanzleien aus zwei Bestandteilen zusammen:

- **Substanzwert** = materieller Wert (Inventar)

Hierunter fallen alle Einrichtungsgegenstände, Möbel, Aktenschränke, Bibliothek, Computer (Soft- und Hardware); sie werden in der Regel zum Tageswert verkauft und bereiten in der Praxis nur selten Probleme.

- **Kanzleiwert** = ideeller/immaterieller Wert (im gewerblichen Bereich „Goodwill" genannt)

Hierunter fällt der Mandantenstamm mit seinen zukünftigen Nutzungsmöglichkeiten für den Käufer, d.h. den Erwerbschancen aus dem weiterlaufenden, funktionierenden Kanzleibetrieb.

Forderungen und Verbindlichkeiten werden normalerweise nicht mitverkauft. Sie sollten zweckmäßigerweise vom „Alt-Inhaber" selbst eingezogen bzw. bezahlt werden. Etwas anderes gilt nur bei Krankheits- und Todesfällen, wo einige Besonderheiten zu beachten sind.

Der ideelle Wert einer Praxis kann grundsätzlich auf dreierlei Weise ermittelt werden: Auf Basis

- des **Umsatzes** = Umsatz(wert)verfahren, Umsatzmethode
- des **Ertrags** = Ertrags(wert)verfahren, Ertragsmethode
- einer **Kombination** von beiden

Häufig kommen alle drei Methoden zu ungefähr dem gleichen Ergebnis. Der Ermittlungsaufwand ist freilich sehr unterschiedlich und bezüglich des Ertragswertverfahrens oft nicht gerechtfertigt. So löst es regelmäßig nur großes Erstaunen bis hin zur Missstimmung aus, wenn interessierte Kanzleikäufer in den Verkaufsverhandlungen nach dem „data room" fragen, um dort ihre Due Diligence-Prüfung aufnehmen zu können. So werden Unternehmen, aber nicht Freiberuflerkanzleien verkauft.

In der Praxis hat sich die Umsatzmethode als die in der Regel am einfachsten anwendbare und leichtesten zu handhabende Methode bewährt und durchgesetzt. Der Umsatz ist am sichersten festzustellen. Aus dem erzielten Umsatz und seiner Entwicklung lassen sich die Chancen des Übernehmers oder Fortführers einer Steuerberaterkanzlei am ehesten beurteilen. Der Gewinn hängt dagegen a priori stark von den individuellen Gegebenheiten und der Ausnutzung von Gestaltungsmöglichkeiten ab.

Ausgangspunkt für die Kaufpreisermittlung ist daher der **Umsatz**, und zwar der nachhaltige, übertragbare Jahres-Nettoumsatz, wie er sich aus den Büchern der Kanzlei ergibt. Nachhaltig bedeutet dabei, dass Umsatzspitzen, Sonderflüsse, Einmaleffekte u.Ä. herausgerechnet bzw. nivelliert werden. Bis in die heutige Zeit wird gerne auf die **Faustformel** zurückgegriffen, die die positive oder negative Entwicklung der Kanzlei in jüngster Zeit höher gewichtet:

> Umsätze der letzten drei Kalenderjahre vor dem Kalenderjahr des Bewertungsfalles
> + das letzte Kalenderjahr vor dem Stichtag x zwei,
> zusammenaddiert und dann durch fünf dividiert
> = gewichteter durchschnittlicher Umsatz.

Im Vordringen begriffen ist aber – vor allem auf Käuferseite – die Neigung, den Umsatz des laufenden Jahres und die Prognose des Folgejahres noch mehr in den Vordergrund zu stellen und als Bemessungsgrundlage heranzuziehen; die Vorjahre werden nur zur Verifizierung betrachtet.

Übertragbar bedeutet, dass nur solcher Umsatz in die Kaufpreisberechnung einfließt, der auch an einen Käufer übergeben werden kann. Herauszurechnen sind insoweit strikt an die Person gebundene Umsätze (z.B. aus Vorträgen, bestimmten persönlichen Ämtern u.Ä.) oder auch Umsätze mit nahen Verwandten und engen Freunden, die auch zukünftig beim Veräußerer verbleiben werden.

Der solcherart ermittelte Umsatz wird dann bei der Umsatzmethode mit einem bestimmten Faktor multipliziert. Aus unserer Vermittlungs- und Beratungspraxis können wir folgende Erfahrungswerte bezüglich der Faktoren mitteilen:

Multiplikatoren beim Umsatzverfahren

Alte Bundesländer	Bandbreite	Überwiegender Multiplikator
Stadtpraxen	1,1–1,3 (1,4)	1,2–1,25
Landpraxen	1,0–1,25	1,1–1,15
Neue Bundesländer		
Stadtpraxen	1,0–1,2 (1,3)	1,1–1,15
Landpraxen	(0,6) 0,8–1,0	0,9–1,0

In Ausnahmefällen sind „Ausreißer" (in Klammern) nach oben und unten vorgekommen. Diese Zahlen gelten freilich nur für den Verkauf einer Steuerberatungskanzlei oder eines Anteils an einer Personengesellschaft sowie für asset deals; beim Kauf von Anteilen an

Steuerberatungsgesellschaften in der Rechtsform von Kapitalgesellschaften (share deal) gelten andere Faktoren und einige Besonderheiten.

> **Wichtig:** Der Kaufpreis einer Steuerberaterkanzlei oder einer Beteiligung an einer Steuerberaterkanzlei wird – entgegen manch landläufiger Meinung – letztlich aber nicht durch wohlfeile Wertgutachten oder gar Kanzleivermittler, sondern – und das kann einen großen Unterschied machen – in unserem marktwirtschaftlichen System durch Angebot und Nachfrage bestimmt.

Mit anderen Worten: auch eine noch so gut geführte, renditestarke Kanzlei an einem Ort, an den keiner gehen will, wird kaum einen ordentlichen Kaufpreis ihrem vermeintlich wahren Wert entsprechend finden, wohingegen eine relativ schwache Kanzlei in einer gefragten Gegend viele Interessenten findet und möglicherweise in einem „Bietergefecht" einen verhältnismäßig hohen Preis erzielen kann.

Vermittler und vorbereitende Gutachten mögen wertvolle Hinweise geben und auch den Einstieg in die Verkaufsgespräche erleichtern, können aber mitnichten die persönliche Verhandlung und individuelle Beurteilung ersetzen, bei der abgesehen von sehr individuellen Synergieüberlegungen vielfach auch nichtmonetäre Aspekte wie persönliche Sympathien oder Affinitäten zu bestimmten Mandantengruppen eine Rolle spielen. Wichtiger als ein möglichst hoher Kaufpreis ist vielen abgebenden Kanzleiinhabern, dass sie ihre Mandanten in guten Händen wissen und auch zukünftig nicht mit hochgeschlagenem Mantelkragen durch ihren Wohnort gehen müssen.

Festzuhalten ist, dass die Kaufpreise für Kanzleien/Beteiligungen auf dem Land deutlich unter denen in den Ballungsgebieten („nur" 30-70 Prozent des nachhaltigen Jahresnettoumsatzes) liegen, ohne dass die Rendite unbedingt schlechter sein muss. In unserer Vermittlungskartei haben wir Vollabgaben (meistens altersbedingt) und Beteiligungen an Steuerbetratersozietäten bzw. -gesellschaften von 10 Prozent bis zu Mehrheitsbeteiligungen von über 50 Prozent; Letzteres kommt vor allem vor, wenn sich zwei Gesellschafter einer Dreier- oder Vierersozietät gleichzeitig zur Ruhe setzen wollen.

11.3 Zahlungsvarianten

Zur Zahlung des Kaufpreises an den abgebenden Steuerberater oder ausscheidewilligen Partner gibt es mehrere Möglichkeiten:

- Einmalzahlung
- Ratenzahlung
- Rentenzahlung

11.3 ZAHLUNGSVARIANTEN

Die früher zwischen den Parteien häufig vereinbarte **Rentenzahlung**, auch in Form der sogenannten Leibrente oder dauernden Last, kommt heute – außer in der eigenen Familie – so gut wie nicht mehr vor. Sie ist auch nicht empfehlenswert, da die Kaufpreiszahlung an den Alt-Inhaber bzw. ausgeschiedenen Partner damit vom Erfolg der Kanzlei und von den Fähigkeiten des Nachfolgers abhängt. Wenn für den Abgebenden keine Einbindung mehr in operative Entscheidungsprozesse in der Kanzlei besteht, sollte er aber keinerlei unternehmerisches Risiko mehr tragen. Dies ist nicht zuletzt auch im Interesse der Kanzlei und der Mitarbeiter.

Gängig sind heute die Einmalzahlung des Kaufpreises und vor allem die Ratenzahlung. Bei der **Einmalzahlung** wird ein fest bestimmter Kaufpreis (Festpreis) mit Übergabe der Kanzlei bzw. Übereignung des Anteils an den Verkäufer gezahlt. Das Unternehmerrisiko geht direkt und vollständig auf den Erwerber. Es liegt allein in seiner Hand, etwas er aus der Kanzlei und dem übernommenen Mandantenstamm zu machen oder nicht. Das Risiko des Mandantenschwunds spiegelt sich in einem abgesenkten Kaufpreis wider, es wird quasi „eingepreist" und kann – abhängig vom Einzelfall – durchaus einen 30prozentigen Abschlag vom normalerweise erzielbaren Kaufpreis bedeuten. Da die meisten Inhaber diese Minderung nicht in Kauf nehmen wollen, sind Festpreisvereinbarungen und Einmalzahlungen in der Praxis fast nur bei Todesfällen oder schwerer Krankheit anzutreffen, bei denen eine Überleitung und Begleitung durch den Kanzleiinhaber nicht mehr möglich ist.

Die mit Abstand häufigste Zahlungsweise ist die **Ratenzahlung** in zwei Raten. Mit Unterzeichnung des Übertragungsvertrages und Gewährung des Zutritts zur Kanzlei wird die erste Rate fällig; sie beläuft sich regelmäßig auf 70–80 Prozent des Gesamtkaufpreises. Die zweite Rate in Höhe von 20–30 Prozent des Kaufpreises ist fällig nach 6, 9 oder 12 Monaten. Länger sollte diese Periode nicht dauern (wohl aber kann der Abgebende noch weiter als Freelancer oder Angestellter mitarbeiten, wenn beide Parteien dies wollen). In dieser Zwischenzeit arbeiten der abgebende und der übernehmende Steuerberater eng zusammen in der Kanzlei nach dem Prinzip des gleitenden, sanften Übergangs, idealerweise als Sozien unter gemeinsamer Firma. Gegenüber den Mandanten wird kommuniziert, daß eine Verstärkung durch einen Sozius erfolgt ist und man jetzt mit zwei Berufsträgern den Mandanten zur Verfügung steht. Das empfindet der Mandant – anders als beim abrupten Ausscheiden des „alten" Einzelkämpfers und dem direkten Eintritt des „Neuen" – meistens als Plus und wird keine Veranlassung haben, deswegen den Berater zu wechseln. Gerade diese Übergangszeit ist enorm wichtig, um im Team die Mandanten für die Zukunft zu sichern. Der Übernehmer lernt in dieser Phase alle (wesentlichen) Mandanten kennen, kann sich vorstellen und auch bestens einarbeiten, weil ihm der Verkäufer mit Rat und Tat zur Seite steht. Betriebswirtschaftlich optimiert wird dieser „Königsweg" der Übertragung durch die vertragliche Vereinbarung einer sogenannten Abschmelzungs- oder auch Fluktuationsklausel. Diese besagt, dass der vereinbarte Übergangszeitraum auch als eine Art „Bewährungsphase" für die Nachhaltigkeit des Umsatzes dient. Der Umsatz zu Beginn der Phase wird festgehalten, mit dem Umsatz am Ende der Phase verglichen und ein eventueller Schwund durch die Restkaufpreiszahlung (zweite Rate) ggf. ausgeglichen. Wer ganz „auf Nummer sicher gehen" will, lässt sich den Restkaufpreis noch durch eine Bank verbürgen.

> **Beispiel:**
>
> Angeblicher nachhaltiger
> Nettojahresumsatz 500.000 € x vereinbarter Faktor 1,25
> = 625.000 € als Kaufpreis für den ideellen Teil
> + 50.000 € für das Inventar
> = **675.000 € Gesamtkaufpreis**
>
> Zahlung: 1. Rate 75 % von 625.000 € = 468.750 + 50.000 Inventar = **518.750 €**
>
> Wird der Umsatz über den Betrachtungszeitraum hin gehalten, ist am Ende eine zweite Rate in Höhe von **106.250 €** an den Verkäufer zu zahlen (weil 518.750 € + 106.250 € = **675.000 €**).
>
> Beläuft sich der tatsächlich erzielte Jahresnettoumsatz nach 12 Monaten aber zum Beispiel nur auf 450.000 €, d. h. Umsatz in Höhe von 50.000 € „ginge verloren", z. B. weil Mandanten gekündigt haben, ergibt sich folgende Berechnung der zweiten Rate:
>
> 450.000 € x 1,25 = 562.500 € als korrigierter Kaufpreis für den ideellen Wert
> + 50.000 € für das Inventar (bleibt unberührt)
> = **612.500 €** neuer „wahrer" Gesamtkaufpreis nach Korrektur
>
> Bereits gezahlt mit erster Rate 518.750 €, d. h.
>
> 612.500 €
> – 518.750 €
> = **93.750 €** bleibt „nur" noch als Betrag für die zweite Rate (statt 106.250,- €)

Der Effekt einer solchen Vertragsklausel liegt auf der Hand. Beide Partner haben ein wirtschaftliches Interesse an der Erhaltung des Mandantenstammes und damit für die Übergangszeit ein gemeinsames Ziel, jenseits aller vertraglichen Verpflichtungen zur Zusammenarbeit. Dieser Weg setzt freilich voraus, dass der abgebende Kanzleiinhaber willens und in der Lage ist, überzuleiten und zusammenzuarbeiten. Er sollte mehr oder weniger in Vollzeit in der von ihm ja schon verkauften (aber noch nicht endgültig abgerechneten) Kanzlei mitarbeiten, weil er ja auch noch das „Schwundrisiko" bis zum Prozentsatz der zweiten Rate mitträgt. Würde er sich am Anfang der Beobachtungsperiode zurückziehen, gäbe er sich, was den Umsatz angeht, vollends in die Hand des Käufers, der z. B. ihm missliebige Mandanten oder solche mit geringen Deckungsbeitrag durch Preiserhöhungen, Serviceabbau o. Ä. zum Gehen veranlassen könnte. Hier ist also Vertrauen eine Sache, Steuerung und stetige Präsenz in der Kanzlei aber die bessere und vor allem beruhigendere Lösung.

Vielfach wird die Abschmelzungsklausel im Vertrag noch durch eine sogenannte Zuwachsklausel ergänzt. Auf diese Weise können eventuelle Umsatzsteigerungen oder Mandantenzugewinne gerecht zwischen Partnern aufgeteilt werden. Hiermit ist außerdem ein Ansporn für den abgebenden Kanzleiinhaber verbunden, in seinen Akquiseanstrengungen im Übergangsjahr nicht nachzulassen.

Abweichende Ratenzahlungsvereinbarung mit drei oder auch mehr Raten sind unter Umständen angezeigt bei Großmandaten, die einen erheblichen Teil des Gesamtumsatzes ausmachen, damit ein Klumpenrisiko darstellen und fairerweise über mehr als 12 Monate amortisiert werden sollten.

11.4 Die Finanzierung des Kanzlei- bzw. Beteiligungskaufs

In den meisten Fällen wird heute der Kaufpreis einer Steuerberaterkanzlei oder Beteiligung an einer Kanzlei durch einen Bankkredit finanziert. Hierfür sprechen vor allem drei Aspekte:

- historisch günstige Zinssätze (Stand 1.1.2011).
- Unterstützung durch spezielle Förderprogramme für Freiberufler/Existenzgründer, z. B. bei der KfW
- Möglicher Eigenkapitalersatz durch spezielle Bürgschaften von landeseigenen Bürgschaftsbanken

Die kurzfristige Kreditzusage durch ein Kreditinstitut kann dabei für den kaufwilligen Interessenten ein entscheidender Wettbewerbsvorteil gegenüber den Konkurrenten sein, die sich für dieselbe Kanzlei bewerben. Teilweise wird von den abgebenden Kanzleiinhabern schon für die Aufnahme von Verhandlungen ein Kapitalnachweis verlangt. Sprechen Sie also frühzeitig mit ihrer Bank und loten Sie Ihre finanziellen Möglichkeiten aus! Um das Kreditangebot ihrer Hausbank einschätzen zu können, brauchen Sie Konkurrenzangebote.

> **TIPP** Holen Sie auf jeden Fall ein Angebot der Hausbank des Verkäufers ein. Dieses Kreditinstitut kennt in der Regel die Kanzlei und deren wirtschaftliche Situation seit Jahren. Vorteil: Es müssen nicht so umfangreiche Unterlagen vorgelegt und detaillierte Prüfungen stattfinden. Außerdem hat sie ein großes Interesse daran, dass die Bankverbindung zu ihr auch unter dem neuen Inhaber bestehen bleibt, da Steuerberaterkanzleien durch die Empfehlungen an ihre Mandanten wichtige Multiplikatoren für Kreditinstitute sind.

11.5 Erwartungen an den Verkäufer

Von ihm ist vor allem eine angemessene Zeit der Einarbeitung und Überleitung auf den Käufer zu verlangen. Das Vertrauen der Mandanten, dass der Inhaber in vielen Jahren, oft Jahrzehnten, aufgebaut hat, muss auf den Übernehmer sorgsam übergeführt werden. Nichts ist schädlicher als ein abrupter Wechsel in der Inhaberschaft. Gefordert ist eine intelligente Überleitungsstrategie, möglichst mit persönlicher Vorstellung bei allen wichtigen Mandanten, zunächst gemeinsamer Betreuung, dann ggf. längeren Urlaubsvertretungen und schließlich sukzessiver Mandatsübernahme. Die mitunter anzutreffende These, gerade sehr persönlich geprägte Mandatsbeziehungen erschwerten eine Übertragung, ja schlössen sie oft sogar aus, ist nicht haltbar. Unsere tagtägliche Praxiserfahrung als Kanzleivermittler ist anders. Abgesehen von höchstpersönlichen Ämtern (z. B. als Testamentsvollstrecker, Nachlassverwalter, Insolvenzverwalter, Aufsichtsrat) und Umsätzen mit privatem Hintergrund (z. B. Verwandtschaft, enge Freunde) ist in der Regel alles übertragbar und damit auch „verkaufbar". Gerade der Steuerberater mit starker persönlicher Mandantenbindung – das Bild vom „Beichtvater" für den Mandanten ist hier sehr passend – wird im fortgeschrittenen Alter bei seinen Mandanten auf positive Resonanz stoßen, wenn er selbst einen von ihm für geeignet gehaltenen jüngeren Kollegen vorstellt und damit ein Zeichen für verantwortungsbewusste Zukunftsvorsorge setzt (die er als Steuerberater von seinen Mandanten ja häufig selbst einfordert). Je enger seine Mandantenbeziehung ist, desto mehr Vertrauensvorschuss wird der Mandant dem empfohlenen „Neuen" gewähren, der diesen Vorschuss zwar durch gute Arbeit und Engagement rechtfertigen muss; diesen klaren Vorteil gegenüber anderen Anbietern jedoch erst einmal hat.

> Grundsätzlich: Je höher der Prozentsatz an Lohn/Fibu vom Umsatz und je geringer der persönliche Beratungsanteil des Kanzleiinhabers ist, desto eher ist er in seiner Funktion durch einen Nachfolger zu ersetzen. Dieser sollte dann aber besonderen Wert auf Kontinuität beim Personal der zu übernehmenden Kanzlei legen, damit die dort bestehenden, oft langjährig gewachsenen Beziehungen zu den Mandaten – die dann besonders auf der Suchbearbeiter-Ebene liegen – erhalten bleiben.
>
> Hat der abgebende Kanzleiinhaber sehr enge persönliche Mandantenbeziehungen und (meist damit einhergehend) einen hohen Beratungsanteil, ist die Übergangsphase entsprechend länger und intensiver zu gestalten.

Bei Kanzleien mit geringerer persönlicher Inhaber-Mandanten-Bindung liegt das Augenmerk weniger auf der Person des Kanzleiinhabers als vielmehr auf der Sachbearbeiter-Ebene, z. B. den Mitarbeitern, die die Finanz- oder Lohnbuchhaltungen für die Mandanten erledigen.

11.6 Voraussetzungen für den erfolgreichen Kauf einer Steuerberaterkanzlei oder: Welche Fehler kann man machen?

Das Entscheidende für den Käufer einer Steuerberaterkanzlei oder auch der Beteiligung an einer Kanzlei ist, die Mandanten und damit den Umsatz dauerhaft zu erhalten. Die „gekauften" und bezahlten Mandatsbeziehungen müssen fortbestehen, am besten langfristig. Daraus folgt: Es ist alles zu vermeiden, was diese Beziehungen stört und was bei den Mandanten zu Irritationen führen kann, z. B.

- zu rasche Verlegung des Kanzleisitzes
- Änderung des Kanzleinamens (außer in eine gemeinsame Sozietät)
- Personalfluktuation
- abrupter Wechsel der Ansprechpartner/Betreuer
- Konditionenverschlechterung/Serviceabbau
- Schlechte Kommunikation mit Mandanten

Einen erfolgreichen Kauf versprechen folgende Faktoren:

- Langfristige, sorgfältige Vorbereitung der Abgabe/des Verkaufs
- „Durchchecken" der Kanzlei/Erstellung eines Maßnahmekatalogs
  - Mandanten
    (Altersstruktur, Nachfolgeregelungen, Risikomandate)
  - Kosten- und Erlössituation
    (Bereinigung auf betriebsnotwendige Kosten)
  - Personal
  - Dauerschuldverhältnisse
  - Zeitplan erstellen
  - Ggf. Berater zur Unterstützung einschalten

FAZIT

In der Praxis hat sich beim Kanzleikauf bewährt:
- Gründung einer Sozietät (zumindest übergangsweise) zwischen Abgebendem und Übernehmer
- Gemeinsamer Sozietätsname
  (Name des Abgebenden vorangestellt als eingeführte „Marke")
- Gemeinsamer Auftritt in dieser Übergangszeit
  - Abgebender Kanzleiinhaber sollte Vollzeit mitarbeiten
  - (Wichtige) Mandanten werden neuem Partner persönlich vorgestellt
    (Ausnutzen des Vertrauensvorschusses)
  - Sukzessives Hereinwachsen in die Mandate, z. B. durch Vertretungen
- Kluge Kommunikation mit Mandanten
- Ausreichend bemessener Übergangszeitraum
  - Empfehlung 12 Monate (oder auch länger, Abrechnung stets(!) spätestens nach 12 Monaten)
  - Weiterarbeit des Abgebenden darüber hinaus, z. B. als freier Mitarbeiter

11.7 Perspektiven für 2011

Die Situation am Markt kann wie folgt gekennzeichnet werden:

- steigende Nachfrage
- (bei kaum zunehmender Verkäuferzahl)
- dauerhaft sehr günstige Finanzierungskosten
- relativ stabile Kosten
- Verkaufspreise stabil bis leicht steigend
- (zunehmend „Bietergefechte" um Spitzenkanzleien)

Für junge Steuerberater oder etwas ältere mit Berufserfahrung bestehen daher auch künftig gute Aussichten zur Selbständigkeit, sei es als Einzelkämpfer in einer übernommenen Kanzlei oder als Teamplayer mit einer Beteiligung an einer Sozietät oder Gesellschaft.

Für die Berufs- und Karriereplanung gilt: Wer neben der fachlichen Qualifikation genügend unternehmerischen Mut und die nötige Einsatzbereitschaft hat, sollte den Kauf einer Steuerberaterkanzlei oder die Beteiligung an einer Steuerberaterkanzlei ernsthaft in Erwägung ziehen und sich beraten lassen.

12

KLEINER STEUERBERATER-KNIGGE

von RAin Susanne Löffelholz und Iris Re, M.A.

Ganz gleich, ob Sie ein Praktikum beginnen, als Prüfungsassistent in einer der großen WP-Gesellschaften arbeiten oder gerade Ihre eigene Steuerberater-Praxis eröffnet haben, Sie sollten Sie sich über eines im Klaren sein: Ihr beruflicher Erfolg wird nicht nur von Ihrem fachlichen Wissen und Können abhängen, sondern auch ganz wesentlich von Ihrem Auftreten und Ihrem Kommunikationsverhalten, kurz: von Ihren sozialen Kompetenzen. Denn Ihr Mandant nimmt vor Ihrer fachlichen Leistung Ihre Persönlichkeit wahr. Er registriert alles: Ihr Auftreten, Ihre Kleidung, Ihre Umgangsformen. Mit dem Berufsbild des Steuerberaters und Wirtschaftsprüfers assoziiert er Gewissenhaftigkeit, Vertrauenswürdigkeit und Integrität. Es gilt also, diese Erwartungen durch authentisches Auftreten positiv zu erfüllen. Alles was zu dieser Erwartungshaltung nicht passt, wie z. B. nachlässige Kleidung oder unhöfliches Benehmen, stört die Beziehung zum Mandanten nachhaltig und kann trotz guter fachlicher Betreuung dazu führen, dass der Mandant sich nicht gut aufgehoben fühlt und schlimmstenfalls auch an Ihrer fachlichen Qualifikation zweifelt. Dieser kleine Berufsknigge will Ihnen deshalb helfen, stets einen angenehmen und professionellen Eindruck zu hinterlassen.

Aber: Knigge im Berufsleben – das bedeutet nicht nur, dass Sie wissen, wer wen zuerst begrüßt oder in welcher Reihenfolge man das Ess-Besteck benutzt. Hinter diesen „Benimmregeln", die sie selbstverständlich kennen und beherrschen sollten, steht viel mehr: Respekt und Einfühlungsvermögen für das Gegenüber. Wenn in dieser Hinsicht Ihre innere Einstellung stimmt, sind auch kleine formale Benimm- Fehler verzeihbar.

Nachfolgend finden Sie – anhand einiger im Berufsalltag immer wiederkehrender Situationen – praktische Tipps, die Ihnen helfen sollen, als Steuerberater sicher und sympathisch aufzutreten.

12.1 Begrüßung und Vorstellung

12.1.1 Grüßen im Büro

Grüßen Sie Kollegen auf dem Gang, wenn Sie diese sehen. „Guten Morgen, Herr Meier", „Hallo, Frau Müller". Grundsätzlich grüßt der Rangniedere den Ranghöheren zuerst. Besteht keine Hierarchie, grüßt derjenige als Erster, der den anderen zuerst gesehen hat.

Wenn Sie ein Büro/Besprechungszimmer betreten, in dem sich bereits andere Personen befinden, grüßen Sie grundsätzlich als Erster.

Sie grüßen Personen, die Sie zwar nicht kennen, aber mit denen Sie länger in einem Raum verweilen, z.B. im Fahrstuhl, mit einem freundlichen „Guten Tag!"

Zur Mittagspause war lange Zeit der Gruß „Mahlzeit" verbreitet. Heutzutage ist das praktisch out. Besser klingen: „Schöne Mittagspause!" und die Antwort: „Danke, Ihnen auch!". Dieselbe Person müssen Sie nicht mehrfach am Tag grüßen. Ein freundlicher Gesichtsausdruck, ein Blick in die Augen oder Lächeln sagen dasselbe aus.

12.1.2 Begrüßen in Gesellschaft

Handschlag

Der Handschlag – nicht zu schlaff und nicht zu fest. Eine Hand wird gereicht und nicht „geschüttelt". Als Rangniederer sollten Sie zuerst den Ranghöheren freundlich grüßen. Die Hand zum Gruß oder Begrüßen wird jedoch grundsätzlich vom Ranghöheren gereicht. Beim Handschlag wird erwartet, sich in die Augen zu sehen – schauen Sie also nicht weg oder bereits zur nächsten Person, die Sie begrüßen wollen! Denn ein Handschlag deutet auch immer auf eine kurze Konversation hin.

> **TIPP** Halten Sie die Distanzzone ein! Die persönliche Distanzzone in unserem Kulturkreis beträgt einen halben bis einen Meter, die intime Distanzzone bis zu einem halben Meter. Beim Handschlag treten Sie in die persönliche, aber nicht intime Zone ihres Gegenübers ein.

Begrüßen einer Gruppe

Sie kommen als Letzter zu einer Besprechung hinzu. Wenn der Ranghöchste nun direkt vor Ihnen sitzt, begrüßen Sie diesen per Handschlag zuerst und dann einfach der Reihe nach, ohne weitere Berücksichtigung der Hierarchien. Sollte der Ranghöchste jedoch am anderen Ende sitzen, so gehen Sie umgekehrt der Reihe nach vor.

Sitzen mehr als fünf Personen am Besprechungstisch, grüßen Sie nur in die Runde mit einem freundlichen „Guten Tag" an alle und gehen nicht reihum. Sitzen Sie am Tisch und jemand tritt hinzu, um Ihnen die Hand zu reichen, so stehen Sie (auch als Frau) kurz auf.

Vorstellen und Bekanntmachen

Sie selbst stellen sich nur mit Ihrem Vor- und Nachnamen vor. Eigene Titel werden nicht erwähnt. Fremde Personen stellen Sie mit Titel, Vor- und Nachnamen und dem Zusatz Herr oder Frau vor. Kennen Sie den Vornamen nicht, reicht: „Das ist Frau Dr. Müller!" oder „Ich darf Ihnen Herrn Meier vorstellen". Bei der Vorstellung wird nur der höchste Titel genannt: Professor Doktor Sonntag zum Beispiel wird nur mit „Herr Professor Andreas Sonntag" vorgestellt.

Wenn Sie einem anderen vorgestellt werden, dann warten Sie, bis man Ihnen die Hand reicht. Stellt man Ihnen eine andere Person vor, dann reichen Sie selbst ihr zuerst die Hand.

12.1.3 Mandantenbesuch in Ihren Geschäftsräumen

Wenn Sie Mandantenbesuch erhalten, öffnen ein Mitarbeiter oder eine Mitarbeiterin die Tür, begrüßen ihn und nehmen ihm die Garderobe ab. Je nach Bürosituation bitten Ihre Mitarbeiter den Besucher, kurz im Wartebereich Platz zu nehmen. Anschließend wird der Steuerberater informiert. Kurz darauf begleitet ein Mitarbeiter den Mandanten ins Besprechungszimmer und bietet ihm ein Getränk an. Der Mandant hält sich in der Regel allein im Raum auf, bis der Steuerberater im Besprechungszimmer eintrifft.

Was kann in dieser kurzen Zeit passieren? Ihr Mitarbeiter ist während dieser Zeit wahrscheinlich sehr beschäftigt, doch der Mandant kann alles in Ruhe betrachten. Was er wahrnimmt, wird nicht nur seine Stimmung beeinflussen, sondern sein gesamtes Bild von Ihrem Büro. Ihre Büroräume sind Ihre Visitenkarte! Daher achten Sie auf folgende Details:

- Liegen Unterlagen anderer Mandanten sichtbar im Empfangsbereich?
- Wird der Flur als Ablage oder Zwischenstation für Druckerpapier oder Pakete genutzt?
- Sind die für Mandanten sichtbaren Schreibtische voll mit Akten, die sich türmen? Stehen im Besprechungszimmer noch die Tassen der letzten Besprechung?
- Ist Ihr WC-Bereich mit den persönlichen Utensilien der Mitarbeiter „geschmückt" (Zahnbürsten, Haarbürsten etc.)?

All diese Dinge sieht der Mandant nicht nur, er überträgt sie auf Ihre Kompetenz! Mit welcher Sorgfalt werden seine Akten behandelt? Wie kann er sicher sein, dass keine Unterlagen verloren gehen, wenn er im Eingangsbereich Chaos vorfindet? Wie steht es um das Qualitätsmanagement und die Effizienz der Kanzleiführung?

Aber nicht nur die „äußeren" Faktoren spielen eine wichtige Rolle, auch die Wirkung Ihrer Mitarbeiter überträgt sich auf die Einschätzung Ihrer Leistung! Wie steht es also um die Freundlichkeit, die nötige Verschwiegenheit oder die Umgangsformen Ihrer Mitarbeiter?

CHECKLISTE

Empfang von Mandanten

Sorgen Sie dafür, dass
- vereinbarte Mandantenbesuche den Personen auch bekannt sind, die diese empfangen (Vor- und Zuname, Firma, Kontaktperson in Ihrer Kanzlei)
- alle Mandanten mit Namen begrüßt werden
- Besuchern die Garderobe abgenommen wird
- Ihre Mitarbeiter sich um das Wohlergehen der Mandanten kümmern (Getränke anbieten u. Ä.)
- die Türen von Ihren Mitarbeitern für Mandanten geöffnet werden (Der Rangniedere hält die Tür für den Ranghöheren auf! Die Frau-Mann-Regel aus dem Privatbereich gilt im Berufsleben nicht! Hier zählt lediglich die Rangfolge und entscheidet darüber, wer wem die Tür aufhält)
- Ihren Mitarbeitern die Bedeutung von Erstkontakten bewusst ist
- die Mitarbeiter sich als „Gastgeber" sehen und damit vieles von selber „richtig" machen (denn wie immer kommt es mehr auf die „innere Einstellung" Ihrer Mitarbeiter an, als dass sie jede formale Regel perfekt beherrschen)
- die Mitarbeiter nicht über andere Mandanten oder Kanzlei-Interna reden
- Telefonate während des Mandantengesprächs von einem anderen Mitarbeiter übernommen werden (persönlicher Kontakt geht immer vor und sollte nicht durch Telefonate unterbrochen werden!)

Wenn Sie den Besprechungsraum betreten, begrüßen Sie Ihren Mandanten mit Handschlag, halten Sie dabei Augenkontakt und bitten Sie ihn, Platz zu nehmen. Sofern es sich um einen Erstkontakt handelt, überreichen Sie Ihre Visitenkarte und nehmen seine in Empfang.

ACHTUNG Stecken Sie die Visitenkarte nicht gleich unbeachtet weg, sondern betrachten Sie diese kurz und lassen Sie sie vor sich auf dem Tisch liegen. Das vermittelt nicht nur Respekt, sondern hilft Ihnen während des Gesprächs, den Firmennamen zu wiederholen und Ihr Gegenüber direkt mit Namen anzusprechen.

Seien Sie pünktlich und lassen Sie Ihren Mandanten nicht warten! Organisieren Sie Ihre Arbeit so, dass Sie vor der Besprechung noch genug Zeit haben, sich kurz mit der Thematik zu beschäftigen und alle benötigten Unterlagen zusammenzustellen.

Achten Sie auf eine störungsfreie Besprechung! Lassen Sie Ihr Mobiltelefon oder Ihren Blackberry in Ihrem Büro, es gehört nicht auf den Besprechungstisch. Ihre Mitarbeiter sollten alle Telefonate während der Besprechung für Sie annehmen und Ihr Gespräch auch nicht mit Unterbrechungen wie „Herr Maier, soeben hat Frau Müller angerufen ... darf ich Sie kurz fragen ...?" stören. Haben Sie z. B. während ihres Gesprächs eine äußerst wichtige Fristsache zu unterschreiben, so weisen Sie Ihren Mandanten zu Beginn des Gesprächs darauf hin, dass es zu einer möglichen Störung kommen kann, und bitten auch gleich um Entschuldigung.

Ist die Besprechung beendet, begleiten Sie Ihren Mandanten persönlich zum Ausgang. Auch hierbei gilt: Der Mandant ist stets der Ranghöchste. Halten Sie ihm also die Tür auf und überreichen Sie ihm seine Garderobe. Ihm in den Mantel zu helfen ist aber im Business nicht nötig.

ACHTUNG Wenn Sie das Büro Ihres Mandanten zu einer Besprechung aufsuchen, befindet er sich in der Gastgeber-Rolle. Dann öffnet er Ihnen die Tür usw.

12.1.4 Unverhoffte Begegnungen mit Mandanten in der Freizeit

Treffen Sie Ihren Mandanten zufällig in der Freizeit, zum Beispiel am Samstag auf dem Marktplatz oder abends im Theater und ist dieser in Begleitung, so obliegt es Ihrem Mandanten, Sie mit seiner Begleitung bekannt machen – egal, ob Dame oder Herr. Denn wenn Sie diese Person nicht kennen, wissen Sie ja nicht, um wen es sich handelt. Sie begrüßen also in diesem Fall zuerst Ihren Mandanten mit Handschlag und stellen ihm dann Ihre eigene Begleitung vor. Sollte Ihr Mandant vergessen, seine Begleitung vorzustellen, so stellen Sie sich einfach selbst mit Namen und Beziehung zu Ihrem Mandanten vor: „Guten Tag, mein Name ist Andreas Sonntag, wir (oder: Herr X und ich) arbeiten beruflich zusammen." In der Regel nennt Ihr Gegenüber dann den eigenen Namen. Beim nächsten Mal kennen Sie die Person und können sie einordnen. Wenn es sich um die Ehegattin handelt, sollten sie ihr künftig zuerst die Hand zur Begrüßung reichen.

12.2 Ganz wichtig: Small Talk

Stellen Sie sich vor, Sie sind seit Kurzem in einer Kanzlei angestellt. Die Kanzlei veranstaltet einen Informationsabend für die Mandanten, z.B. mit einem Fach-Vortrag und anschließendem Umtrunk. Sie kennen noch nicht viele Mandanten und stehen gerade alleine im Raum. Wie kommen Sie mit den Gästen ins Gespräch? Denn das wird von Ihnen erwartet!

12.2.1 Kontakte knüpfen oder auffrischen

Zunächst sollten Sie sich klar machen, was der **Zweck** einer solchen Veranstaltung ist: Die bestehenden Mandantenkontakte zu vertiefen oder neu zu beleben, neue potenzielle Mandanten kennen zu lernen, die Kompetenz der Kanzlei zu unterstreichen, auch neudeutsch „zu netzwerken" und das in möglichst angenehmer Atmosphäre, denn der offizielle der Arbeitstag ist ja vorbei. Entsprechend ist die Erwartungshaltung Ihrer Gäste – scheuen Sie sich also nicht, neue Kontakte zu knüpfen, denn deshalb sind ja alle gekommen. Auch Ihre Mandanten wollen neue, interessante Personen kennenlernen, denn häufig entwickeln sich so genannte „Drittkontakte" und Empfehlungen zu neuen potenziellen Geschäftspartnern. Neben Fachvorträgen veranstalten Kanzleien übrigens auch eigene Vernissagen in ihren Räumlichkeiten, die demselben Zweck dienen sollen.

Doch was genau ist Ihre Aufgabe? Es geht darum, mit möglichst vielen Personen in Kontakt zu treten, sich vorzustellen und die Person „hinter dem Mandanten" kennen zu lernen. Selbstverständlich sollen Sie sich als Gastgeber dabei auch um das Wohl der Gäste kümmern.

Aber wie treten Sie erfolgreich in Kontakt mit fremden Menschen? Achten Sie zunächst ganz besonders auf die nonverbalen Signale Ihres potenziellen Gesprächspartners. Suchen Sie den Blickkontakt und achten Sie auf die Körpersprache Ihres Gegenübers. Wird Ihr freundliches Lächeln nur kurz erwidert und wendet die Person sich gleich danach von Ihnen ab, ist dies ein deutliches Zeichen, dass gerade kein Interesse an einem Gespräch besteht. Wird der Augenkontakt hingegen etwas länger gewährt, können Sie auf den potenziellen Gesprächspartner zugehen. Wie ist nun die Körpersprache? Wendet sich die Person ab oder öffnet sich ihre Körperhaltung? Kommt ein Lächeln zurück, können Sie den anderen ansprechen, indem Sie sich zunächst selbst kurz vorstellen.

Auch **bei einer Gruppe,** zu der Sie sich stellen möchten, achten Sie auf die Körpersprache. Nehmen Sie auch hierbei zunächst zu einer Person Blickkontakt auf. Wenn diese Ihnen durch ihre – sich öffnende – Körperhaltung signalisiert, dass dies ein „offener" Kreis ist, nähern Sie sich. Hören Sie zunächst aufmerksam dem bereits stattfindenden Gespräch zu und äußern Sie erst dann etwas, wenn Sie etwas Interessantes oder Passendes zu sagen haben. Nutzen Sie dann die Gelegenheit, sich der Gruppe bekannt zu machen.

Sofern die Gruppe noch nicht in ein Thema vertieft ist, können Sie sich auch direkt vorstellen. Idealerweise übernimmt dies sogar die Person, die sie bereits kennt und mit der Sie im Vorfeld Blickkontakt aufgenommen haben.

> **TIPP** Üben Sie Ihre Selbstvorstellung für den Small Talk: sagen Sie freundlich, kurz und prägnant – möglichst in einem Satz – wer Sie sind und was Sie beruflich machen, so dass es jeder verstehen kann!

12.2.2 Gespräche starten und lebendig halten

Nachdem Sie sich bekannt gemacht haben, gilt es, Ihr Interesse an Ihrem Gesprächspartner deutlich zu machen. Es kommt hierbei vielmehr auf das „wie" an als darauf, „was" Sie kommunizieren, sofern Sie einige Regeln beachten. Zum Einstieg empfiehlt es sich auf Gemeinsamkeiten zurückzugreifen: der Anlass des Beisammenseins, das Thema des Fachvortrags, die Räumlichkeiten oder der Ort bzw. die Stadt, mögliche gemeinsame Kontakte und auch das Wetter eignen sich. Denn vom Wetter können Sie sehr leicht auf den

Urlaub überleiten – und schon haben Sie ein zweites Thema. Oberstes Gebot bei der Wahl der Themen und dem Gesprächsverlauf: Es darf nicht zur Kontroverse oder gar zu einem handfesten Meinungsstreit kommen.

ACHTUNG Vermeiden Sie beim Small Talk die Themen Religion, Politik, Wert- und Moralvorstellungen, Krankheit, Klatsch und Tratsch, Partnerschaftsprobleme, Alter, Gewicht und absolute Behauptungen, wie z. B. „Deutscher Wein schmeckt nicht!"

Hören Sie Ihrem Gesprächspartner aufmerksam zu, prägen Sie sich seinen Namen ein, fragen Sie nach Details zu den Dingen, von denen er Ihnen mit Begeisterung erzählt und schnappen Sie auch „Kleinigkeiten" auf, auf die Sie später – falls das Gespräch einmal ins Stocken geraten sollte – zurückkommen können.

Achten Sie auf das „Wie": Das bedeutet auch, dass Sie sich voll auf Ihren Gesprächspartner konzentrieren und Ihren Blick nicht herumschweifen lassen, während er spricht (als ob sie sich nach einem interessanteren Menschen umsehen). Halten Sie weder Monologe noch kleine Referate. Beim Small Talk kommt es darauf an, sich möglichst unkompliziert und nett miteinander zu unterhalten. Zeigen Sie sichtbares und hörbares Interesse.

Ist der Gesprächsanfang gelungen, so stellt sich die Frage, wie das Gespräch am Laufen gehalten oder sogar in eine bestimmte (geschäftliche) Richtung gelenkt werden kann. Hierzu müssen Sie genau hinhören und sich wirklich interessieren. Mit offenen Fragen ermutigen Sie Ihren Gesprächspartner, von dem zu erzählen, wovon er gerne spricht. Nebenbemerkungen oder den Hinweis auf Neuigkeiten in seiner Branche können Sie zum Anlass nehmen, einen Themenwechsel einzuleiten. Aber erzwingen Sie nichts! Wichtiger ist es, sich angenehm zu unterhalten. So können Sie eine berufliche Bemerkung vielleicht besser als möglichen Ausstieg mit Visitenkarten-Tausch und spätere Kontaktaufnahme nutzen. Denn tiefer gehende Gespräche sind bei einer solchen Veranstaltung nicht passend.

12.2.3 Gekonnter Abgang

Sofern Sie Ihren Gesprächspartner vorher noch nicht kannten, empfiehlt es sich, den ersten Small Talk auf fünf bis zehn Minuten zu begrenzen und sich einen **gekonnten Abgang** zu verschaffen. Hierzu können Sie auf einen anderen Mandanten verweisen, den Sie gerne begrüßen möchten oder mit Ihrem Gesprächspartner zum Buffet gehen. Auf dem Weg dorthin oder am Buffet findet sich sicherlich eine neue Gesprächsperson, so dass Sie einen „sanften" Übergang schaffen. Ergibt sich aus Ihrem Gespräch ein Thema, zu dem ein Kollege oder eine Kollegin von Ihnen Experte ist, so können Sie auch Ihren Gesprächspartner „übergeben" und ihm einen weiteren Kontakt anbieten. Jeder Mandant weiß, dass Sie als Gastgeber sich nicht den ganzen Abend nur mit einer Person unterhalten können.

Daher gilt es auch nicht als unhöflich, wenn Sie sich nach angemessener Zeit freundlich verabschieden.

> **Leicht Small-Talk-Themen finden**
>
> Hier hilft eine einfache Assoziations-Übung: „Was fällt Ihnen spontan ein, wenn Sie das Wort ‚Italien' hören?" Sonne, Rotwein, Toskana oder Rom? Ganz egal, was Sie als Erstes assoziieren, überlegen Sie nicht lange und schauen Sie, was Ihnen zur ersten Assoziation wieder neu einfällt ... eine mögliche Assoziationskette ist „Italien – Sonne – Meer – Urlaub – mein letzter Urlaub in Frankreich – Gemütlichkeit – Freizeit – Sport ..." usw. So kommen Sie ganz leicht von einem Thema auf ein anderes.
>
> Legen Sie sich zwei bis drei „Small Talk"-Themengebiete zurecht, mit denen Sie sich bei Ihrem Gesprächspartner neben den fachlichen Themen interessant machen können.

12.3 Business und Essen – eine ideale Kombination

Ein Arbeitsessen verbindet das Angenehme mit dem Nützlichen: Gespräch mit dem Mandanten in lockerer Atmosphäre und gutes Essen. Natürlich geht es dabei weniger um die Nahrungsaufnahme als vielmehr darum, die Beziehung zum Mandanten zu pflegen und zu erhalten. Gute Tischmanieren sind dabei unerlässlich. Die Umgangsformen bei Tisch spielen besonders dann eine Schlüsselrolle, wenn Bewerber im Rahmen der Vorstellung zu einem „Testessen" eingeladen werden.

Gerade bei einem Geschäftsessen gibt es leider viele Fettnäpfchen, in die man sowohl als Gastgeber als auch als Gast treten kann. Nicht nur bei der Einladung und der Auswahl des Restaurants, sondern auch beim Essen selbst können viele Fehler gemacht werden. Folgende Hinweise sollen Ihnen helfen, einen guten Eindruck zu hinterlassen und die Hürden elegant zu nehmen.

12.3.1 Gastgeberpflichten

Als Gastgeber oder Gastgeberin führen grundsätzlich Sie die Regie. Sie sind verantwortlich dafür, dass sich Ihre Gäste wohl fühlen. Zunächst einmal obliegt Ihnen die Wahl des Restaurants. Sie sagt etwas darüber aus, was der Mandant Ihnen wert ist. Falls Sie im Zweifel sind: Mit einem „gehobenen" Italiener liegen Sie fast immer richtig.

- Fragen Sie Ihren Gast nach seinen Vorlieben und eventuellen Einschränkungen, damit sie keinen überzeugten Vegetarier ins Steakhaus einladen.

- Stellen Sie unmissverständlich klar, dass Sie der Einladende sind. Aus der Frage: „Sollen wir mal essen gehen?" wird dies nicht deutlich.
- Damit Ihr Gast weiß, in welchem Preisrahmen er sich bewegen kann, ist es sinnvoll, eine Empfehlung auszusprechen.
- Das gilt auch für die Frage, ob eine Vorspeise bestellt wird. Entscheidet sich Ihr Gast für eine Vorspeise, sollten Sie ebenfalls eine Vorspeise verzehren, damit alle Gänge gemeinsam eingenommen werden.
- Achten Sie darauf, dass Ihr Gast stets mit Getränken versorgt ist.
- Beziehen Sie bei mehreren Gästen alle in das Tischgespräch mit ein.
- Bezahlen Sie diskret (nicht am Tisch).
- Sorgen Sie dafür, dass Ihre Gäste gut nach Hause kommen. Organisieren Sie eventuell ein Taxi.

12.3.2 Verhalten als Gast

- Verhalten Sie sich zurückhaltend und überlassen Sie die Regie Ihrem Gastgeber. Richten Sie sich bei der Auswahl der Speisen und Getränke nach seinen Empfehlungen.
- Sollten Sie etwas überhaupt nicht mögen, lassen Sie dies unkommentiert auf dem Teller zurück.
- Ihr Talent zum kritischen Restaurant-Tester sollten Sie nicht unter Beweis stellen. Es gilt als grob unhöflich, wenn Sie als geladener Gast an den Speisen herummäkeln.
- Verzichten Sie auf Ihr Handy! Etwaige Anrufe wird Ihre Mailbox aufzeichnen.
- Bedanken Sie sich nach einer größeren Einladung am nächsten Tag noch einmal kurz beim Gastgeber, entweder telefonisch oder per E-Mail. Letztere bietet Ihnen die Möglichkeit, die Inhalte des Tischgesprächs kurz zu dokumentieren.

> **Apropos Tischmanieren ...**
>
> Selbstverständlich haben Sie gute Tischmanieren. Diese kleinen Entgleisungen würden Ihnen nie passieren, oder?
>
> - Im Restaurant legen Sie Handy und Schlüssel auf den Tisch.
>   (Richtig: Lassen Sie beides in Ihrer Handtasche bzw. Aktentasche verschwinden.)
> - Sie sind hungrig und vertilgen restlos das vor der Vorspeise gereichte Brot.
>   (Richtig: Betrachten Sie das Brot als Beilage zur Vorspeise. Es wird gebrochen, nicht geschnitten, und mit dem dazu gereichten kleinen Messer bissenweise bestrichen.)

> - Sie prosten den anderen zu und stoßen mit klingenden Gläsern an.
>   (Richtig: Klingendes Anstoßen ist nicht mehr zeitgemäß. Ein leichtes, angedeutetes Anheben des Glases verbunden mit einem Dank an die Gäste oder den Gastgeber ist eleganter und erfüllt den gleichen Zweck.)
> - Sie ziehen am Tisch schnell und unauffällig Ihren Lippenstift nach.
>   (Richtig: Kosmetische Reparaturen jedweder Art erledigen Sie in den Waschräumen, nicht am Tisch!)
> - Sie zeigen sich hilfsbereit und stapeln nach dem Essen die Teller aufeinander und/oder räumen sie ans Tischende.
>   (Richtig: Wenn Sie mit dem Essen fertig sind, lassen Sie den Teller vor sich stehen, bis der Service ihn entfernt.)

12.4 Erfolgsfaktor Business-Kleidung

Kann man Erfolg anziehen? Ist Ihr Outfit wirklich wichtig für Ihre Karriere? Ist denn nicht die fachliche Kompetenz entscheidend? Die Antwort lautet: sowohl als auch. Nicht nur durch Ihre Fachkompetenz und Ihre Persönlichkeit, sondern auch durch Ihre äußere Erscheinung formen Sie Ihr Image als integrer Steuerberater oder Wirtschaftsprüfer.

12.4.1 Der erste Eindruck

Businesskleidung ist ein wichtiger Baustein und spielt bei der Kommunikation mit Partnern und Mandanten eine nicht zu unterschätzende Rolle. Denn der erste Eindruck wird zu ca. 55 Prozent von der äußeren Erscheinung, der Gestik und der Mimik bestimmt. Erstaunliche 38 Prozent macht die Stimme aus. Dagegen entfallen auf den Inhalt Ihrer Äußerungen – zumindest beim ersten Eindruck – nur ca. 7 Prozent. Grund: Der Mandant setzt bei Ihrer ersten Begegnung bzw. ersten Besprechung Ihre Fachkompetenz voraus. Er unterstellt Ihnen Vertrauenswürdigkeit, Gewissenhaftigkeit, Klarheit, Durchsetzungsvermögen etc. und prüft unbewusst in den ersten Sekunden, ob Sie seine Erwartungen erfüllen.

In einem gut sitzenden Businessanzug wirken Sie professionell und kompetent, ohne dies lange beweisen zu müssen. Auffällige Nachlässigkeiten prägen sich dem Mandanten dagegen ein und können durch Fachkompetenz nur mühsam wieder wettgemacht werden. Gute Businesskleidung sollten Sie daher gezielt als **Kommunikationsmittel** einsetzen, um Ihrem Gesprächspartner neben fachlicher Kompetenz die für den Steuerberater wichtigen persönlichen Eigenschaften zu signalisieren und damit seine Erwartungshaltung zu bestätigen.

Beachten Sie: Authentisches Auftreten und ein gepflegtes Äußeres repräsentieren nicht nur Ihre eigenes Image, sondern auch das Ihres Arbeitgebers.

12.4.2 Grundregeln der Businesskleidung

Ein wirkungsvolles Business-Outfit zeichnet sich durch bestimmte Elemente aus. Wenn Sie die folgenden Grundregeln beachten, werden Sie stets einen positiven, professionelle Eindruck machen.

Gepflegte Erscheinung

Ihre Businesskleidung sollte stets gepflegt sein. Abgelaufene Schuhe, baumelnde Anzugknöpfe und schlecht gebügelte Blusen signalisieren dem Mandanten eine gewisse Nachlässigkeit, die er unbewusst sofort mit Ihrer Arbeitshaltung in Verbindung bringt.

Die perfekte Business-Kleidung nützt Ihnen aber nichts, wenn Sie selbst ungepflegt wirken. Betrachten Sie einen guten Friseur und eine Make-Up-Beratung, den Zahnarzt und die Maniküre nicht als unnötigen Luxus, sondern als Investition in Ihren beruflichen Erfolg.

Klare Linie

Weniger ist mehr! Behalten Sie bei Ihrer Businesskleidung eine klare Linie. Die gleichzeitige Kombination unterschiedlicher Muster und Kleidungsstile sowie ein Übermaß an Accessoires signalisieren Unentschlossenheit und mangelnde Entscheidungsfähigkeit.

Angemessener Auftritt

Passen Sie Ihre äußere Erscheinung der Erwartungshaltung Ihres beruflichen Umfelds an. Arbeiten Sie beispielsweise bei einer Big-Four-Gesellschaft und haben täglich Kontakt mit Mandanten, ist hochoffizielle Business-Kleidung (Anzug oder Kostüm) obligatorisch. Sind Sie dagegen als angestellter Steuerberater in einer kleinen ländlichen Praxis tätig, wird es seltsam anmuten, wenn Sie Ihrem „hemdsärmeligen" Chef täglich im dunkelblauen Anzug mit Weste gegenübertreten. Passend gekleidet zu sein, bedeutet nicht, dass Sie alle Regeln blind befolgen, sondern dass Sie den Inhalt der Regeln Ihrem jeweiligen Umfeld anpassen. Nutzen Sie Ihre zunehmende Erfahrung, um ein Feingefühl dafür zu entwickeln, welche Kleidung – und welche Farben (!) – Sie z. B. für wichtige Besprechungen wählen.

Beispiel: Ein Wirtschaftsprüfer prüft ein großes Bauunternehmen. Um sich selbst ein Bild zu machen, führt er auf einer Baustelle Gespräche mit dem Bauleiter und mehreren Mitarbeitern seines Mandanten. In einem solchen Fall kann das hochoffizielle Business-Outfit wie eine Barriere gegenüber den Gesprächspartnern wirken. Tipp: Lassen Sie die Krawatte weg!

Hochwertiger Stil

Hochwertige Kleidung signalisiert gute fachliche Kompetenz. Ein wertiges Erscheinungsbild hat aber nur bedingt etwas mit dem Kaufpreis für Markenkleidung oder Accessoires zu tun. Auch sehr teure Kleidungsstücke können falsch gewählt oder ungünstig zusammengestellt sein, schlimmstenfalls übertrieben wirken. Entscheiden Sie sich im Berufsleben eher für dezente, aber gut geschnittene Kleidungsstücke aus gut vernähten, hochwertigen Materialien. Kleine Probleme mit der Passform kann ein Schneider korrigieren. Vorsicht bei sehr modischen Designs: Sie können recht auffällig wirken und sind meist allzu schnell wieder out.

Mit Kombinationsgeschick, Sinn für Ästhetik, einem Feingefühl für Farben und dem Wissen um die eigenen körperlichen Gegebenheiten können Sie auch mit vertretbarem Kapitaleinsatz einen eigenen Stil in wertiger Optik entwickeln. Dabei ist Abgucken ausdrücklich erlaubt!

Wohlfühlfaktor

Nur wenn Sie sich wohl fühlen in dem, was Sie tragen, werden Sie sicher und souverän auftreten. Hat der Mandant den (unbewussten) Eindruck, dass Sie gezwungenermaßen Ihren ungeliebten Konfirmationsanzug auftragen, wird er sich in Ihrer Gegenwart nicht richtig wohl fühlen.

Um genau Ihre richtigen Kleidungsstücke herauszupicken – hochwertig, angemessen, mit dezent-individueller Note, in den richtigen Farben und aus dem richtigen Material, dazu die passenden Accessoires – ist zugegeben ein gewisser Zeitaufwand vonnöten. Betrachten Sie auch diesen als notwendige Investition in Ihre persönliche Wirkung und berufliche Zukunft.

Lassen Sie sich nicht verunsichern!

Gute Kleidung und stilvolles Outfit sind zwar notwendige, wichtige Helfer, die Ihr Selbstbewusstsein und Ihre persönliche Wirkung stärken können und sollen. Aber Kleidung wirkt nicht automatisch, sie entfaltet ihre Wirkung nur durch ihren Träger, durch Sie. Sie kann Ihre Persönlichkeit, Ihren Charme, Ihre Kompetenz und Ihr Interesse am Gegenüber effektvoll unterstreichen, mehr aber nicht. Tun Sie also in puncto Outfit unbedingt Ihr Bestes – und dann vergessen Sie es und konzentrieren sich voll und ganz auf Ihre gegenwärtige Aufgabe. Und entspannen Sie sich, wenn doch mal etwas nicht ganz stimmt: Schon am nächsten Tag tragen Sie doch etwas anderes.

Kleiner Crash-Kurs Businessmode

Dresscodes tagsüber:

		Damen	Herren
Business (hochoffiziell)	Formelle Business-Kleidung	Kostüm oder Hosenanzug mit einfarbiger Bluse oder T-Shirt	Anzug in gedeckten dunklen Farben (dunkelblau, grau, anthrazit) mit weißem oder pastellfarbenem Hemd

		Damen	Herren
Business casual (leger)	**Entspannte Businessmode,** halboffizielle Business-Kleidung, die aber keineswegs leger oder lässig ist	Modifizierter Blazer anstelle des klassischen Blazers; Kleid, Rock oder Hose; Bluse oder z. B. Twinset	Sakko, Stoffhose (keine Jeans!) und Hemd **ohne Krawatte,** bzw. Polo-Shirt
Casual Friday	Sollten an Freitagen keine Besprechungen mit Mandanten anstehen, ist der Dresscode gelockert.	Kleid, Hose oder Rock mit Bluse oder Twinset	Stoffhose (keine Jeans!) und Hemd **ohne Krawatte,** aber Businessschuhe
Cut (Kurzform für Cutaway)	Hochoffizielle, festliche Tagesgarderobe	Sehr elegantes Kleid mit passender Jacke oder passendem Mantel; Kostüm; geschlossene Schuhe	Grauer oder schwarzer Gehrock mit schräg geschnittenen Schößen (Cut) mit grauer oder cremefarbener Weste und grauer Krawatte zur gestreiften Hose
Dresscodes bei Abendeinladungen			
Come as you are …	… ist keineswegs immer wörtlich zu nehmen. Gemeint ist damit, dass bei einer im Anschluss an den Arbeitstag stattfindenden Veranstaltung keine Abendgarderobe erwartet wird. Mit Ihrer Businesskleidung sind Sie passend gekleidet.		
Dunkler Anzug, Abendgarderobe		Elegantes Kostüm, „Kleines Schwarzes", Cocktailkleid oder Etuikleid mit Jacke	Dunkler Anzug, weißes Hemd, Krawatte
Black tie. Cravate noire		Festliches langes oder kurzes Abendkleid, offene Schuhe, auch ohne Strümpfe	Smoking, Kummerbund und Fliege
White tie. Cravate blanche	Hochoffizielle festliche Abendgarderobe:	Aufwändiges Abend- bzw. Ballkleid	Schwarzer Frack, weißes Hemd mit Kläppchenkragen (sog. Vater-Mörder-Kragen), weiße Schleife, weiße Weste, schwarze Lackschuhe

> **TIPP** Ihre sorgsam zusammengestellte Businessmode wird Ihrem Auftreten nichts nützen, wenn Ihr übriges Erscheinungsbild ungepflegt wirkt. Von ungewaschenen Haaren, einer unvorteilhaften Frisur, einem breiten grauen Haaransatz bei gefärbten Haaren, ungeputzten, abgelaufenen Schuhen u. Ä. kann auch das schickste Outfit nicht ablenken. Im Gegenteil, es wirkt dann wie eine inkongruente Verkleidung. Betrachten Sie Ausgaben für einen guten Friseur und eine Kosmetikberatung also nicht als unnötigen Luxus, sondern als Investition in Ihre berufliche Zukunft!

12.4.3 Stilsicheres Auftreten: Darauf sollten Sie achten

Anzug

Achten Sie bei der Auswahl auf gute Passform und Qualität. Ideal sind sogenannte Ganzjahresqualitäten, die den Vorteil haben, dass sie kaum knittern. Die Farbpalette reicht von hellgrau bis dunkel-anthrazit und dunkelblau. Dunkelblau steht für Sicherheit und Vertrauenswürdigkeit. Bei der Farbe Braun sollten Sie kühlere Farbnuancen bevorzugen. Auch Nadelstreifen sind eine gute Alternative. Vorsicht mit der Farbe Schwarz! Sie gilt unter klassischen Gesichtspunkten zumindest bei den Herren immer noch als „Anlassfarbe". Die korrekte Ärmellänge reicht nicht ganz bis zur Daumenwurzel, so dass die Hemdmanschette noch sichtbar ist. Der Hosensaum endet da, wo der Absatz des Schuhs anfängt. Am besten lassen Sie sich bei einem guten Herrenausstatter beraten.

Knöpfregeln:

Wenn Sie am Schreibtisch sitzen und aufstehen, um Ihren Mandanten zu begrüßen, schließen Sie Ihr Sakko bzw. Ihren Blazer. Welche Knöpfe geschlossen werden, hängt von der Art Ihres Sakkos ab:

- Beim 2-Knopf-Einreiher wird der obere Knopf geschlossen.
- Beim 3-Knopf-Einreiher werden nur der mittlere oder die beiden oberen Knöpfe geschlossen.
- Beim Zweireiher bleibt der unterste Knopf immer offen. Der oberste Knopf bleibt immer geschlossen, auch im Sitzen.

Hemd

Zum Business-Anzug gehört ein ebenso klassisch geschnittenes Hemd in einer möglichst hellen Farbe, am besten in weiß oder hellblau. Diese Farben harmonieren mit fast allen Anzug- und Krawattenfarben. Auch gestreifte Hemden sind möglich, karierte Hemden dagegen wirken etwas lässiger. Zum Nadelstreifenanzug sollten Sie nur einfarbige Hemden tragen. Kurzarm-Businesshemden werden sehr kritisch betrachtet – auch in heißen Sommermonaten.

> **TIPP** Ein zusätzliches weißes Hemd sollte stets in Ihrem Büro als Reserve bereit liegen. Nicht jeder Business-Lunch endet fleckenfrei!

Wählen Sie die Kragenweite so, dass noch eine Fingerbreite Luft ist. Beinahe unerlässlich sind Kragenverstärker oder Kragenstäbchen beim Kent- oder Haifischkragen. Sie garantieren den notwendigen Halt. Der Button-Down-Kragen wird nicht mit Krawatte getragen.

Perlmuttknöpfe sind in jedem Falle richtig, denn das Material wirkt edel und hält länger. Manschettenknöpfe sind wieder in Mode und werden durchaus nicht nur zu festlichen Anlässen getragen, sondern als stilvolles Accessoire eingesetzt. Wenn Sie Manschettenknöpfe tragen möchten, dann bitte nur zu Hemden mit Doppelmanschetten, nie zu einfachen Manschetten.

> **TIPP** Achten Sie auch auf ein **gutes Business-Unterhemd,** das lang genug und eng anliegend ist. Bei Modellen mit V-Ausschnitt kann auch einmal der oberste Knopf geöffnet werden, ohne dass etwas hervorblitzt.

Krawatte

Ihre Krawatte sollte farblich gedeckt sein. Das bedeutet nicht, dass sie langweilig sein muss. Das Design sollte aber in jedem Fall zum Hemd passen. Das Hemd sollte nicht stärker gemustert sein als die Krawatte. Auch sollten Sie darauf achten, nicht mehrere Muster zu kombinieren, also keine getupfte Krawatte zum gestreiften Hemd. Krawattenclips sind derzeit „out". Achten Sie beim Binden der Krawatte auf die richtige Länge: Die Krawattenspitze bedeckt die Gürtelschließe zur Hälfte.

Kostüm, Kleid mit Jacke oder Hosenanzug

Ob Sie für Ihren formellen Business-Auftritt ein Kostüm, Jackenkleid oder einen Hosenanzug wählen, hängt von Ihrem Geschmack und Ihrer Figur ab. Einreihige Modelle sind praktischer als zweireihige, da Sie diese auch geöffnet tragen können. Möglich sind natürlich auch Kombinationen. Bedenken Sie aber: Je formeller Ihr Auftritt, desto kompetenter Ihre Wirkung.

> **TIPP** Kaufen Sie Qualität! Klassiker von guter Qualität halten viele Jahre lang und kommen nicht aus der Mode. Letztlich sind diese Kleidungsstücke preiswerter als neue Mode, die nur eine Saison lang „in" ist.

Der Rock sollte das Knie umspielen. Wählen Sie einen Stoff aus, der nicht schnell knittert. Verspielte Details und Reißverschlüsse passen nicht zum Business-Outfit, auch nicht zum Business Casual.

Hemdbluse oder T-Shirt

Zu Rock oder Hose tragen Sie eine Hemdbluse in Pastellfarben oder ein T-Shirt. Grundsätzlich sind die Variationsmöglichkeiten in Bezug auf Farben und Schnitte bei den Damen vielfältiger als bei den Herren. Vermeiden Sie aber Oberteile mit Blumenmustern oder auffälligen Ornamenten.

Wählen Sie Farben, die Ihnen gut stehen, um z. B. einen grauen Hosenanzug zu beleben. Blusen im Knitter- oder Crash-Look wirken im unordentlich, sind daher für das Business nicht geeignet. Auch der Spruch „Leinen knittert edel" hat für Ihre Businesskleidung keine Bedeutung.

Ganz wichtig: die Schuhe

Der ideale Business-Herrenschuh wird geschnürt, ist schwarz, glatt und hat eine Ledersohle. Es müssen keineswegs teure, rahmengenähte Schuhe sein, aber eine Gummisohle ist nicht angemessen. Fragen Sie nach einem Oxford oder Derby. Der Budapester (mit dem charakteristischen Lochmuster) ist als hochoffizieller Businessschuh nicht geeignet.

Als Businessschuh für Frauen eignen sich schlichte, klassische, geschlossene Pumps oder Sling-Pumps, im Winter und in der Übergangszeit auch Stiefeletten oder Schnürschuhe unter Hosen. Die Absätze sollten ca. 5 bis 6 cm hoch sein. Nicht geeignet sind Sandalen, Peep-toes, Ballerinas, Flip-Flops und Sneakers.

 TIPP Ungepflegte Schuhe strahlen Unordentlichkeit und Unzuverlässigkeit aus. Achten Sie daher immer darauf, dass Ihre Absätze nicht abgelaufen sind und putzen Sie Ihre Schuhe regelmäßig.

Accessoires

Die **Kniestrümpfe** (nicht Socken!) der Herrren sind der Anzugfarbe angepasst. Das nackte Bein sollte nie zu sehen sein! Wenn Sie die für Sie idealen Strümpfe (Winter und Sommer) gefunden haben, kaufen Sie davon eine große Menge. Sie ersparen sich damit längerfristig das mühsame Zusammensuchen.

Ihr **Gürtel** sollte immer die gleiche Farbe haben wie Ihre Schuhe. Bis auf eine Armbanduhr (mit Zifferblatt, nicht mit Digitalanzeige!), eventuelle Manschettenknöpfe und einen Ehering ist Schmuck bei den Herren tabu.

Für Frauen sind Nylon-Strumpfhosen (auch im Sommer!) Pflicht. Vorsicht beim Schmuck: Frauen sollten nicht mehr als **fünf** Schmuckstücke tragen. Brille, Armbanduhr und Gürtel-(Schmuck-)Schnalle zählen mit.

12.4 ERFOLGSFAKTOR BUSINESS-KLEIDUNG

Häufige Fehler bei Männern:

- Braune Schuhe zum schwarzen Anzug
  (Richtig: zum dunklen Anzug schwarze Schuhe)
- Kurze Socken statt Kniestrümpfe (Bein blitzt hervor)
  (Richtig: lange Socken oder Kniestrümpfe, die nicht rutschen (!))
- Manschettenknöpfe zu Hemden mit einfachen Manschetten
  (Richtig: Manschettenknöpfe nur zu Hemden mit Doppelmanschetten)
- Kurzarm-Hemd, Pullover oder Pullunder zum Business-Anzug
  (Richtig: Langarm-Hemd)
- Button-Down-Hemd zum Anzug mit Krawatte
  (Richtig: Kent-, Haifisch-, New-Kent oder Tab-Kragen wählen)
- Krawatten aus Synthetik, in grellen Farben, mit „Aussage", Clip
  (Richtig: hochwertiger Stoff, gedeckte Farben)

Häufige Fehler bei Frauen:

- Blazer mit 7/8-Hose (signalisiert trotz Blazer Freizeit)
  (Richtig: für hochoffizielle Anlässe langes Hosenbein, auch im Sommer)
- Blusen mit Rüschen oder romantischen Blumenmustern
  (Richtig: schlichte, einfarbige oder sehr dezent gemusterte Blusen)
- Modisch kurze Röcke
  (Richtig: Rocklänge entweder bis zur Wade oder das Knie umspielend)
- Dominantes Parfum
  (Richtig: auch das Lieblingsparfum sehr vorsichtig dosieren, im Zweifel darauf verzichten – andere könnten auf den Duft empfindlich reagieren)
- Zu viel oder gar kein Make-up
  (Richtig: dezentes, unauffälliges Make-up für ein gepflegtes Gesicht)
- Im Sommer offene Schuhe und nackte Füße oder Beine
  (Richtig: geschlossene Schuhe und immer Feinstrümpfe (ohne Muster))
- Zu viel, zu auffälliger oder zu verspielter Schmuck
  (Richtig: schlichte, hochwertige Stücke, höchstens 5 (inklusive Gürtelschnalle und Haarspange))
- Verschiedene Stilrichtungen in einem Outfit kombinieren
  (Richtig: immer klar für einen Stil entscheiden)
- Im Sommer ärmellose Tops in der Kanzlei und/oder im Kundenkontakt
  (Richtig: nie (!) Spaghetti-Träger, stets die Schultern mit kurzen Ärmeln bedecken)

12.4.4 Interview mit Image- und Stilberaterin Lisa Pippus

Lisa Pippus ist Image- und Stilberaterin. Sie gibt Seminare und coacht Mitarbeiterinnen und Mitarbeiter namhafter internationaler Unternehmen. Kontakt: www.lisa-pippus.com

Was hat der berufliche Erfolg von Steuerberatern und Wirtschaftsprüfern mit ihrem Kleidungsstil zu tun?

Erfolgreiche Menschen kommunizieren durch Kleidung und ihr Auftreten, wer sie sind. Sie wissen: Worte alleine reichen für die Kommunikation wichtiger Inhalte nicht aus. Stimme, Körpersprache und Kleidung sind allesamt wichtige Aspekte einer starken, professionellen Erscheinung.

Untersuchungen haben ergeben, dass Menschen innerhalb von sieben Sekunden entscheiden, ob Sie kompetent, liebenswert und glaubwürdig sind. Grund dafür ist ein Jahrtausende alter Primärinstinkt, der signalisiert, ob der Kontakt zu einer bestimmten Person empfehlenswert ist oder nicht. Erfolgreiche Geschäftsleute nutzen diesen Fakt zu ihrem Vorteil; sie wählen ihre Kleidung bewusst aus, um bei jedem Anlass einen guten Eindruck zu hinterlassen.

Ehrgeizige Menschen wissen, dass Kleidung und eine gepflegte Erscheinung wichtige Karrierehelfer sind. Nach einer Studie des amerikanischen Psychologen Professor Albert Mehrabian werden nur 7 Prozent des Eindrucks, den Sie auf andere machen, durch Ihre Worte bestimmt. Ihre Stimme ist verantwortlich für weitere 38 Prozent. 55 Prozent macht Ihr Erscheinungsbild (Kleidung, Gepflegtheit und Körpersprache) aus. Deshalb ist es so wichtig, sich am Arbeitsplatz richtig zu kleiden.

Gepflegte Kleidung und Erscheinung machen Ihre hart erarbeitete Fachkompetenz für Ihr Umfeld sichtbar.

Was ist beim „Business Casual", der sogenannten halboffiziellen Business-Kleidung, zu beachten?

Beim Business Casual gibt es viele Abstufungen, darum gibt es ein paar wesentliche Dinge zu beachten:

Zunächst einmal sollten Sie Ihren visuellen Stil so definieren, dass Sie ihn zu jedem Anlass tragen können: in einem Meeting, einer Präsentation, beim Firmenausflug, dem ersten Treffen mit einem neuen Klienten, einem Vorstellungsgespräch etc. Ihre Botschaft oder Ihr Marken-Statement sollten sich einfach anhand von drei Worten beschreiben lassen

(z. B. „souverän, leistungsfähig und fokussiert", oder „fachkundig, warm und zugänglich"). Anhand dieses Dreiklangs können Sie Ihre morgendliche Kleiderwahl professionell abwägen und entscheiden, ob das, was Sie tragen, Ihre Botschaft klar zum Ausdruck bringt. Es ist wichtig, dass Sie Ihren Kleidungsstil so definieren, dass er tatsächlich bei jedem Anlass fachkundig, warm und zugänglich wirkt.

Liegt die Interpretation der Erscheinungsbildes denn nicht im Auge des Betrachters?
Ihre Kleidung wird immer basierend auf folgenden Faktoren bewertet:

Passform: Sie zeigt an, ob Sie ein Auge fürs Detail haben oder nicht.

Farbe: Dunklere Farben strahlen mehr Autorität aus als hellere. Blau ist weltweit akzeptiert und steht für Sicherheit. Grau wirkt intellektuell und intelligent. Schwarz kann kreativ und kraftvoll wirken, aber auch aggressiv. Braun suggeriert Zugänglichkeit und Sicherheit. Beige ist eine sehr neutrale Farbe und bewährt sich in Konfliktsituationen.

Stil: In einem konservativen Umfeld ist klassische und elegante Kleidung selbstredend eine gute Wahl, sowohl für das Alltagsgeschäft als auch für die Freizeit. Ein sehr kreativer, dramatischer oder erotisierender Stil würde nicht zum Image passen.

Qualität: Das kann die tatsächliche oder aber die wahrgenommene Qualität sein. Es ist wichtig, dass die Kleidung wertvoll aussieht, wenn Sie Eindruck machen möchten. Es ist unwichtig, ob Ihre Garderobe tatsächlich kostspielig ist, sie darf nur nicht billig aussehen. Andernfalls werden sich Ihre Kunden wundern, warum Sie sich keinen ordentlichen Anzug oder gut gearbeitete Schuhe leisten können!

Beständigkeit ist der Schlüssel zu jeder wertvollen Marke, seien es Nike und Nivea oder Angela Merkel und Barack Obama. Wenn Ihr Aussehen für gewöhnlich klassisch, elegant und sehr gepflegt ist, dann muss es das auch in Jeans beim Unternehmenspicknick sein. Ist Ihr Look eher kreativ, professionell und selbstsicher, dann sollte das sowohl in einem formellen Anzug als auch bei einem entspannten Beisammensein der Fall sein.

Wie können speziell Steuerberaterinnen ihre berufliche Kompetenz durch ihre Kleidung unterstreichen, ohne ihre weibliche Ausstrahlung zu verlieren?
Passform: Wenn Sie elegante und feminine Kleidung tragen, ist eine exzellente Passform enorm wichtig. Sehr wenigen Frauen passen von der Stange gekaufte Kleidungsstücke wirklich perfekt. Selbst in einem sehr teuren Blazer kann man „ertrinken", wenn z. B. die Ärmel viel zu lang sind. Für Frauen mit großer Oberweite kann es außerdem notwendig sein, die Jacke vom Schneider anpassen zu lassen. Wenn Sie das Jackett aber nach Ihrem Brustumfang kaufen, ist oft die Schulterpartie zu weit. Orientieren Sie sich an der Schulterbreite, können sie den Blazer oft nicht schließen. Damit wirken Sie weder professionell noch seriös.

Farbe: Dunkle Farben strahlen mehr Autorität und Beständigkeit aus. Eine sehr feminine, pinkfarbene Bluse kann mit einem dunklem Jackett mit Hose kombiniert werden. Helle Farben haben wenig Wirkung, also achten Sie beim Tragen auf einen besonders seriösen Schnitt und ein solides Material.

Stil: Es ist wichtig, dass nichts zu mädchenhaft und verspielt wirkt, weder die Farbe noch der Stil. Eher jugendliche Blusen, z. B. mit Puffärmeln, könnten in Dunkelblau getragen werden, nicht jedoch mit einem Streublumenmuster.

Qualität: Sieht Ihre Kleidung wertvoll aus, reflektiert das den Wert, den Sie sich und Ihrem Geschäft beimessen.

Welche Fehler beobachten Sie immer wieder?

Erstens: Den Mangel einer klar definierten eigenen Marke. Sie haben dann auch kein Auswahlkriterium, wenn Sie vor dem Spiegel stehen oder einkaufen gehen.

Zweitens: Der Glaube, dass eine gute Ausbildung und ein Abschluss ausreichen und dabei weder zu merken noch sich klar zu machen, dass Kleidung direkt widerspiegelt, wer Sie inwendig sind. Gerecht oder ungerecht, die Menschen beurteilen Sie, Ihre Kompetenz und Ihren Sachverstand auf Basis dessen, was sie sehen.

Drittens: Zu viele verschiedene Stilrichtungen innerhalb eines Outfits zu tragen ist ein großer Fehler, der direkt aus Punkt eins resultiert. Es lenkt von der Person ab, wenn eine Frau beispielsweise elegante Schuhe, einen kreativen Rock, ein sportliches Top mit einem auffälligen Schal und klassischen Ohrringen kombiniert. Männer tragen oft sportive Sachen gemischt mit klassischen und eleganten Stücken. Ihre Klienten sollen schnell einen positiven ersten Eindruck erhalten. Zu viele verschiedene Stile auf einmal machen es schwer, Klarheit und Vertrauenswürdigkeit zu vermitteln.

12.5 Interkulturelle Kompetenz am Beispiel USA

Geert Hofstede hat in einer groß angelegten Studie in den 80er Jahren herausgefunden, dass unterschiedliche Verhaltensmuster im Business durchaus auf die Kultur verschiedener Länder zurückzuführen ist. Kulturelle Unterschiede haben Auswirkungen auf die Kommunikation, die Arbeitseinstellung oder Verhandlungsführung. Um Missverständnissen vorzubeugen oder unterschiedliche Erwartungshaltungen zu erkennen, ist es hilfreich, sich mit den Gepflogenheiten seines Geschäftspartners auszukennen.

vorzubeugen oder unterschiedliche Erwartungshaltungen zu erkennen, ist es hilfreich, sich mit den Gepflogenheiten seines Geschäftspartners auszukennen.

Haben Sie einen Mandanten, der aus den USA kommt und noch nicht lange hier in Deutschland lebt, so zeigen sich sicherlich die kulturellen Unterschiede direkt in den ersten Begegnungen. Auf was sollten Sie also gefasst sein bzw. auf was sollten Sie achten?

12.5.1 Begrüßung

Stellen Sie sich dem ranghöchsten Geschäftspartner zunächst selbst vor, dann Ihre Kollegen in der Reihenfolge ihrer Stellung in der Kanzlei. Ein fester Händedruck, ein freundliches Lächeln sowie direkter Augenkontakt sind in den USA ebenso wie in Deutschland Merkmale eines selbstbewussten, souverän gelungenen Einstiegs. Wundern Sie sich nicht, wenn Ihr Mandant sich „nur" mit dem Vornamen vorstellt. Sofern die erste Begrüßung noch mit Vor- und Zunamen geschehen ist, dauert es in der Regel jedoch nicht lange, bis Ihr Mandant ihnen anbietet, sich gegenseitig mit Vornamen anzusprechen. Diese für uns sehr persönliche Ansprache darf aber nicht mit „Kumpelei" verwechselt werden.

Die häufigsten Grußformeln bei der persönlichen Begegnung sind „How do you do?" und „Nice to meet you". Sie sollten ein freundliches „How do you do?" aber nicht als Entsprechung zum deutschen „Wie geht's?" Oder „Geht es Ihnen gut?" verstehen. Es handelt sich um eine reine Grußformel, die schlicht mit „How do you do?" beantwortet wird.

12.5.2 Kommunikation und Meetings

Trotz des relativ lockeren Umgangs miteinander sind für US Amerikaner Aspekte wie Pünktlichkeit, Einhaltung von Zusagen und Fristen, Zuverlässigkeit und hohe Serviceorientierung von großer Bedeutung.

Man geht in den USA miteinander sachlich-höflich und unkompliziert um. Daher sollten Sie sich auf sehr direkte Fragen und die offene Ansprache von Problemen einstellen. Der Kommunikationsstil ist direkt und explizit, ganz im Gegensatz zu den britischen Gepflogenheiten. Probleme werden nicht lange ausdiskutiert, man sucht nach einer raschen und pragmatischen Lösung.

Besprechungen starten pünktlich. Nach dem formellen Eintreffen aller Teilnehmer ist es üblich, mit einer aufmunternden, witzigen, die Spannung lösenden Bemerkung zu starten. Small Talk soll alle Gesprächsteilnehmer in eine positive Stimmung versetzen. Tief schürfende und ernsthafte Gespräche sind fehl am Platz. Diese Lockerheit bedeutet aber keinesfalls, die Business-Etikette „abzulegen".

Wundern Sie sich daher nicht über rasche Entscheidungen Ihres Mandanten. Die US-Amerikaner leben in einer flexiblen Kultur, bei der Entscheidungen relativ schnell getroffen, aber ebenso schnell wieder aufgehoben werden können. In unserer Kultur hingegen herrscht eine hohe Sicherheitsorientierung, bei der zum Beispiel das Festhalten an einmal getroffenen Entscheidungen überwiegt. US-Amerikaner schätzen Sie besonders, wenn

Sie viele neue Ideen einbringen und achten im ersten Schritt weniger auf deren Qualität, während deutsche Verantwortungsträger eine neue Idee erst selbst gerne mit allen Vor- und Nachteilen abwägen, bevor Sie sie einem Mandanten präsentieren.

Planen Sie keine stundenlangen Meetings mit US-Amerikanern! „Time is money" charakterisiert immer noch die Business-Gepflogenheiten. Die Präsentation einer neuen Strategie darf nicht länger als 30 Minuten dauern. Achten Sie darauf, dass Ihre Kernbotschaft in etwa 20 Minuten transportiert ist, und verwenden Sie die restlichen zehn Minuten darauf, Ihren Mandanten angenehm zu unterhalten und auf seine persönlichen Bedürfnisse einzugehen. Knappe, zielführende Argumente sind wichtiger als ausführliche Details oder Hintergrundinformationen. In Deutschland kann man gewöhnlich mit einer Stunde Aufmerksamkeit von Seiten des Mandanten rechnen, bei US-Amerikanern sollten Sie von 30 Minuten ausgehen.

12.5.3 Duzen im Meeting

Wie sprechen Sie Ihren Chef oder Kollegen an, wenn Sie zu dritt in einer Besprechung mit einem US-amerikanischen Mandanten sind? Idealerweise haben Sie ihn vor dem Termin gefragt, wie er es denn gerne für dieses Meeting halten möchte. Damit überlassen Sie ihm die Entscheidung und signalisieren gleichzeitig, dass das mögliche Verwenden „nur" des Vornamens auf das Meeting beschränkt bleibt. Diese Variante hat sich durchaus bewährt. Im Gespräch würden Sie dann also „... as Volker mentioned..." sagen und nach dem Termin „...vielen Dank, Herr Müller". Hatten Sie vor dem Meeting keine Zeit sich abzustimmen, so wählen Sie die übliche „Sie-Form", es sei denn, Sie sind bereits mit Ihrem Chef oder Kollegen per „Du".

12.5.4 Business-Lunch

Wenn Sie im Anschluss an Ihr Meeting noch ein gemeinsames Mittagessen planen, überraschen Sie Ihren Mandanten nicht am Ende des Meetings mit der Einladung, sondern sprechen Sie die Einladung bereits bei der Terminfestlegung aus.

Beim Lunch stehen geschäftliche Gespräche im Hintergrund. Er dient dem gegenseitigen Kennenlernen. Wundern Sie sich nicht, wenn nicht so viel gegessen wird, denn US-Amerikaner nehmen ihre Hauptmahlzeit meist abends ein. Auch Alkohol wird tagsüber nicht getrunken. Ein Business-Lunch sollte nicht mehr als eine Stunde in Anspruch nehmen. Ihr Mandant erwartet, dass Sie als Dienstleister die Rechnung komplett übernehmen, auch wenn Sie als Frau mit einem männlichen Mandanten unterwegs sind. Zahlen Sie am Tisch, so seien Sie mit dem Trinkgeld nicht kleinlich. In den USA sind 15 bis 20 Prozent durchaus üblich. Eleganter ist es allerdings, wenn Sie sich gegen Ende des Lunchs kurz „entschuldigen" und direkt an der Kasse die Rechnung begleichen.

12.5.6 Verabschiedung auf amerikanisch

So wie Sie zur Begrüßung Höflichkeitsformeln verwenden, sollten Sie diese auch beim Abschied nicht vergessen. Wenn Sie ihren Gesprächspartner bereits kennen bzw. länger nicht gesehen haben, sagen Sie ihm

- „It was good to see you" oder
- „It was great to see you again".

Wenn Sie ihren Gesprächspartner noch nicht gekannt haben, verabschieden Sie sich beispielsweise mit:

- „It was nice meeting you".

Wenn Sie unsicher sind, warten Sie einfach ab, was Ihr Gesprächspartner sagt und antworten ihm dann ähnlich.

Geben Sie ihm auch ein paar gute Wünsche mit auf den Weg, zum Beispiel:

- „Have a good day".

Ganz am Ende entspricht dann dem deutschen, förmlichen „Auf Wiedersehen" das englische „Goodbye". Gängiger ist jedoch die Kurzform wie „Bye!" oder dem deutschen „Bis bald/Bis dann/bis Mittwoch ..." entsprechend „See you/See you soon/See you on Wednesday ...".

Befindet sich die Geschäftsbeziehung noch in ihren Anfängen, so verabschieden Sie sich mit einem kurzen Händedruck. Kennen Sie sich schon etwas länger, so wundern Sie sich nicht, wenn US-amerikanische Partner lieber darauf verzichten.

ACHTUNG Bei der Verabschiedung ist eine mündliche Einladung in das Haus Ihres US-Gesprächspartners keine tatsächliche Aufforderung zu einem Besuch auf privater Ebene, sondern eine Höflichkeitsformel, die zum Ausdruck bringt, dass der andere Sie sympathisch findet und sich mit Ihnen auch auf der menschlichen Ebene gut versteht. Bestätigen Sie diese Sympathiekundgebung durch ein einfaches Dankeschön. Eine Gegeneinladung wird nicht erwartet.

Abkürzungsverzeichnis

APAG	Abschlussprüferaufsichtsgesetz
APAK	Abschlussprüferaufsichtskommission
BFH	Bundesfinanzhof
BGB	Bürgerliches Gesetzbuch
BilMoG	Bilanzrechtsmodernisierungsgesetz
BOStB	Berufsordnung der Steuerberater
BPG	Buchprüfungsgesellschaft(en)
CPA	Certified Public Acountant
DB	Der Betrieb (Zeitschrift)
DRSC	Deutsches RechnungslegungsStandards Committee
DStR	Deutsches Steuerrecht (Zeitschrift)
FG	Finanzgericht
GoB	Grundsätze ordnungsgemäßer Buchführung
HGB	Handelsgesetzbuch
IDW	Institut der Wirtschaftsprüfer e.V.
IFRS	International Financial Reporting Standards
MBO	Management Buy Out
PwC	PriceWaterhouseCoopers
RA	Rechtsanwalt
StBerG	Steuerberatungsgesetz
KWG	Gesetz über das Kreditwesen
StB	Steuerberater
StBerG	Steuerberatungsgesetz
StBG	Steuerberatungsgesellschaft(en)
StBGebV	Steuerberatergebührenverordnung
StBv	Steuerbevollmächtigter
vBP	Vereidigter Buchprüfer
WiPrPrüfV	Wirtschaftsprüferprüfungsverordnung
WP	Wirtschaftsprüfer
WPAnrV	Wirtschaftsprüfungsexamens-Anrechnungsverordnung
WPG	Wirtschaftsprüfungsgesellschaft(en)
WPK	Wirtschaftsprüferkammer
WPO	Gesetz über eine Berufsordnung der Wirtschaftsprüfer
WPg	Die Wirtschaftsprüfung (Zeitschrift)
WPV	Versorgungswerk der Wirtschaftsprüfer und vereidigten Buchprüfer im Lande Nordrhein-Westfalen

ADRESSEN

Bundessteuerberaterkammer und regionale Kammern
Bundessteuerberaterkammer
Neue Promenade 4, 10178 Berlin
Tel.: 030/240087-0
Fax: 030/240087-99
www.bstbk.de
E-Mail: zentrale@bstbk.de

Deutsches wissenschaftliches Institut der Steuerberater e.V.
Neue Promenade 4, 10178 Berlin
Postfach 022409, 10126 Berlin
Tel.: 030/246250-10
Fax: 030/246250-50
www.dws-institut.de
E-Mail: seminare@dws-institut.de

Verlag des wissenschaftlichen Instituts der Steuerberater GmbH
Neue Promenade 4, 10178 Berlin
Tel.: 030/288856-6
Fax: 030/288856-70
www.dws-verlag.de
E-Mail: info@dws-verlag.de

Confédération Fiscale Européenne (CFE) Generalsekretariat
Neue Promenade 4, 10178 Berlin
Tel.: 030/240087-0
Fax: 030/240087-99
E-Mail: generalsecretary@cfe-eutax.org

Steuerberaterkammer Berlin
Wichmannstraße 6, 10787 Berlin
Tel.: 030/889261-0
Fax: 030/889261-10
www.stbk-berlin.de
E-Mail: info@stbk-berlin.de

Steuerberaterkammer Brandenburg
Tuchmacherstraße 48 B, 14482 Potsdam
Tel.: 0331/88852-0
Fax: 0331/88852-22
www.stbk-brandenburg.de
E-Mail: info@stbk-brandenburg.de

Hanseatische Steuerberaterkammer Bremen
Am Wall 192, 28195 Bremen
Tel.: 0421/36507-0
Fax: 0421/36507-20
www.stbkammer-bremen.de
E-Mail: info@stbkammer-bremen.de

Steuerberaterkammer Düsseldorf
Grafenberger Allee 98, 40237 Düsseldorf
Tel.: 0211/66906-0
Fax: 0211/66906-600
www.stbk-duesseldorf.de
E-Mail: mail@stbk-duesseldorf.de

ADRESSEN

Steuerberaterkammer Hamburg
Raboisen 32, 20095 Hamburg
Tel.: 040/448043-0
Fax: 040/445885
www.stbk-hamburg.de
E-Mail: mail@stbk-hamburg.de

Steuerberaterkammer Hessen
Gutleutstraße 175, 60327 Frankfurt/Main
Tel.: 069/153002-0
Fax: 069/153002-60
www.stbk-hessen.de
E-Mail: geschaeftsstelle@stbk-hessen.de

Steuerberaterkammer Köln
Gereonstraße 34–36, 50670 Köln
Tel.: 0221/33643-0
Fax: 0221/33643-43
www.stbk-koeln.de
E-Mail: mail@stbk-koeln.de

Steuerberaterkammer Mecklenburg-Vorpommern
Ostseeallee 40, 18107 Rostock
Tel.: 0381/7767676
Fax: 0381/7767677
www.stbk-mv.de
E-Mail: mail@stbk-mv.de

Steuerberaterkammer München
Nederlinger Straße 9, 80638 München
Tel.: 089/157902-0
Fax: 089/157902-19
www. stbk-muc.de
E-Mail: info@stbk-muc.de

Steuerberaterkammer Niedersachsen
Adenauerallee 20, 30175 Hannover
Tel.: 0511/288900
Fax: 0511/2834032
www.stbk-niedersachsen.de
E-Mail: info@stnk-niedersachsen.de

Steuerberaterkammer Nordbaden
Vangerowstraße 16/1, 69115 Heidelberg
Tel.: 06221/183077 oder 183078
Fax: 06221/165105
www.stbk-nordbaden.de
E-Mail: post@stbk-nordbaden.de

Steuerberaterkammer Nürnberg
Karolinenstraße 28–30, 90402 Nürnberg
Tel.: 0911/94626-0
Fax: 0911/94626-30
www.stbk-nuernberg.de
E-Mail: info@stbk-nuernberg.de

Steuerberaterkammer Rheinland-Pfalz
Hölderlinstraße 1, 55131 Mainz
Tel.: 06131/95210-0
Fax: 06131/95210-40
www.sbk-rlp.de
E-Mail: merz-sbk@datevnet.de

Steuerberaterkammer Saarland
Am Kieselhumes 15, 66123 Saarbrücken
Tel.: 0681/66832-0
Fax: 0681/66832-32
www.stbk-Saarland.de
E-Mail: stbk@stbk-saarland.de

Steuerberaterkammer des Freistaates Sachsen
Emil-Fuchs-Straße 2, 04105 Leipzig
Tel.: 0341/56336-0
Fax: 0341/56336-20
www.sbk-sachsen.de
E-Mail: kammer@sbk-sachsen.de

Steuerberaterkammer Sachsen-Anhalt
Humboldtstraße 12, 39112 Magdeburg
Tel.: 0391/61162-0
Fax: 0391/61162-16
www.stbk-sachsen-anhalt.de
E-Mail: info@stbk-sachsen-anhalt.de

Steuerberaterkammer Schleswig-Holstein
Hopfenstraße 2 d, 24114 Kiel
Tel.: 0431/57049-0
Fax: 0431/57049-10
www.stbk-sh.de
E-Mail: info@stbk-sh.de

Steuerberaterkammer Stuttgart
Hegelstraße 33, 70174 Stuttgart
Tel.: 0711/61948-0
Fax: 0711/61948-702 oder -703
www.stbk-stuttgart.de
E-Mail: mail@stbk-stuttgart.de

Steuerberaterkammer Südbaden
Wentzingerstraße 19, 79106 Freiburg
Tel.: 0761/70526-0
Fax: 0761/70526-26
www.stbk-suedbaden.de
E-Mail: info@stbk-suedbaden.de

Steuerberaterkammer Thüringen
Karthäuserstraße 27 a, 99084 Erfurt
Tel.: 0361/57692-0
Fax: 0361/57692-19
www.stbk-thueringen.de
E-Mail: info@stbk-thueringen.de

Steuerberaterkammer Westfalen-Lippe
Erphostraße 43, 48145 Münster
Tel.: 0251/41764-0
Fax: 0251/41764-27
www.stbk-westfalen-lippe.de
E-Mail: mail@stbk-westfalen-lippe.de

DWS Steuerberater-Online-GmbH
Tel.: 030/246250-70
Fax: 030/246250-77
www.dws-steuerberater-online.de
E-Mail: info@dws-steuerberater-online.de

**Confédération Fiscale Européenne (CFE)
Generalsekretariat**
Tel.: 030/240087-22
Fax: 030/240087-99
www.cfe-eotax.org
E-Mail: generalsecretary@cfe-eutax.org

Berufsverbände

Deutscher Steuerberaterverband e.V.
Littenstraße 10
10179 Berlin
Tel.: 030/27876-2
Fax: 030/27876-799
E-Mail dstv.berlin@dstv.de
www.dstv.de

Bundesverband der Steuerberater e. V.
Ludwigstraße 2
50667 Köln
Tel.: 0221/925363-7
Fax: 0221/925363-8
E-Mail: info@bvstb.de

Landesverband der steuerberatenden und wirtschaftsprüfenden Berufe Baden-Württemberg e.V.
Hegelstraße 33
70174 Stuttgart
Tel.: 0711/61948-0
Fax: 0711/61948-703
www.stb-wpverband-bw.de

Landesverband der steuerberatenden und wirtschaftsprüfenden Berufe in Bayern e.V.
Implerstraße 11
81371 München
Tel.: 089/2732140
Fax: 089/2730656
www.lswb.de

Steuerberaterverband Berlin-Brandenburg
Verband der steuerberatenden und wirtschaftsprüfenden Berufe e.V.
Littenstraße 10
10179 Berlin
Tel.: 030/275959-80
Fax: 030/275959-88
www.stbverband-berlin-bb.de

Steuerberaterverband im Lande Bremen e.V.
Theodor-Heuss-Allee 6
28215 Bremen
Tel.: 0421/59584-0
Fax: 0421/59584-22
www.stbverbamd-bremen.de

Steuerberaterverband Düsseldorf e.V.
Verband der steuerberatenden und prüfenden Berufe
Grafenberger Allee 98
40237 Düsseldorf
Tel.: 0211/66906-0
Fax: 0211/66906-800
www.stbverband-duesseldorf.de

Steuerberaterverband Hamburg e.V.
Am Sandtorkai 64a
20457 Hamburg
Tel.: 040/413447-0
Fax: 040/413447-59
www.steuerberaterverband-hamburg.de

Steuerberaterverband Hessen e.V.
Mannheimer Straße 15
60329 Frankfurt am Main
Tel.: 069/975745-0
Fax: 069/975745-25
www.stbverband-hessen.de

Steuerberaterverband e.V. Köln
Verband der steuerberatenden und wirtschaftsprüfenden Berufe
Von-der Wettern-Straße 17
51149 Köln
Tel.: 02203/99309-0
Fax: 02203/99309-9
www.stbverband-koeln.de

Steuerberaterverband Mecklenburg-Vorpommern e. V.
Ostseeallee 40
18107 Rostock
Tel.: 0381/77676-50
Fax: 0381/77676-22
www.stb-verband-mv.de

Steuerberaterverband Niedersachsen-Sachsen-Anhalt e.V.
Zeppelinstraße 8
30175 Hannover
Tel.: 0511/30762-0
Fax: 0511/30762-12
www.steuerberater-verband.de

Steuerberaterverband Rheinland-Pfalz e.V.
Hölderlinstraße 1
55131 Mainz
Tel.: 06131/51225
Fax: 06131/53793
www.stbverband-rheinland-pfalz.de

Steuerberaterverband Sachsen e.V.
Verband der steuerberatenden und wirtschaftsprüfenden Berufe
Bertold-Brecht-Allee 24
01309 Dresden
Tel.: 0351/21300-10
Fax: 0351/21300-12
www.stbverband-sachsen.de

Steuerberaterverband
Schleswig-Holstein e.V.
Verband des steuer- und wirtschafts-
beratenden Berufs
Holstenstraße 100 -102
24103 Kiel
Tel.: 0431/99797-0
Fax: 0431/99797-17
www.stbvsh.de

Steuerberaterverband Thüringen e.V.
Kartäuserstraße 27a
99084 Erfurt
Tel.: 0361/55833-0
Fax: 0361/55833-10
www.stbverband-thueringen.de

Steuerberaterverband
Westfalen-Lippe e.V.
Gasselstiege 33
48159 Münster
Tel.: 0251/53586-0
Fax: 0251/53586-60
www.stbv.de

Berlin-Brandenburger Verband
der Steuerberater, Wirtschaftsprüfer
und vereidigten Buchprüfer e.V.
Uhlandstraße 97
10715 Berlin
Tel.: 030/84478520
Fax: 030/88678555
www.bbv-steuerberater.de

Institut der Steuerberater in Bayern e.V.
Geschäftsstelle: Universität Regensburg
Lehrstuhl Prof. Dr. Meyer-Scharenberg
93040 Regensburg
Tel.: 0941/9432678
Fax: 0941/9434988

Institut der Steuerberater
in Hamburg e.V.
Tinsdaler Kirchweg 275a
22559 Hamburg-Riesen
Tel.: 040/814077
Fax: 040/818825

Niedersächsischer Verein der Steuer-
berater, vereidigten Buchprüfer und
Wirtschaftsprüfer e.V.
Am Wildwechsel 25
49808 Lingen (Ems)
Tel.: 0591/91260-0
Fax: 0591/91260-12

Steuerberaterverein
Nordrhein-Westfalen e.V.
Tersteegenstraße 14
40474 Düsseldorf
Tel.: 0211/9513715
Fax: 0211/9513718
www.steuerberaterverein.de

Verein der Steuerberater, Wirtschaftsprüfer, vereidigten Buchprüfer Köln e.V.
Ludwigstraße 2
50667 Köln
Tel.: 0221/9253637
Fax: 0221/9253638
www.stbverein-koeln.de

Vereinigung der Wirtschaftsprüfer,
vereidigten Buchprüfer und Steuerberater in Baden-Württemberg e.V.
Birkheckenstraße 1
79599 Stuttgart
Tel.: 0711/2361200
Fax: 0711/4599250
www.wbs-ev.de
E-Mail: www.info@wbs-ev.de

Versorgungswerke der Steuerberater

**Versorgungswerk der Steuerberater
in Baden-Württemberg**
Hegelstraße 33
70174 Stuttgart
Tel.: 0711/22249690
Fax: 0711/22249698
E-Mail: service@stbvw-bw.de
www.stbvw-bw.de

Bayerische Rechtsanwalts- und Steuerberaterversorgung
Denninger Straße 37
81925 München
Tel.: 089/9235-6
Fax: 089/9235-8025
E-Mail: info@versorgungskammer.de

Versorgungswerk der Steuerberater und Steuerbevollmächtigten im Land Brandenburg
Tuchmacherstraße 48b
14482 Potsdam
Tel.: 0331/62038-07
Fax: 0331/62038-09
E-Mail: versorgungswerk-st-brandenburg@datevnet.de

**Versorgungswerk der Steuerberater
in Hessen**
Breite Straße 69
40213 Düsseldorf
Tel.: 0211/179369-0
Fax: 0211/179369-55
E-Mail: office@stbv-nrw.de
www.stbv-nrw.de

Versorgungswerk der Steuerberater und Steuerbevollmächtigten in Mecklenburg-Vorpommern
Ostseeallee 40
18107 Rostock
Tel.: 0381/7767663
Fax: 0381/7767664

Steuerberaterversorgung Niedersachsen
Berliner Allee 20
30175 Hannover
Tel.: 0511/3801297
Fax: 0511/3801315
info@stbk-niedersachsen.de

**Versorgungswerk der Steuerberater
im Lande Nordrhein-Westfalen**
Breite Straße 69
40213 Düsseldorf
Tel.: 0211/179369-0
Fax: 0211/179369-55
E-Mail: office@stbv-nrw.de
www.stbv-nrw.de

**Versorgungswerk der Steuerberaterinnen und Steuerberater
in Rheinland-Pfalz**
Immermannstraße 65 C
40210 Düsseldorf
Tel.: 0211/179369-10
Fax: 0211/179369-55
www.stbv-rlp.de

Versorgungswerk der Steuerberater und Steuerbevollmächtigten im Freistaat Sachsen
Emil-Fuchs-Straße 2
04105 Leipzig
Tel.: 0341/5644023
Fax: 0341/5644027
E-Mail: info@stbvw-sachsen.de
www.stbvw-sachsen.de

Steuerberaterversorgungswerk
Sachsen-Anhalt
Humboldtstraße 12
39112 Magdeburg
Tel.: +49 (0)391 6116222
Fax: +49 (0)391 6116223
E-Mail: info@stbvw-sachsen-anhalt.de
Internet: www.stbvw-sachsen-anhalt.de

Versorgungswerk der Steuerberaterinnen und Steuerberater
im Lande Schleswig-Holstein
Hopfenstraße 2 d
24114 Kiel
Tel.: 0431/57 06 78 0
Fax: 0431/57 06 78 9
www.stbk-sh.de

Versorgungswerk der Steuerberater und Steuerberaterinnen/Wirtschaftsprüfer und Wirtschaftsprüferinnen im Saarland
Am Kieselhumes 15
66123 Saarbrücken
Tel.: 0681/9 06 28-0
Fax: 0681/9 06 28-57

Deutsche Steuerberaterversicherung
Pensionskasse des steuerberatenden Berufs
VVaG
Poppelsdorfer Allee 24
53115 Bonn
Tel.: 0228/98213-0
Fax: 0228/98213-11
www.ds-versicherung.de
E-Mail: info@ds-Versicherung.de

Wirtschaftsprüferkammer
Körperschaft des öffentlichen Rechts
Rauchstraße 26
10787 Berlin
Tel.: 030/726161-0
Fax: 030/726161-212

www.wpk.de
E-Mail: Kontakt@wpk.de

Prüfungsstelle
Rauchstraße 26, 10787 Berlin
Tel.: 030/726161-0
Fax: 030/726161-260
E-Mail: pruefungsstelle@wpk.de

Landesgeschäftsstelle Baden-Württemberg
Calwer Straße 11, 70173 Stuttgart
Tel.: 0711/23977-10
Fax: 0711/23977-12
E-Mail: lgs-stuttgart@wpk.de

Landesgeschäftsstelle Bayern
Marienstraße 14/16, 80331 München
Tel.: 089/544616-10
Fax: 089/544616-12
E-Mail: lgs-muenchen@wpk.de

Landesgeschäftsstelle Berlin, Brandenburg, Sachsen und Sachsen-Anhalt
Rauchstraße 26, 10787 Berlin
Tel.: 030/726161-191,
Fax: 030/726161-199
E-Mail: lgs-berlin@wpk.de

Landesgeschäftsstelle Bremen, Hamburg, Mecklenburg-Vorpommern, Niedersachsen und Schleswig-Holstein
Ferdinandstraße 12, 20095 Hamburg
Tel.: 040/8080343-0
Fax: 040/8080 343-12
E-Mail: lgs-hamburg@wpk.de

Landesgeschäftsstelle Hessen, Rheinland-Pfalz, Saarland und Thüringen
Sternstraße 8, 60318 Frankfurt/Main
Tel.: 069/3650626-30
Fax: 069/3650626-32
E-Mail: lgs-frankfurt@wpk.de

ADRESSEN

Landesgeschäftsstelle
Nordrhein-Westfalen
Tersteegenstraße 14, 40474 Düsseldorf
Tel.: 0211/4561-225
Fax: 0211/4561-193
E-Mail: lgs-duesseldorf@wpk.de

Versorgungswerk der Wirtschaftsprüfer
und der vereidigten Buchprüfer
im Lande Nordrhein-Westfalen (WPV)
Lindenstraße 87
40233 Düsseldorf
Tel.: 0211/45466-0
Fax: 0211/45466-99
E-Mail: info@wpv.eu
www.wpv.eu

IDW Institut der Wirtschaftsprüfer e.V.
Tersteegenstraße 14
40474 Düsseldorf
Tel.: 0211/4561-0
Fax: 0211/4541097
E-Mail: info@idw.de

www.idw.de
Verband für die mittelständische
Wirtschaftsprüfung
wp.net e.V.
Isartorplatz 5
80331 München
Tel.: 089/70021 25
Fax: 089/700 21 26
www.wp-net.com

GCPAS – German CPA Society – Verband
der Certified Public Accountants in
Deutschland e.V.
Rotebühlplatz 23
70178 Stuttgart
Tel.: 0711/6200749-0
Fax: 0711/6200749-99
E-Mail: kontakt@gcpas.org
www.GCPAS.org

Die Adressen der Anbieter von Vorbereitungslehrgängen für die Steuerberaterprüfung und/oder das Wirtschaftsprüfungsexamen finden Sie auf Seite 151 ff.

Verzeichnis der Inserenten

Abels Kallwass Stitz	107
DATEV eG	VI
Deloitte	179
Ernst & Young GmbH Wirtschaftsprüfungsgesellschaft	37
Genossenschaftsverband	207
Hochschule Fresenius	125
RölfsPartner	U4
Schäffer-Poeschel	243
TaxMaster GmbH	67–69
Warth & Klein Grant Thorton AG	89

BORNHOFEN

Neu

**Buchführung 2
DATEV-Kontenrahmen 2010**

Abschlüsse nach Handels- und
Steuerrecht - Betriebswirtschaftliche
Auswertung - Vergleich mit IFRS
22., überarb. Aufl. 2011.
XVI, 386 S. S. Br. EUR 19,95
ISBN 978-3-8349-2772-9

**Steuerlehre 2
Rechtslage 2010**

Einkommensteuer, Körperschaftsteuer,
Gewerbesteuer, Bewertungsgesetz und
Erbschaftsteuer
31., überarb. Aufl. 2011.
XX, 492 . Br. EUR 19,95
ISBN 978-3-8349-2776-7

Die Bornhofen Edition – seit über 30 Jahren Spitze

+ komplette Rechtslage 2010 mit BilMoG und Ausblick auf 2011
+ kostenloser Update-Service unter www.gabler.de/bornhofen
+ kostenlose Zusatzmaterialien für Lehrer und Dozenten unter www.gabler.de/bornhofen

Sie haben Fragen oder wollen Sie gleich den neuen Bornhofen bestellen?
Gabler Verlag | Kundenservice | Abraham-Lincoln-Straße 46 | 65189 Wiesbaden | Germany
Telefon +49(0)611.7878-626 | Fax +49(0)611.7878-420 | www.gabler.de/bornhofen

GABLE

UNTERNEHMENSPROFILE

Die folgenden Profile basieren auf den aktuellen Angaben vom Herbst 2010 der teilnehmenden Unternehmen. Hier ist eine relevante Auswahl der für prüfende und beratende Tätigkeiten wichtigen und einstellungsstärksten Unternehmen vertreten.

Diese Profile sollen Ihnen wichtige Entscheidungshilfen bei der Frage geben, wo Sie sich gezielt bewerben können, zudem bieten sie Adressen, Ansprechpartner und weitere Informationen.

Anhand der Kurzpräsentation der Unternehmen und insbesondere der Angaben über Anforderungen und Startprogramme können Sie im Vorfeld erkennen, ob eine Bewerbung bei der jeweiligen Firma im Hinblick auf Ihr persönliches Qualifikationsprofil sinnvoll ist und Erfolg verspricht. Die Nennung der Ansprechpartner erleichtert die Kontaktaufnahme.

Die weitgehend einheitliche Form der Unternehmensprofile soll die vergleichende Betrachtung erleichtern. Den Punkt „Besondere Sozialleistungen" haben nicht alle Unternehmen berücksichtigt – dies heißt jedoch nicht zwingend, dass dort keine Sozialleistungen gewährt werden.

Zu den vollständigen Bewerbungsunterlagen im Abschnitt „Der Einstieg" zählen:

- Anschreiben
- Lebenslauf/CV
- Foto
- Kopien der Schul- und Hochschulzeugnisse
- Bescheinigungen und Zeugnisse für Zusatzqualifikationen

Verfügt ein Unternehmen über eigene Bewerbungsformulare oder bevorzugt es Online-Bewerbungen, so ist dies vermerkt.

Abels Kallwass Stitz
Deutsche Akademie für Steuern,
Recht und Wirtschaft

Abels Kallwass Stitz
Deutsche Akademie für Steuern,
Recht und Wirtschaft
Postfach 10 36 64
50476 Köln
Telefon 02 21/4 20 56 16 – 18
www.aks-online.de
E-Mail: info@aks-online.de

Das Unternehmen

Seit mehr als 40 Jahren ist Abels Kallwass Stitz marktführender Anbieter von Lehrgängen zur Vorbereitung auf das WP-Examen. In jedem Jahr begleitet die Akademie Hunderte von Teilnehmern zum erfolgreichen WP-Examen. Die AKS-Lehrgänge und -Trainings basieren auf der konsequenten Umsetzung lernpsychologischer Erkenntnisse. Und auf jahrelanger Praxiserfahrung, die sich kontinuierlich in der Modernisierung und Qualitätssteigerung der Lehrgänge ausdrückt. Dies spiegelt sich auch in den guten Erfolgsquoten der AKS-Teilnehmer wider.

Das Angebot
Die AKS-Lehrgänge im Überblick

Fernlehrgang
Der Fernlehrgang ist die Basis für die Vorbereitung auf das WP-Examen und besonders geeignet für Teilnehmer, die sich bei freier Zeiteinteilung weitestgehend individuell vorbereiten möchten. Die Teilnehmer erhalten das Lehrwerk als Loseblattausgabe in übersichtlich strukturierten Ordnern und kontinuierliche Ergänzungslieferungen. Integriert in den Fernlehrgang ist ein Klausurenkurs mit insgesamt mehr als 50 Klausuren mit unterschiedlichen Schwierigkeitsgraden. Die Klausuren können sie jederzeit zur Korrektur einsenden.

Das gesamte AKS-Lehrwerk steht darüber hinaus mit WP-Online auch im Internet zur Verfügung.

Präsenzunterricht
Der Präsenzunterricht – in Frankfurt, Hamburg, Köln, München und Stuttgart – bietet Ihnen die optimale Vertiefung und Ergänzung des Fernlehrgangs durch erfahrene Dozenten mit hoher Vermittlungskompetenz. Bei AKS sind Fernlehrgang und Präsenzunterricht didaktisch aufeinander abgestimmt.

Die AKS-Trainings im Überblick

Vorgeschaltetes Intensiv-Training „VIT"
Spezielle Trainings in den Fächern BWL, Mathematik und IFRS erleichtern den (Wieder-)Einstieg in bestimmte Gebiete.

Klausur-Intensiv-Training „KIT"
KIT ermöglicht eine examenszeitnahe „Generalprobe" zur Vorbereitung auf die schriftliche Prüfung.

Examens-Intensiv-Training „EXIT"
Unmittelbar vor dem schriftlichen Examen werden in komprimierter Form noch einmal alle examensrelevanten Themen wiederholt und vertieft. Die Fokussierung auf aktuelle, examensverdächtige Themen sowie ein Examenskompendium runden die Vorbereitung auf das schriftliche Examen ab.

Prüfungs-Training mündliches Examen „PTM"
Eine intensive Schulung im Bereich der Vortragstechnik und die Vorbereitung auf das Prüfungsgespräch stehen im Mittelpunkt dieses Trainings.

DATEV eG

Personalabteilung
90329 Nürnberg
Telefon 09 11 / 319 - 0
personal@datev.de
www.datev.de/karriere
Unternehmensbroschüren und Einstiegsbroschüren zum Downloaden

Das Unternehmen

Die DATEV eG liefert Software-Produkte sowie Informations-, Kommunikations- und Consulting-Dienstleistungen für Steuerberater, Wirtschaftsprüfer, Rechtsanwälte und deren Mandanten.
Sie wurde 1966 in Nürnberg gegründet und unterhält deutschlandweit 26 Niederlassungen und ein Informationsbüro in Brüssel. DATEV ist zudem in Tschechien, Polen, Österreich, Italien, der Slowakai, Ungarn und Spanien vertreten.

	2006	2007	2008	2009
Umsatz in Millionen €	584,8	614,1	649,7	672,4
Beschäftigte	5.469	5.522	5.564	5.738

Das Angebot

Für Studenten Praktika, Abschlussarbeiten, Ansprechpartner: Christa Zessinger -51 10
Für Absolventen Karin Gulden -17 49
Personalplanung ca. 100 Hochschulabsolventen p. a.
Fachrichtungen Informatik, Wirtschaftsinformatik und Wirtschaftswissenschaften
Startprogramm Direkteinstieg mit individuellem Einarbeitungsplan und Patenmodell, Trainee
Einsatz Softwareentwicklung, Service & Vertrieb, interne Dienstleistungen, Consultant
Weiterbildung Umfangreiches Schulungsangebot für fachliche und persönliche Weiterbildung, Abendschule
Einstiegsgehälter Nach Vereinbarung
Karriere Fachlaufbahn, Führungslaufbahn
Besondere Sozialleistungen Umfangreiche Sozialleistungen
Auslandseinsatz Nicht möglich

Der Einstieg

Bewerbung Vollständige Bewerbungsunterlagen, bevorzugt online über unsere digitale Bewerbungsmappe, alternativ auch schriftlich oder per Mail
Auswahl Bewerbungsgespräch mit Fach- und Personalabteilung
Pluspunkte Guter Studienabschluss, einschlägige Praktika
Fachliche Qualifikation Abgeschlossenes Studium mit geeigneter Fächerkombination
Persönliche Qualifikation weitsichtige Ideengeber; pragmatische Umsetzer; Menschen, die High Tech anwenden wollen

- Interessante technologische Möglichkeiten; maßgeschneiderte Einarbeitung und Weiterbildung; Lösen anspruchsvoller Aufgaben im Team.

Deloitte

Deloitte
Schwannstraße 6
40476 Düsseldorf
Telefon 02 11/87 72-4111
www.deloitte.com/careers
Recruiting Team
Telefon 02 11/87 72-4111
career@deloitte.de

Das Unternehmen

Deloitte erbringt Dienstleistungen aus den Bereichen Wirtschaftsprüfung, Steuerberatung, Consulting und Corporate Finance für Unternehmen und Institutionen aus allen Wirtschaftszweigen. Mit einem Netzwerk von Mitgliedsgesellschaften in mehr als 150 Ländern verbindet Deloitte erstklassige Leistungen mit umfassender regionaler Marktkompetenz und verhilft so Kunden in aller Welt zum Erfolg. „To be the Standard of Excellence" – für rund 170.000 Mitarbeiter von Deloitte ist dies gemeinsame Vision und individueller Anspruch zugleich.

Das Angebot

Für Studenten Praktika und Werkstudententätigkeiten
Personalplanung In 2011 bieten wir ca. 500 Hochschulabsolventen und 150 Young Professionals einen Einstieg an.
Fachrichtungen Wirtschaftswissenschaften, (Wirtschafts-)Informatik, (Wirtschafts-)Ingenieurwesen, Wirtschaftsmathematik, Rechtswissenschaft

Startprogramm Direkteinstieg mit intensivem Training-on-the-job
Interne Weiterbildung Maßgeschneiderte fach- und positionsbezogene Weiterbildungsprogramme
Auslandseinsatz Je nach Einsatzbereich und Berufserfahrung sind Auslandseinsätze von mehreren Jahren Dauer möglich.

Der Einstieg

Bewerbung vollständige Bewerbungsunterlagen über unser Online-Bewerbungstool
Auswahl Einzelinterviews, Recruiting Days bzw. Bewerbertage
Pluspunkte Praktika, auch im Ausland
Fachliche Qualifikation überdurchschnittlicher Hochschulabschluss, sehr gute Englisch- und MS Office-Kenntnisse
Persönliche Qualifikation ausgeprägte Team- und Kommunikationsfähigkeit, hohe Lernbereitschaft, Flexibilität und Mobilität

Ernst & Young

Ernst & Young GmbH
Wirtschaftsprüfungsgesellschaft
Mittlerer Pfad 15
70499 Stuttgart
Telefon +49 (6196) 996 10005
www.de.ey.com
karriere@de.ey.com

Das Unternehmen

Ernst & Young ist einer der Marktführer in der Wirtschaftsprüfung, Steuerberatung und Transaktionsberatung sowie in Advisory Services. Rund 6.900 Mitarbeiter sind durch gemeinsame Werte und einen hohen Qualitätsanspruch verbunden. Mit 141.000 Mitarbeitern der internationalen Ernst & Young-Organisation betreut Ernst & Young Mandanten überall auf der Welt. Das Ziel von Ernst & Young ist es, das Potenzial seiner Mitarbeiter und Mandanten zu erkennen und zu entfalten.

Das Angebot

Für Studenten Praktika, Nebentätigkeiten, Abschlussarbeiten
Personalplanung 2010/2011 Zirka 1.000 bis 1.200 Berufseinsteiger/innen
Fachrichtungen Wirtschaftswissenschaften (BWL, VWL), Wirtschaftsmathematik, Wirtschaftsinformatik, Informatik, Jura, Wirtschaftsingenieurwesen, Mathematik
Startprogramm Training-on-the-job in Verbindung mit intensivem Fach- und Persönlichkeitstraining; Traineeprogramm AuditPLUS (Wirtschaftsprüfung)
Interne Weiterbildung Einstieg als Assistant/Trainee bis hin zum Partner
Auslandseinsatz möglich

Der Einstieg

Bewerbung Vollständige Bewerbungsunterlagen
Auswahl Gespräche mit Personal- und Fachabteilung
Pluspunkte überzeugendes Auftreten, ausgeprägte analytische und konzeptionelle Fähigkeiten, Mobilität
Fachliche Qualifikation Überdurchschnittliche akademische Leistungen, analytische Fähigkeiten und Praxiserfahrung, gute Englisch- und EDV-Kenntnisse
Persönliche Qualifikation Teamfähigkeit, Flexibilität, Zielstrebigkeit, Eigeninitiative

- Der Anteil von Hochschulabsolventen im Unternehmen beträgt 80 Prozent – nutzen Sie die Chance.

GVB Genossenschaftsverband Bayern

GVB Genossenschaftsverband Bayern
Türkenstraße 22–24
80333 München
Postanschrift
80327 München
Herr RA Roland Steininger
Telefon 0 89/28 68 – 32 10
Fax 0 89/28 68 – 32 05
www.gv-bayern.de

Das Unternehmen

Wirtschaftsprüfung und -beratung zählen seit mehr als 100 Jahren zu den Kernkompetenzen des GVB. Rund 700 Mitarbeiterinnen und Mitarbeiter betreuen über 1.100 Unternehmen jeglicher Größenordnung und wirtschaftlicher Ausrichtung, überwiegend in Bayern. Eine wichtige Firmengruppe sind die Volks- und Raiffeisenbanken.

Weitere Unternehmensschwerpunkte sind die Bereiche Steuer- und Rechtsberatung, Fortbildung, Marketing und Öffentlichkeitsarbeit.

Das Angebot

Für Studenten Praktika, Aushilfstätigkeiten, Betreuung von Diplomarbeiten
Personalplanung flexibel
Fachrichtungen BWL, VWL, Jura, Wirtschaftsjurist/in
Startprogramm Theoretische Kompaktkurse begleiten das Training-on-the-job
Tätigkeitsfelder Schwerpunktmäßig Wirtschaftsprüfung
Weiterbildung systematische Aus- und Fortbildungskonzepte speziell für den Prüfungsdienst, konsequente Förderung der Berufsexamina
Karriere alle Möglichkeiten der Wirtschaftsprüfung
Einstiegsgehälter nach Absprache
Besondere Sozialleistungen Überdurchschnittliche Sozialleistungen

Der Einstieg

Bewerbung Vollständige Unterlagen, Bewerbungsunterlagen mit Foto. Kurzbewerbung unter www.gv-bayern.de „Karriere" möglich.
Auswahl Bewerbung, persönliches strukturiertes Interview mit Personal- und Fachabteilung
Pluspunkte Erste Praxiserfahrung (Praktikum, Ausbildung Bankkauffrau/-mann)
Fachliche Qualifikation Fokussierung der Berufsexamina StB und WP. Blick für das Wesentliche. Praxisorientierte Arbeitsweise.
Persönliche Qualifikation Sozialkompetenz, Teamfähigkeit, Eigeninitiative, Ausdauer, Standing

- Mitarbeit in einem engagierten Team. Chance, umfassend wirtschaftsprüfend tätig zu sein. Regionaler Einsatzschwerpunkt.

Hochschule Fresenius (Köln)

Hochschule Fresenius
Im MediaPark 4c
50670 Köln
Telefon 02 21/97 31 99 10
www.hs-fresenius.de
Studienberatung
Telefon 02 21/97 31 99 55
Telefon 02 21/97 31 99 86
koeln@hs-fresenius.de

Das Unternehmen

Die Hochschule Fresenius (HSF) blickt mit ihrem Stammhaus in Idstein auf eine über 160-jährige Tradition im Bildungsbereich zurück und zählt zu den renommiertesten privaten Hochschulen in Deutschland. Am Campus Köln bietet die HSF im Fachbereich Wirtschaft & Medien Bachelor-Studiengänge in Vollzeit und berufsbegleitend sowie Master-Studiengänge (u. a. Audit & Tax) an.

Das Angebot

Bachelor Betriebswirtschaft (Vollzeit & berufsbegleitend), Gesundheitsökonomie, Logistik & Handel, Medien & Kommunikationsmanagement, Wirtschaftsrecht, Wirtschaftspsychologie, Angewandte Medien, Tourismus- & Reisemanagement
Master Audit & Tax, Business Psychology, Media Management & Entrepreneurship

Der Master Audit & Tax

Das Masterstudium bereitet auf eine Karriere im Bereich Wirtschaftsprüfung, Steuerberatung und Finanz- und Rechnungswesen vor. Der Studiengang ist von der FIBAA akkreditiert und von der Wirtschaftsprüferkammer nach § 8a als zur Ausbildung von Berufsangehörigen besonders geeigneter Hochschulausbildungsgang anerkannt. Die während des Studiums erbrachten Leistungsnachweise in den Fächern Wirtschaftsrecht und Angewandte Betriebswirtschaftslehre, Volkswirtschaftslehre ersetzen die entsprechenden Prüfungen im Wirtschaftsprüfer-Examen, so dass im Examen nur noch vier statt sieben Prüfungen abgelegt werden müssen.

Der Einstieg

Voraussetzung Unter anderem mind. einjährige Praxiszeit, abgeschlossenes Bachelor- oder Diplomstudium (siehe http://koeln.hs-fresenius.de/audit-tax.html)
Dauer 6 Semester mit jeweils 12 Wochen Vollzeitunterricht und einer Woche Prüfungen
Gebühren Die HSF ist eine Hochschule in freier Trägerschaft, deren Studiengänge staatlich anerkannt sind. Für den Master Audit & Tax betragen die Studiengebühren 435 € pro Monat.
Bewerbungsfrist Die Frist endet jedes Jahr zum 1. Februar. Studienbeginn ist im Sommersemester

Grafenberger Allee 159
40237 Düsseldorf
Telefon 02 11 / 69 01 - 01
www.roelfspartner.de
Recruiting Ansprechpartner:
Nina Schuchert
nina.schuchert@roelfspartner.de

Das Unternehmen

Wir sind mit 100 Millionen Euro Umsatz und 700 Mitarbeitern an 11 deutschen Standorten eine der führenden unabhängigen Wirtschaftsprüfungs- und Beratungsgesellschaften Deutschlands. Eine starke Teamorientierung und ein ganzheitlicher Beratungsansatz prägen unsere Arbeitsweise: Wirtschaftsprüfer, Rechtsanwälte, Steuerberater und Management Consultants arbeiten interdisziplinär eng zusammen.

International sind wir durch die Mitgliedschaft bei Baker Tilly International in allen wichtigen Industrienationen vertreten. Baker Tilly International ist mit 26.000 Mitarbeitern in 114 Ländern das achtgrößte internationale Netzwerk unabhängiger Wirtschaftsprüfungs- und Beratungsgesellschaft.

Das Angebot

Für Studenten Praktika
Personalplanung 2011 werden ca. 100 Hochschulabsolventen und Young Professionals gesucht
Fachrichtungen Wirtschaftswissenschaften, (Wirtschafts-)Ingenieurwissenschaften

Startprogramm individuelles Training-on-the-job
Interne Weiterbildung Mentorenprogramm, Fach- und Persönlichkeitstrainings
Auslandseinsatz Nach individueller Vereinbarung und Projektlage möglich

Der Einstieg

Bewerbung Vollständige Bewerbungsunterlagen per E-Mail, idealerweise als PDF-Datei
Auswahl Auswahlgespräche
Pluspunkte Qualifizierte Praktika
Fachliche Qualifikation Sehr gute Studienleistungen, kurze Studiendauer, Praktika, verhandlungssicheres Englisch, sehr gute analytische Fähigkeiten
Persönliche Qualifikation Begeisterungs-, Kommunikations- und Teamfähigkeit, unternehmerisches Denken

- RölfsPartner ist ein dynamisches Unternehmen, das nachhaltig wächst.

Master of Arts in Taxation

TaxMaster GmbH
c/o Steuer-Fachschule Dr. Endriss
GmbH & Co. KG
Lichtstraße 45-49
50825 Köln
Telefon 02 21/93 64 42-0
www.taxmaster.de
Beratung: Herr Gerhard Brück
Telefon 02 21/93 64 42-18
brueck@taxmaster.de

Das Unternehmen

Das innovative Studienprogramm der Steuer-Fachschule Dr. Endriss und der Hochschule Aalen orientiert sich an den spezifischen Bedürfnissen angehender Steuerberater. Das 7-semestrige Masterstudium ist auf die Teilnahme an der staatlichen Steuerberaterprüfung ausgerichtet und schließt mit dem akademischen Grad eines Master of Arts ab.

Das Angebot

Ein Studium – zwei Abschlüsse Master of Arts & Steuerberater
Studienart berufsbegleitend – 7 Semester – bundesweit
Schwerpunkt Steuerrecht, Steuerlehre

Master of Arts in Taxation

Der Master of Arts in Taxation vermittelt berufsbegleitend das für die Vorbereitung auf die Steuerberaterprüfung erforderliche Wissen und macht die Studierenden gleichzeitig fit für die anspruchsvolle Tätigkeit in der steuerlichen Beratungspraxis. Es verbindet ein fundiertes, wissenschaftliches Studium mit stark an beruflicher Praxis angelehntem Falltraining. Die Inhalte und Methoden wurden von Experten aus Wissenschaft und Praxis zu einem Gesamtkonzept zusammengefügt, das fachlich und didaktisch höchsten Ansprüchen genügt. Ziel des Studiums ist es, die Studierenden zu kritisch denkenden Beraterpersönlichkeiten mit fundierten rechtlichen und betriebswirtschaftlichen Kenntnissen auszubilden.

Der Einstieg

Voraussetzung Abgeschlossenes Hochschulstudium mit Schwerpunkt Rechts- oder Wirtschaftswissenschaften, z. B. Bachelor oder Diplom-Kaufmann/Diplom-Kauffrau, Diplom-Betriebswirt/-in (FH), Jurist/-in. Ferner sollte der Berufseinstieg bereits vor Beginn des Masterstudiums erfolgt sein.
Bewerbungsfrist März eines Jahres
Studienbeginn April eines Jahres
Dauer 7 Semester – berufsbegleitend
Seminarorte Die Präsenzphasen des Studiums finden primär in Frankfurt am Main und Hamburg statt. Die Vorbereitung auf das Steuerberaterexamen erfolgt abwechselnd im Rahmen von Blockkursen und Samstagsreihen. Dabei haben die Studierenden die Wahl zwischen acht Standorten in Deutschland.

Warth & Klein Grant Thornton

Warth & Klein Grant Thornton AG
Wirtschaftsprüfungsgesellschaft
Rosenstraße 47
40479 Düsseldorf
Telefon 02 11/95 24-0
www.wkgt.com
Ansprechpartner: Joachim Riese
Telefon 02 11/95 24-330
E-Mail: joachim.riese@wkgt.com

Das Unternehmen

Die Warth & Klein Grant Thornton AG zählt zu den großen mittelständischen Wirtschaftsprüfungsgesellschaften in Deutschland. In unserer Gruppe engagieren sich rund 500 Kolleginnen und Kollegen an neun inländischen Standorten in den Bereichen Wirtschaftsprüfung, Steuerberatung, Corporate Finance & Advisory Services sowie Private Finance. Mit unserer Erfahrung aus über 50 Jahren helfen wir mittelständischen und kapitalmarktorientierten Unternehmen sowie vermögenden Privatpersonen, ihren Erfolg nachhaltig zu sichern. Persönlich vor Ort. Und als Mitgliedsfirma von Grant Thornton in Deutschland mit leistungsfähigen Kontakten weltweit für die internationalen Aufgabenstellungen unserer Mandanten.

Das Angebot

Für Studenten Praktika
Personalplanung 2011 werden ca. 35 Hochschulabsolventen benötigt
Startprogramm Seminarprogramm für Berufseinsteiger
Interne Weiterbildung Strukturiertes Aus- und Fortbildungsprogramm sowie Entwicklungsprogramm für Führungskräfte
Auslandseinsatz je nach Projekt

Der Einstieg

Bewerbung Vollständige Bewerbungsunterlagen
Auswahl Bewerbungsgespräch
Pluspunkte Zusatzqualifikationen wie Berufsausbildung, Promotion, MBA sowie berufsrelevante Auslandsaufenthalte
Fachliche Qualifikation Zügiger und guter Hochschulabschluss, qualifizierte praktische Erfahrungen, Sprachkenntnisse
Persönliche Qualifikation ausgeprägte analytische Fähigkeiten, Teamgeist, Verantwortungsbewusstsein, Eigeninitiative

- Der Anteil von Hochschulabsolventen im Unternehmen beträgt ca. 70 Prozent - nutzen Sie die Chance.

DIE AUTOREN

Dr. Ursula Ernst-Auch

studierte Romanistik, Germanistik und Geschichte an den Universitäten Bielefeld, Göttingen, Poitiers (Frankreich). Während ihrer Promotion arbeitete sie in Projekten der Deutschen Forschungsgemeinschaft an der Universität Würzburg. Danach wechselte sie ins Verlagswesen, wo sie für ein großes Verlagshaus einen Verlag für Wissenschaftsinformation aufbaute und leitete. Zur Erweiterung ihrer Themenpalette wechselte sie in ein Verlagshaus mit finanzwirtschaftlicher Ausrichtung, wo sie den gesamten Fachbuchbereich verantwortete. Frau Dr. Ernst-Auch betreibt einen Verlags- und MedienService, der Projekte im Bereich e-Learning und elektronische Medien aber auch im Printbereich für Verlage konzipiert und durchführt. Sie begutachtet Publikationsvorhaben und erstellt Konzeptionen insbesondere für die Themenschwerpunkte Wirtschaft und Finanzen, Geisteswissenschaften und Schulbuch. Darüber hinaus arbeitet sie als Lektorin und Autorin für verschiedene Häuser.

Alexander R. Hüsch

Alexander R. Hüsch studierte an der Universität zu Köln Betriebswirtschaftslehre mit den Schwerpunktfächern Steuerlehre, Steuerrecht und Wirtschaftsprüfung. Im Anschluss an das Studium arbeitete er als Mitarbeiter in einer mittelständigen Düsseldorfer Wirtschaftsprüfungsgesellschaft und legte in dieser Zeit erfolgreich die Berufsexamina zum Steuerberater und Wirtschaftsprüfer ab. Nach einem Wechsel in die Industrie ist er in einem internationalen Familienunternehmen tätig und ist Lehrbeauftragter an der Hochschule Fresenius.

RAin Susanne Löffelholz

studierte Rechtswissenschaften in Bonn und ist seit 1995 Rechtsanwältin mit Schwerpunkt im öffentlichen Wirtschaftsrecht. Als Autorin veröffentlicht sie regelmäßig Beiträge in juristischen Fachzeitschriften und verfasst Ratgeber für Auszubildende und Ausbilder, die von den jeweiligen berufsständischen Kammern veröffentlicht werden. Ein weiteres Tätigkeitsfeld ist das Kanzleimarketing.

Iris Re M.A.

studierte Betriebswirtschaftslehre (Dipl. Betriebswirtin, BA) und Kulturmanagement. Sie arbeitete zunächst in der Industrie und im Kulturbetrieb-Bereich und wechselte dann in die Unternehmensberatung und den Marketing-Bereich. Zuletzt war sie über sechs Jahre lang geschäftsführende Gesellschafterin einer international tätigen Unternehmensberatung und Marketing-Agentur in Köln. Frau Re arbeitet heute freiberuflich als Trainerin und Coach in den Bereichen interkulturelle Kommunikation, Business-Etikette und Führungskräfte-Entwicklung.

STICHWORTVERZEICHNIS

Absage 232
Absolventenkongress 12
Advisory 83
Akkreditierung 105
Akquisitionstalent 10
Allgemeine Gleichbehandlungsgesetz 201
Angestelltentätigkeit 99
Angestelltenverhältnis 88
Antidiskriminierungsgesetz 201
Arbeitgeberbescheinigung 77
Arbeitsbelastung 8
Arbeitsessen 264 ff.
Arbeitsplatzsicherheit 236
Arbeitsvertrag 233
Assessment Center 230
Ausstellungsverhältnis 29

Begrüßung 258 f.
Berufsausübung 88
Berufsbild 23
- Steuerberater 2
- Wirtschaftsprüfer 2
Berufsordnung (BOStB) 21
Berufspflichten 23
Berufspraktische Zeit 73
Berufspraxis 105
Berufsregister 17
Berufssatzung 81
Betriebswirtschaftslehre 102, 105
Bewerbungsschreiben 212
Bewerbungsunterlagen 202, 210
- Foto 216
- Lebenslauf 215

- Sperrvermerk 212
- Zeugnisse 218
Big Four 91, 94
Bilanzbuchhalter 66
Buchführungsprivileg 76
Bundessteuerberaterkammer 4, 13 ff.
Business-Kleidung 266 ff.

Certified Public Accountant (CPA) 161
Chartered Accountant 161
Consulting-Branche 177
Controlling 170
Corporate Finance 83
Crash-Kurs 138

Deklarationsberatung 24
Direkteinstieg 233
Dresscodes 268 f.
Durchfallquoten 64
Durchsetzungsberatung 24

Eignungsprüfung 101
Einarbeitungspläne 244
Einfühlungsvermögen 10
Einstiegswege 232
Examen
- Verkürztes 124
Examensergebnisse 127

Fachanwalt für Steuerrecht 33
Fachberater 157, 159
Fernkurs 138
Fernkurse 134

STICHWORTVERZEICHNIS

Finanzkrise 100
Finanzplanung 172
Finanzwirtschaft 170
Förderkredit 247
Fortbildung 163
Freistellung
– Zeitplan 148

Gastgeberpflichten 264 f.
Generation Y 235 ff.
Geschäftsräume 259 f.
Gestaltungsberatung 24
Grundsätze ordnungsgemäßer
 Abschlussprüfung 82
Gutachtertätigkeit 83

Hakelmacher 81
Handschlag 258
Handy 265
Hard Skills 199
Headhunter 210
Headhuntern 210
Hochschulveranstaltungen 209

Information Systems Auditor (CISA) 162
Initiativbewerbung 203
Insolvenzverwaltung 171
Institut der Wirtschaftsprüfer 18
Internationale Rechnungslegung 172

Jobbörsen 206

Kanzlei
– Beteiligung 247 ff.
– Finanzierung 253
– Kauf 247 ff.
– Kaufpreis 248 ff.
– Nachfolge 247 ff.
– Suche 247 ff.
– Überleitung 253
– Übernahme 247 ff.
– Vollübernahme 247 ff.
Kanzleiwert 248
Klausurenkurse 134
Knigge 257 ff.
Kurzbewerbung 203

Langzeitgedächtnis 138, 139
Langzeitkurs 138
Leistungsbereitschaft 193
Lerngruppe 143

Mandant 1, 11
Mandanten 82
Mandantenbesuch 259 ff.
Mandatsbeziehungen 254
Master of Taxation 74
Masterstudium 106
Medienverhalten 237

Nachlassverwaltung 171
Netzwerke 94, 245

Online-Bewerbung 205
Organisationsberatung 185
Outfit 266 ff.

Personalberatern 210
Personalentwicklung 235
Praktikum 11
Präsenzkurs 138
Präsenzkurse 133
Probezeit, Kleidung 241
Prozessberatung 185
Prüfungsgebühr 77
Prüfungsstandards 82
Prüfungstätigkeit 104
Prüfungsvorbereitung 127, 132
– Leitsätze 137

Rating 171
Rechnungslegung 162
Rechtspflege 1, 11
Recruiting-Events 209
Reisekosten 225

Sachverständigentätigkeit 83
Sanierung 171
Selbstanalyse 192
Selbstaussagen 221
Selbstständigkeit 28, 88
Small Talk 261 ff.
– Themen 264

Soft Skills 200
Software 19, 27
Sorgfaltspflichten 164
Sozietät 255
Speedreading 142
Stellenangebote 203
Stellenanzeigen 202
Steuerberater
- Anforderungsprofil 22
- Berufsbezeichnung 21
- Bestellung 78
- Leitbild 21
- Selbstverständnis 21, 22
- Titel 21
Steuerberaterexamen 131
Steuerberaterkammern
- regionale 13
Steuerberaterprüfung 78, 122
- Zulassung 75
Steuerberaterverband 15
Steuerberatungsgesetz (StBerG) 21
Steuerbevollmächtigte 33
Steuerfachwirt 64
Steuerhinterziehung 11
Steuerrechtspflege 26
- Leitbild 22
- Organ der 22, 23
Strategieberatung 185
Substanzwert 248
Syndikus 32

Tätigkeit
- berufspraktische 76
- praktische 104
Tätigkeiten
- nicht + vereinbare 25
- unvereinbare 87
- vereinbare 24, 87, 170
Tax 83
Telefoninterview 219
Testamentsvollstreckung 171
Tischmanieren 265 f.
Trainee-Programme 233

Unternehmensberatung 177
Unternehmensbewerter 84

Unternehmensinformationen 198
Unternehmensnachfolge 171

Vereidigte Buchprüfer 33
Verhalten
- berufswürdiges 7
Vermögensberatung 172
Versorgungswerke 19
Vertrauen
- öffentliches 3
Visitenkarte 259
Vorstellung 258 f.
Vorbehaltsaufgaben 24, 169
Vorstellungsgespräch 202, 219
- Anreise 224
- Fragen 227
- Frisur 223
- Kleidung 223
- Make-up 224
- Outfit 223
- Schmuck 224
- Styling 224

War for Talents 238
Wirtschaftprüfungsprüfungsverordnung 118
Wirtschaftsmediation 172
Wirtschaftsprüfer 33
- Altersstruktur 7
- Berufsbild 86
- Berufspflichten 86
- Bestellung 81, 124
- Eid 124
Wirtschaftsprüferexamen 120
- Zulassung 119
Wirtschaftsprüferkammer 16
Wirtschaftsprüferordnung 81, 86
Wirtschaftsprüfungsexamen 118, 122
Work-Life-Balance 237

Ziele
- Berufliche 191
- Private 192
Zusage 232

Berufs- und Karriere-Planer Steuerberater | Wirtschaftsprüfer

Unabhängig, kompetent, gewissenhaft – Steuerberater und Wirtschaftsprüfer gehören zu den angesehensten Berufsständen in Recht und Wirtschaft. Sie fungieren als Organe der Rechtspflege und nehmen im Mandantenverhältnis eine besondere Vertrauensstellung ein. In dieser verantwortlichen Position sind hervorragendes Fachwissen und verlässliche Integrität gefragt – gebührend anspruchsvoll sind die Ausbildungswege und Prüfungen. Doch die harte Arbeit wird honoriert: mit beinah sicheren Perspektiven und guten Verdienstmöglichkeiten.

Mit diesem Karriere-Planer geben wir Berufsanwärtern und Interessenten einen ausgezeichneten Leitfaden in die Hand, der die möglichen Ausbildungs- und Karrierewege mit ihren Stufen und Profilen übersichtlich erläutert. Zuverlässige Insider-Tipps helfen angehenden Steuerberatern und Wirtschaftsprüfern, die hohen Hürden in Ausbildung und Examen souverän zu überwinden. Neu in der aktualisierten zweiten Auflage sind u. a. die Themen „Einstieg durch Erwerb oder Nachfolge" und „Fachanwalt für Steuerrecht".

Aus dem Inhalt:
- Schlüsselpositionen in Wirtschaft und Gesellschaft
- Der Berufsstand in Zahlen
- Kammern und Berufsverbände
- Der Steuerberater: Berufsbild, Ausbildungswege, Prüfung
- Der Wirtschaftsprüfer: Berufsbild, Ausbildungswege, Examen
- Prüfungsvorbereitung
- Zusatzqualifikationen und Fortbildung
- Bewerbung, Vorstellungsgespräch und Probezeit
- Kleiner Steuerberater-Knigge

Die Sonderthemen „Karriere in der Unternehmensberatung" und „Fachanwalt für Steuerrecht" informieren über wichtige berufliche Entwicklungsmöglichkeiten.

Mit vielen Interviews, Erfahrungsberichten und Fachbeiträgen, unter anderem von
- *RA Manfred Hamannt*, Geschäftsführendes Vorstandsmitglied des Instituts der Wirtschaftsprüfer in Deutschland e.V. (IDW), Düsseldorf,
- *Steffen Laick,* Leiter Global Employer Branding & Recruitment, Ernst & Young Global Limited, London
- *RA/FAStR Professor Dr. Axel Pestke*, Hauptgeschäftsführer des Deutschen Steuerberaterverbandes und Direktor des Deutschen Steuerberaterinstituts, Berlin,
- *Elke Pohl,* Freie Redakteurin für Wirtschaft und Karriere, Berlin,
- *StB Brigitte Rothkegel-Hoffmeister*, Fachreferentin für Aus- und Fortbildung am Institut der Wirtschaftsprüfer in Deutschland e.V. (IDW), Düsseldorf,
- *RAin/Dipl.-Finw. (FH) Nora Schmidt-Keßeler*, Hauptgeschäftsführerin der Bundessteuerberaterkammer und Geschäftsführerin des DWS-Instituts, Berlin,
- *Dr. Martin Schürmann,* Geschäftsführender Gesellschafter, Glawe Unternehmensvermittlung, Köln-München-Berlin
- u.v.a.